KB091037

20일만에
배우는
자바 기초
이젠 나도!
자바

BM 성안당
www.cyber.co.kr

Thanks to

독자 여러분이 자바를 쉽고,

빠르게 배울 수 있도록

친절한 문법 설명과

예제 코딩으로 구성되어 있습니다.

머리말

혼자 배우는 자바 코딩

자바 언어는 캐나다 엔지니어인 제임스 고슬링에 의해 1991년에 시작된 언어입니다. 자바는 WORA(Write Once, Run Anywhere)를 목표로 만들어진 언어예요. WORA는 한 번 작성하면 어디에서나 수행되는 코드를 만들겠다는 거예요. 자바의 이런 특성이 인터넷이 발달하면서 세계 어디에서나 쉽게 수행될 수 있는 언어로 두각을 나타내게 됩니다. 그리고 자바의 많은 부분이 C++ 언어를 참고했지만 C++ 언어에 비해서 복잡하거나 헷갈릴 수 있는 문법을 제거하여 상당히 깔끔한 문법으로 구성되어 있습니다.

자바 언어는 다음과 같은 특징을 갖고 있습니다.

- **데이터 보호**(encapsulation) : 객체를 캡슐화하여 외부에서 정보를 쉽게 접근하지 않도록 합니다.
- **추상화**(abstraction) : 추상화는 불필요한 부분을 생략하여 객체의 속성 중에서 중요한 부분에 중점을 두어 모델화한 것을 의미합니다.
- **상속**(inheritance) : 이미 만들어진 상위 클래스(부모 클래스라고 부릅니다)의 모든 속성과 메소드를 물려 받아서 자신만의 속성와 메소드를 추가하여 사용할 수 있도록 하는 것을 의미합니다.
- **다형성**(polymorphism) : 다형성은 이름대로 여러 가지 형태를 취할 수 있음을 말합니다. 이는 상속을 통해서 부모 접근 변수에 다양한 자식 객체를 생성하여 넣을 수 있는 기능입니다.

위의 특징들이 아직은 전혀 이해되지 않을 거예요. 하지만 이 책을 다 학습하면 스스로 이해할 수 있게 됩니다. 그리고 자바 언어로 코딩을 할 때 위의 특징들을 잘 살펴서 개념에 맞게 코딩할 수 있게 됩니다. 이 책을 공부해 나가면서 객체 지향 개념에 맞게 코딩을 하도록 노력해야 합니다.

자바 언어는 인터넷의 발달로 점점 더 세상에 알려지게 되었고, 현재는 프로그래머 수요가 가장 많은 언어로 알려져 있기도 합니다. 여기에는 안드로이드가 자바 언어에 기반하기 때문이기도 합니다. 즉, 자바 언어는 웹, 앱에 관계없이 사용되는 분야가 아주 많습니다. 자바 언어 특성상 문법의 양이 많고 특히 API가 존재해서 API의 내용까지 공부해야 하기 때문에 힘들 수도 있습니다. 하지만 객체 지향 개념에 대해 감을 잡고 많은 코드를 실제로 접하면 쉽게 자바 코딩이 가능하리라 생각합니다.

부디 이 책을 통하여 자바 언어에 대해 기본적인 개념을 익히고 자바 언어 코딩에 익숙해 지기를 바랍니다.

이지선

자바 20일 계획표

START → 1일차 → 2일차 → 3일차

JAVA 20일

1일차 — 1장. 자바 시작하기
- 자바 특징
- jdk와 이클립스

2일차 — 2장. 변수, 자료형, 주석
- 변수
- 자료형
- 주석

3일차 — 3장. 계산을 위한 연산자
- 수치 연산자
- 비트 연산자
- 관계 연산자
- 논리 연산자

6일차 — 6장. 메소드
- 메소드 이해하기
- 메소드 정의
- 메소드 호출
- 메소드와 배열
- 가변 인수 메소드
- 메소드 오버로딩

7일차 → 8일차 — 7장. 클래스와 객체
- 클래스 속성
- 클래스 메소드
- 인스턴스
- 생성자
- 인스턴스 변수
- 클래스 변수
- this 키워드
- static 키워드

11일차 — 9장. 패키지와 접근 제어
- 패키지 생성하기
- import 구문
- 접근제어
- protected
- public
- 디폴트 접근 제어

12일차 — 10장. 추상 클래스와 인터페이스
- 추상 클래스
- 인터페이스 기본
- 버전 7까지의 인터페이스
- 버전 8 이후의 인터페이스

15일차 → 16일차 — 13장. 자바 입출력
- 스트림
- 표준 입출력 클래스
- 파일 입력 클래스
- 파일 출력 클래스
- 보조 스트림 클래스

17일차 → 18일차 — 14장. 제네릭스와 컬렉션 프레임워크
- 제네릭스 기본
- 컬렉션 프레임워크
- List 인터페이스
- Set 인터페이스
- Map 인터페이스

4일차

4장. 코드의 흐름을 바꾸는 조건문과 반복문

- 불리언 논리 연산자
- 조건문
- if, switch
- 삼항 연산자
- 반복문
- while, if, do..while
- break, continue

5일차

5장. 배열과 문자열

- 1차원 배열
- 배열 생성
- 배열 길이
- 배열 복사
- 2차원 배열
- for-each 루프
- 문자열 생성

8일차

7장. 클래스와 객체

- 접근 제어
- private 접근 제어
- 인스턴스 배열

9일차 → **10일차**

8장. 상속

- 상속 기본 개념
- super 키워드
- 메소드 오버라이딩
- final 키워드
- 단일 상속
- 다중 상속
- 다형성

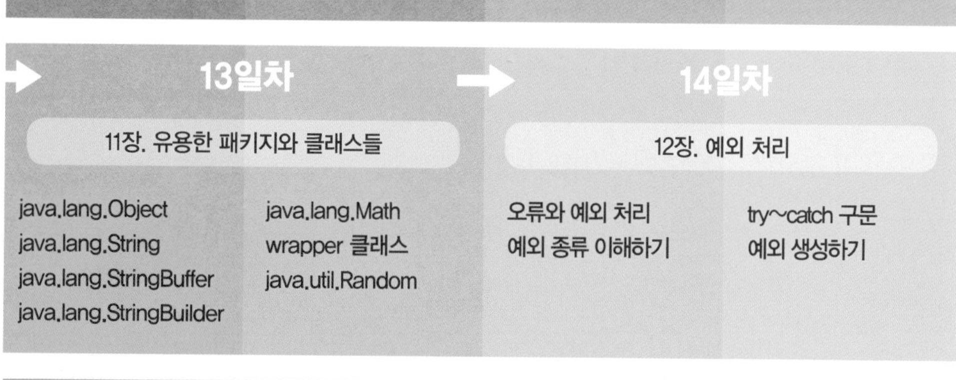

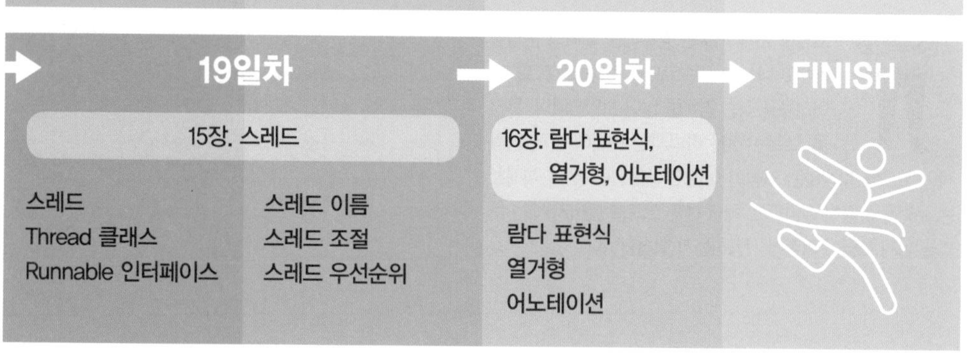

이 책의 구성 미리보기

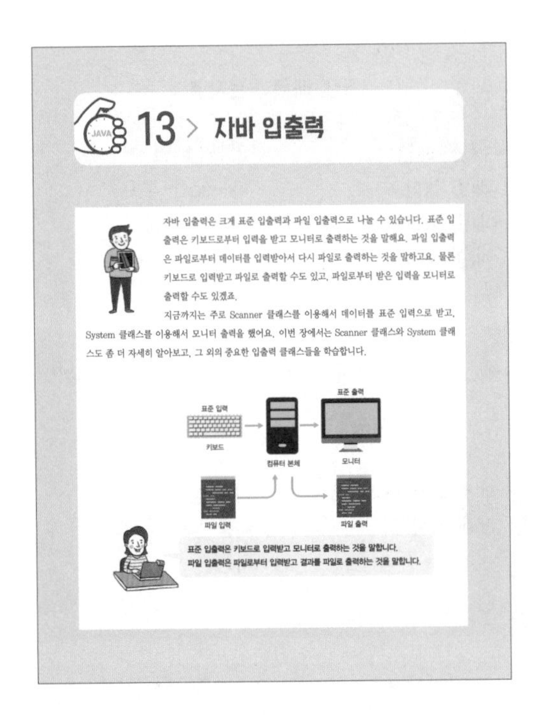

13 > 자바 입출력

자바 입출력은 크게 표준 입출력과 파일 입출력으로 나눌 수 있습니다. 표준 입출력은 키보드로부터 입력을 받고 모니터로 출력하는 것을 말해요. 파일 입출력은 파일로부터 데이터를 입력받아서 다시 파일로 출력하는 것을 말하고요. 물론 키보드로 입력받고 파일로 출력할 수도 있고, 파일로부터 받은 입력을 모니터로 출력할 수도 있겠죠.

지금까지는 주로 Scanner 클래스를 이용해서 데이터를 표준 입력으로 받고, System 클래스를 이용해서 모니터 출력을 했어요. 이번 장에서는 Scanner 클래스와 System 클래스도 좀 더 자세히 알아보고, 그 외의 중요한 입출력 클래스들을 학습합니다.

표준 입출력은 키보드로 입력받고 모니터로 출력하는 것을 말합니다.
파일 입출력은 파일로부터 입력받고 결과를 파일로 출력하는 것을 말합니다.

챕터 소개

해당 장에서 배울 내용을 소개합니다. 챕터를 이해하는 데 중요한 개념과 용어 등이 포함되어 있으니, 꼭 읽고 넘어가세요.

본문

코딩을 처음 배우는 경우에는 언어의 문법을 배우고 나서 스스로 코드를 작성하려고 할 때, 어려움을 겪는 경우를 많이 보았습니다. 문법을 모르는 것은 아니지만 문법에 맞게 논리적인 코드를 작성하는 과정이 어렵기 때문입니다. 이 책에서는 문법을 꼼꼼히 설명하고, 해당 예제 코드를 넣어서 배운 문법을 실제 코딩에 어떻게 사용하는지 학습합니다.

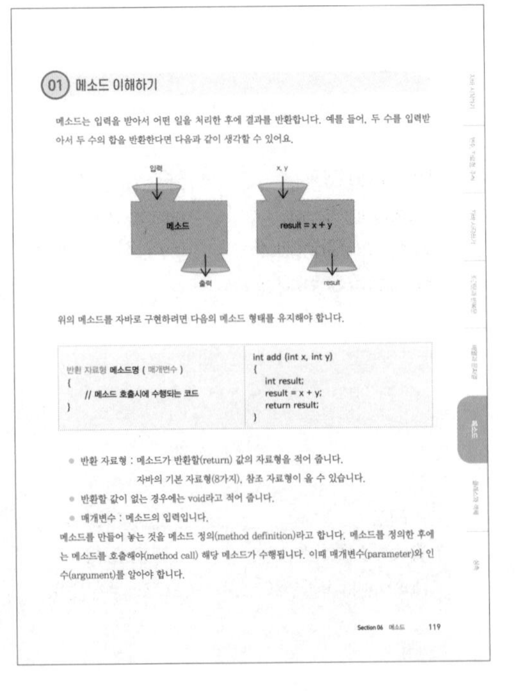

01 메소드 이해하기

메소드는 입력을 받아서 어떤 일을 처리한 후에 결과를 반환합니다. 예를 들어, 두 수를 입력받아서 두 수의 합을 반환한다면 다음과 같이 생각할 수 있어요.

위의 메소드를 자바로 구현하려면 다음의 메소드 형태를 유지해야 합니다.

반환 자료형 **메소드명** (매개변수)
{
// 메소드 호출시에 수행되는 코드
}
	int add (int x, int y)
	{
	int result;
	result = x + y;
	return result;
	}

- 반환 자료형 : 메소드가 반환할(return) 값의 자료형을 적어 줍니다.
  자바의 기본 자료형(8가지), 참조 자료형이 올 수 있습니다.
- 반환할 값이 없는 경우에는 void라고 적어 줍니다.
- 매개변수 : 메소드의 입력입니다.

메소드를 만들어 놓는 것을 메소드 정의(method definition)라고 합니다. 메소드를 정의한 후에는 메소드를 호출해야(method call) 해당 메소드가 수행됩니다. 이때 매개변수(parameter)와 인수(argument)를 알아야 합니다.

Section 06 메소드 119

자바 20일 계획표

학습 계획표에 맞게 한 달 안에 자바 학습 전략을 짜보세요.
얼~마나 혼자 쉽고 재미있게 배울 수 있게요?

START → 1일차 → 2일차 → 3일차

JAVA 20일

1일차 — 1장. 자바 시작하기
자바 특징
jdk와 이클립스

2일차 — 2장. 변수, 자료형, 주석
변수
자료형
주석

3일차 — 3장. 계산을 위한 연산자
수치 연산자
비트 연산자
관계 연산자
논리 연산자

6일차 — 6장. 메소드
메소드 이해하기
메소드 정의
메소드 호출
메소드와 배열
가변 인수 메소드
메소드 오버로딩

7일차 → 8일차 — 7장. 클래스와 객체
클래스 속성
클래스 메소드
인스턴스
생성자
인스턴스 변수
클래스 변수
this 키워드
static 키워드

11일차 — 9장. 패키지와 접근 제어
패키지 생성하기
import 구문
접근제어
protected
public
디폴트 접근 제어

12일차 — 10장. 추상 클래스와 인터페이스
추상 클래스
인터페이스 기본
버전 7까지의 인터페이스
버전 8 이후의 인터페이스

15일차 → 16일차 — 13장. 자바 입출력
스트림
표준 입출력 클래스
파일 입력 클래스
파일 출력 클래스
보조 스트림 클래스

17일차 → 18일차 — 14장. 모듈
제네릭스 기본
컬렉션 프레임워크
List 인터페이스
Set 인터페이스
Map 인터페이스

학습 계획

해당 챕터에서 가장 중요시하는 개념과 학습 방법을 챕터별 학습 어드바이스를 통해 제공합니다.

챕터 학습

해당 챕터에서 가장 중요시하는 개념과 학습 방법을 챕터별 학습 어드바이스를 통해 제공합니다.

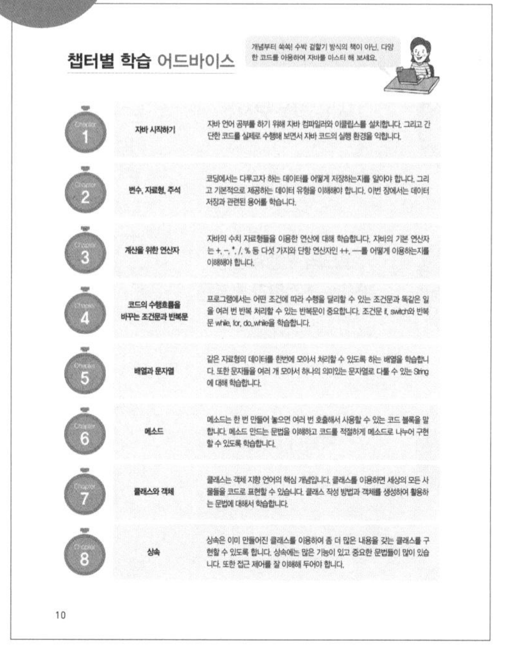

챕터별 학습 어드바이스

개념부터 쏙쏙! 수박 겉핥기 방식의 책이 아닌, 다양한 코드를 이용하여 자바를 마스터 해 보세요.

Chapter	제목	내용
1	자바 시작하기	자바 언어 공부를 하기 위해 자바 컴파일러와 이클립스를 설치합니다. 그리고 간단한 코드를 실제로 수행해 보면서 자바 코드의 실행 환경을 익힙니다.
2	변수, 자료형, 주석	코딩에서는 다루고자 하는 데이터를 어떻게 저장하는지를 알아야 합니다. 그리고 기본적으로 제공하는 데이터 유형을 이해해야 합니다. 이번 장에서는 데이터 저장과 관련된 용어를 학습니다.
3	계산을 위한 연산자	자바의 수치 자료형들을 이용한 연산에 대해 학습합니다. 자바의 기본 연산자는 +, −, *, /, % 등 다섯 가지와 단항 연산자인 ++, —를 어떻게 이용하는지를 이해해야 합니다.
4	코드의 수행흐름을 바꾸는 조건문과 반복문	프로그램에서는 어떤 조건에 따라 수행을 달리할 수 있는 조건문과 똑같은 일을 여러 번 반복 처리할 수 있는 반복문이 중요합니다. 조건문 if, switch와 반복문 while, for, do..while을 학습합니다.
5	배열과 문자열	같은 자료형의 데이터를 한번에 모아서 처리할 수 있도록 하는 배열을 학습합니다. 또한 문자들을 여러 개 모아서 하나의 의미있는 문자열로 다룰 수 있는 String에 대해 학습합니다.
6	메소드	메소드는 한 번 만들어 놓으면 여러 번 호출해서 사용할 수 있는 코드 블록을 말합니다. 메소드 만드는 문법을 이해하고 코드를 적절하게 메소드로 나누어 구현할 수 있도록 학습합니다.
7	클래스와 객체	클래스는 객체 지향 언어의 핵심 개념입니다. 클래스를 이용하면 세상의 모든 사물들을 코드로 표현할 수 있습니다. 클래스 작성 방법과 객체를 생성하여 활용하는 문법에 대해서 학습합니다.
8	상속	상속은 이미 만들어진 클래스를 이용하여 좀 더 많은 내용을 갖는 클래스를 구현할 수 있도록 합니다. 상속에는 많은 기능이 있고 중요한 문법들이 많이 있습니다. 또한 접근 제어를 잘 이해해 두어야 합니다.

10

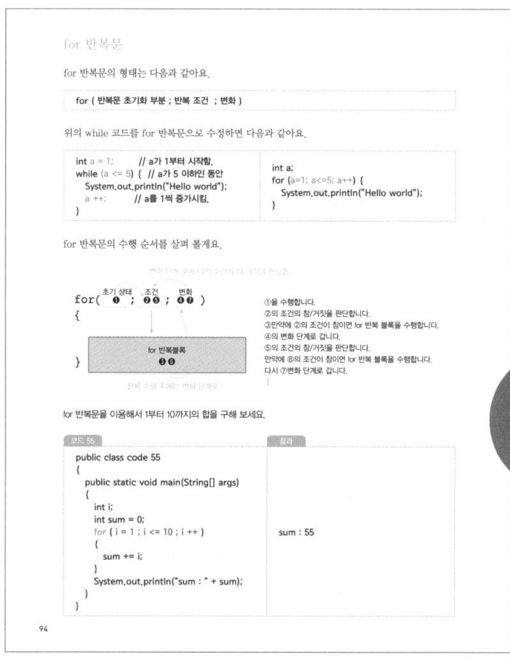

for 반복문

for 반복문의 형태는 다음과 같아요.

```
for ( 반복문 초기화 부분 ; 반복 조건 ; 변화 )
```

위의 while 코드를 for 반복문으로 수정하면 다음과 같아요.

```
int a = 1;       // a가 1부터 시작함.
while (a <= 5) { // a가 5 이하인 동안
   System.out.println("Hello world");
   a ++;         // a를 1씩 증가시킴.
}
```

```
int a;
for (a=1; a<=5; a++) {
   System.out.println("Hello world");
}
```

for 반복문의 수행 순서를 살펴 볼게요.

①을 수행합니다.
②의 조건의 참/거짓을 판단합니다.
③만약에 ②의 조건이 참이면 for 반복 블록을 수행합니다.
④의 변화 단계로 갑니다.
⑤의 조건의 참/거짓을 판단합니다.
만약에 ⑥의 조건이 참이면 for 반복 블록을 수행합니다.
다시 ⑦변화 단계로 갑니다.
⋮

for 반복문을 이용해서 1부터 10까지의 합을 구해 보세요.

코드 55

```
public class code 55
{
   public static void main(String[] args)
   {
      int i;
      int sum = 0;
      for ( i = 1 ; i <= 10 ; i ++ )
      {
         sum += i;
      }
      System.out.println("sum : " + sum);
   }
}
```

결과

```
sum : 55
```

94

코드 구성

이 책의 본문에는 273개의 예제 코드를 제공하고 있으며, 각 코드들은 직관적으로 이해할 수 있도록 주석과 다양한 실행 결과를 제시합니다. 문법을 공부한 후에는 예제 코드를 통해서 각 문법이 어떻게 사용되는지를 확인하기 바랍니다.

챕터별 학습 어드바이스

개념부터 쏙쏙! 수박 겉핥기 방식의 책이 아닌, 다양한 코드를 이용하여 자바를 마스터해 보세요.

Chapter 1	자바 시작하기	자바 언어 공부를 하기 위해 자바 컴파일러와 이클립스를 설치합니다. 그리고 간단한 코드를 실제로 수행해 보면서 자바 코드의 실행 환경을 익힙니다.
Chapter 2	변수, 자료형, 주석	코딩에서는 다루고자 하는 데이터를 어떻게 저장하는지를 알아야 합니다. 그리고 기본적으로 제공하는 데이터 유형을 이해해야 합니다. 이번 장에서는 데이터 저장과 관련된 용어를 학습합니다.
Chapter 3	계산을 위한 연산자	자바의 수치 자료형들을 이용한 연산에 대해 학습합니다. 자바의 기본 연산자는 +, -, *, /, % 등 다섯 가지와 단항 연산자인 ++, --를 어떻게 이용하는지를 이해해야 합니다.
Chapter 4	코드의 수행흐름을 바꾸는 조건문과 반복문	프로그램에서는 어떤 조건에 따라 수행을 달리할 수 있는 조건문과 똑같은 일을 여러 번 반복 처리할 수 있는 반복문이 중요합니다. 조건문 if, switch와 반복문 while, for, do..while을 학습합니다.
Chapter 5	배열과 문자열	같은 자료형의 데이터를 한번에 모아서 처리할 수 있도록 하는 배열을 학습합니다. 또한 문자들을 여러 개 모아서 하나의 의미있는 문자열로 다룰 수 있는 String에 대해 학습합니다.
Chapter 6	메소드	메소드는 한 번 만들어 놓으면 여러 번 호출해서 사용할 수 있는 코드 블록을 말합니다. 메소드 만드는 문법을 이해하고 코드를 적절하게 메소드로 나누어 구현할 수 있도록 학습합니다.
Chapter 7	클래스와 객체	클래스는 객체 지향 언어의 핵심 개념입니다. 클래스를 이용하면 세상의 모든 사물들을 코드로 표현할 수 있습니다. 클래스 작성 방법과 객체를 생성하여 활용하는 문법에 대해서 학습합니다.
Chapter 8	상속	상속은 이미 만들어진 클래스를 이용하여 좀 더 많은 내용을 갖는 클래스를 구현할 수 있도록 합니다. 상속에는 많은 기능이 있고 중요한 문법들이 많이 있습니다. 또한 접근 제어를 잘 이해해 두어야 합니다.

Chapter 9

패키지와 접근 제어

패키지는 연관 있는 클래스들을 모아서 관리할 수 있도록 합니다. 이때 다른 패키지에 있는 클래스의 객체를 만드는 방법과 적절한 접근 제어를 이용하여 데이터를 보호하고 상속하는 방법을 잘 알아야 합니다.

Chapter 10

추상 클래스와 인터페이스

추상 클래스와 인터페이스는 자식 클래스를 위해 존재하는 특별한 클래스입니다. 추상 클래스가 필요한 경우를 이해해야 하고, 추상 클래스가 필요할 때 에러없이 구현해서 사용하는 것이 중요합니다.

Chapter 11

유용한 패키지와 클래스들

자바에서 미리 만들어서 제공하는 클래스들이 많습니다. 이 클래스들은 자바 API에 모아서 제공됩니다. 이번 장에서는 자바 API를 학습하고 많이 사용하는 클래스와 인터페이스에 대해 학습합니다.

Chapter 12

예외 처리

프로그램을 문법에 틀리게 작성하면 컴파일 에러가 발생합니다. 그리고 문법과 상관없이 예외가 발생할 수 있습니다. 이번 장에서는 예외가 무엇인지 학습하고 예외가 발생했을 때 어떻게 처리해야 코드가 문제없이 수행되는지를 학습합니다.

Chapter 13

자바 입출력

다루고자 하는 데이터가 많아지면 파일에 데이터를 저장하여 한번에 처리하도록 해야 합니다. 이번 장에서는 파일로부터 데이터를 읽어 들여서 처리하는 방법과 처리한 데이터를 파일에 저장하는 방법에 대해 학습합니다.

Chapter 14

제네릭스와 컬렉션 프레임워크

제네릭스는 자료형을 파라미터(parameter, 매개변수)로 만들 수 있는 기능입니다. 제네릭스를 학습하고 제네릭스가 가장 많이 이용되는 컬렉션 프레임워크를 학습합니다. 컬렉션 프레임워크는 자바의 자료 구조입니다.

Chapter 15

스레드

스레드는 동시에 처리할 수 있는 작은 프로그램이라고 할 수 있습니다. 스레드를 이용하면 하나의 main 메소드에서 여러 가지 일을 동시에 처리할 수 있도록 합니다. 이번 장에서는 스레드를 만들어서 수행하는 방법에 대해 학습합니다.

Chapter 16

람다 표현식, 열거형, 어노테이션

자바 8에서 추가된 람다 표현식을 학습합니다. 또한 열거형을 어떻게 사용하는지와 코드의 가독성을 높일 수 있는 어노테이션 기능을 학습합니다.

차례

01 > 자바 시작하기

자바 언어는 1995년 발표된 객체 지향 언어로 지금까지 개발자들이 가장 많은 관심을 갖는 언어 중에 하나입니다. 실제로 인기 프로그래밍 언어 순위를 매기는 티오베 인덱스(www.tiobe.com/tiobe-index)를 보면 자바 언어가 지속적으로 인기 언어 1위에 올라 있는 것을 알 수 있어요. 티오베 인덱스는 구글, 위키피디아, 바이두, 아마존, 유튜브 등 25개 웹 검색엔진에서 해당 개발 언어가 얼마나 자주 검색되는지 집계해 순위를 매긴다고 해요. 즉, 특정 기간 동안 개발자들의 특정 개발 언어에 대한 관심도를 보여준다고 할 수 있어요. 이렇게 인기 있는 언어가 된 데에는 여러 요인이 있겠지만 객체지향 언어라는 특징으로 코드 간에 의존성을 낮췄다는 것이 큰 요인이 아닌가 생각합니다.

이번 장에서는 자바 언어의 특징과 역사를 간단히 살펴 볼 거예요. 프로그래밍 언어를 처음 배우는 사람이라면 용어들이 조금 어려울 수 있어요. 이 책을 공부해 나가면서 용어들도 하나씩 이해가 되고 자바 언어의 특징도 알 수 있게 될 거예요.

자바 언어는 1995년에 발표된 객체 지향 언어입니다.

현재 버전 13이 가장 최신 버전입니다. 하지만 버전 11이 안정적으로 2026년까지 지원되는 버전이라서 버전 11을 많이 사용합니다.

01 자바의 등장

자바 언어는 현재 오라클(Oracle)이라는 회사가 소유하고 있지만, 원래는 썬마이크로시스템즈(Sun Microsystems)라는 회사에서 만들어졌습니다. 1991년 썬마이크로시스템즈의 엔지니어였던 제임스 고슬링(James Gosling)이 만들기 시작하였고 1995년에 버전 1.0을 세상에 내놓았습니다. 가장 최신 버전은 자바 13이지만, 현재 2018년 9월 25일에 발표된 버전 11.0이 가장 안정적으로 지원되고 있습니다. 자바도 어느덧 20년이 훌쩍 넘었고, 개발자들 사이에 가장 관심을 많이 받는 언어가 된 거죠.

자바는 어떻게 해서 이렇게 많이 사용하는 인기 언어가 되었을까요? 자바의 기본 문법은 1972년에 나온 C언어와 C언어의 뒤를 이어 1989년에 나온 C++ 언어를 많이 따릅니다. 특히 객체 지향 언어인 C++를 많이 닮았어요. 그런데 C, C++보다 더 많은 인기를 누리는 데는 그만한 이유가 있습니다. 바로 자바 언어가 추구하는 WORA 덕입니다. WORA는 'Write Once, Run Anywhere'의 약자로 한 번 작성하면 어디에서든 수행될 수 있다는 뜻이죠.

C보다는 C++와 자바가 유사하기 때문에 C++와 비교하면서 설명해 보겠습니다. C++와 자바 언어는 모두 '컴파일'이라는 과정을 거칩니다. '컴파일'은 번역 과정이예요. C++ 또는 자바 코드는 그냥 문서예요. 이 문서를 컴퓨터가 이해할 수 있는 컴퓨터 언어 문서로 바꾸어야 하는데 이 과정이 '컴파일'입니다. 그러니까 컴파일이 되어야만 컴퓨터는 코드를 이해할 수 있는 거예요.

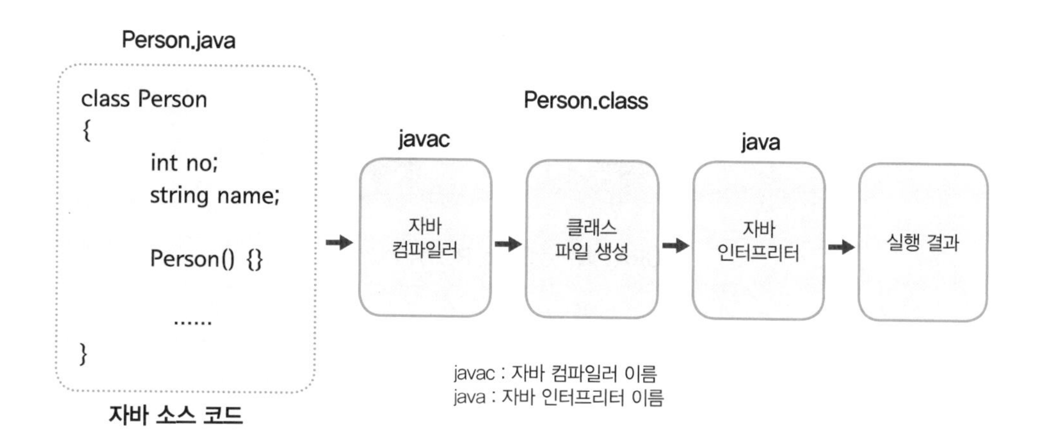

컴파일러는 컴파일을 해 주는 프로그램을 말합니다. 컴파일러는 컴퓨터 CPU 환경에 맞춰서 컴파일된 코드를 생성합니다. 따라서 컴파일 코드를 같은 종류의 CPU 환경을 갖는 컴퓨터에서 수행하면 문제가 없겠지요. 하지만 컴파일 코드를 다른 종류의 CPU 환경을 갖는 컴퓨터에서는 수행시킬 수가 없습니다. 우리는 이것을 보고 '호환성이 떨어진다'고 얘기해요. 만약에 컴퓨터 CPU 환경에 상관없이 한번 컴파일된 코드는 다시 컴파일하지 않더라도 어디에서나 수행되도록 하면 호환성이 좋은 코드가 되겠죠. 바로 자바가 호환성이 좋은 언어예요. C++는 호환성이 떨어지는 언어고요.

자바는 호환성이 좋은 언어로, 한번 컴파일된 코드는 CPU 환경이 다른 컴퓨터에서도 다시 컴파일하지 않고 수행시킬 수 있습니다. 이것이 'WORA' 의미예요. 사실 자바 언어가 호환성이 좋은 이유는 컴파일 과정 외에 '인터프리터' 과정을 거치기 때문입니다. 그러한 호환성이라는 장점에 1990년대부터 인터넷이 발달하기 시작하면서 자바 언어의 인기는 높아지기 시작합니다. 인터넷에는 여러 다양한 컴퓨터 환경이 존재하기 때문에 자바처럼 호환성이 높은 언어는 한 번 작성하여 컴파일하면 어느 환경에서나 수행될 수 있기 때문이겠죠.

WORA : Write Once, Run Anywhere

여기에 자바가 더 인기가 높아질 수 밖에 없는 존재가 등장합니다. 바로 스마트폰의 안드로이드입니다. 안드로이드 스마트폰의 앱을 만드는 언어가 자바를 기반으로 만들었기 때문에 스마트폰 앱을 만들고자 하면 반드시 자바 언어를 공부해야 합니다(2017년에 구글에서 코틀린이라는 언어를 안드로이드 공식 언어로 지정했지만, 그 이전에는 자바를 공부해야 했습니다). 이에 따라 자바 언어로 코딩하는 개발자의 수가 급격히 증가하게 된 것이죠.

자바가 왜 이렇게 개발자 사이에 인기있는 언어가 되었는지 조금 이해가 되시나요? 현재 자바는 오라클이라는 회사가 소유권을 갖고 자바를 개발해 나가고 있습니다. 자바 언어는 2014년 3월에 자바 버전 8이 등장하면서 많은 변화가 있었고, 현재 버전 12가 최신 버전입니다. 하지만 버전 11이 가장 안정적인 버전입니다.

02 자바의 특징

컴파일러 언어이자 인터프리터 언어

자바는 컴파일 과정을 거쳐서 컴파일된 '바이트 코드(bytecode)'가 나옵니다. 이 바이트 코드는 'class'가 확장자로 붙습니다. 이 바이트 코드를 JVM(Java Virtual Machine)에서 수행하는데 이 과정이 인터프리터 과정이예요. 그러니까 JVM이 번역(interprete)해 나가면서 코드를 수행하는 거예요. 바로 이러한 특징이 자바의 호환성을 높였다는 거죠.

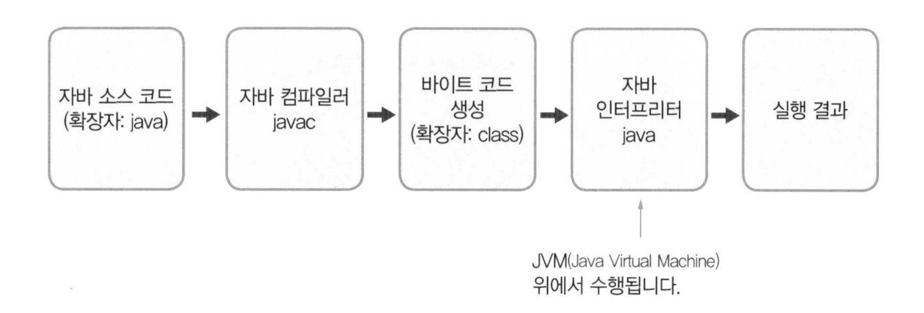

객체 지향 언어

자바는 클래스(class)라는 도구를 이용해서 객체지향 개념을 구현합니다. 객체지향 개념은 7장에서 자세히 설명합니다. 이 부분이 잘 이해되지 않으면 7장을 공부한 후에 다시 보시기 바랍니다. 객체(object)는 데이터와 그 데이터를 다루는 코드들로 구성되며 다음과 같이 네 가지 중요 개념을 갖고 있습니다.

❶ encapsulation(캡슐화) : 객체 안에는 데이터들이 저장되어 있고, 그 데이터를 프로그램 코드로 보호하는 것을 말합니다.

❷ polymorphism(다형성) : 다형성은 하나의 인터페이스에 여러 실제적인 구현을 담을 수 있는 것을 말합니다(one interface, multiple methods).

❸ inheritance(상속) : 자바의 클래스들은 계층 구조를 갖고 모든 객체가 자기의 상위 클래스 코드를 사용할 수 있도록 합니다. 즉 상위 클래스 내용을 상속받아서 사용할 수 있도록 하는 것을 말합니다.

❹ abstration(추상화) : 실생활에 존재하는 객체들을 프로그램 코드로 표현하기 위해서 객체들의 공통된 특성들을 파악하고 일반화된 코드로 나타낸 것을 말합니다.

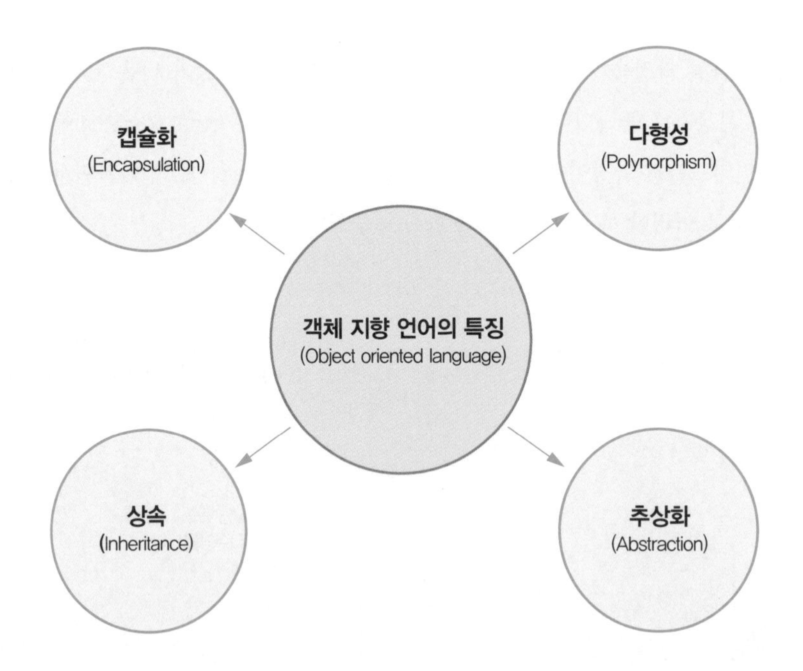

자바 언어를 배운다는 것은 위의 네 가지 특징을 잘 익혀서 이에 따라 코드를 작성하는 방법을 배우는 것을 말합니다. 지금 이해되기는 어려운 내용이에요. 앞으로 하나씩 배워 나가면 위의 개념들을 코드로 이해할 수 있게 됩니다.

03 자바 설치하기 (JDK13 + 이클립스)

자바 코드를 작성하기 위해서는 자바 컴파일러인 JDK(Java Development Kit)를 다운로드하여 설치해야 합니다. 우리는 JDK13을 다운로드 받을 거예요. 다음으로는 코드를 작성하고 수행할 수 있도록 하는 환경을 마련해야 합니다. 이러한 환경으로 많이 사용하는 툴이 '이클립스'예요. 여기서는 JDK13 설치와 이클립스를 설치하고 제대로 설치되었는지 확인해 볼게요.

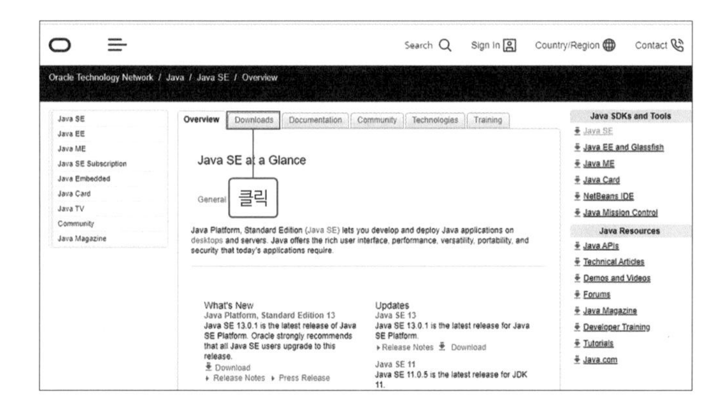

1 우선 오라클에 java 다운로드 사이트 https://www.oracle.com/technetwork/java/javase/downloads/index.html로 이동한 다음 상단의 [Downloads] 탭을 누릅니다.

2 왼쪽과 같은 화면이 나오면 [DOWNLOAD] 버튼을 누릅니다.

3 오른쪽과 같은 화면이 나오면 [Accept License Agreement]를 선택하고 각자의 환경에 맞는 JDK를 다운로드받으면 됩니다. 예제에서는 아래의 두 번째에 있는 윈도우용 파일을 받았습니다.

4 다운로드 후에는 차례대로 실행해 나가면 됩니다.

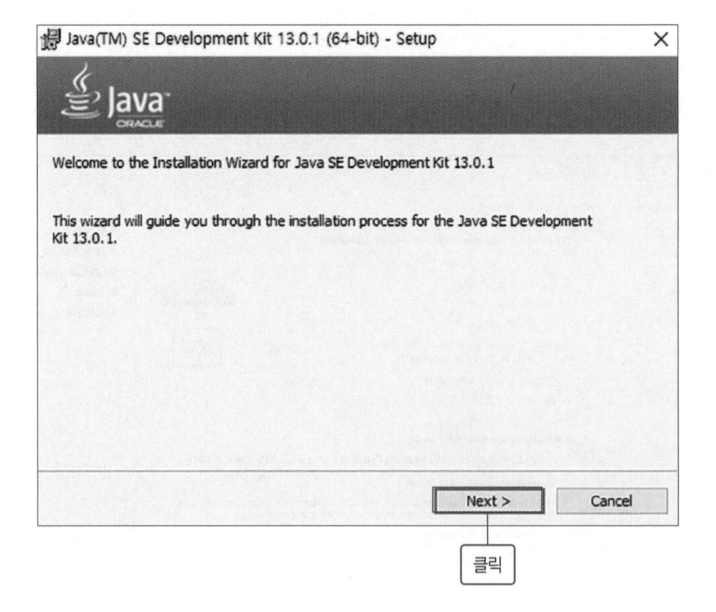

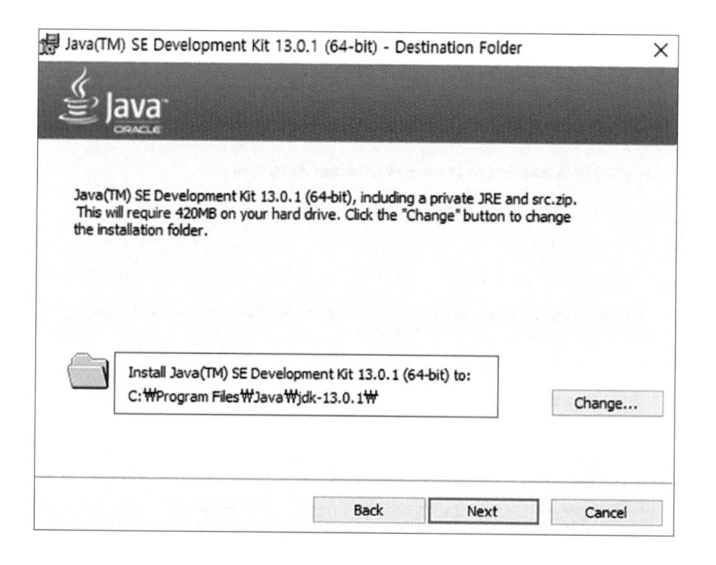

5 자바 컴파일러가 설치되는 경로가 표시됩니다. 만약에 경로를 변경하고 싶다면 [Change] 버튼을 눌러서 변경하면 됩니다. 여기서는 그냥 설치할게요. 이 위치는 자바 컴파일러가 있는 위치이기 때문에 기억해야 합니다.

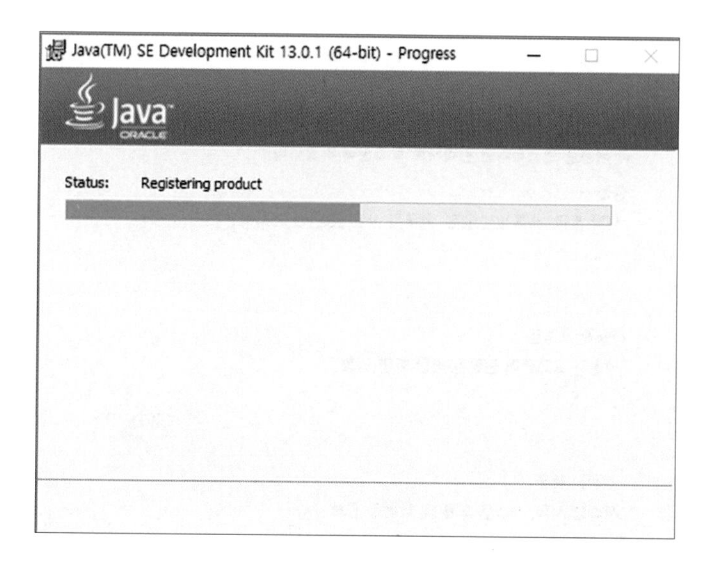

6 왼쪽 화면과 같이 설치 과정을 보여줍니다.

7 설치가 끝나면 오른쪽과 같은 화면이 나옵니다.

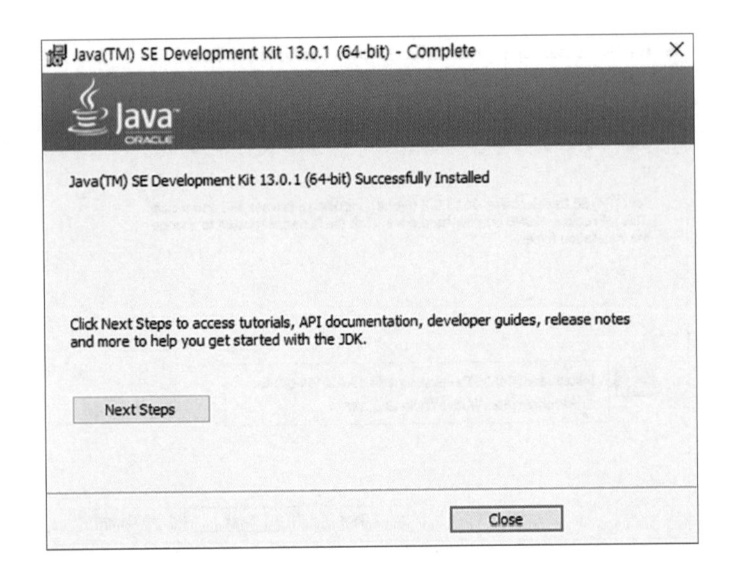

8 자바 컴파일러를 컴퓨터 어느 위치에서든 사용할 수 있도록 환경 설정을 해야 합니다. 환경 변수 설정은 [제어판] → [시스템 및 보안] → [시스템] → [고급] – [설정]을 선택합니다. 환경 변수(N)... 버튼을 클릭합니다.

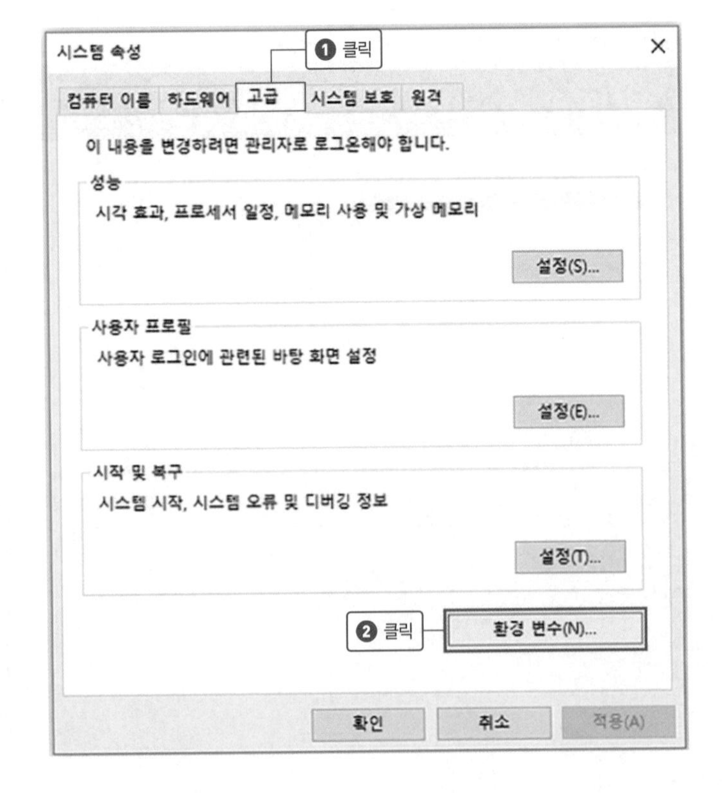

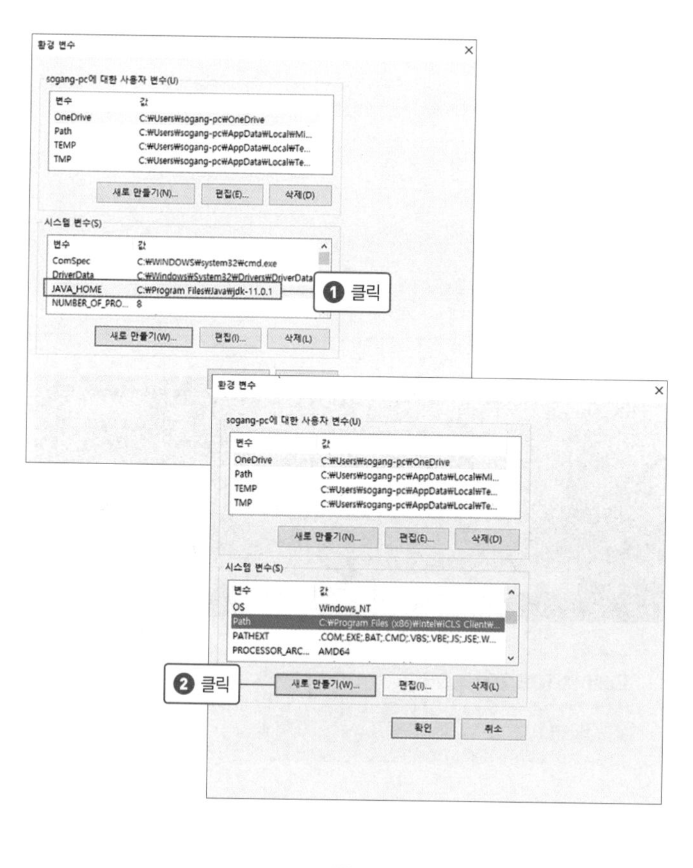

9 [환경변수] path에 JAVA_HOME을 추가합니다.

[환경 변수] 하단의 [시스템 변수]에서 [새로 만들기] 버튼을 클릭합니다.

시스템 변수 편집

① 지정

변수 이름(N): JAVA_HOME

변수 값(V): C:₩Program Files₩Java₩jdk-13.0.1

디렉터리 찾아보기(D)... 파일 찾아보기(F)... 확인 취소

② 확인

10 [시스템 변수 편집]에서 변수 이름을 JAVA_HOME으로 지정한 다음 변수 값을 설정하고 [확인] 버튼을 클릭합니다.

04 이클립스 설치하기

이클립스는 코드를 작성하고 수행해 볼 수 있는 환경이에요. 이클립스도 다운로드하여 설치해 보겠습니다.

1 우선 이클립스재단 사이트의 다운로드 페이지(eclipse.org/downloads/)로 이동합니다.

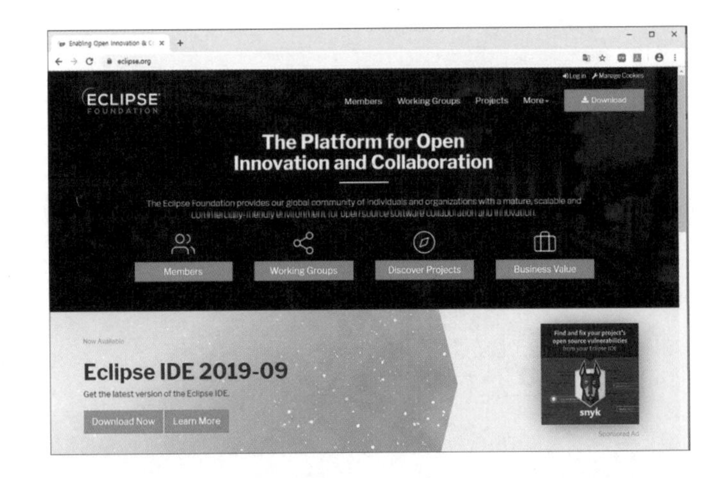

2 화면 하단의 [Download 64 bit] 버튼을 클릭합니다.

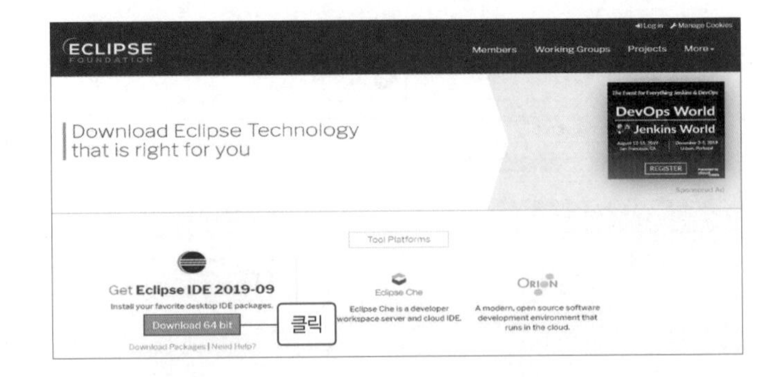

3 [Download] 버튼을 누릅니다.

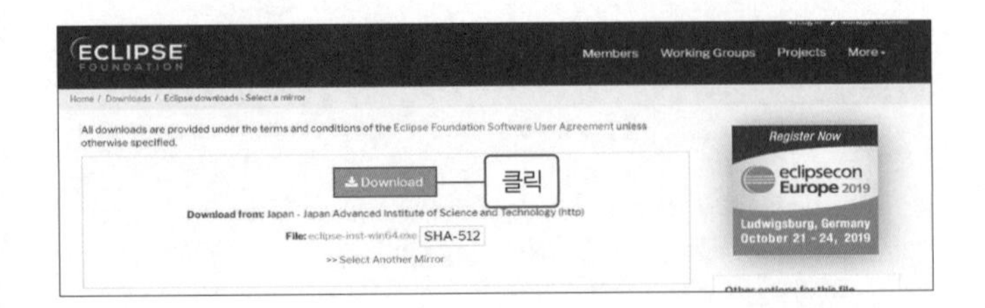

4 다음의 화면이 나오면 첫 번째 Eclipse IDE for Java Developers를 선택합니다. INSTALL 버튼을 누릅니다.

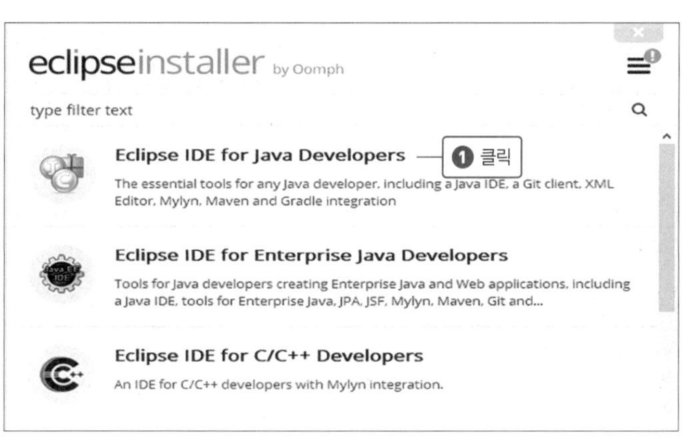

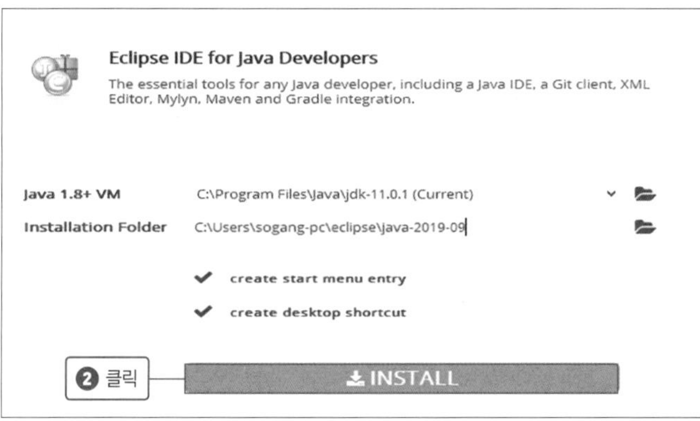

5 INSTALL이 끝나면 왼쪽 화면과 같이 표시됩니다. ▶ LAUNCH 버튼을 클릭합니다.

Installation completed successfully.

Eclipse IDE for Java Developers

The essential tools for any Java developer, including a Java IDE, a Git client, XML Editor, Mylyn, Maven and Gradle integration.

Java 1.8+ VM C:\Program Files\Java\jdk-11.0.1 (Current)

Installation Folder C:\Users\sogang-pc\eclipse\java-2019-09

✔ create start menu entry

✔ create desktop shortcut

클릭 ▶ LAUNCH

show readme file

open in system explorer

BACK

6 오른쪽과 같은 eclipse 로고 화면이 뜹니다.

7 eclipse-workspace 폴더는 앞으로 작성하는 코드들이 저장될 폴더이며, 다른 폴더로 변경해도 괜찮습니다.

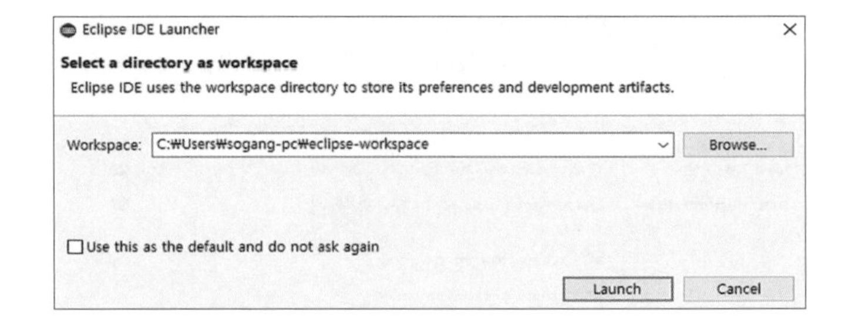

8 초기 화면이 표시됩니다. 위의 초기 화면을 없애면 다음과 같이 코드를 작성할 수 있는 화면이 나오게 됩니다.

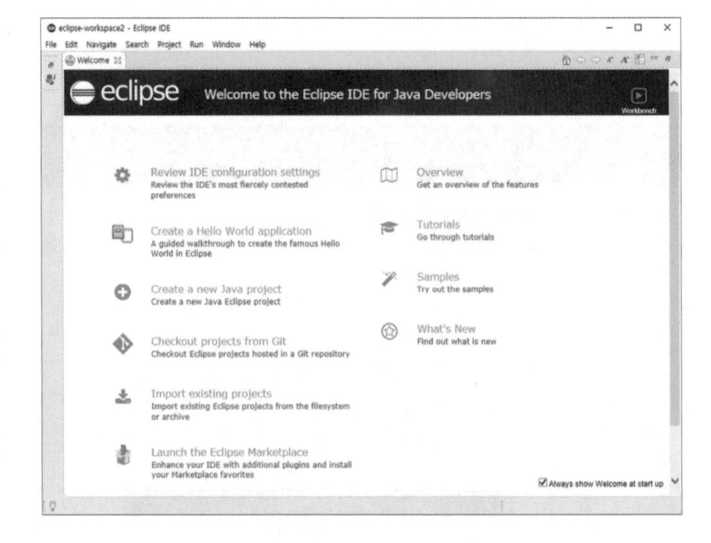

05 자바 프로그램 작성하기

자바 JDK와 이클립스를 이용해서 간단한 출력 코드를 작성해 보겠습니다. 코드를 작성하기 위해서는 먼저 project를 만들고 그 아래에 package를 만든 후에 package 아래에 class 파일을 만들어야 합니다. 즉, project → package → class 파일 순서로 만들어야 해요.

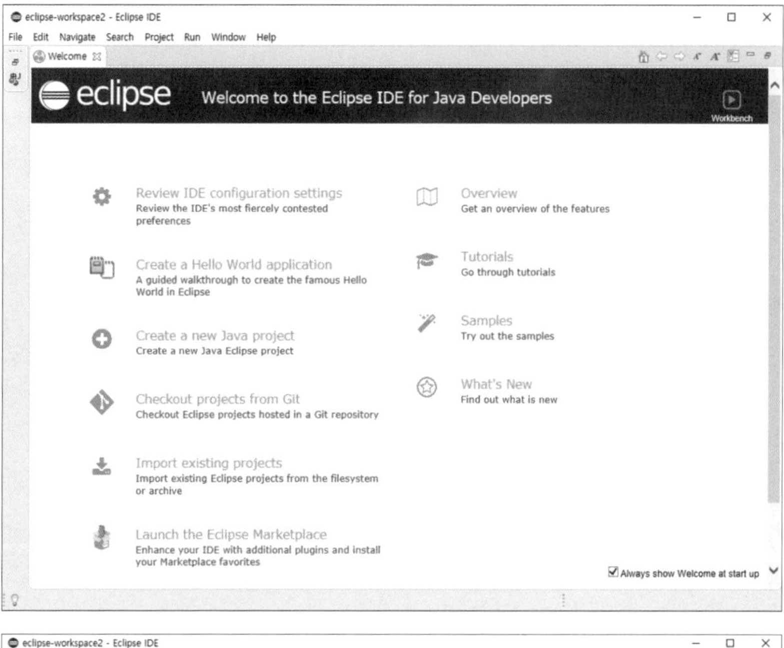

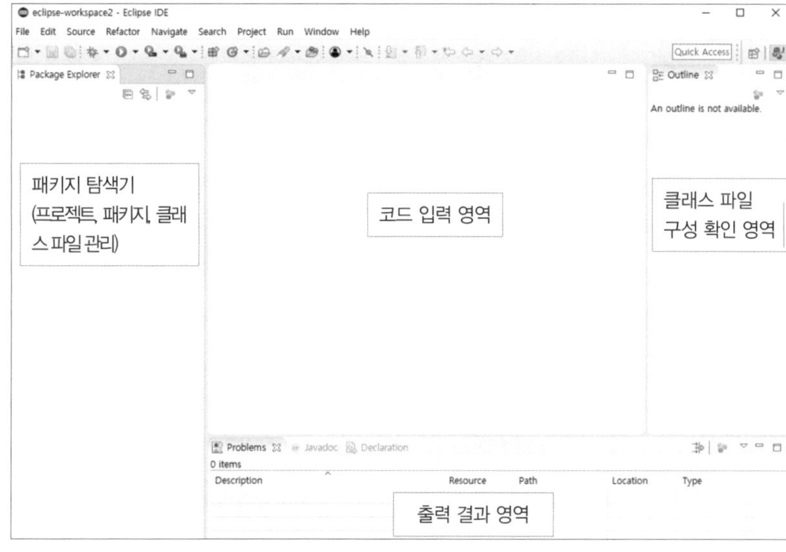

06 Hello world 출력하기

1 우선 프로젝트를 생성하기 위해 [File] 메뉴에서 New-Java Project를 실행합니다.

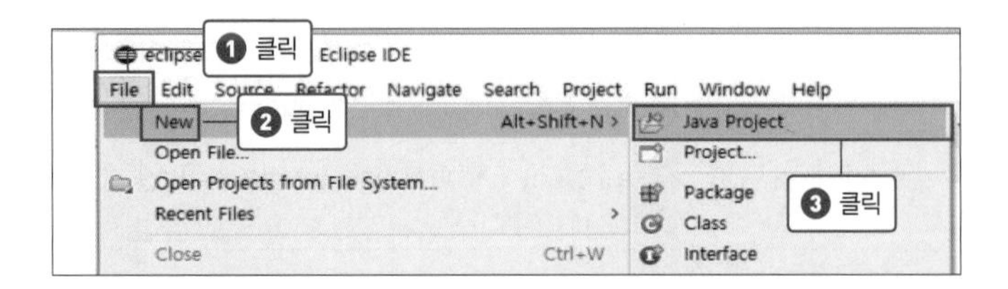

2 New Java Project 대화상자에서 Project name을 Hello라고 입력합니다. JRE 옵션에서 Use an execution environment JRE를 JavaSE-11로 지정한 다음 [Finish] 버튼을 클릭합니다.

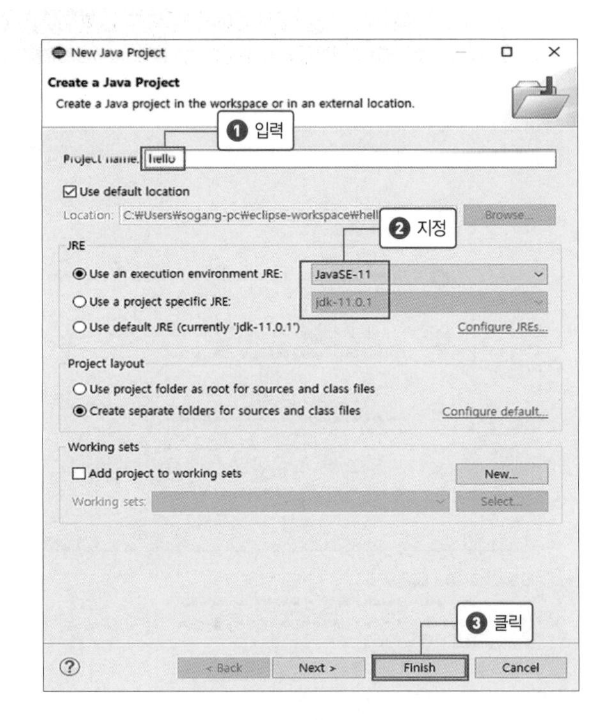

3 Finish 버튼을 누르면 다음과 모듈을 만들겠냐고 묻는데, 모듈은 만들지 않도록 합니다. 다음으로 프로젝트 아래에 패키지를 만듭니다. src에 오른쪽 버튼을 누르면 메뉴가 길게 나오는데 package를 선택합니다.

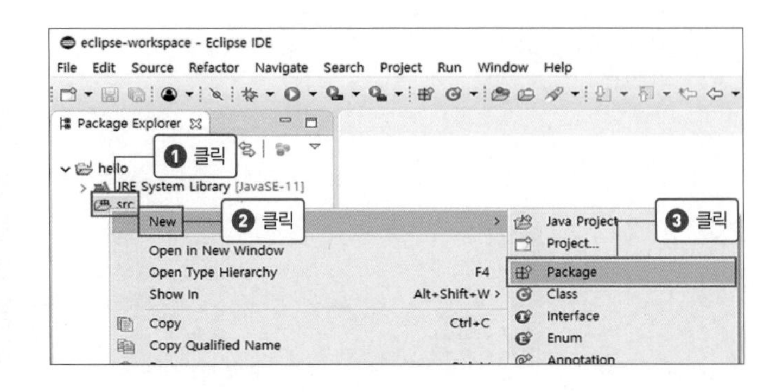

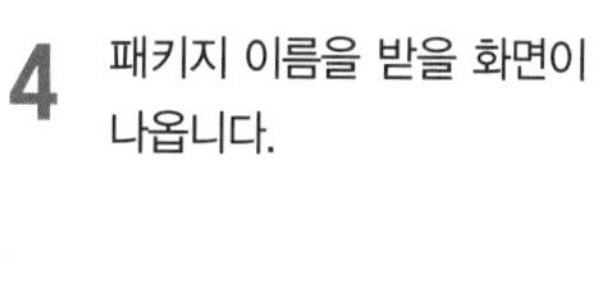

4 패키지 이름을 받을 화면이 나옵니다.

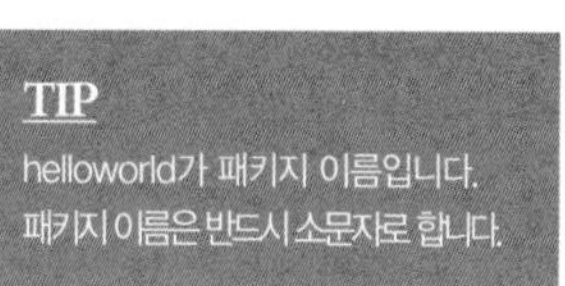

TIP

helloworld가 패키지 이름입니다.
패키지 이름은 반드시 소문자로 합니다.

5 패키지를 만들면 패키지 탐색기가 다음과 같을 거예요.

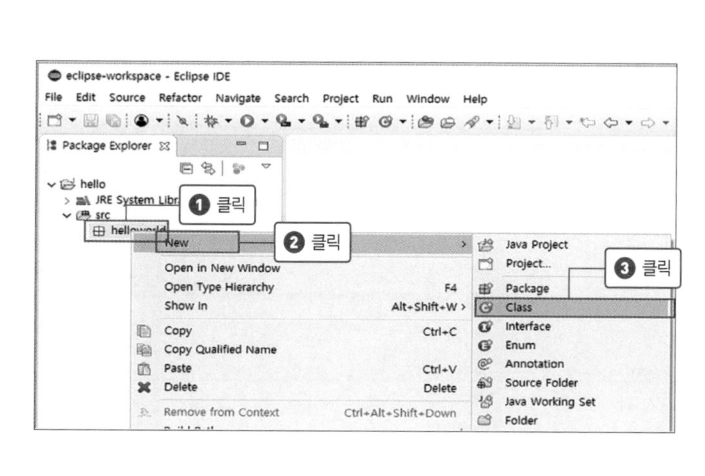

6 이제는 패키지 helloworld 아래에 클래스 파일을 만듭니다.

7 클래스 이름을 넣을 화면이 나옵니다. 클래스 이름은 반드시 대문자로 시작해야 합니다.

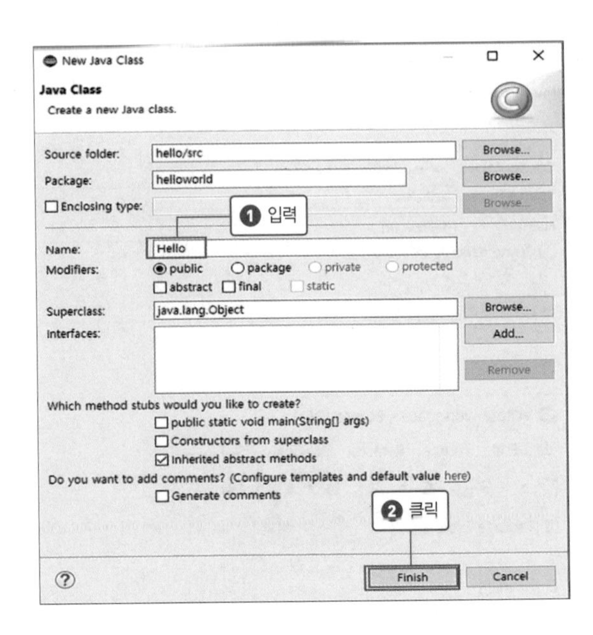

8 클래스 파일까지 정해주면 코드를 입력할 수 있도록 화면이 다음과 같이 표시됩니다.

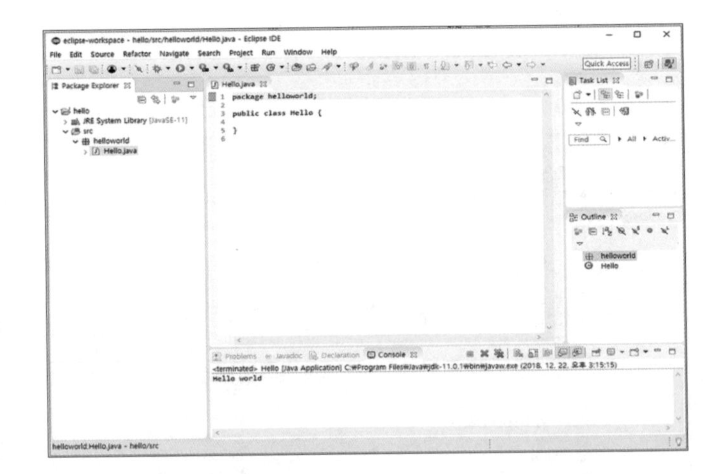

9 항상 클래스 이름이 파일명(여기에서는 Hello.java가 됩니다)이 됩니다. 여기에 코드를 다음과 같이 작성해 보세요. 하나씩 이해하게 되니까 우선은 따라 해 보고 자바 코드를 어떻게 작성해야 수행시킬 수 있는지를 익혀 두기 바랍니다.

```
*Hello.java
1  package hello;
2
3  public class Hello {
4
5      public static void main(String[] args)
6      {
7          System.out.println("Hello world");
8      }
9  }
10
```

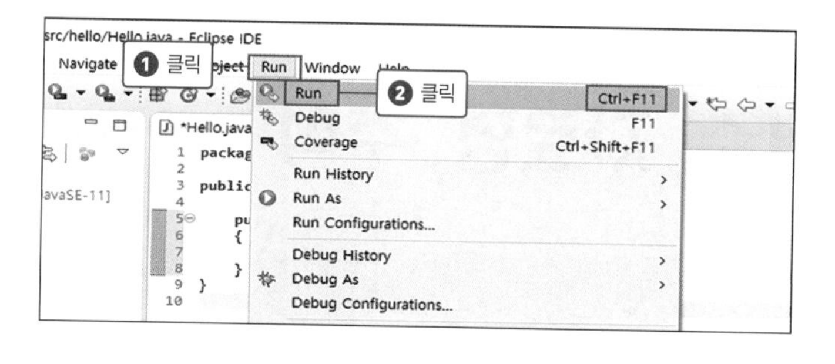

10 위의 코드는 "Hello world"라고 화면에 출력하는 코드예요. 이제 코드 입력이 끝났으니까 실행시켜 볼게요. 코드 실행은 위의 Run 메뉴를 선택하면 됩니다.

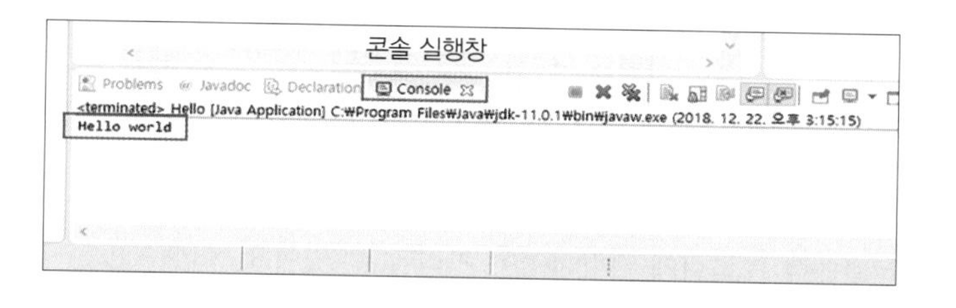

11 실행 결과는 다음과 같이 출력창에서 확인해 볼 수 있어요.

07 자바 파일 작성시에 지켜야 할 내용들

앞으로 위의 과정과 똑같이 자바 파일을 작성하고 실행시키면 됩니다. 이때 주의할 점들이 있어요. 조금 더 복잡한 얘기들이 있지만 다음 사항을 지키시길 바랍니다.

❶ 패키지명은 반드시 소문자로 작성합니다.

❷ 클래스 파일명은 반드시 대문자로 작성합니다.

❸ 클래스명이 파일명이 되어야 합니다.

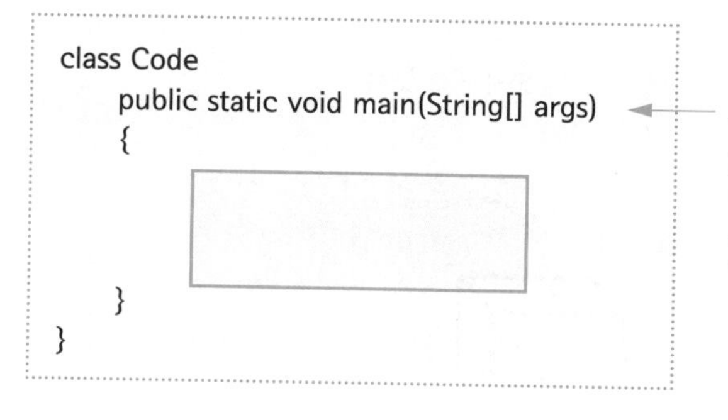

main 메소드는 프로그램의 주요 부분 코드를 적는 부분이에요.
public, static, void … 등의 의미는 하나씩 배워 나갈 거예요. 6장까지는 틀리지 않고 그대로 적고 사각형 안에 코드를 채우는 연습을 해야 합니다.

02 > 변수, 자료형, 주석

코딩을 하려면 가장 먼저 어떤 데이터를 다루는지를 생각해 보아야 합니다. 예를 들어서 학생들의 성적 관리 프로그램을 작성한다면, 제일 먼저 학생들의 성적 데이터를 컴퓨터에 어떻게 저장해야 하는지를 생각해 봐야 해요. 즉, 데이터를 컴퓨터 메모리에 저장하여야 처리할 수 있어요. 이때 데이터가 저장되는 공간을 '변수(variable)'라고 해요. 변수에는 정수 또는 실수와 같은 숫자가 저장될 수도 있고, 이름과 같은 문자들이 저장될 수도 있어요. 여기에서 숫자, 문자 등과 같이 저장되는 데이터의 유형을 자료형(data type)이라고 합니다. 만약에 성적 데이터라면 숫자 자료형으로 저장하고, 이름 데이터라면 문자 자료형으로 저장하겠죠.

이번 장에서는 자바에서 지원하는 데이터 유형에 대해서 공부할 텐데, 크게 다음 4가지 유형으로 구분됩니다.

- 논리 자료형(boolean)
- 정수 자료형(byte, short, int, long)
- 문자 자료형(char)
- 실수 자료형(float, double)

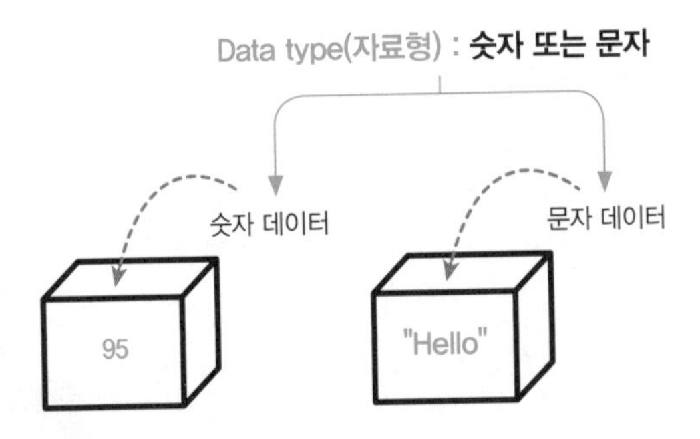

01 변수와 기본 자료형 이해하기

자바 언어에서는 데이터를 저장하는 공간인 '변수'를 먼저 만들고 나서 데이터를 저장해야 합니다. 변수를 만드는 것을 '변수 선언'이라고 하는데, 변수를 선언할 때 그 변수에 어떤 자료형이 저장되는지를 같이 명시해야 합니다.

기본 자료형

자바에는 모두 8가지의 기본 자료형이 있는데 다음과 같이 크게 네 가지로 나누어 볼 수 있어요. 그리고 기본 자료형을 primitive data types라고 합니다.

- 참 또는 거짓을 저장하는 자료형 – boolean
- 문자를 저장하는 자료형 – char
- 정수를 저장하는 자료형 – byte, short, int, long
- 실수를 저장하는 자료형 – float, double

여기서도 위의 8가지 자료형을 자세히 공부할 거예요.

변수 선언 및 초기화

자바에서는 데이터를 저장하려고 할 때 반드시 그 데이터를 저장하려는 변수를 먼저 만들어야 합니다. 이를 '변수 선언(variable declaration)'이라고 하고 오른쪽과 같이 해야 합니다.

```
자료형 변수명;
```

변수 선언의 예를 볼게요.

```
int data;       // 정수(int)가 저장될 data라는 이름의 변수를 만들라는 명령입니다.
float score;    // 실수(float)가 저장될 score라는 이름의 변수를 만들라는 명령입니다.
char grade;     // 문자(char)가 저장될 grade라는 이름의 변수를 만들라는 명령입니다.
```

메모리에는 다음과 같이 세 개의 변수가 생겼을 거예요.

data, score, grade : 변수명(variable name)

NOTE

'프로그램(program)'의 뜻은 '명령어들의 집합(a set of instructions)'예요. 프로그램은 한줄 한줄이 컴퓨터에게 일을 시키는 거예요. 예를 들어서, 아래 코드는 두 정수를 더하여 출력하라는 자바 코드예요. 프로그램 코드는 이렇게 하나씩 차례대로 일을 시켜야 합니다.

```
public class Adder
{
  public static void main(String[] args)
  {
    int a;   // 변수 a의 선언 : 정수를 저장할 공간 a를 만드시오.
    int b;   // 변수 b의 선언 : 정수를 저장할 공간 b를 만드시오.
    int c;   // 변수 c의 선언 : 정수를 저장할 공간 c를 만드시오.
    a = 10; // 10을 변수 a에 저장하시오.
    b = 20; // 20을 변수 b에 저장하시오.
    c = a + b;   // 변수 a와 변수 b에 저장된 값을 더하여 변수 c에 저장하시오.
    System.out.println(c);   // 변수 c에 저장된 값을 출력하시오.
  }
}
```

a = 10에서 '=' 기호는 같다는 의미가 아니라 '='의 오른쪽 값을 왼쪽 변수에 저장하라는 뜻입니다.

코드 각 줄에는 반드시 세미콜론(;)을 넣어야 합니다.

변수를 선언하면 공간이 생기지만 값을 넣기 전까지는 쓰레기 값(garbage)이 있게 됩니다. 쓰레기 값은 공간에 남아 있는 이전 값이라고 생각하면 되는데, 쓰레기 값을 없애려면 새로운 값을 변수에 넣어야 해요. 변수를 선언한 후에 처음으로 값을 넣는 것을 '변수를 초기화(initialization)한다'고 해요. 이때는 '=' 연산자를 이용하는데, 여기에서 '='은 '같다'의 의미가 아니라 '오른쪽 값을 왼쪽 변수에 넣어라'하는 의미이고, '할당 연산자' 또는 '대입 연산자'라고 불러요.

```
int data;      // data 변수를 만들지만 초기화되지 않아서 쓰레기 값이 저장됩니다.(변수 선언)
data = 10;     // 정수 10을 변수 data에 저장하라는 의미입니다.(변수 초기화)
```

위의 두 줄을 한 번에 써서 다음과 같이 변수 선언과 초기화를 한꺼번에 해도 됩니다.

```
int data = 10;
```

여러 개의 변수를 만들 수도 있는데, 이때는 콤마(,)를 이용하여 변수들끼리 분리시켜 적습니다. 아래 세 코드는 모두 똑같이 변수 a와 b를 선언하고 각각 10과 20으로 초기화합니다.

```
int a;
int b;
a = 10;
b = 20;
```

```
int a = 10;
int b = 20;
```

```
int a = 10, b = 20;
```

```
int data;        ←—— 변수 선언 : 공간 만들기

data = 100;      ←—— 변수 초기화 : 변수에 최초로 값 저장하기
```

↓

```
int data = 100;  ←—— 변수 선언과 초기화를 한꺼번에 하기
```

변수를 선언만 하고 초기화하지 않으면 쓰레기(garbage) 값을 갖게 됩니다.

식별자(identifier) 만드는 규칙

● 식별자와 식별자명

변수가 필요할 때 변수명을 만들어야 해요. 그리고 앞으로는 변수명 외에도 메소드명, 클래스명 등을 만들어야 합니다. 이러한 이름들을 통틀어서 '식별자(identifier)'라고 하고 자바에서 식별자를 만드는 규칙이 있어요. 식별자 규칙은 다음과 같은데 변수명, 메소드명, 클래스명을 만들 때에는 아래 규칙을 꼭 지켜야 합니다.

- 길이 제한은 없습니다.
- 영어 대소문자, 숫자, _, $ 로만 구성할 수 있습니다.
- 대문자와 소문자는 구별합니다(data와 Data는 다른 변수명입니다).
- 숫자로 시작할 수 없습니다(반드시 영문자, _ 또는 $로 시작합니다).
- 키워드를 변수명으로 사용할 수 없습니다.
- _은 변수명이 될 수 없습니다('_' 한 개는 변수명 될 수 없음).

키워드(keyword)

키워드는 프로그래밍 언어에서 코드에 직접 사용되는 특별한 단어들입니다. 따라서 키워드들은 정해진 의미와 사용법이 있고, 식별자로 사용하면 안 되는 단어들이에요. 자바 키워드는 다음과 같은데, 이 책이 끝날 즈음에는 아래 키워드들의 의미를 알게 될 거예요.

abstract	continue	for	new	switch
assert***	default	goto*	package	synchronized
boolean	do	if	private	this
break	double	implements	protected	throw
byte	else	import	public	throws
case	enum****	instanceof	return	transient
catch	extends	int	short	try
char	final	interface	static	void
class	finally	long	strictfp**	volatile
const*	float	native	super	while

*	사용하지 않음.
**	1.2 버전에서 추가됨.
***	1.4 버전에서 추가됨.
****	버전 5에서 추가됨.

변수명 예제

[올바른 예]	[잘못 사용한 예]
data1	2mathScore (숫자로 시작하면 안 됨)
numberOfStudents	math-score ('-'는 사용할 수 없음)
number_of_students	while (키워드는 사용할 수 없음)
count$person	_
$	
_sum	
__	

camel case 변수명

만약에 여러 개의 단어를 합해서 하나의 변수명을 만들고자 한다면, 두 번째 단어부터는 대문자로 시작하는 것이 좋습니다. 위의 올바른 예 중에서 학생 수를 저장하기 위해서 numberOfStudents 또는 number_of_students라는 이름으로 변수명을 만들어 보았어요. 둘 다 '학생수' 정보를 담고 있을 거라고 짐작할 수 있겠죠. 이 두 형태 중에서 자바 프로그래머들은 numberOfStudents 변수명을 더 선호한답니다. 이렇게 여러 단어를 연결하여 하나의 변수명을 만들 때에는 연결하는 단어의 첫 문자를 대문자로 시작하는 경우가 많아요. 이를 '낙타형태(camel case)' 변수명이라고 합니다.

NOTE 식별자를 만들 때 다음 사항들을 지켜주는 것이 좋습니다. 아래 사항을 지키지 않아도 에러가 나지는 않아요. 그런데 자바 프로그래머들이 지키는 관습(convention)이에요. 따라서 아래 사항을 지켜서 코딩하는 습관을 들이기 바랍니다.

- 여러 단어를 합해서 하나의 변수명을 만들 때에는 camel case 형태로 합니다.
- 상수는 대문자와 _를 이용합니다.

상수는 변수와 반대되는 개념으로 한 번 만들면 값을 바꿀 수 없는 데이터를 말합니다. 뒤에서 상수에 대해서 공부할거예요.

변수값 수정하기

변수(variable)는 이름이 말하듯이 값이 변할 수 있는 공간입니다. 따라서 초기값을 갖고 있다가 다른 값이 저장되면 원래 있었던 값이 없어집니다.

① int a = 10; ② a = 20; ③ a = a + 1;	a [10] → a [20] → a [21]

❶에서 정수형 변수 a를 생성하고 초기값으로 10을 저장합니다. ❷에서는 '20을 a에 저장하라'고 했으니까 a가 갖고 있는 10 위에 20이 덧씌워지겠죠. 즉, 10은 없어지고 20으로 대체되는 거예요. ❸에서 우변에 있는 식 a+1을 계산하여 21을 만들고, 21이 a로 저장됩니다. 따라서 현재 값 20이 없어지고 21로 대체되는 거죠. 즉, 'a = a + 1'은 현재 a를 1 증가시키라는 표현이예요.

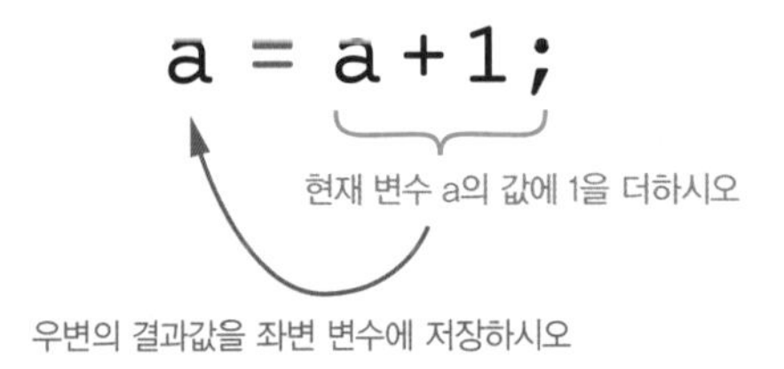

= 은 할당 연산자(assignment operator)로 우변의 값을 좌변의 공간(변수)에 저장하라는 의미입니다.

변수값 출력하기

변수에 저장된 값을 출력하는 코드는 다음과 같습니다.

```
System.out.println(변수명)
```

System.out.println()의 괄호 안에 출력하고자 하는 변수명을 넣으면 현재 변수의 값을 출력해 줍니다. 다음 코드를 직접 작성해서 넣고 변수 값을 바꾸면서 출력문으로 테스트해 보세요.

코드 1

```
public class Code1 {
    public static void main(String[] args)   {
            int a = 10, b = 20;
            System.out.println(a);
            System.out.println(b);
            a = a + 1;
            b = a + b;
            System.out.println(a);
            System.out.println(b);
    }
}
```

결과

```
10
20
11
31
```

위의 코드를 보면 System.out.println()의 괄호 안에 변수를 넣으면 변수 안에 저장된 값이 출력되는 것을 알 수 있습니다. 조금 더 친절하게 결과를 보여 주려면 다음과 같이 입력할 수 있어요.

코드 2

```
int a = 10, b = 20;
System.out.println("a = " + a);
System.out.println("b = " + b);
```

결과

```
a = 10
b = 20
```

큰따옴표 ("...") 안의 내용은 그대로 출력됩니다. '+' 기호는 '연결하라'는 의미가 있어요. 그러니까 a = 은 그대로 출력하고 연결해서 변수 a 값을 출력하라는 의미예요.

System.out.println()과 System.out.print() 사용하기

코드를 작성한 후에 결과를 출력하는 부분은 중요합니다. 기껏 코드를 작성하고 결과 출력 부분을 잘못 작성하거나 빠뜨리면 틀린 결과를 보게 될 테니까요. 자바에서 결과를 출력하려면 다음 코드를 이용합니다. System의 첫 문자 'S'는 반드시 대문자로 입력해야 합니다. 두 코드 모두 괄호 안에 쌍따옴표를 이용하면 쌍따옴표 안의 내용을 그대로 출력하라는 의미입니다.

```
❶ System.out.println()
❷ System.out.print()
```

우선 ❶과 ❷가 어떻게 다른지 코드로 확인해 볼게요.

코드 3

❶

```java
public class Code3 {

  public static void main(String[] args)
  {
    System.out.println("Hello");
    System.out.println("World");
    System.out.println("Java coding is fun");
  }
}
```

결과

```
Hello
World
Java coding is fun
```

❷

```java
public class Code3_2 {

  public static void main(String[] args)
  {
    System.out.print("Hello");
    System.out.print("World");
    System.out.print("Java coding is fun");
  }
}
```

결과

```
HelloWorldJava coding is fun
```

println()은 괄호 안의 내용을 출력하고 나서 '엔터'를 치라는 의미가 들어 있어요. 그래서 코드 ❶의 결과를 보면 한 줄에 하나씩 출력되었습니다. print()에는 '엔터'를 넣으라는 의미가 없습니다. 그래서 괄호 안의 내용을 출력하고 '엔터'를 넣지 않기 때문에 "Hello", "World", "Java coding is fun"이 모두 붙어서 출력됩니다.

Syatem.out.println() 마지막에 '엔터(행갈이)'효과가 있습니다.
Syatem.out.print() 마지막에 '엔터(행갈이)'효과가 없습니다.

System.out.println() 괄호 안에 변수를 적으면 변수의 값을 출력하라는 의미입니다. 만약에 변수가 숫자인 경우에 '+' 기호는 덧셈을 의미하기 때문에 더하기 결과가 출력됩니다. 그리고 System.out.println() 쌍따옴표("...")를 이용하여 문장을 적으면 쌍따옴표 안의 내용을 그대로 출력하라는 의미입니다.

코드 4

```
public class Code4 {

  public static void main(String[] args)
  {
        int a = 100;
        int b = 250;
        System.out.println(a);  // 변수 a의 값 출력
        System.out.println(b);  // 변수 b의 값 출력
        System.out.println(a + b);  // a와 b를 더한 결과 출력
        System.out.println("---------------");
        System.out.println("a");        // 쌍따옴표 안의 문자를 그대로 출력
        System.out.println("a + b"); // 쌍따옴표 안의 문자를 그대로 출력
  }
}
```

결과

```
100
250
350
---------------
a
a + b
```

쌍따옴표를 사용하면 그 안의 내용을 그대로 출력하라는 의미인데, 쌍따옴표와 쌍따옴표 사이에 '+' 기호를 적으면 '연결'의 의미가 있어요.

코드 5

```
public class Code5 {
  public static void main(String[] args)
  {
❶       System.out.println("Hello" + "World");
❷       System.out.println("Hello" + " " + "World");
  }
}
```

결과

```
HelloWorld
Hello World
```

위의 코드는 "..." + "..." 형태입니다. 이렇게 쌍따옴표 사이에 + 기호를 적으면 두 문자열이 연결되어 출력됩니다. ❶은 두 문자열이 바로 연결되기 때문에 두 문자열이 붙어서 HelloWorld로 출력되고 ❷에서는 중간에 빈 스페이스를 추가했기 때문에 Hello World로 출력됩니다.

"..."와 변수를 섞어서 출력하려면 '+' 기호를 이용해야 합니다. 이때 '+' 기호 역시 '연결'의 의미로 쌍따옴표 안의 내용을 출력하고 연결해서 변수의 값을 출력하라는 의미예요.

코드 6

```
public class Code6 {

  public static void main(String[] args)
  {
          int a = 10, b = 27;

          System.out.println("a is " + a);
          System.out.println("b is " + b);
  }
}
```

결과

```
a is 10
b is 27
```

조금 더 복잡한 형태의 코드를 볼게요.

코드 7

```
public class Code7 {

  public static void main(String[] args)
  {
          int a = 10, b = 27;

❶         System.out.println("a + b is " + a + b);
❷         System.out.println("a + b is " + (a + b));
  }
}
```

결과

```
a + b is 1027
a + b is 37
```

❶과 같이 "..." + 변수 + 변수를 출력하는 경우에 "..." 뒤는 모두 문자열로 생각해서 숫자들도 그냥 연결시킵니다. ❷의 (a + b)처럼 숫자 둘을 묶어서 더하기 연산을 하면 덧셈의 의미가 됩니다. 따라서 a+b의 값을 출력하게 되죠.

코드 8

```
public class Code8 {

  public static void main(String[] args)
  {
        int a = 33, b = 25;
❶       System.out.println(a + " hello");
❷       System.out.println(a + " hello " + b);
❸       System.out.println(a + b + " hello ");
❹       System.out.println(a + b + " hello " + a + b);
❺       System.out.println(a + b + " hello " + (a + b));
  }
}
```

결과

```
33 hello
33 hello 25
58 hello
58 hello 3325
58 hello 58
```

❸의 결과를 보면 a+b를 계산하여 출력하고 연결하여 hello를 출력합니다. 문자열이 나오기 전에 숫자들은 덧셈 계산을 하고 문자열이 이후의 숫자들은 그냥 연결됩니다. 즉, 문자열 이후에 나오는 숫자들은 '연결'해서 출력시킵니다.

System.out.println() 괄호 안에 문자열과 변수가 +기호로 연결되어 있는 경우, 문자열 이후의 변수는 모두 문자열로 처리합니다.

```
int a = 10, b b= 25
system.ou.println("valvue are" + a + b);
                    출력 결과 : values are 1025
```

문자열 뒤에 있기 때문에 a와 b는 문자열로 취급합니다.
문자열간에 '+' 기호는 연결하라는 의미입니다.

02 기본 자료형 (Primitive Data Types)과 참조 자료형 (Reference Data Types)

자바에는 크게 두 가지 유형의 자료형이 있어요. 하나는 기본 자료형이고 다른 하나는 참조 자료형이에요.

① **기본 자료형(primitive data types)**

- 자바에서 기본적으로 제공하는 자료형으로 모두 8가지가 있음.
- 데이터 자체를 저장하는 자료형임.

② **참조 자료형(reference data types)**

- 데이터가 저장된 메모리 주소를 저장하는 자료형임(실제 데이터는 따로 저장되고, 참조 자료형 공간에는 데이터의 위치 정보, 즉 메모리 주소를 저장함).
- 배열, 클래스가 만든 객체가 참조 자료형임.

참조 자료형에 대해서는 배열과 클래스를 공부할 때 설명하고, 이번 장에서는 기본 자료형에 대해서만 설명할게요. 기본 자료형은 다음과 같이 논리형, 문자형, 정수형, 실수형으로 분류할 수 있어요. 이에 대해 하나씩 알아보겠습니다.

자료형 분류	자료형	크기	값
논리형	boolean	1 byte	true, false 둘 중에 하나의 값을 가짐
문자형 (문자 1개)	char	2 byte	'a', 'b', 'c', ..., '가', '나', '다', ...
정수형	byte	1 byte	...... −3, −2, −1, 0, 1, 2, 3, ...
	short	2 byte	
	int	4 byte	
	long	8 byte	
실수형	float	4 byte	소수점이 있는 숫자 (2.5, −1.9, 0.0, ...)
	double	8 byte	

03 논리 자료형 (boolean)

boolean 자료형은 true(참) 또는 false(거짓) 둘 중에서 하나의 값만을 가질 수 있어요. 아래 코드는 boolean 변수에 true 또는 false가 저장되는 것을 보이기 위한 예제입니다. 하지만 boolean 변수는 이렇게 사용되는 경우보다는 뒤에서 if 또는 while 구문과 같이 사용하는 것이 일반적이에요. 이 부분에 대해서는 다시 자세히 설명할게요.

코드 9

```
public class Code9 {
    public static void main(String[] args) {
        boolean x = true;
        boolean y = false;
        System.out.println(x);        // true 출력
        System.out.println(y);        // false 출력

        x = 5 > 10;                   // 우변의 결과를 x에 저장합니다.
        System.out.println(x);        // false 출력
        y = 5 < 10;
        System.out.println(y);        // true 출력
    }
}
```

boolean 변수는 true 또는 false 값만을 저장합니다.

boolean b1 = true;
boolean = b2 = false;

04 문자 자료형 (char)

문자형 자료형은 하나의 문자를 저장하는 자료형입니다. 문자형 자료형에 문자를 저장할 때는 다음과 같이 반드시 홑따옴표를 사용해야 합니다.

```
char x = 'A';    // 반드시 문자 한 개를 홑따옴표로 묶어야 합니다.
char y = '가';   // 한글도 넣을 수 있어요.
char z = 'a';
```

컴퓨터는 모든 데이터를 이진수로 변환하여 저장하기 때문에 문자 역시 이진수로 표현할 수 있어야 해요. 실제로 각 문자에는 숫자가 하나씩 할당되어 있어요. 예를 들어서, 영문자와 특수 문자에는 숫자가 할당되어 있는데, 이를 아스키코드(ascii code)라고 합니다. 영문자 외에 세계 여러 나

라 언어들에도 숫자가 할당되어 있는데, 이것은 유니코드(unicode)예요. 이 숫자가 이진수로 변환되어 컴퓨터에 저장되는 거예요.

char 자료형은 문자를 한 개만 저장할 수 있어요.
이때 반드시 홑따옴표를 써야 합니다.

```
char x = 'A';
char y = ' ' :   // 스페이스 한 개를 저장합니다.
```

영문자 각각에 아스키코드라는 번호가 할당되어 있다고 했어요. 아스키코드 표는 다음과 같아요. 아스키코드를 외울 필요는 없어요. 하지만 간혹 필요한 경우가 있어서 'A'와 'a' 의 아스키코드 값을 기억해 두면 좋을 것 같아요. 'A'의 아스키코드는 65이고, 이후로 알파벳 순으로 코드가 1씩 증가합니다. 즉, 'B'는 66, 'C'는 67, 'D'는 68, …. 이런 식으로요. 소문자도 마찬가지예요. 'a'가 97이라는 것만 기억해 두면 'b'는 98, 'c'는 99 …. 이렇게 번호가 증가합니다.

아스키코드	문자	아스키코드	문자	아스키코드	문자	아스키코드	문자
0	NUL	32	space	64	@	96	'
1	SOH	33	!	65	A	97	a
2	STX	34	"	66	B	98	b
3	ETX	35	#	67	C	99	c
4	EOT	36	$	68	D	100	d
5	ENQ	37	%	69	E	101	e
6	ACK	38	&	70	F	102	f
7	BEL	39	‘	71	G	103	g
8	BS	40	(	72	H	104	h
9	TAB	41	)	73	I	105	i
10	LF	42	*	74	J	106	j
11	VT	43	+	75	K	107	k
12	FF	44	,	76	L	108	l
13	CR	45	–	77	M	109	m
14	SO	46	.	78	N	110	n

아스키코드	문자	아스키코드	문자	아스키코드	문자	아스키코드	문자
15	SI	47	/	79	O	111	o
16	DLE	48	0	80	P	112	p
17	DC1	49	1	81	Q	113	q
18	DC2	50	2	82	R	114	r
19	DC3	51	3	83	S	115	s
20	DC4	52	4	84	T	116	t
21	NAK	53	5	85	U	117	u
22	SYN	54	6	86	V	118	v
23	ETB	55	7	87	W	119	w
24	CAN	56	8	88	X	120	x
25	EM	57	9	89	Y	121	y
26	SUB	58	:	90	Z	122	z
27	ESC	59	;	91	[	123	{
28	FS	60	〈	92	₩	124	|
29	GS	61	=	93	]	125	}
30	RS	62	〉	94	^	126	~
31	US	63	?	95	_	127	DEL

다음의 예제로 아스키코드를 확인해 볼게요. 아스키코드를 출력하고 싶으면 다음과 같이 변수 앞에 (int)라고 적어야 해요. 이것은 문자를 int로 바꾸라는 표현인데, 문자는 int로 바꾸면 아스키코드가 됩니다. (int)라는 표현은 뒤에 자세히 설명할게요.

코드 10

```
char c1 = 'A', c2 = 'a', c3 = 'B', c4 = 'b';
System.out.println((int)c1);  // c1이라고 쓰면 A가 출력됩니다.
System.out.println((int)c2);
System.out.println((int)c3);
System.out.println((int)c4);
```

결과

```
65
97
66
98
```

이제는 한글 예를 볼게요. 한글 '가'에 해당하는 유니코드는 44032입니다. 아스키코드가 영문자에 대한 코드라면, 유니코드는 전 세계 언어에 대해서 할당된 코드예요. 그래서 유니코드가 훨씬 큰 수로 표현됩니다. 물론 코드를 외울 필요는 없어요. 문자가 저장될 때, 코드 체계를 따라서 숫자로 저장된다는 것만 알아 두세요.

코드 11

```
char ch = '가';
System.out.println(ch);
System.out.println((int)ch);
```

결과

```
가
44032
```

- 문자형 자료를 만들 때 주의할 점이 있어요. 홑따옴표 안에는 정확히 한 개의 문자만을 넣어야 한다는 거예요. 실수로 스페이스가 하나라도 들어가면 에러가 발생합니다.

```
char x = 'A ';    // A 뒤에 스페이스 하나를 넣으면 에러가 발생함.
System.out.println(x);
```

- 문자는 실제로 저장될 때 숫자로 저장되기 때문에 + 또는 - 연산을 할 수도 있어요.

코드 12

```
char x = 'A';
x++;                        // 변수 x의 값을 1 증가시키라는 의미임.
System.out.println(x);      // x보다 아스키코드가 1 더 큰 B가 출력됨.
```

char a = ''; 이렇게 따옴표를 바로 붙여서 쓰면 에러가 발생해요. 홑따옴표 안에는 정확히 한 개의 문자가 있어야 합니다.

05 정수 자료형 (byte, short, int, long)

정수는 ..., −3, −2, −1, 0, 1, 2, 3, ... 인 숫자를 말하죠. 자바 언어에서 이러한 정수를 컴퓨터에 저장하고 사용하는 형태는 모두 네 가지가 있습니다. byte, short, int, long 이렇게 네 가지 타입인데, 이 네 타입 자료형의 차이는 공간 크기에 있어요. 우선 각 자료형이 저장할 수 있는 가장 큰 수와 작은 수를 정리해 볼게요.

자료형	크기	저장되는 수의 범위
byte	1 byte	−128 ~ 127
short	2 byte	−32,768 ~ 32,767
int	4 byte	−2,147,483,648 ~ 2,147,483,647
long	8 byte	−9,223,372,036,854,775,808 ~ 9,223,372,036,854,775,807

byte 자료형에 저장되는 수 중에서 가장 작은 수는 −128이고 가장 큰 수는 127입니다. −128보다 작은 수 또는 127보다 큰 수는 저장할 수가 없어요. 만약에 −128보다 작은 수 또는 127보다 큰 수를 저장하려면 short, int 또는 long을 사용해야 합니다. 마찬가지로 short 자료형에는 −32768에서 32767 사이의 수만 저장 가능합니다.

10진수, 2진수, 8진수, 16진수

데이터가 컴퓨터에 어떻게 저장되는지를 이해하기 위해서는 10진수 외에도 2진수, 8진수, 16진수에 대해 알아 두어야 해요. 우리는 일상 생활에서 10진수를 사용하지만, 컴퓨터는 2진수로 데이터를 저장하고 계산하거든요. 따라서 코딩을 하려면 2진수 표현에 대해 잘 알아야 합니다. 그리고 8진수와 16진수는 2진수와 밀접한 관계가 있기 때문에 8진수, 16진수도 같이 공부해 두는 게 좋아요. 특히 16진수는 참조 자료형(메모리 주소)을 표현할 때 유용합니다.

10진수	2진수	8진수	16진수
1	1	1	1
2	10	2	2
3	11	3	3
4	100	4	4
5	101	5	5
6	110	6	6
7	111	7	7
8	1000	10	8
9	1001	11	9
10	1010	12	A (또는 a)
11	1011	13	B (또는 b)
12	1100	14	C (또는 c)
13	1101	15	D (또는 d)
14	1110	16	E (또는 e)
15	1111	17	F (또는 f)
16	10000	20	10
17	10001	21	11
......	......	......	......
7995	1111100111011	17473	1f3b

위의 표에서 보듯이 10진수 7995는 16진수로 표현하면 1f3b가 됩니다. 16진수에서는 이렇게 10~16까지의 수는 알파벳 A~F를 사용해요(소문자 a~f로 표현해도 됩니다). 수학에서 1f3b가 16진수임을 나타내기 위해서 $1f3b_{(16)}$라고 표현한다는 것을 알 거예요. 코딩에서는 일반적으로 16진수임을 표현하기 위해서 숫자 앞에 '0x'를 붙입니다. 따라서 이 책에서는 $1f3b_{(16)}$라고 표현하지 않고 0x1f3b라고 표현할 거예요. 숫자 앞에 0x가 붙으면 16진수 숫자라고 알아 두세요. 0x1f3b가 10진수로 얼마인지를 알고 싶다면 다음과 같이 계산하면 되겠죠.

$$0x1f3b = 1 * 16^3 + f * 16^2 + 3 * 16 + b * 1$$
$$= 1 * 4096 + 15 * 256 + 3 * 16 + 11 = 7995$$

byte 자료형

정수 자료형 중에서 byte 자료형은 가장 크기가 작은 자료형입니다. 1바이트의 공간에 저장할 수 있는 가장 큰 수는 첫 비트를 부호 비트로 하고 나머지 7비트를 숫자를 표현하는데 이용합니다. 7비트에 저장할 수 있는 가장 큰 수는 2^7-1인 127이 됩니다. 음수는 2의 보수 표현으로 하기 때문에 가장 작은 음수는 –128이 되고요. 처음부터 byte 범위를 넘어가는 수를 저장하면 에러가 발생합니다.

```
byte b = 200;          // byte에는 127보다 큰 수를 저장할 수 없음
System.out.println(b);
```

만약에 byte 자료형에 범위에 맞는 수를 넣었는데 중간에 계산 과정에서 숫자가 byte 범위를 벗어나면 다음과 같이 진행됩니다.

코드 13

```
byte b = 126;
System.out.println(b);  // 126 출력
b++;
System.out.println(b);  // 127 출력
b++;
System.out.println(b);  // -128 출력
```

```
byte b = -127;
System.out.println(b);  // -127 출력
b--;
System.out.println(b);  // -128 출력
b--;
System.out.println(b);  // 127 출력
```

참고 2의 보수

컴퓨터에 음수를 저장할 때는 2의 보수 체계를 사용합니다. 2의 보수는 다음과 같이 만들게 되요. 먼저 0은 1로, 1은 0으로 바꾸고 그 결과에 1을 더합니다(이 수를 '1의 보수'라고 합니다). 다음으로 1의 보수에 1을 더하면 '2의 보수'가 나옵니다. –10을 byte 자료형으로 저장해 볼게요.

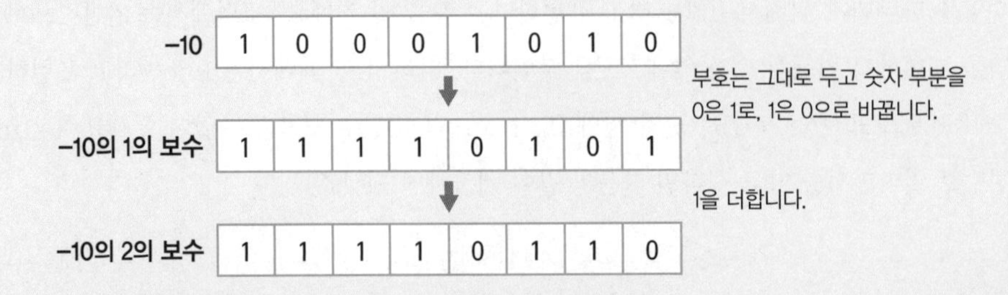

이러한 2의 보수 체계 때문에 byte 변수에 127에 1을 더하면 –128이 되는 거예요. 이 부분은 참고로 알아 두기 바랍니다. 이 부분이 이해가 잘 되지 않으면 그냥 넘어가도 괜찮습니다.

short 자료형

short 자료형은 2바이트 크기의 자료형으로 저장할 수 있는 가장 작은 수는 -32768이고 가장 큰 수는 32767입니다. byte와 마찬가지로 수의 범위를 넘지 않도록 하는 것이 중요해요.

코드 14

```
short s = 32767;
System.out.println(s);  // 32767 출력
s++;
System.out.println(s);  // -32768 출력
s++;
System.out.println(s);  // -32767 출력
```

```
short s = -32767;
System.out.println(s);  // -32767 출력
s--;
System.out.println(s);  // -32768 출력
s--;
System.out.println(s);  // 32767 출력
```

short 역시 처음부터 범위를 벗어나는 수를 저장하면 에러가 발생해요.

```
short s = 40000;       // 에러가 발생합니다.
System.out.println(s)
```

int 자료형

int 자료형도 마찬가지로 수의 범위가 중요해요. 그런데, byte 또는 short보다 저장할 수 있는 수의 범위가 크기 때문에 일반적으로 정수가 필요할 때는 int를 사용하는 것이 좋습니다.

코드 15

```
int i = 2147483647;
System.out.println(i);    // 2147483647 출력
i++;
System.out.println(i);    // -2147483648 출력
```

```
int i = -2147483648;
System.out.println(i);    // -2147483648 출력
i--;
System.out.println(i);    // 2147483647 출력
```

long 자료형

long 자료형은 앞의 표에서 보듯이 아주 작은 정수에서 큰 정수까지를 저장할 수 있어요. long 자료형을 이용할 때는 조심해야 할 일이 하나 있어요. int 범위를 벗어나는 수를 저장할 때는 반드시 L 또는 l을 붙여야 한다는 거예요.

```
long a = 500;      // 500은 int 범위 내의 수이므로 L 또는 l을 붙이지 않아도 됩니다.
long b = 700L;
long c = 1000l;
System.out.println(a);
System.out.println(b);
System.out.println(c);
```

코드 16

```
long l = 2147483648;    // 에러 발생. 2147483648은 int 범위를 벗어나는 수예요.
System.out.println(l);
```

```
long l = 2147483648L; // int 범위를 벗어나는 수를 저장할 때는 L 또는 l이 필요해요.
System.out.println(l);
```

```
long l = -2147483649L // int 범위를 벗어나는 수를 저장할 때는 L 또는 l이 필요해요.
System.out.println(l);
```

```
long l = 2147483647;
System.out.println(l);    // 2147483647 출력
l++;
System.out.println(l);    // 2147483648 출력
```

06 실수 자료형 (float, double)

실수 자료형에는 float와 double 두 가지가 있습니다. 두 자료형이 저장할 수 있는 수의 범위는 정수에 비하여 훨씬 넓다는 것을 알 수가 있어요.

자료형	크기	저장되는 수의 범위
float	4 byte	$\pm(1.40 \times 10^{-45} \sim 3.40 \times 10^{38})$
double	8 byte	$\pm(4.94 \times 10^{-324} \sim 1.79 \times 10^{308})$

float 자료형

float를 저장할 때는 반드시 F 또는 f를 숫자 뒤에 붙여야 합니다.

코드 17

```
float f1 = 5.3F;    // float 자료형은 숫자 끝에 F를 붙입니다.
float f2 = 3.775f;  // float 자료형은 숫자 끝에 f를 붙입니다.
float f3;
f3 = f1 + f2;
System.out.println(f3);    // 9.075001를 출력합니다.
```

그런데, 위의 결과가 조금 이상하죠. 우리 생각대로라면 f3 값이 9.075가 되어야 하는데 9.075001이 출력되었어요. 이러한 현상은 실수를 저장할 때 생기는 오차 때문이예요. 이 부분은 자바 언어뿐만 아니라 컴퓨터에서 실수를 표현하는 방식 때문에 생기는 문제이기 때문에 결과를 소숫점 몇째 자리까지 출력되도록 하여야 합니다. 여기에 대해서는 다음에 학습합니다.

double 자료형

double 자료형은 float보다 더 큰 범위까지의 실수를 사용할 수 있도록 합니다.

코드 18

```
double d1 = 5.3;
double d2 = 3.775;
double d3;
d3 = d1 + d2;
System.out.println(d3);    // 9.075 출력합니다.
```

07 리터럴 (literal) 상수

코드에서 숫자가 직접 적혀져 있을 때 리터럴 상수라고 부릅니다. 아래 85, 'B', 85.5, 3은 모두 리터럴 상수예요.

```
int score = 85;              // 85는 정수형 리터럴 상수입니다.
char grade = 'B';            // 'B'는 문자형 리터럴 상수입니다.
double average = 85.5;       // 85.5는 실수형 리터럴 상수입니다.
score = score + 3;           // 3은 정수형 리터럴 상수입니다.
```

위의 예에서 score에 저장하는 85라는 수를 byte, short, int, long 4가지 정수 자료형 중에서 어느 자료형으로 간주할까요? 코드에 포함되어 있는 숫자가 정수일 때는 byte, short, int, long 중에서 int 형이라고 간주해요. 그리고 코드에 포함되는 실수는 float와 double 중에서 double 자료형이라고 간주합니다.

코드에 있는 정수는 int 형으로 간주합니다.
코드에 있는 실수는 double 형으로 간주합니다.

10진수, 2진수, 8진수, 16진수

우리는 일상 생활에서 10진수를 사용하지만, 코딩에서는 2진수(binary), 8진수(octal) 또는 16진수(hexadecimal)가 편할 때가 있어요. 그래서 코드 리터럴로 직접 표현하기도 합니다.

10진수를 2진수, 8진수, 16진수로 표현하면 다음과 같죠.

10진수	1	2	3	4	5	6	7	8	9	10	11
2진수	1	10	11	100	101	110	111	1000	1001	1010	1011

08 기본 자료형 (Primitive Data Types)과 참조 자료형 (Reference Data Types)

10진수	1	2	3	4	5	6	7	8	9	10	11	12	13	14	15	16	17	...
8진수	1	2	3	4	5	6	7	10	11	12	13	14	15	16	17	20	21	...
16진수	1	2	3	4	5	6	7	8	9	A	B	C	D	E	F	10	11	...

- 코드에 리터럴로 2진수의 숫자를 사용하려면 숫자 앞에 0b 또는 0B를 붙입니다.
- 코드에 리터럴로 8진수의 숫자를 사용하려면 숫자 앞에 0(숫자 0)을 붙입니다.
- 코드에 리터럴로 16진수의 숫자를 사용하려면 숫자 앞에 0x 또는 0X를 붙입니다.

코드 19

```
int a = 10;
int b = 0b1010;
int c = 012;
int d = 0xA;
System.out.println("a : " + a);
System.out.println("b : " + b);
System.out.println("c : " + c);
System.out.println("d : " + d);
```

결과

```
a : 10
b : 10
c : 10
d : 10
```

문자열 리터럴

문자열은 문자들이 여러 개 묶여져 있는 데이터를 말해요. 이름, 주소 등이 모두 문자열 데이터입니다. 코드에 문자열이 필요한 경우에는 문자 리터럴을 넣어야 합니다. 문자열 리터럴은 String 타입으로 선언하고 데이터는 반드시 큰 따옴표("...")를 이용해서 다음과 같이 사용해야 합니다.

코드 20

```
String myName = "Peter Pan";
String yourName = "홍길동";
System.out.println("I am " + myName +".");
System.out.println("You are " + yourName + ".");
```

09 변수 사용 시 주의점

변수를 사용할 때 주의할 점이 있습니다. 초기화되어 있지 않은 변수를 사용할 경우와 변수의 범위를 벗어나는 경우를 조심해야 하는데, 차례로 설명해 볼게요.

변수 초기화

초기화하지 않은 변수를 사용하는 경우 에러가 발생합니다. 변수에 처음으로 값을 저장하는 것을 초기화(initialization)라고 한다고 했죠. 만약에 초기화가 되지 않은 변수를 사용하려고 하면 에러가 발생하기 때문에 초기화는 아주 중요해요. 예를 들어서, 다음과 같이 초기화하지 않은 변수를 출력하려고 하면 에러가 발생합니다.

```
int a;
System.out.println(a);  // 에러 발생
```

에러 메시지는 'The local variable a may not have been initialized'예요. 다음과 같이 초기화되지 않은 변수를 더하는데 이용하는 것도 에러예요.

```
int a = 10, b, c;
c = a + b;    // a와 b를 더해서 변수 c에 저장하라는 의미입니다.
```

위에서 변수 b가 초기화되지 않았기 때문에 쓰레기 값을 갖고 있어요. 이런 경우에 계산에 이용하면 안 됩니다. 이 부분은 뒤에서 연산을 배울 때 다시 설명합니다.

변수 범위

앞에서 여러 번 언급했듯이 변수를 사용할 때 자료형에 따라 사용 가능한 수의 범위를 벗어나면 안 됩니다.

```
byte x = 200;  // byte 변수에 저장할 수 있는 가장 큰 수는 127이므로 에러가 발생합니다.
```

10 주석

주석은 코드에서 실제로 코드 수행에 영향을 주지 않는 부분입니다. 코드에 대해서 추가 설명을 붙여 놓고자 할 때 주석을 사용할 수가 있어요. 자바의 주석은 크게 두 가지가 있습니다.

- 한 줄 주석 : 간단히 한 줄만을 주석으로 처리할 때에는 // 기호를 사용합니다. // 기호 이후가 주석이라는 뜻이예요.
- 여러 줄 주석 : /* .... */ 으로 여러 줄 주석을 표현합니다.

코드 21

```
/* 작성일 : 2019. 2. 5
   작성자 : 홍길동          여러 줄 주석
   버전   : 1.0    */
public class Code 21
{
   public static void main(String[] args)
   {
      int no;      // no는 학생 번호를 저장하는 변수입니다. ← 한 줄 주석
      no = 10;
      System.out.println("no : " + no);    // no값을 출력합니다.
   }
}
```

이번 장에서는 자바에서 지원하는 데이터 유형에 대해서 공부했습니다. 자바의 기본 자료형은 모두 8가지라는 것을 기억해 두고 코드를 작성할 때 적절한 자료형을 선택할 수 있도록 하는 것이 중요해요. 이번 장에서 다루지 않은 자료형과 관련된 추가 내용은 다음 장에서 설명합니다.

03 > 계산을 위한 연산자

이번 장에서는 코딩에서 중요한 연산자에 대해 학습합니다. 우리가 컴퓨터를 사용하는 이유 중에 하나는 컴퓨터를 이용하여 어떤 계산을 하기 위해서일 거예요. 컴퓨터를 이용해서 덧셈, 곱셈 등을 어떻게 처리하는지를 설명할게요. 우선 자바에서는 모두 네 종류의 연산자가 있습니다.

- 수치 연산자(arithmetic operators)
- 비트 연산자(bitwise operators)
- 관계 연산자(relational operators)
- 논리 연산자(logical operators)

이번 장에서는 이 중에서 수치 연산자와 비트 연산자에 대해 설명합니다. 관계 연산자와 논리 연산자는 숫자 계산과는 다른 종류예요. 이 둘은 다음 장에서 조건문과 같이 설명할게요.

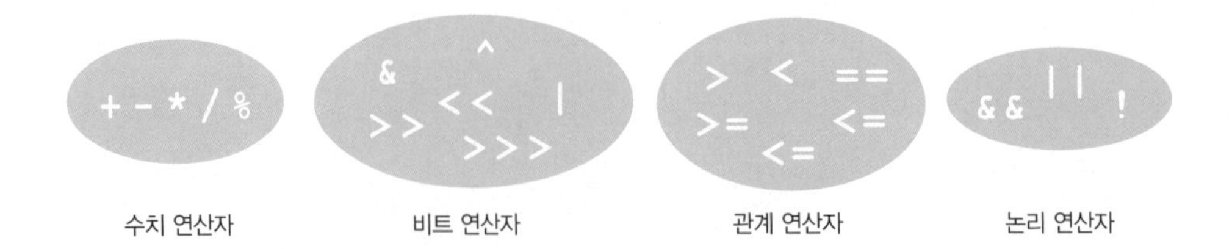

01 수치 연산자

수치 연산자는 이항 연산자와 단항 연산자 이렇게 두 가지가 있어요. 이항 연산자는 연산자를 가운데 두고 양 옆에 숫자를 넣어야 하는 연산자이고, 단항 연산자는 연산자와 변수 하나만으로 구성된 형태의 연산자예요.

이항 연산자(binary operators)

자바에서 기본 이항 연산자는 모두 5가지가 있어요.

연산자	설명
+	덧셈
-	뺄셈
*	곱셈
%	나머지
/	몫

피연산자(operand)

a + b

이항연산자(binary operator)

덧셈(+)과 뺄셈(-)은 일상에서 쓰는 기호와 똑같아요. 그런데 곱셈은 ×가 아니라 *로 표현해야 합니다. %와 /는 나눗셈과 관련이 있는데, %는 나머지, /는 몫을 나타내요.

코드 22

```
public class Code22
{
  public static void main(String[] args)
  {
    int a = 30, b = 7;
    int c, d, e, f, g;

    c = a + b;
    d = a - b;
    e = a * b;
    f = a % b;
    g = a / b;

    System.out.println("c : " + c);
    System.out.println("d : " + d);
    System.out.println("e : " + e);
    System.out.println("f : " + f);
```

결과

```
c : 37
d : 23
e : 210
f : 2
g : 4
```

그림

```
     4  ←— 30 / 7 결과
7 ) 30
    28
    ——
     2  ←— 30 % 7 결과
```

```
    System.out.println("g : " + g);
  }
}
```

위의 예에서 보듯이 피연산자가 정수인 경우에 +, −, *, %, / 연산의 결과는 정수입니다.

n에는 네 자리 정수가 저장되어 있습니다. 이 수를 각 자리수대로 떼어서 출력하는 코드를 작성해 보세요.

코드 23

```
public class Code23 {
  public static void main(String[] args)
  {
        int n = 2753;
        int a, b, c, d;
        a = n / 1000;
        n = n % 1000;
        b = n / 100;
        n = n % 100;
        c = n / 10;
        d = n % 10;

        System.out.println("1000의 자리 : " + a);
        System.out.println("100의 자리 : " + b);
        System.out.println("10의 자리 : " + c);
        System.out.println("1의 자리 : " + d);
  }
}
```

결과

```
1000의 자리 : 2
100의 자리 : 7
10의 자리 : 5
1의 자리 : 3
```

n에는 초가 저장되어 있어요. 이 초를 시, 분, 초로 바꾸어서 출력해 보세요.

코드 24

```
public class Code24 {
  public static void main(String[] args)
  {
        int n = 20000;
        int day = n / (24 * 60 * 60);
        int hour = (n / (60 * 60)) % 24;
        int min = (n / 60) % 60;
        int sec = n % 60;

        System.out.println(day +"일 "+ hour+"시간 "+ min
```

결과

```
0일 5시간 33분 20초
```

```
+ "분" + sec + "초");
  }
}
```

F에는 화씨 온도가 저장되어 있어요. 섭씨 온도로 바꾸어서 출력해 보세요.

코드 25

```
public class Code25 {
  public static void main(String[] args)
  {
    double f = 72.5;
    double c = (f-32.0)/1.8; 화씨를 섭씨로 바꾸는 수식 적용
    System.out.println("화씨 " + f + "도는 섭씨 " + c + "도
와 같습니다");
  }
}
```

결과

화씨 72.5도는 섭씨 22.5도와 같습니다

● **축약된 형태의 연산자**

이항 연산자는 다음과 같이 축약된 형태로 표현할 수 있습니다.

이항 연산자	축약된 형태
a = a + b;	a += b;
a = a − b;	a −= b;
a = a * b;	a *= b;
a = a % b;	a %= b;
a = a / b;	a /= b;

[주의점] 아래 왼쪽과 같은 식에서는 축약된 형태를 사용할 수가 없겠죠.

a = b + a; → a += b; (O)
a = b - a; → a -= b; (X)

축약된 형태인 a += b 는 a의 값을 b만큼 더하라는 의미죠. a = a + b 라고 적는 것보다 좀 더 직관적인 것 같습니다. 실제로 축약된 형태로 많이 사용하니까 코드를 작성할 때 자주 써 보기 바랍니다.

● 정수형 변수의 이항 연산에서는 주의할 점이 있어요. byte, short 자료형은 연산을 할 때 자동으로 int 형으로 변환됩니다. 다음의 예를 보세요.

```
❶ byte b1 = 10, b2 = 20, b3;
❷ b3 = b1 + b2;   // 에러 Type mismatch: cannot convert from int to byte
❸ System.out.println(b3);
```

위의 코드는 ❷에서 에러가 발생합니다. 에러 메시지는 주석에서 보듯이 자료형이 맞지 않아서예요. 자바에서는 byte와 short는 계산할 때 int 형으로 바뀌기 때문에 ❷에서 b1과 b2가 모두 int로 간주되고 b1 + b2 값 30도 int로 간주됩니다. int로 처리되는 30을 byte형 공간인 b3에 넣으려고 하니까 자료형이 맞지 않는다고 에러가 뜨는 거예요. b1과 b2의 자료형 자체가 변하는 것은 아니고 계산하는 순간에만 int로 변환되는 거예요. 정리하면 다음과 같아요.

byte와 short는 계산을 할 때 int 형으로 변환됨을 기억해 두어야 합니다.

자바의 정수 자료형 간에 대소가 있습니다. 즉, byte 〈 short 〈 int 〈 long 의 대소 관계가 있죠. 이 관계가 연산에서 중요합니다. 기본적으로 큰 데이터를 자기보다 작은 데이터 공간에 저장할 수 없어요.

코드 26

```
int a = 7;
byte b;
short c;

b = a;    // 에러
c = a;     // 에러
```

에러 메시지

```
Type mismatch: cannot convert from int to byte
Type mismatch: cannot convert from int to short
```

위의 코드에서 b = a; 는 int로 선언된 데이터를 byte 공간에 넣으려고 해서 에러이고, c = a; 는 int 데이터를 short 공간에 넣으려고 해서 에러가 발생한 거죠. 에러 메시지를 보면 int를 byte 또는 short로 변경할 수 없다고 나옵니다. 비록 7이 작은 숫자이지만 int로 선언된 공간에 저장되기 때문에 위와 같은 할당은 에러가 발생합니다.

단항 연산자(unary operators)

단항 연산자는 ++와 -- 두 가지가 있어요. ++은 1 증가시키라는 의미이고, --는 1 감소시키라는 의미예요. 그러니까 다음이 모두 변수 값을 1 증가시키는 코드입니다. 이때 반드시 ++, --는 두 기호를 붙여서 써야 합니다.

다음의 코드는 모두 1 증가시키는 코드예요.

변수 a의 값을 1 증가시키는 코드

```
a = a + 1;
a += 1;
a ++;  // 후치 표현
++a;   // 전치 표현
```

변수 a의 값을 1 감소시키는 코드

```
a = a - 1;
a -= 1;
a --;  // 후치 표현
--a;   // 전치 표현
```

코드 한 줄에 단항 연산자만 단독으로 적는다면, ++ 또는 -- 기호가 변수 앞에 붙으나 변수 뒤에 붙으나 똑같이 1 증가 또는 1 감소의 의미예요. 다음과 같이 '++변수' 또는 '변수++'가 단독으로 쓰이지 않고 한 줄에 다른 코드와 같이 있다면 전치형인지, 후치형인지가 아주 중요해요. 하지만 문법은 분명해요.

- ++ 기호가 후치형인 경우에는 먼저 해당 줄을 수행하고 다음 줄로 넘어가기 전에 변수의 값을 1 증가시킵니다.
- ++ 기호가 전치형인 경우에는 먼저 변수의 값을 1 증가시킨 후에 그 줄을 수행합니다.

다음 예를 보세요.

코드 27

```
int a = 10, b;
❶ b = a++;
System.out.println("a : " + a);
System.out.println("b : " + b);
```

결과

```
a : 11
b : 10
```

코드 28

```
int a = 10, b;
❷ b = ++a;
System.out.println("a : " + a);
System.out.println("b : " + b);
```

결과

```
a : 11
b : 11
```

❶은 한 줄에 a++가 단독으로 쓰이지 않고, b = a++; 로 되어 있어요. 이 경우에는 ++가 후치형이기 때문에 현재 줄을 먼저 수행하고 다음 줄로 넘어가기 전에 a 값을 1 증가시키게 되요. 그래서 b는 a가 증가되기 전의 값 10을 갖게 되고, a는 b에 값을 저장한 후에 증가하기 때문에 11이 됩니다.

❷ 역시 ++a가 단독으로 쓰이지 않고 b = ++a; 로 되어 있어요. 이 경우는 전치형이기 때문에 a의 값을 먼저 1 증가시키고 그 값을 b에 저장하게 됩니다. 따라서 a와 b가 모두 11을 갖게 되요.

조금 더 복잡한 예를 볼게요.

코드 29

```
int a = 10, b = 20, c = 5, d;
d = a++ + --b + ++c;
System.out.println("a : " + a);
System.out.println("b : " + b);
System.out.println("c : " + c);
System.out.println("d : " + d);
```

결과

```
a : 11
b : 19
c : 6
d : 35
```

할당식 d = a++ + --b + ++c; 는 현재 a값 그대로, b는 1 감소, c는 1 증가시켜서 계산을 진행합니다. 따라서 d = 10 + 19 + 6이 되겠죠. 그리고 다음 줄로 넘어가기 전에 a가 1 증가됩니다.

02 비트 연산자 (bitwise operators)

비트 연산자는 정수형 데이터에 적용할 수 있는 연산자예요. 즉, byte, char, short, int, long에만 적용할 수 있고 정수를 이진수로 바꾸어서 적용합니다. bitwise 연산자에는 에는 세 종류가 있습니다. &, |, ^입니다.

비트 연산자 AND – &

두 정수에 & 연산을 취하면, 두 피연산자를 2진수로 했을 때 같은 자리에 숫자가 둘 다 1인 경우에만 1이 되고, 나머지 경우는 0이 되는 결과가 나옵니다.

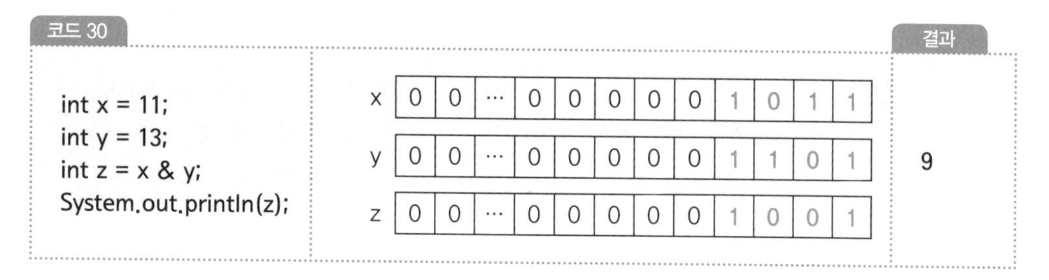

비트 연산자 OR – |

두 정수에 | 연산을 취하면 피연산자가 둘 다 0인 경우에만 0이 되고 나머지는 모두 1이 됩니다.

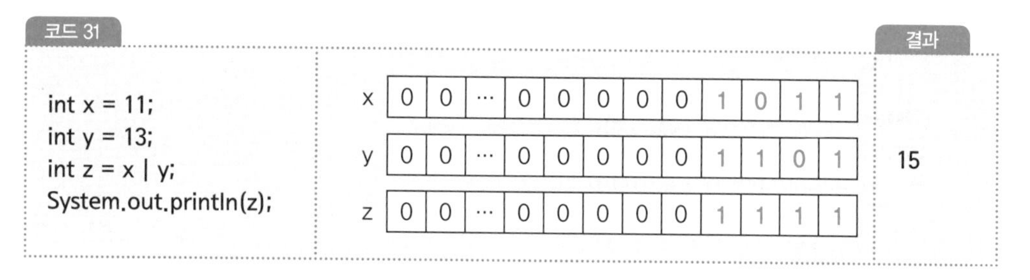

비트 연산자 XOR – ^

피연산자 중에서 한 개는 0이고, 다른 한 개는 1인 경우에 XOR 결과는 1이 됩니다.

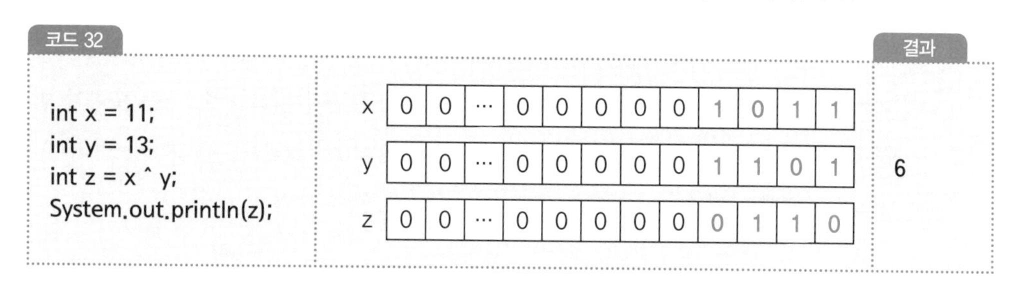

03 시프트 (shift) 연산자

시프트 연산자에는 세 가지가 있어요. 〉〉, 〉〉〉, 〈〈 이렇게 세 가지입니다. 시프트 연산자도 2진수를 이용해서 하는 연산자예요.

x >> a	이진수 x를 a 비트 오른쪽으로 이동합니다. 왼쪽에 비는 공간은 부호로 채웁니다.
x >>> a	이진수 x를 a 비트 오른쪽으로 이동합니다. >>>는 왼쪽에 비는 공간을 0으로 채웁니다.
x << a	이진수 x를 a 비트 왼쪽으로 이동합니다. 오른쪽에 비는 공간은 0으로 채웁니다.

예제를 볼게요.

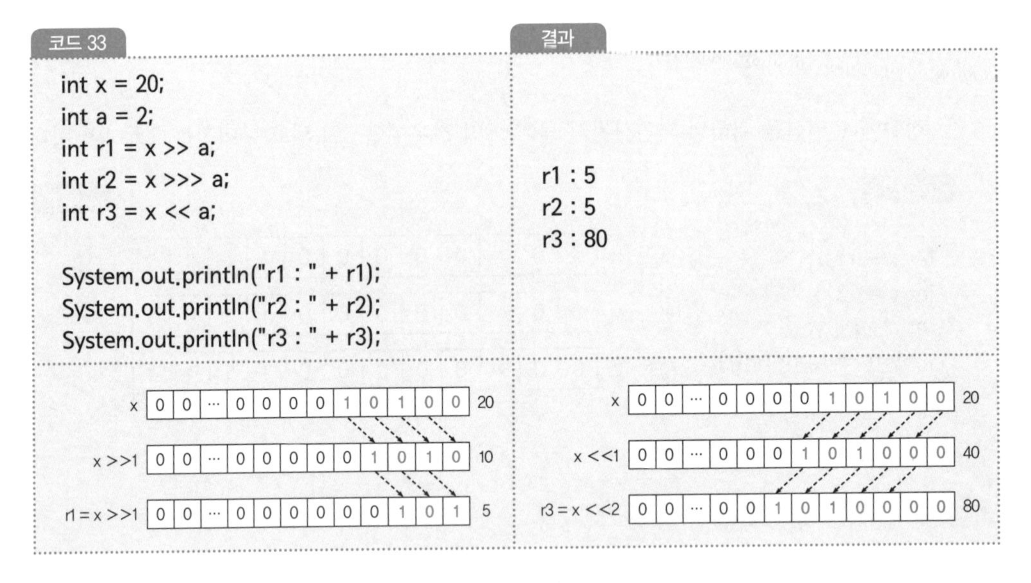

코드 33

```
int x = 20;
int a = 2;
int r1 = x >> a;
int r2 = x >>> a;
int r3 = x << a;

System.out.println("r1 : " + r1);
System.out.println("r2 : " + r2);
System.out.println("r3 : " + r3);
```

결과

```
r1 : 5
r2 : 5
r3 : 80
```


양수의 경우에는 부호가 0이므로 〉〉와 〉〉〉의 결과가 같습니다.

- 〉〉 시프트 연산자는 오른쪽으로 비트를 이동하는 결과가 나오는데, 이는 숫자를 반으로 줄이게 되겠죠. 20을 오른쪽으로 1 비트씩 이동하면, 10이 결과로 나오고, 한 번 더 이동하면 5가 나오게 되겠죠.

- << 시프트 연산자는 왼쪽으로 비트를 이동하는 결과가 나오는데, 이는 숫자를 2배씩 증가시키는 결과가 되겠죠. 따라서 20을 왼쪽으로 1비트씩 이동하면 40이 되고, 한 번 더 이동시키면 80이 됩니다.

우리는 시프트 연산자보다는 + 또는 * 연산의 사용이 쉽습니다. 그런데 시프트 연산자가 있는 것은 속도 때문이예요. 시프트 연산은 +, * 연산에 비해서 연산 속도가 빠르다는 장점 때문에 많이 사용되기도 합니다.

04 관계 연산자

관계 연산자는 두 수 간의 크기를 비교하는 연산자로 모두 6가지의 관계 연산자가 있어요. 우리는 '크거나 같다'를 표현할 때 ≥, '작거나 같다'를 표현할 때 ≤, 그리고 '같지 않다'를 표현할 때는 ≠ 기호를 사용합니다. 하지만 코딩에서는 〉=, 〈=, != 라고 표현해야 합니다. 특히 '같다'를 표현하는 것이 '=='임을 기억해 두세요. 코딩에서 많이 실수하는 기호 중에 하나입니다. '='은 '할당 연산자'로 우변의 값을 좌변 변수에 저장하라는 의미이고, '=='이라고 해야 양 변에 있는 데이터가 같은지를 판단합니다. 아래 연산의 결과는 모두 참(true) 또는 거짓(false)이 됩 니다.

관계 연산자	의미	관계 연산자	의미
〉	크다	〈=	작거나 같다
〉=	크거나 같다	==	같다
〈	작다	!=	같지 않다

위의 연산의 결과는 true 또는 false의 불리언 값이기 때문에 boolean 자료형에 결과 값을 넣고 출력해 볼게요.

코드 34

```
int a = 50, b = 30, c = 60;
boolean b1 = a > b;
boolean b2 = b > c;
boolean b3 = a >= c;
boolean b4 = b <= c;
boolean b5 = a == b;
boolean b6 = a != b;

System.out.println(b1 + " " + b2 + " " +
b3);
System.out.println(b4 + " " + b5 + " " +
b6);
```

결과

```
true false false
true false true
```

05 논리 연산자

논리 연산자는 세 가지 종류가 있습니다. &&(and), ||(or), !(not) 이렇게 세 가지이고 각각은 다음과 같이 연산합니다. 논리 연산자의 피연산자에는 반드시 참 또는 거짓을 판단할 수 있는 문장이 와야 합니다.

A && B	A와 B가 모두 참인 경우에만 A && B는 참이 됩니다.
A || B	A와 B 중에 한 개 이상이 참이면 A || B는 참이 됩니다.
!A	!는 A가 참이면 거짓으로, A가 거짓이면 참으로 바꾸어 줍니다.

예제를 볼게요.

코드 35

```
int a = 10, b = 20, c = 30, d = 15;
boolean b1 = a > b && c >d;
boolean b2 = a != b || b > c;
boolean b3 = a <= b || c <= d;
System.out.println(b1 + " " + b2 + " " + b3);
```

결과

```
false true true
```

논리 연산자는 다음 장에서 if 조건문과 같이 다시 자세히 설명합니다.

06 할당 연산자 (assignment operator)

할당 연산자는 '='과 +=, -= 등이 있습니다. 할당 연산자는 오른쪽의 값을 왼쪽 변수에 넣으라는 뜻이라고 했어요. 이때 '=' 오른쪽에 아무리 복잡한 수식이 있다고 하더라도 그 수식을 모두 계산하여 하나의 값으로 계산한 후에 왼쪽 변수에 넣어야 합니다. 다음의 예를 보세요.

코드 36

```
public class Code36 {

  public static void main(String[] args)
  {
          int a = 30, b = 11, c = 7, d = 10;
          a += b + c - d;
          System.out.println(a);

          a %= b - c;
          System.out.println(a);
  }
}
```

결과

```
38
2
```

위의 결과는 다음과 같이 진행되겠죠.

```
int a == 30, b = 11, c = 7, d = 10
```

```
a += b + c - d
```

8

38

```
a %= b - c
```

4

2

07 연산자 우선순위

우선은 산술 연산자 〉 관계 연산자 〉 논리 연산자 〉 할당 연산자 순으로 우선순위가 있다는 것을 기억해 두고, 산술 연산자에서도 단항 연산자 〉 곱셈, 몫과 나머지 〉 덧셈, 뺄셈 순이라는 것을 알아야죠. 관계 연산자는 〉, 〉=, 〈. 〈= 보다는 같다(==)와 같지 않다(!=)가 우선순위가 낮아 나중에 처리합니다.

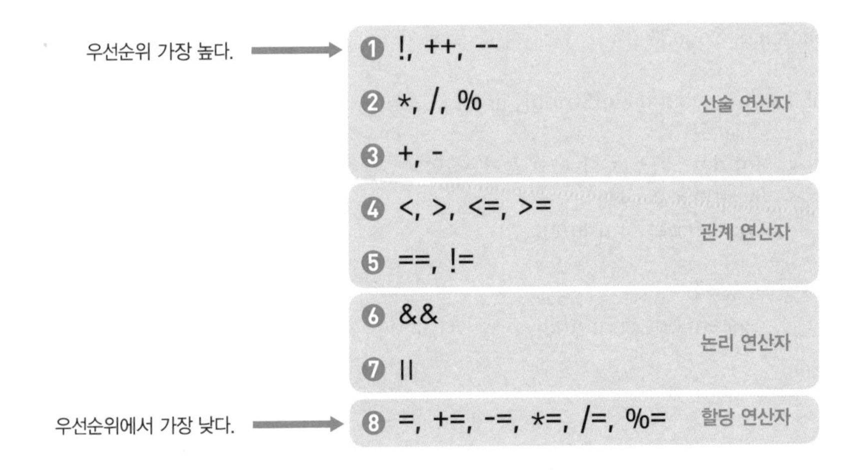

예를 보면서 정리해 두세요.

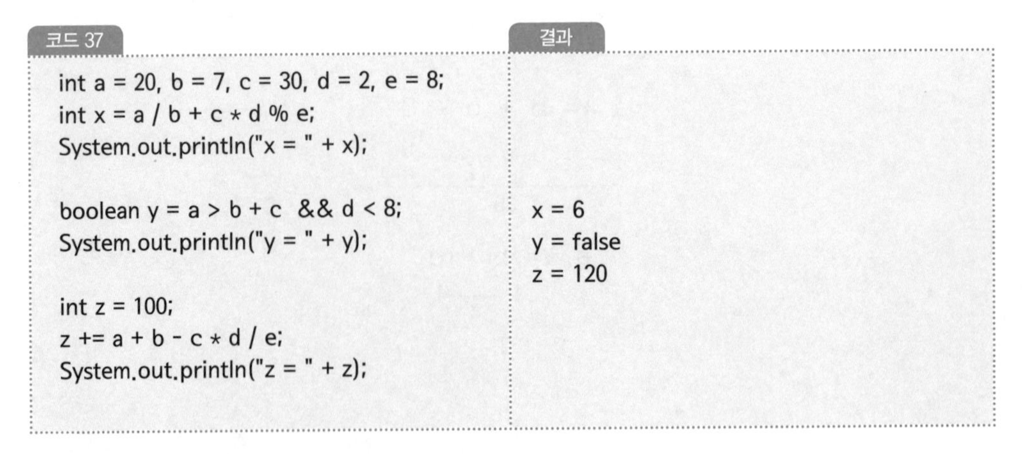

코드 37

```
int a = 20, b = 7, c = 30, d = 2, e = 8;
int x = a / b + c * d % e;
System.out.println("x = " + x);

boolean y = a > b + c  && d < 8;
System.out.println("y = " + y);

int z = 100;
z += a + b - c * d / e;
System.out.println("z = " + z);
```

결과

```
x = 6
y = false
z = 120
```

08 형 변환 (type conversion)과 캐스트 연산자

자바에서는 서로 다른 자료형들이 섞여서 식을 만든 경우에 자료형을 일치시켜서 계산을 합니다. 이렇게 자료형을 바꾸는 것을 형 변환이라고 하고, 형 변환에는 '자동 형 변환'과 '강제 형 변환'이 있어요. 형 변환에 대해서 이해하려면 우선 자료형간의 대소 관계를 알아야 합니다.

자료형 간의 대소 관계

자바의 기본 자료형간에는 대소 관계가 있어요. 설명 중에 작은 자료형, 큰 자료형이라고 언급할 텐데, 어떤 자료형이 작고, 어떤 자료형이 큰지를 알아야 합니다. 8가지 자료형의 크기는 다음과 같아요.

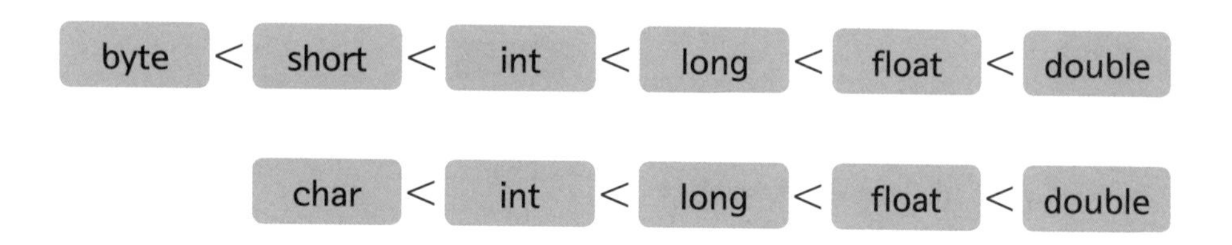

정수 자료형이 실수 자료형보다 작은 자료형이라는 것을 알 수 있죠. short와 char는 대소 비교를 하지 않습니다. byte와 char도 마찬가지고요.

자동 형 변환(automatic conversion)

다음과 같이 '='의 우변 자료형이 좌변 자료형보다 더 작은 자료형인 경우에는 자동 형 변환이 일어납니다. 즉, 우변 자료형을 좌변의 자료형으로 변환하여 저장하게 되요.

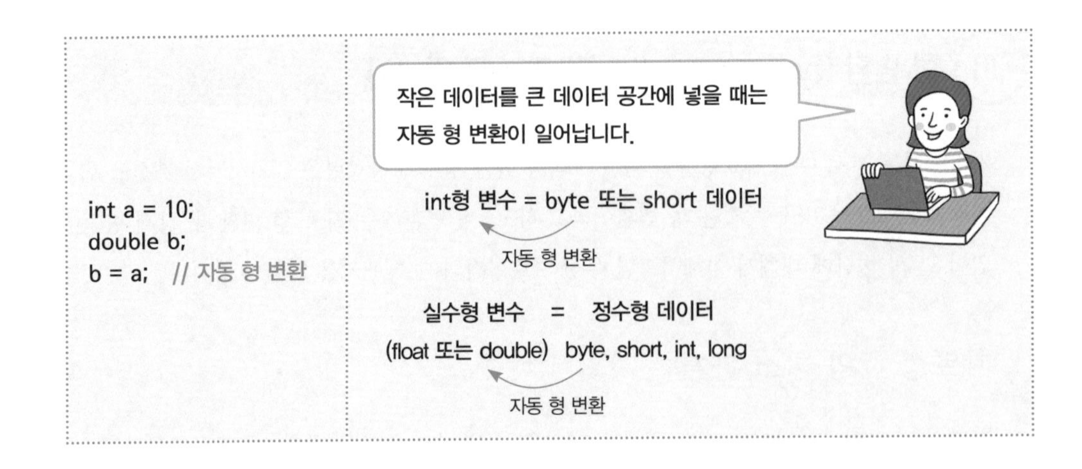

a와 b는 자료형이 다릅니다. 이때, a를 double 형으로 자동 형 변환하여 b에 저장합니다. 마찬가지로 다음의 경우도 모두 자동 형 변환이 일어납니다.

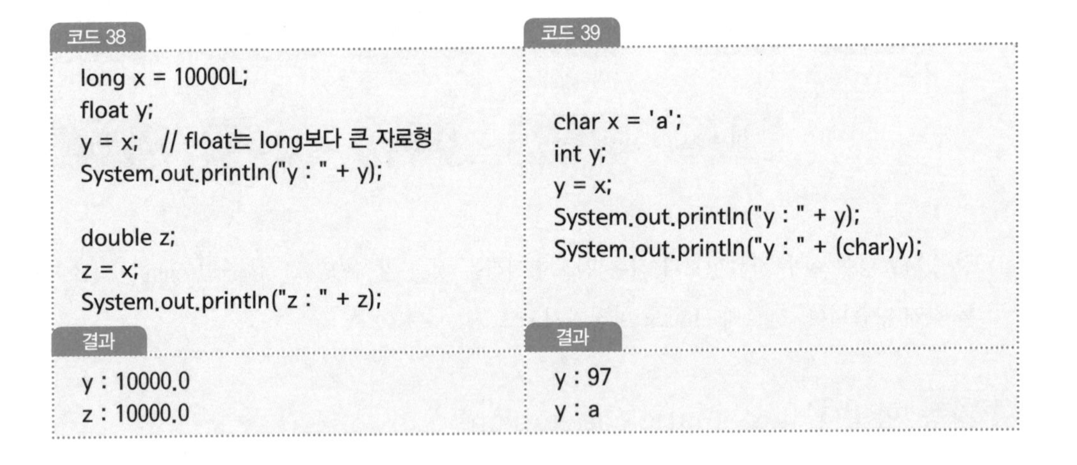

코드 38

```
long x = 10000L;
float y;
y = x;   // float는 long보다 큰 자료형
System.out.println("y : " + y);

double z;
z = x;
System.out.println("z : " + z);
```

결과

```
y : 10000.0
z : 10000.0
```

코드 39

```
char x = 'a';
int y;
y = x;
System.out.println("y : " + y);
System.out.println("y : " + (char)y);
```

결과

```
y : 97
y : a
```

에러가 나는 상황을 볼게요. double 값을 long 자료형에 넣으려고 하는데 에러가 발생합니다.

```
long x;
double y = 1.5;
x = y;  // 에러 : Type mismatch: cannot convert from double to long
```

위의 코드에서는 큰 자료형 double을 double보다 작은 자료형 long에 저장할 수 없다는 에러 메시지가 나옵니다.

캐스트(cast) 변환

큰 자료형의 데이터를 작은 자료형 변수에 저장하려고 하는 경우에는 'Type mismatch' 에러가 발생합니다. 이때 캐스트(cast) 연산자를 사용하면 에러를 발생시키지 않고 데이터를 저장할 수 있어요. 캐스트 연산자는 다음과 같은 형태예요.

```
(변환하고자 하는 자료형) 변수
```

만약에 double 데이터를 int 변수에 저장하고 싶다면 다음과 같이 하면 캐스트 연산자를 사용하면 되는 거예요.

```
int x;
double y = 10.5;
x = (int)y;
System.out.println("x : " + x);
```

```
double x = 20.9;
long y;
y = (long)x;
System.out.println("y : " + y);
```

정수형(byte, short, int, long) 사이에 캐스트 연산자를 사용하는 경우에는 숫자의 범위에 주의해야 합니다.

코드 40

```
byte bi, bj;
int i = 100, j = 300;
bi = (byte) i;
System.out.println("bi : " + bi);
bj = (byte) j;
System.out.println("bj : " + bj);
```

결과

```
bi : 100
bj : 44
```

코드 41

```
int i;
double x = 10.5, y = 2.8;
i = (int)(x/y);
System.out.println("(int) x/y : " + i);
```

결과

```
(int) x/y : 3
```

다양한 자료형이 섞인 계산식

캐스트 연산은 다양한 자료형이 섞여 있는 계산식에서 중요합니다. 기본적으로 서로 크기가 다른 자료형이 섞인 경우, 큰 자료형에 맞추어 줍니다.

```
byte b1 = 10, b2;
int i = 5;
b2 = b1 + i;   // 에러 (Type mismatch: cannot convert from int to byte)
System.out.println("b2 : " + b2);
```

b1+i에서 byte+int를 계산할 때, byte 데이터를 int 형으로 변환한 후에 계산을 진행합니다. 따라서 b1+i의 결과는 int 형이 되는 거예요. 이 int 데이터를 byte 자료형인 b2에 넣으려고 하니까 에러가 발생합니다. 다음과 같이 캐스트를 이용하면 해결이 되죠.

코드 42

```
byte b1 = 10, b2;
int i = 5;
b2 = (byte)(b1 + i);
System.out.println("b2 : " + b2);
```

결과

```
b2 : 15
```

리터럴이 포함된 계산식

계산식에 리터럴이 포함되어 있는 경우 형 변환이 어떻게 이루어지는지 이해해야 합니다. 기본적으로 정수 데이터는 int 형으로 간주하고, 실수 데이터는 double 형으로 간주한다고 했어요. 다음의 예를 보세요.

```
byte b1 = 5, b2;
b2 = b1 + 3;   // 에러 (Type mismatch: cannot convert from int to byte)
```

리터럴 3이 int 형이기 때문에 b1이 계산 과정에서 int 형으로 변환되어 b1 + 3의 결과는 int가 되겠죠. int 결과를 byte 형인 b2에 저장하려고 하니까 에러가 발생하는 거예요.

이번 장에서는 중요한 수치 계산 연산자에 대해서 학습했어요. 수치 연산에서 조심해야 할 부분은 자료형이예요. 자바는 자료형이 맞지 않는 경우에 예민하기 때문에 반드시 연산시에 또는 연산 후 결과를 변수에 저장할 때 에러가 발생하지 않는지 확인해야 합니다.

04 코드의 수행흐름을 바꾸는 조건문과 반복문

지금까지는 순차적으로 수행되는 코드를 작성했어요. 이번 장에서는 코드의 수행 흐름을 바꿀 수 있는 조건문과 반복문에 대해 학습합니다. 조건문은 조건에 따라 수행되는 코드를 달리 할 수 있고, 반복문은 조건이 맞는 동안 같은 일을 반복적으로 처리할 수 있도록 하는 코드예요. 조건문과 반복문에 해당하는 키워드들을 정리해 보았어요. 이번 장에서는 이것들에 대해서 하나씩 학습합니다.

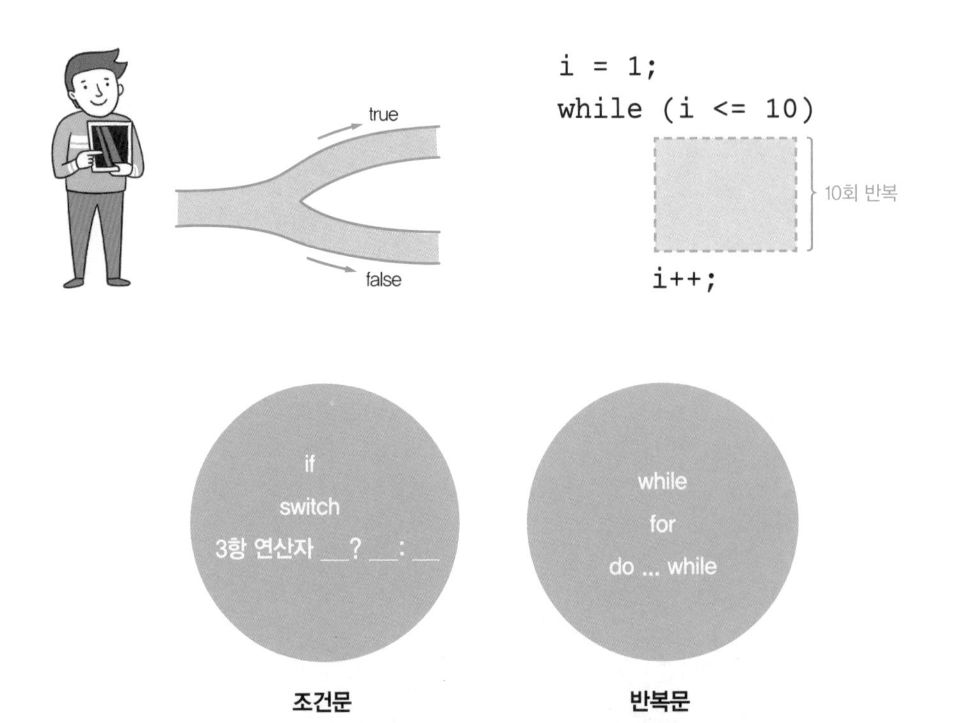

01 불리언 논리 연산자

3장에서 간단히 논리 연산자를 살펴 보았어요. 논리 연산자는 사실 이번 장에서 배우는 if 조건문과 while 또는 for 반복문과 같이 사용합니다. 예제를 통해서 조금 더 설명해 볼게요. 논리 연산자는 참(true) 또는 거짓(false)의 결과를 내는 연산자로 다음의 3가지가 있습니다.

논리연산자	의미
&&	and
||	or
!	not

&&, ||는 이항 연산자이고, !는 단항 연산자예요.
&&, || 양쪽에는 참/거짓을 판단하는 문장이 와야 합니다.
!는 ! 기호 다음에 참/거짓을 판단하는 문장이 와야 합니다.

&&와 ||에 대해 정리할게요.

P	Q	P && Q	P || Q	!P
true	true	true	true	false
true	false	false	true	false
false	true	false	true	true
false	false	false	false	true

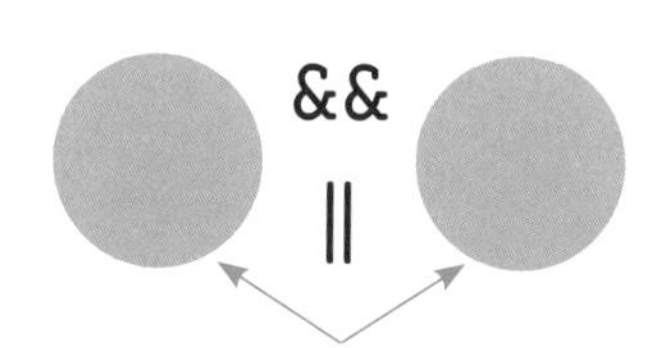

!

&& 또는 || 기호 양쪽에는 반드시 참/거짓을 판단할 수 있는 문장이 와야 합니다.

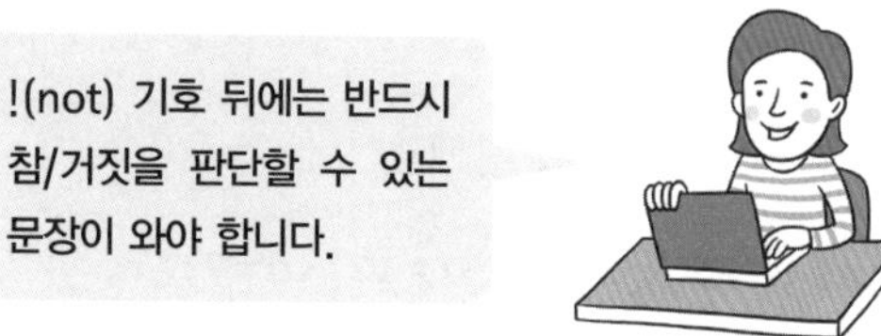

논리 연산자의 결과는 boolean 자료형에 저장해야 하겠죠.

코드 43

```
int a = 10, b = 5, c = 20;
boolean w, x, y, z;

w = a > b;
x = a == c;
y = (a > b) && (b != c);
z = !(a == b) || (a < b);

System.out.println("w : " + w);
System.out.println("x : " + x);
System.out.println("y : " + y);
System.out.println("z : " + z);
```

결과

```
w : true
x : false
y : true
z : true
```

그리고 수치 연산자, 관계 연산자, 논리 연산자까지 섞여 있는 경우에는 논리 연산자를 가장 나중에 계산한다고 했습니다.

코드 44

```
public class Code44 {

  public static void main(String[] args)
  {
          int a = 10, b = 5, c = 12, d = 7;
          boolean x;

          x = a + b > c - d && a - 10 == b - 5;
          System.out.println(x);

  }
}
```

결과

```
true
```

위의 결과를 생각해 볼게요.

```
int a=10, b=5, c=12, d=7;
boolean x;
x = a+b > c-d && a-10 == b-5;
   15    5        0      0
     true           true
             true
```

02 조건문

조건문은 조건이 참인 경우와 거짓인 경우에 따라서 코드의 흐름을 결정할 수 있는 문장이예요. if, switch, 3항 연산자(? :)의 형태가 있는데 하나씩 알아볼게요.

if 조건문

if 조건문의 기본적인 형태는 다음과 같아요.

```
if ( 조건 1 ) {
  조건 1이 참일 때 실행하는 블록 (if 블록이라고 함)
}
else if ( 조건 2 ) {
  조건 1이 거짓이고 조건 2가 참일 때 실행하는 블록 (else if 블록이라고 함)
}
else if ( 조건 3 ) {
  조건 1과 조건 2가 거짓이고 조건 3이 참일 때 실행하는 블록 (else if 블록)
}
else {
  조건 1, 2, 3이 모두 거짓일 때 실행하는 블록 (else 블록이라고 함)
}
```

조건 1, 조건 2, 조건 3 자리에는 반드시 참인지 거짓인지 판단할 수 있는 문장을 넣어야 합니다. 위의 형태에서 if만 사용하는 조건문도 있고, if ~ else만 사용하는 조건문도 있고, if ~ else if 만 사용할 수도 있어요.

- **if만 사용하는 경우**

특정 조건을 만족하는 경우에만 실행하고자 하는 코드가 있다면 if 만을 사용합니다.

성적이 90점 이상인 경우에만 'You passed the exam.'이라고 출력하고자 하는 경우에 다음과 같이 작성할 수 있습니다.

코드 45

```
int score = 95;
if (score >= 90) {
   System.out.println("PASS!!");
}
System.out.println("ending... program");
```

결과

```
PASS!!
ending... program
```

```
int score = 85;
if (score >= 90) {
   System.out.println("PASS!!");
}
System.out.println("ending... program");
```

결과

```
ending... program
```

위의 코드에서 score 값에 따라서 if 블록이 수행될지를 결정하게 되죠. 마지막 줄은 무조건 수행되는 라인이고요. 만약에 if 블록에 한 문장만 있는 경우에는 중괄호를 하지 않아도 됩니다. 문장이 두 줄 이상인 경우에는 반드시 중괄호를 해야 하고요. 인덴트가 중요하지는 않습니다. 아래 두 코드는 같은 코드예요. 그런데 인덴트가 적절하게 되어 있으면 코드 읽기가 편하니까 적절하게 인덴트해 주세요.

```
int score = 85;
if (score >= 90)
   System.out.println("PASS!!");
System.out.println("ending... program");
```

```
int score = 85;
if (score >= 90)
   System.out.println("PASS!!");
   System.out.println("ending... program");
```

이 문장만 if와 연관됩니다.

- **if ~ else 만 사용하는 경우**

  if와 else가 있는 형태는 if 조건이 참이면 if 블록이 실행되고 else 블록은 수행되지 않습니다. 반대로 if 조건이 거짓이면 if 블록이 수행되지 않고 else 블록이 수행되고요.

코드 46

```
int score = 95;
if (score >= 90)
   System.out.println("PASS!!");
else
   System.out.println("FAIL!!");
System.out.println("ending... program");
```

결과

```
PASS!!
ending... program
```

```
int score = 85;
if (score >= 90)
   System.out.println("PASS!!");
else
   System.out.println("FAIL!!");
System.out.println("ending... program");
```

```
FAIL!!
ending... program
```

여기서 잠깐 Scanner 클래스에 대해 설명할게요. Scanner 클래스를 이용하면 코드 작성에 아주 유용합니다. Scanner 클래스는 키보드로부터 데이터를 입력받을 수 있도록 해 줍니다. 다음의 예를 보세요.

코드 47

```
import java.util.Scanner;

public class Code47 {

  public static void main(String[] args)      ····· 키보드를 의미함
  {
❶    Scanner scin = new Scanner(System.in);
❷    System.out.print("정수를 입력하시오 : ");
❸    int x = scin.nextInt();
❹    System.out.print("실수를 입력하시오 : ");
❺    double y = scin.nextDouble();
❻    System.out.print("이름을 입력하시오 : ");
❼    String name = scin.next();
     System.out.println("x : " + x);
     System.out.println("y : " + y);
     System.out.println("name : " + name);

❽    scin.close();
  }
}
```

결과

```
정수를 입력하시오 : 100
실수를 입력하시오 : 5.5
이름을 입력하시오 : Alice
x : 100
y : 5.5
name : Alice
```

❶에서 Scanner 클래스를 사용했습니다. Scanner 클래스는 데이터를 입력을 때 유용하게 사용할 수 있어요. 괄호에 있는 System.in은 키보드를 의미하고요. ❶은 키보드로부터 데이터를 입력받을 수 있도록 합니다(나중에 클래스를 배우면 new에 대해서 잘 이해할 수가 있어요). ❷는 모니터에 출력되고 ❸에서 scin.nextInt()는 키보드를 통해서 정수를 입력받으라는 뜻입니다. 그리고 이렇게 입력받은 정수는 변수 x에 저장됩니다. ❺에서 scin.nextDouble()은 키보드를 통해서 실수를 입력받으라는 뜻입니다. 또한 ❼에서 scin.next()는 문자열을 입력받도록 합니다.

위 코드의 수행 과정을 보겠습니다.

```
정수를 입력하시오 : 100
실수를 입력하시오 : 5.5      사용자가 데이터를 입력합니다.
이름을 입력하시오 : Alice
x : 100
y : 5.5
name : Alice
```

```
import java.util.Scanner;           키보드로부터 데이터를 입력받도록 합니다.
Scanner scin = new scanner(System.in); // Scanner 객체 생성
int z = scin.nextInt( );
double y = scin.nextDouble( );
String name = scin.next( );
```

else 블록도 블록 안에 한 줄의 코드만 넣는 경우에는 중괄호를 생략해도 됩니다. 위의 예제에서는 중괄호를 생략한 거예요. else 옆에는 조건을 넣으면 안 됩니다. else는 '그외의 경우'라는 의미라서 if가 true가 아닌 나머지 경우가 모두 else에 해당되는 거예요.

두 정수를 입력받아서 두 수 중에서 큰 수를 출력하는 코드를 작성해 보세요. 항상 다른 두 수를 입력한다고 가정합니다.

코드 48

```
import java.util.Scanner;

public class Code48
{
  public static void main(String[] args)
  {
    Scanner scin = new Scanner(System.in);
    System.out.print("Enter a : ");
    int a = scin.nextInt( );
    System.out.print("Enter b : ");
    int b = scin.nextInt( );

    int max = 0;
    if (a > b) max = a;
    else max = b;

    System.out.println("max : " + max);
    scin.close( );
  }
}
```

결과

```
Enter a : 5
Enter b : 7
max : 7
```

결과

```
Enter a : 11
Enter b : 6
max : 11
```

서로 다른 세 정수를 입력받아서 가장 큰 수를 출력해 보세요.

코드 49

```
import java.util.Scanner;

public class code49
{
  public static void main(String[] args)
  {
    Scanner scin = new Scanner(System.in);
    System.out.print("Enter three numbers : ");
    int a = scin.nextInt( );
    int b = scin.nextInt( );
    int c = scin.nextInt( );

    int max = 0;
    if (a > b) max = a;    } a, b 중 큰수를 max에 저장합니다.
    else max = b;

    // c가 max 보다 더 크면 max를 업데이트함.
    if (c > max) max = c;

    System.out.println("max : " + max);
    scin.close( );
  }
}
```

결과

```
Enter three numbers : 5 3 2
max : 5
```

결과

```
Enter three numbers : 3 9 5
max : 9
```

결과

```
Enter three numbers : 3 5 7
max : 7
```

- **if ~ else if ~ else 사용하는 경우**

if, else if, else가 모두 있는 경우를 볼게요.

코드 50

```
int score = 92;
if (score >= 90)
  System.out.println("Excellent!");
else if (score >= 80)          // else if (score >= 80 && score < 90)과 같음
  System.out.println("Good!!");
else if (score >= 70)          // else if (score >= 70 && score < 80)과 같음
  System.out.println("Ok");
else
  System.out.println("Not ok");
```

결과

```
Excellent!
```

● **중첩된 if 구문**

if 조건문 내에 if 조건문이 들어간 경우 '중첩된 if 조건문'이라고 해요. 논리적으로 맞다면 얼마든지 중첩될 수 있어요.

```
int a = 10, b = 10;

if (a >= b)
  if (a > b)
          System.out.println("a가 b보다 큰 수입니다.");
  else
          System.out.println("a와 b는 같은 수입니다.");
else
  System.out.println("a는 b보다 작은 수입니다.");
```

switch 조건문

switch 조건문은 특별한 형태의 조건문이예요. 우선 형태를 볼게요.

```
switch(변수) {   // 변수 자리에는 char, byte, short, int 자료형을 넣을 수 있어요.
case 값1 : ......  // 변수의 값이 '값1'이면 수행되는 부분
    ......
    break;
case 값2 : ......  // 변수의 값이 '값2이면 수행되는 부분
    ......
    break;
case 값3 : ......  // 변수의 값이 '값3이면 수행되는 부분
    .......
    break;
default:   ......  // 변수의 값이 '값1', '값2', '값3'이 아닌 경우에 수행되는 부분
    ......
    break;
}
```

예를 하나 볼게요. 왼쪽은 오른쪽의 if 구문을 그대로 switch 구문으로 다시 작성한 거예요.

코드 51

```
int score = 80;
char grade;

switch(score) {
case 90:  // score가 90인 경우
   grade = 'A';
   break;
case 80:  // score가 80인 경우
   grade = 'B';
   break;
case 70:  // score가 70인 경우
   grade = 'C';
   break;
default:  // 그 외의 경우
   grade = 'D';
   break;
}
System.out.println("grade : " + grade);
```

if로 작성한 코드

```
int score = 80;
char grade;

if (score == 90)
   grade = 'A';
else if (score == 80)
   grade = 'B';
else if (score == 70)
   grade = 'C';
else
   grade = 'D';

System.out.println("grade : " + grade);
```

switch 조건문을 사용할 경우에는 다음의 두 가지가 중요합니다.

❶ switch 옆에 괄호에는 반드시 정수 계열의 변수 char, byte, short, int를 넣어야 해요. 정수형 변수라도 long 자료형은 안 됩니다. 그리고 String 자료형 변수를 넣을 수 있어요. String 자료형은 다음 장에서 배웁니다.

❷ 각 case에서 break는 아주 중요합니다. break는 switch 구문을 끝내라는 키워드예요. break 구문이 제대로 들어가 있지 않으면 switch 조건문이 제대로 끝나지 않아요. 즉, 조건이 맞는 case부터 시작해서 break가 나올 때까지 switch 블록을 수행합니다.

위의 예제에서 break를 삭제하고 다시 수행해 볼게요. 다음 예에서 case 80에서 조건이 맞게 되고 그 줄부터 시작해서 break가 나올 때까지 수행되는데, break가 없기 때문에 switch 구문 끝까지 모든 라인이 수행됩니다.

코드 52

```
int score = 80;
switch(score) {
case 90:
   System.out.println("Your score is 90");
case 80:  // 이 조건에서 걸립니다.
   System.out.println("Your score is 80");
case 70:
   System.out.println("Your score is 70");
default:
   System.out.println("Your score is under 70");
}
```

결과

```
Your score is 80
Your score is 70
Your score is under 70
```

```
int score = 80;
switch(score) {
case 90:
   System.out.println("Your score is 90");
case 80:  // 이 조건에서 걸립니다.
   System.out.println("Your score is 80");
case 70:
   System.out.println("Your score is 70");
   break;  // 여기서 멈추고 switch를 끝냅니다.
default:
   System.out.println("Your score is under 70");
}
```

결과

```
Your score is 80
Your score is 70
```

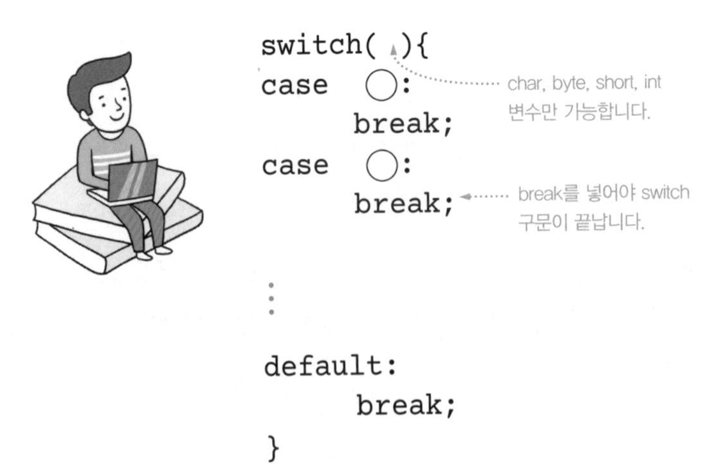

삼항 연산자

삼항 연산자는 간단한 if 연산자예요. 다음의 형태로 사용할 수 있어요.

```
( 조건 ) ? 조건이 참일 때 : 조건이 거짓일 때
```

왼쪽 코드는 a와 b 중에서 큰 수를 max에 넣는 코드이고, 오른쪽은 삼항 연산자로 바꾼 코드예요.

`if (a > b) max = a;` `else max = b;`	`max = (a > b) ? a : b;`

```
max = (a > b) ? a : b;
```

? 앞에는 반드시 참/거짓을 판단하는 문장이 와야 합니다.
이 문장이 참이면 : 앞의 a가 max가 됩니다.
이 문장이 거짓이면 : 뒤의 b가 max가 됩니다.

03 반복문

반복문은 같은 코드를 여러 번 반복하고자 할 때 사용합니다. 이때는 조건이 중요한데, 어떤 조건이 참인 동안 같은 블록을 계속 수행할 수 있도록 코드를 적어야 합니다.

while 반복문

while 반복문의 형태는 다음과 같아요.

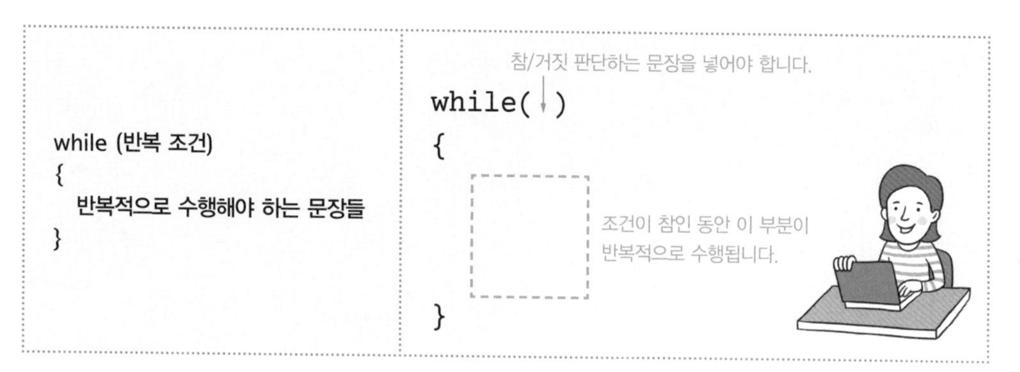

"Hello world"를 5번 출력하는 코드를 작성해 볼게요. 왼쪽 코드는 똑같은 출력문을 5번 반복해서 적었습니다. 오른쪽 코드는 루프를 5회 수행하면서 "Hello world"를 출력하라고 시킨 코드고요. while 반복문의 형태가 이해가 되는지요?

```
System.out.println("Hello world");
System.out.println("Hello world");
System.out.println("Hello world");
System.out.println("Hello world");
System.out.println("Hello world");
```

```
int a = 1;              // a가 1부터 시작함.
while (a <= 5) {  // a가 5 이하인 동안
   System.out.println("Hello world");
   a ++;              // a를 1씩 증가시킴.
}
```

예제를 통해서 while 반복문을 이해해 봅시다.

while 반복문을 이용하여 1부터 10까지의 합을 구해 보세요.

코드 53

```
public class Code53
{
   public static void main(String[] args)
   {
      int a = 1;
      int sum = 0;
      while (a <= 10)
      {
            sum += a;   // sum += a를 10회 수행함.
            a += 1;
      }
      System.out.println("sum : " + sum);
   }
}
```

결과

```
sum : 55
```

하나의 양의 정수 n을 입력받아서 while 반복문을 이용하여 n의 약수를 모두 출력해 보세요.

코드 54

```
import java.util.Scanner;

public class Code54
{
  public static void main(String[] args)
  {
    Scanner scin = new Scanner(System.in);
    System.out.print("Enter n : ");
    int n = scin.nextInt( );
    int a = 1;
    while (a <= n)
    {
      if (n % a == 0)  // a가 n의 약수인지 판단함
          System.out.print(a + " ");
      a += 1;
    }
    scin.close( );
  }
}
```

결과

```
Enter n : 50
1 2 5 10 25 50
```

하나의 양의 정수를 입력받아서 각 자리수를 떼어서 출력해 보세요.

코드 55

```
import java.util.Scanner;

public class Code55
{
  public static void main(String[] args)
  {
    Scanner scin = new Scanner(System.in);
    System.out.print("Enter n : ");
    int n = scin.nextInt( );
    while (n > 0)
    {
      int m = n % 10;
      System.out.println(m);
      n /= 10;
    }
    scin.close( );
  }
}
```

결과

```
Enter n : 38271
1
7
2
8
3
```

for 반복문

for 반복문의 형태는 다음과 같아요.

```
for ( 반복문 초기화 부분 ; 반복 조건  ; 변화 )
```

위의 while 코드를 for 반복문으로 수정하면 다음과 같아요.

```
int a = 1;            // a가 1부터 시작함.
while (a <= 5) {  // a가 5 이하인 동안
  System.out.println("Hello world");
  a ++;               // a를 1씩 증가시킴.
}
```

```
int a;
for (a=1; a <= 5; a++) {
  System.out.println("Hello world");
}
```

for 반복문의 수행 순서를 살펴 볼게요.

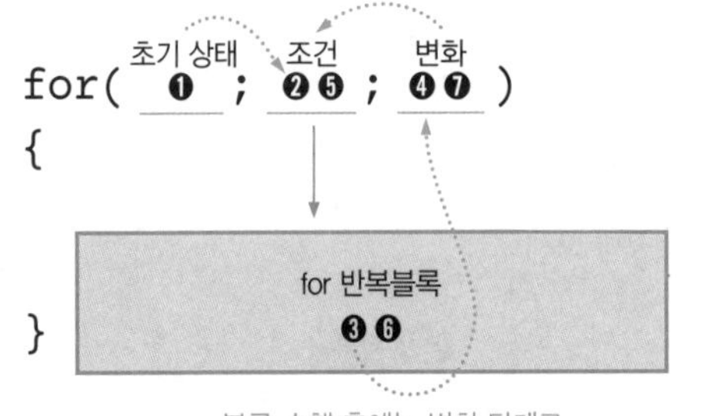

①을 수행합니다.
②의 조건의 참/거짓을 판단합니다.
③만약에 ②의 조건이 참이면 for 반복 블록을 수행합니다.
④의 변화 단계로 갑니다.
⑤의 조건의 참/거짓을 판단합니다.
만약에 ⑥의 조건이 참이면 for 반복 블록을 수행합니다.
다시 ⑦ 변화 단계로 갑니다.
⋮

for 반복문을 이용해서 1부터 10까지의 합을 구해 보세요.

코드 56

```
public class code56
{
  public static void main(String[] args)
  {
    int i;
    int sum = 0;
    for ( i = 1; i <= 10; i ++ )
    {
      sum += i;
    }
    System.out.println("sum : " + sum);
  }
}
```

결과

```
sum : 55
```

for 반복문은 위와 같이 괄호 안에 반드시 세미콜론(;)을 두 개 적고 세 부분으로 나누어야 합니다. 하지만 각 부분이 모두 채워져야 하는 것은 아니예요. 예를 들어서, 1부터 10까지 더하는 코드를 다음과 같이 적어도 괜찮아요.

```
int i = 1, sum = 0;

for ( ; i <= 10; i++) // 초기상태 비었음.
{
  sum += i;
}
System.out.println("sum : " + sum);
```

```
int i = 1, sum = 0;

for( ; i <= 10; ) // 초기상태, 변화 비었음.
{
  sum += i;
  i ++;
}
System.out.println("sum : " + sum);
```

다음과 같이 for 반복문 괄호에 세미콜론만 있고, 세 부분이 모두 비어있을 수도 있어요. 이 경우는 조건이 없기 때문에 무한 루프라는 뜻이예요. 무한 루프는 반드시 그 안에 break 구문이 있어야 하는데, break는 루프를 끝내라는 의미입니다.

```
int i = 1, sum = 0;

for ( ; ; ) // 조건이 비어 있으면 무한 루프라는 의미예요.
{
  sum += i;
  i ++;
  if (i == 11) break;  // 무한 루프인 경우 반드시 break 구문이 필요합니다.
}
System.out.println("sum : " + sum);
```

반복문을 수행할 때 주의할 점이 있어요. 자바 언어에서는 필요할 때 얼마든지 변수를 만들 수가 있어요. 변수를 반복문 안에 선언하면 그 반복문 내에서만 변수를 사용할 수가 있어요. 다음과 같이 반복문 내에 선언한 변수를 반복문 밖에서 사용하면 에러가 발생합니다.

```
int a; 0            // 정수형 변수 a는 for 반복문 밖에 선언되었음.
for (a = 1; a <= 3; a++)
{
   int x = 100;     // 변수 x는 for 반복문 안에 선언되었음.
   System.out.println(a + x);
}
System.out.println("a : " + a);   // 여기에서 a는 사용할 수 있음.
System.out.println("x : " + x);   // x는 반복문 내에 선언되었기 때문에 에러 발생함.
```

for 반복문을 이용하여 소수를 판단하는 코드를 작성해 볼게요.

1보다 큰 양의 정수 하나를 입력받아서 그 수가 소수인지 판단하는 프로그램을 작성해 보세요. 소수라면 '소수입니다'라고 출력하고, 아니라면 '합성수입니다'라고 출력합니다(어떤 수 n의 약수의 개수가 2라면, n은 소수입니다).

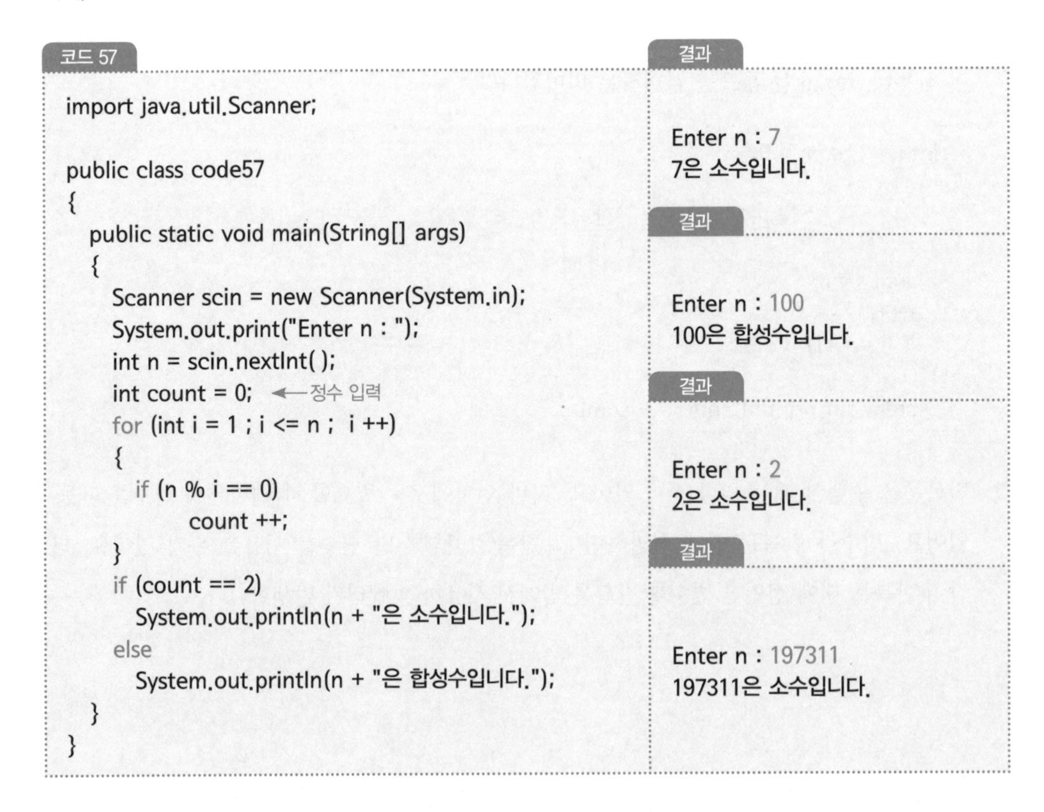

코드 57

```
import java.util.Scanner;

public class code57
{
   public static void main(String[] args)
   {
      Scanner scin = new Scanner(System.in);
      System.out.print("Enter n : ");
      int n = scin.nextInt( );
      int count = 0;   ←정수 입력
      for (int i = 1 ; i <= n ;  i ++)
      {
         if (n % i == 0)
               count ++;
      }
      if (count == 2)
         System.out.println(n + "은 소수입니다.");
      else
         System.out.println(n + "은 합성수입니다.");
   }
}
```

결과

```
Enter n : 7
7은 소수입니다.
```

결과

```
Enter n : 100
100은 합성수입니다.
```

결과

```
Enter n : 2
2은 소수입니다.
```

결과

```
Enter n : 197311
197311은 소수입니다.
```

do ... while 반복문

do ... while 반복문의 형태는 다음과 같아요. do...while 반복문은 while이나 for 반복문과는 다르게 조건이 반복문의 끝 부분에 있어요. 그렇기 때문에 일단 한 번은 반드시 수행되는 반복 형태입니다.

```
do {
   반복 처리해야 하는 문장
} while ( 참 또는 거짓을 판단하는 조건문 ); ←— 세미콜론을 반드시 넣어야 합니다.
```

"Hello world"를 다섯 번 출력하는 코드를 do ... while 구문으로 다시 작성해 볼게요.

```
int a = 1;
do {
   System.out.println("Hello world");
   a ++;
} while (a <= 5);
```

04 break와 continue

자바 코드에서는 두 군데에서 break를 사용합니다. 하나는 switch 구문 안에서, 다른 하나는 루프 안에서예요. while, for, do...whie 루프 어디에서나 필요한 경우에 break를 사용할 수 있어요.

break 구문

break를 루프 안에서 사용할 때는 루프를 강제로 끝내도록 할 때입니다. 즉, break를 만나면 루프가 끝나게 되는 거예요.

코드 58

```
int a = 1;
while (a <= 10) {
    if (a == 5)
            break;
    System.out.println("a : " + a);
    a++;
}
```

결과

```
a : 1
a : 2
a : 3
a : 4
```

코드 59

```
int a = 1;
while (a <= 5) {
    if (a == 10)
            break;
    System.out.println("a : " + a);
    a++;
}
```

결과

```
a : 1
a : 2
a : 3
a : 4
a : 5
```

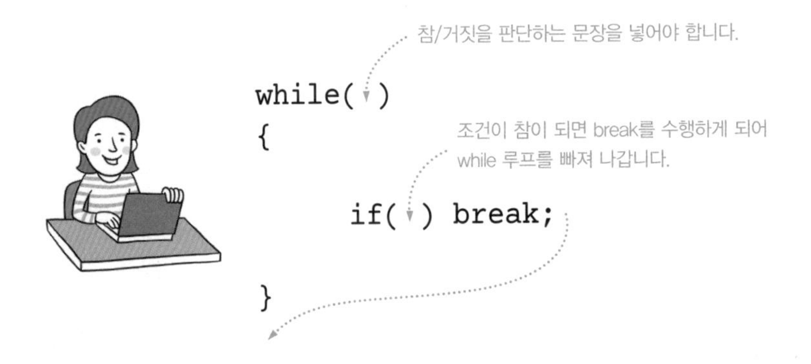

continue 구문

continue는 반드시 루프 안에서만 사용해야 하고, 루프 안에서 다음 반복 단계로 진행하라는 의미가 있어요. 다음 그림에서 보면 while 반복문이 A 부분과 B 부분이 있고, 그 사이에 if 조건문이 있어요. 만약에 if 조건문이 참이면, continue를 수행하게 되고, 아니라면 continue 구문을 만나지 못하겠죠. if 조건문이 참이 되지 않으면 계속해서 A 부분과 B 부분이 반복적으로 수행될 거예요. 그러다가 if 조건문이 참이 되면, continue를 만나게 됩니다. continue는 루프의 남은 부분을 건너 뛰고 while 키워드 옆에 조건을 판단하면서 다시 루프를 시작하라는 의미예요. 즉, B 부분을 건너 뛰게 됩니다.

```
while( )
{
        A
    if( ) continue;
        B
}
```

continue를 만나면 B부분을 수행하지 않고 while 조건문으로 제어가 갑니다.

다음 예는 1부터 10까지의 수 중에서 3의 배수를 제외하고 출력하는 코드입니다. continue의 역할을 잘 보세요.

코드 60

```
int a = 0;
while (a < 10)
{
  a ++;
  if (a % 3 == 0) continue;
  System.out.println(a);
}
```

(a % 3 == 0) 이 참이면 출력문은 건너뜁니다.

결과

```
1
2
4
5
7
8
10
```

continue 구문은 for, do..while 반복문에서도 사용할 수 있습니다. 아래 코드는 for 반복문 안에 continue를 사용한 경우예요. 코드의 결과를 보면 i 값이 짝수인 경우에는 continue를 수행하여 ❺는 수행되지 않음을 알 수가 있어요.

코드 61

```
❶ for (int i = 1; i <= 7; i++)
❷ {
❸   System.out.println("before continue : " + i);
❹   if (i % 2 == 0) continue;
❺   System.out.println("***** after continue : " + i);
❻ }
```

결과

```
before continue : 1
***** after continue : 1
before continue : 2
before continue : 3
***** after continue : 3
before continue : 4
before continue : 5
***** after continue : 5
before continue : 6
before continue : 7
***** after continue : 7
```

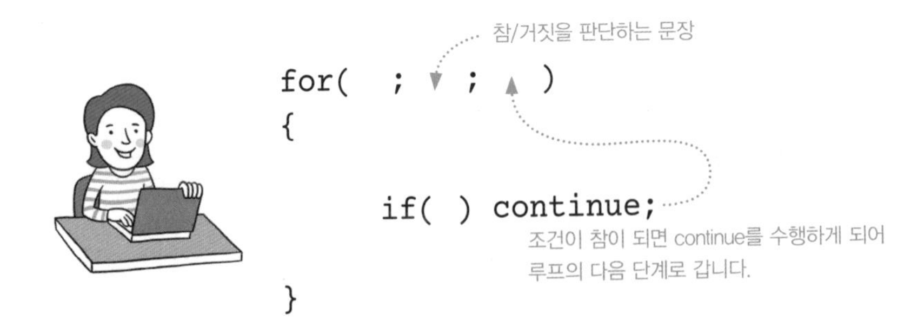

중첩된 반복문

반복문 안에 반복문이 있는 형태를 '중첩된 반복문'이라고 해요. 우선 while 반복문 안에 while 반복문이 다시 있는 경우를 볼게요. 중첩 반복문을 이용해서 구구단을 출력해 보겠습니다.

코드 62

```
int row, col;
row = 1;
while (row <= 10)
{
  col = 1;
  while (col <= 10)
  {
    System.out.print(row * col + " ");
    col ++;
  }
  row ++;
  System.out.println( );
}
```

결과

```
1 2 3 4 5 6 7 8 9 10
2 4 6 8 10 12 14 16 18 20
3 6 9 12 15 18 21 24 27 30
4 8 12 16 20 24 28 32 36 40
5 10 15 20 25 30 35 40 45 50
6 12 18 24 30 36 42 48 54 60
7 14 21 28 35 42 49 56 63 70
8 16 24 32 40 48 56 64 72 80
9 18 27 36 45 54 63 72 81 90
10 20 30 40 50 60 70 80 90 100
```

위의 코드를 for 구문으로 바꾸어 볼게요.

코드 63

```
int row, col;
for (row = 1; row <= 10 ; row ++)
{
  for (col = 1; col <= 10; col ++)
  {
    System.out.print(row * col + " ");
  }
  System.out.println( );
}
```

결과

```
1 2 3 4 5 6 7 8 9 10
2 4 6 8 10 12 14 16 18 20
3 6 9 12 15 18 21 24 27 30
4 8 12 16 20 24 28 32 36 40
5 10 15 20 25 30 35 40 45 50
6 12 18 24 30 36 42 48 54 60
7 14 21 28 35 42 49 56 63 70
8 16 24 32 40 48 56 64 72 80
9 18 27 36 45 54 63 72 81 90
10 20 30 40 50 60 70 80 90 100
```

위의 두 코드를 비교해 보면 for 반복문이 어떤 일을 하는 반복문인지 좀 더 쉽게 느껴질 것 같습니다. while 반복문과 for 반복문 중에 어느 것을 사용할 지는 코딩 문제에 따라 달라질 수 있을 것 같아요. 우선은 자바 코딩이 처음인 사람은 두 반복문을 모두 잘 공부해 두기 바랍니다. while 이나 for 반복문에 비해서 do..while 반복문은 사용 빈도가 약간 떨어지는 것 같지만 do..while 역시 문제에 따라 적합할 때가 있어요. 따라서 세 가지 반복문을 골고루 연습해 두면 좋을 것 같습니다.

이번 장에서는 일반적으로 코딩에 가장 핵심이라 할 수 있는 조건문과 반복문에 대해 학습했어요. 조건문과 반복문 모두 참/거짓을 판단하는 논리 구문이 중요해요. 교재에 있는 코드들을 직접 컴퓨터에 입력해 보고, 조금씩 수정해 보면서 코딩 연습을 해 보기 바랍니다.

05 > 배열과 문자열

지금까지는 하나의 변수에 하나의 데이터를 저장했어요. 만약에 100명의 성적을 처리해야 한다면 100개의 변수를 만들어야 했지요. 이렇게 처리해야 하는 데이터가 많은 경우에는 배열(array)이 아주 유용합니다. 배열은 같은 자료형의 데이터 여러 개를 한꺼번에 저장할 수 있는 공간이예요. 이번 장에서는 배열에 대해서 공부합니다.

```
int score1 = 80;
int score2 = 90;
int score3 = 75;
int score4 = 77;
int score5 = 95;
```

하나의 배열에 5개의 데이터가 저장될 수 있어요.

score

80	90	75	77	95

많은 데이터를 처리하려면 배열이 유용해요.
이름, 주소, 등과 같이 문자를 여러 개 저장하려면 String 클래스가 필요해요.

```
String name = "Alice";
```

01 1차원 배열

학생들의 성적을 저장한다고 하면, 성적의 개수만큼 변수를 만들어야 합니다. 이 작업을 배열을 이용하면 간단하게 처리할 수가 있어요.

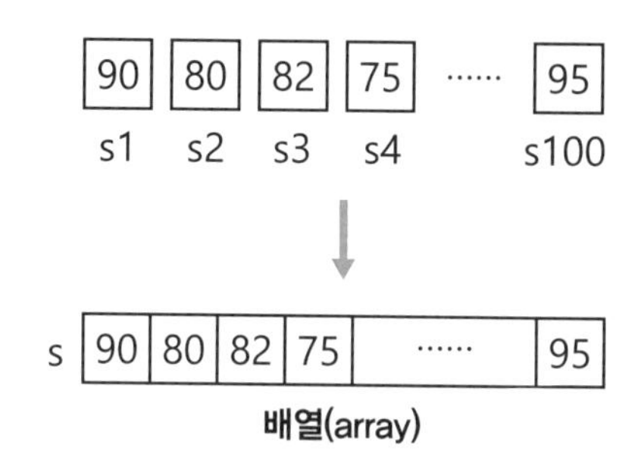

배열(array)

배열 선언 및 생성하기

그림과 같이 배열을 만들려면 다음과 같이 적어야 합니다.

```
자료형[] 배열명 = new 자료형[배열의 크기];
또는
자료형 배열명[] = new 자료형[배열의 크기];
```

예를 들어서 크기 5인 정수 배열 score를 만들어 볼게요(성적을 저장하려고 해요). 먼저 배열 이름을 만들고 다음 줄에 배열 공간을 만듭니다.

```
❶ int[] score;              // 배열명 score를 선언합니다. int score[] 라고 해도 됩니다.
❷ score = new int[5];       // 배열 score 공간 5개를 실제로 만듭니다.
```

❶에서는 다음과 같이 score 변수가 생깁니다. ❷에서와 같이 new를 해야만 배열 공간이 만들어집니다.

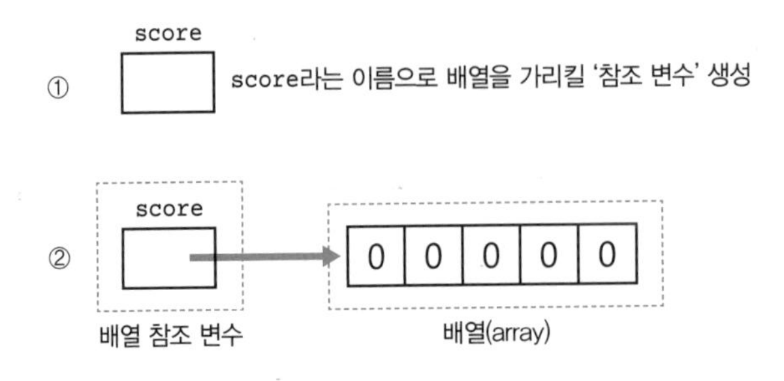

위의 두 줄을 한 줄로도 작성할 수 있어요.

```
int[] score = new int[5];
또는
int score[] = new int[5];
```

score 배열은 메모리에 다음과 같은 형태로 생성됩니다.

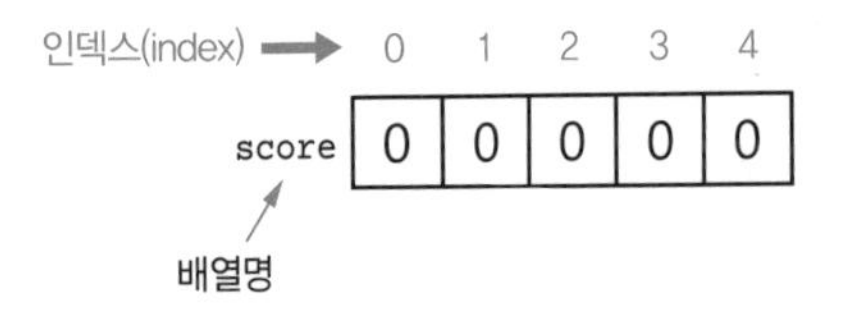

그림에서 보면 배열 크기만큼 공간이 생기고 각 공간에는 번호가 붙는데, 이 번호를 인덱스(index)라고 합니다. 인덱스는 반드시 0부터 시작해야 합니다. 따라서 마지막 인덱스는 '배열의 크기-1'이 되는 거예요.

배열 인덱스 : 반드시 0에서 시작해야 합니다.

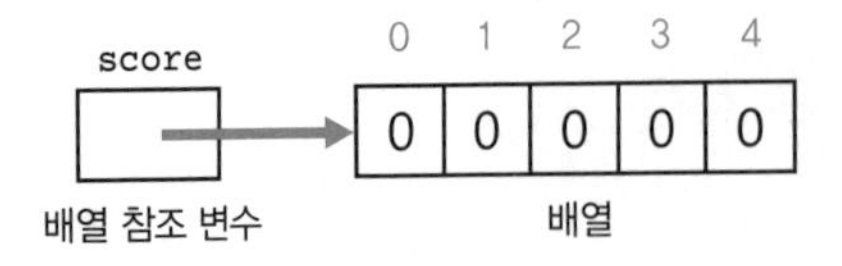

배열 초기화

new를 이용하여 배열이 생성되면 자동으로 초기화해 줍니다. 만약에 정수형 배열이라면 모든 공간이 0으로 초기화되고, 실수형 배열이라면 0.0으로 초기화됩니다. 배열을 생성한 후에 값을 넣으려면 다음과 같이 하나씩 넣어야 합니다.

```
❶ int[] score = {90, 85, 92, 75, 88};
❷ int[] score = new int[] {90, 85, 92, 75, 88};
```

❶과 ❷ 모두 앞 그림과 같은 배열을 생성해 줍니다. ❶이 ❷보다 간단하죠. 굳이 ❷처럼 할 필요는 없어요. 그런데 다음과 같이 배열명만 만들어 놓고 나중에 배열 안에 내용을 한꺼번에 채울 때에는 ❷처럼 해야 합니다.

잘못된 초기화

```
int[] score;
score = {90, 85, 92, 75, 88};  // 에러
```

올바른 초기화

```
int[] score;
score = new int[] {90, 85, 92, 75, 88};
```

배열 출력하기

배열에 저장된 내용을 출력하려면 반복문을 이용하면 되겠죠.

코드 64

```
for (int i = 0; i < score.length; i++)
    System.out.println("score[" + i + "] = " + score[i]);
```

결과

```
score[0] = 90
score[1] = 85
score[2] = 92
score[3] = 75
score[4] = 88
```

여기에서 score.length는 배열 score의 크기를 말해요. 즉, 배열.length라고 하면, 배열의 길이를 알려 줍니다.

● **배열을 통째로 출력하기 - Arrays.toString(배열)**

루프를 이용하지 않고 배열을 통째로 출력할 수 있는 간단한 방법이 있어요. Arrays 클래스의 toString( ) 메소드를 사용하는 거예요.

코드 65

```
import java.util.Arrays;

public class Code65 {

        public static void main(String[] args) {
                int[] score = {90, 88, 95, 82, 75, 100, 85};
                System.out.println(Arrays.toString(score));
        }
}
```

결과

```
[90, 88, 95, 82, 75, 100, 85]
```

Array.toString( ) 메소드를 수행하려면 import java.util.Arrays;를 코드 위에 추가해야 합니다.

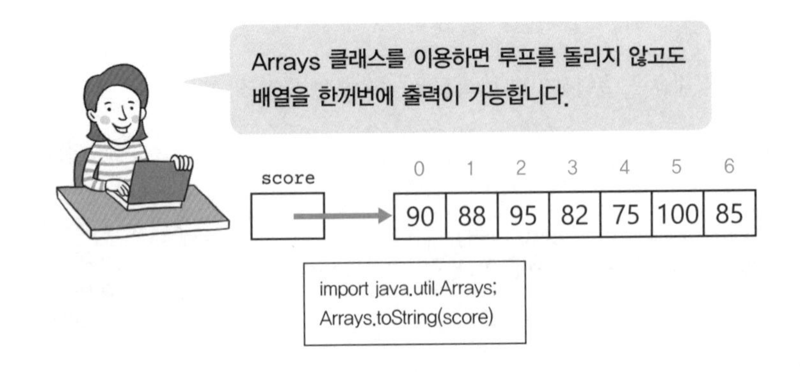

한 줄에 배열 여러 개 선언하기

배열을 선언할 때 배열 기호 []를 배열명 앞에 붙이거나 뒤에 붙이거나 같은 표현입니다.

```
int[] data;
int data[];
```

그런데 한 줄에 배열 여러 개를 선언할 때는 배열 기호의 위치가 중요해요. 아래 두 코드는 같아요. data1, data2, data3를 모두 정수 배열로 선언하는 거예요.

`int[] data1, data2, data3;`	`int[] data1;`
	`int[] data2;`
	`int[] data3;`

하지만 다음과 같이 하면 data1만 배열로 선언하는 거예요. data2와 data3은 그냥 정수형입니다.

`int data1[], data2, data3;`	`int[] data1;`
	`int data2;`
	`int data3;`

배열의 참조값 이해하기

배열을 조금 더 자세히 알아 볼게요. score 배열명 자체를 출력하면 어떤 결과가 나올까요?

코드 66

```
public class Code66 {

        public static void main(String[] args)
        {
                int[] score = new int[5];
                System.out.println(score);

                double[] data = new double[7];
                System.out.println(data);
        }
}
```

결과

int 배열

```
[I@3b192d32
[D@16f65612
```

double 배열

출력문에 배열명을 넣었을 때 나오는 값을 참조값(reference value)이라고 불러요. 출력된 결과의 [I 은 정수 배열이라는 의미이고 [D는 double 자료형 배열임을 알려 주는 거예요. 그리고 뒤에 이어 나오는 정보가 배열의 참조값(주소)으로 '참조값'은 실제 메모리에 어디에 저장되었는지를 알려줍니다.

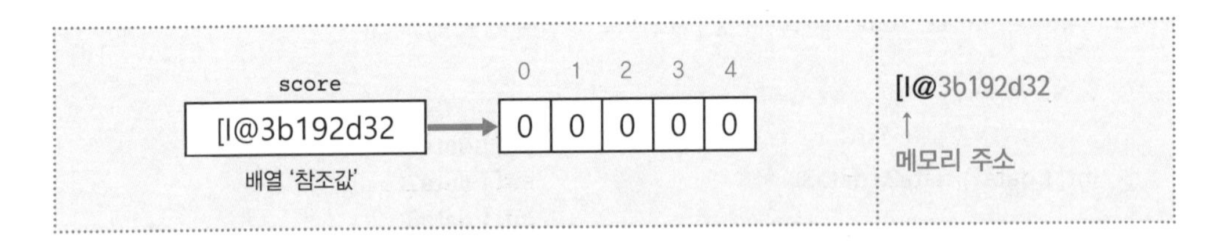

배열 복사하기

System.arraycopy( )를 이용하면 하나의 배열에서 다른 배열로 간단하게 복사할 수가 있어요. System.arraycopy( )는 System 클래스에 있는 arraycopy( ) 메소드를 이용하는 건데, 이해가 되지 않으면 우선은 System.arraycopy( )를 이용해서 배열을 복사할 수 있다고 기억해 두세요.

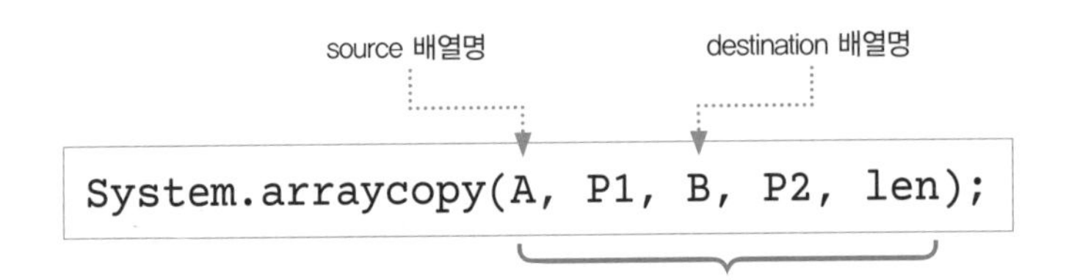

예를 들어 볼게요.

코드 67

```
int[] original = {4, 2, 9, 7, 10, 3};
int[] destination = {0, 1, 2, 3, 4, 5, 6, 7, 8, 9};

System.arraycopy(original, 2, destination, 4, 3);
System.out.println(Arrays.toString(original));     // original 배열 출력
System.out.println(Arrays.toString(destination)); // destination 배열 출력
```

결과

```
[4, 2, 9, 7, 10, 3]
[0, 1, 2, 3, 9, 7, 10, 7, 8, 9]
```

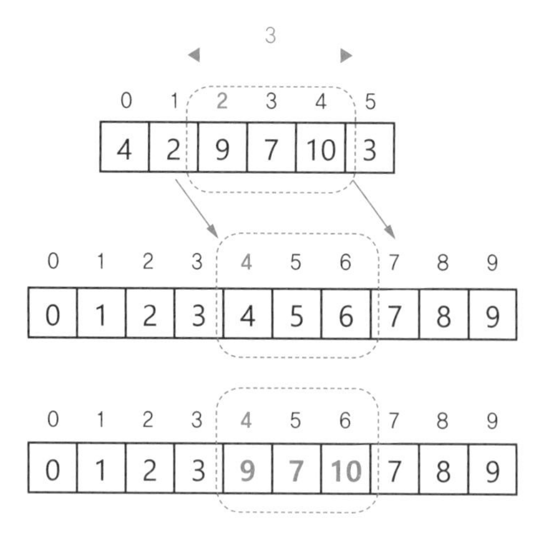

System.arraycopy( ) 메소드를 사용하는 경우 주의할 점이 있어요. 바로 범위예요. 두 배열 중에 어느 배열이든지 범위를 벗어나게 되면 ArrayIndexOutOfBoundsException이라는 예외가 발생합니다. 예외는 프로그램을 수행했을 때 문제가 생기는 경우에 발생하는 것이어서 무조건 해결해야 합니다. 예외는 뒤에서 자세히 배울 거예요. 범위를 벗어나는 경우의 예를 볼게요.

```
int[] original = {4, 2, 9, 7, 10, 3};
int[] destination = {0, 1, 2, 3, 4, 5, 6, 7, 8, 9};

❶ System.arraycopy(original, 3, destination, 2, 5);
❷ System.arraycopy(original, 2, destination, 8, 3);
```

❶, ❷ 모두 다음의 예외가 발생합니다. ArrayIndexOutOfBoundsException은 배열의 범위를 벗어났을 때 발생하는 예외입니다.

```
Exception in thread "main" java.lang.ArrayIndexOutOfBoundsException
        at java.base/java.lang.System.arraycopy(Native Method)
        at array1.ArrayTest.main(ArrayTest.java:12)
```

예외명을 보면 배열 인덱스가 범위를 벗어나서 발생한 예외임을 알 수가 있죠. 예외명이 길지만 읽어보면 예외가 발생한 이유를 알 수가 있습니다.

배열에 배열 대입하기

하나의 배열을 다른 배열에 대입할 때 어떻게 되는지 보겠습니다.

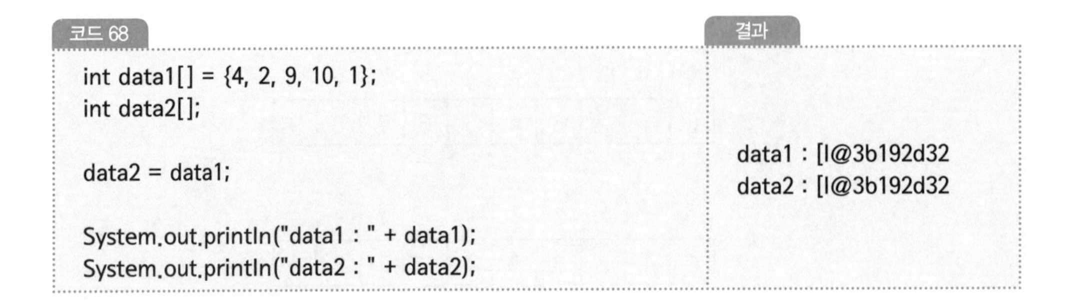
코드 68

```
int data1[] = {4, 2, 9, 10, 1};
int data2[];

data2 = data1;

System.out.println("data1 : " + data1);
System.out.println("data2 : " + data2);
```

결과

```
data1 : [I@3b192d32
data2 : [I@3b192d32
```

결과를 보면 data1과 data2가 같은 참조값을 갖는 것을 볼 수가 있어요. 즉, 다음과 같다는 거죠.

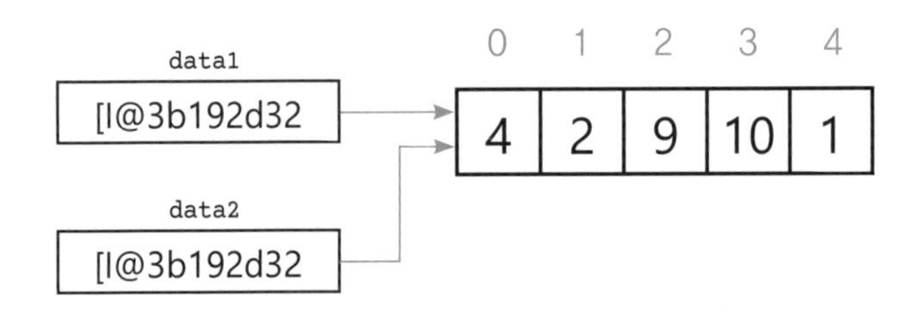

따라서 만약에 data1을 수정하면 data2가 같이 수정되는 결과를 볼 수가 있어요.

코드 69

```
int data1[] = {4, 2, 9, 10, 1};
int data2[];

data2 = data1;      // 하나의 배열을 공유합니다.
data1[2] = 5000;
System.out.println("data1 : " + Arrays.toString(data1));
System.out.println("data2 : " + Arrays.toString(data2));
```

결과

```
data1 : [4, 2, 5000, 10, 1]
data2 : [4, 2, 5000, 10, 1]
```

02 다차원 배열

1차원 배열이 가장 많이 이용되는 배열이지만 2차원 이상의 배열이 필요한 경우도 있어요. 2차원 이상의 배열은 배열의 배열이라고 생각해도 됩니다.

2차원 배열

2차원 배열은 1차원 배열의 배열입니다. 1차원 배열을 한 차원 확장시킨 형태로 행렬 모양이 됩니다. 2차원 배열은 다음과 같이 생성합니다.

```
자료형[][] 배열명 = new 자료형[행 크기][열 크기]
```

3행 4열을 갖는 2차원 배열을 만들어 볼게요.

```
int[][] data = new int[3][4];
data[0][0] = 10;
data[0][1] = 15;
data[0][2] = 7;
data[0][3] = 3;
data[1][0] = 1;
data[1][1] = 5;
data[1][2] = 17;
data[1][3] = 30;
data[2][0] = 20;
data[2][1] = 2;
data[2][2] = 6;
data[2][3] = 13;
```

3행 4열

```
int[][] data = {{10, 15, 7, 3},
                {1, 5, 17, 30},
                {20, 2, 6, 13}};
```

	0	1	2	3
0	10	15	7	3
1	1	5	17	30
2	20	2	6	13

2차원 배열에 대해 반복문을 수행하려면 이중 루프를 사용해야 합니다.

코드 70

```
int[][] data = {{3, 1, 7, 8},
          {9, 2, 2, 5},
          {1, 3, 5, 7}};

for (int i = 0; i < 3 ; i++) {
   for (int j = 0; j < 4 ; j ++) {
         System.out.print(data[i][j] + " ");
   }
   System.out.println( );
}
```

결과

```
3 1 7 8
9 2 2 5
1 3 5 7
```

가변 배열

다차원 배열에는 불규칙적인 배열 형태가 있어요. 다음과 같은 형태가 불규칙적인 배열이예요.

코드 71

```
int data[][] = new int[3][]; // 행의 길이만 명시함.
data[0] = new int[4];        // 0으로 초기화 됨.
data[1] = new int[5];
data[2] = new int[3];

for (int i = 0; i < data.length; i++) {
   for (int j = 0; j < data[i].length; j++)
         System.out.print(data[i][j] + " ");
   System.out.println( );
}
```

결과

```
0 0 0 0
0 0 0 0 0
0 0 0
```

03 for - each 스타일 반복문

3장에서 for 반복문에 대해서 학습했어요. 자바에서는 3장에서 배운 for 반복문 외에 특별한 형태의 for 반복문이 하나 더 있어요. 이러한 for 반복문을 for-each 스타일 반복문이라고 하는데, JDK 5에서부터 제공되었고, 배열에 아주 유용합니다. for-each 스타일 반복문은 다음의 형태를 갖습니다.

```
for (자료형 변수 : 배열) {
    반복 처리할 문장
}
```

예를 들어서 볼게요.

코드 72

```
int data[] = {4, 2, 9, 10, 1};
for (int x : data) {  // 배열 data에서 원소를 하나씩 가져와 x에 저장함
    System.out.println(x);
}
```

결과

```
4
2
9
10
1
```

for 괄호에 콜론(:) 옆에는 배열을 넣어야 한다고 했는데, 배열 뿐만 아니라 다른 데이터도 넣을 수 있습니다. 14장에서 여기에 해당하는 데이터를 공부할 때 다시 언급할게요.

x에는 data의 원소들이 하나씩 차례대로 저장이 되면서 for 반복문 안의 문장들을 수행하게 되요. 따라서 x 앞에 붙는 자료형은 배열에 저장된 데이터의 자료형이 되겠죠.

double 자료형 배열을 하나 더 볼게요. 배열 score에는 성적이 double 형태로 저장되어 있는데, 성적의 평균을 구해 볼게요.

코드 73

```
double[] score = {90.5, 88.3, 70.8, 67.2, 92.4, 80.7};
double total = 0.0;
double average;

for (double s : score)
        total += s;
average = total / score.length;
System.out.println("average : " + average);
```

결과

```
average : 81.65
```

char 자료형 배열에 for-each 스타일을 한 번 더 적용해 볼게요.

코드 74

```
char alpha[] = {'A', 'B', 'C', 'D', 'E'};
for (char x : alpha) {
        System.out.println(x + ":" + (char)(x + 32));
}
```

결과

```
A:a
B:b
C:c
D:d
E:e
```

```
for(int x:int 배열)
{

}
```

```
for(double x:double 배열)
{

}
```

```
for(char x:char 배열)
{

}
```

자료형을 맞추는 것이 중요합니다. ·
for-each 루프는 나중에 배우는 ArrayList 등에도 사용할 수 있습니다.

2차원 배열에 대한 for-each 반복문은 다음과 같이 적을 수 있습니다.

코드 75

```
int numbers[][] = {{10, 30, 20, 15},
                   {11, 5, 2, 9},
                   {7, 8, 1, 13}};

for (int[] num : numbers) {
   for (int x : num)
         System.out.print(x + " ");
   System.out.println( );
}
```

결과

```
10 30 20 15
11 5 2 9
7 8 1 13
```

04 문자열 (String)

문자열은 클래스를 공부해야 이해하기 쉬운데, 그 전에 기본적으로 알아 두어야 할 내용이 있어서 여기에서 잠시 설명하겠습니다. 문자열은 문자들을 연결하여 하나의 데이터로 처리하는 것을 말합니다. 지금까지 쌍따옴표를 이용하여 문자열을 이용하였죠. 문자열을 만드는 또 하나의 방법은 new 키워드를 이용하는 거예요.

코드 76

```
String s1 = "hello";
String s2 = new String("world");

System.out.println(s1);
System.out.println(s2);
```

결과

```
hello
world
```

String 데이터를 만들 때 new를 사용하는 것과 그냥 쌍따옴표만을 이용하는 것에는 차이가 있어요. 이 두 방법의 차이는 11장에서 자세히 설명할게요. 여기에서는 두 방법이 있다는 것을 알아두세요. 그리고 두 문자열이 같은지를 비교할 때는 '==' 기호를 사용하면 안 됩니다. 이때는 반드시 equals( )를 사용해야 합니다.

코드 77

```
String s1 = new String("hello");
String s2 = new String("hello");

if (s1 == s2)
  System.out.println("same");
else
  System.out.println("different");
```

결과

```
different
```

위의 코드를 보면 s1과 s2가 모두 "hello"라는 문자열을 갖고 있는데 '==' 비교를 했더니 거짓으로 판단했어요. 문자열 비교는 이렇게 '==' 기호를 사용하면 안 됩니다. 문자열 비교를 할 때는 반드시 다음과 같이 equals( )를 사용하세요.

코드 78

```
String s1 = new String("hello");
String s2 = new String("hello");

if (s1.equals(s2))
  System.out.println("same");
else
  System.out.println("different");
```

결과

```
same
```

문자열의 길이를 알고 싶을 때는 문자열.length( )를 이용합니다.

코드 79

```
String name = "Alice";
String emptyString = "";   // 빈 문자열
String space = " ";        // 스페이스가 한 개 있는 문자열

System.out.println(name.length( ));
System.out.println(emptyString.length( ));
System.out.println(space.length( ));
```

결과

```
5
0
1
```

문자열들을 연결하려면 '+' 기호를 사용합니다.

코드 80

```
String s1 = "Hello";
String s2 = "World";
String str1;
str1 = s1 + s2;
System.out.println(str1);

String str2;
str2 = s1 + " " + s2;
System.out.println(str2);
```

결과

```
HelloWorld
Hello World
```

문자열을 두 가지 방법으로 만들 수 있습니다.
그냥 따옴표만 이용하기 – "...."
new 키워드 이용하기 – new String("....")

문자열의 길이 – length( )
문자열이 같은지 비교 – equals( )
문자열 연결 – '+' 기호

이번 장에서는 배열에 대해 학습했습니다. 배열은 많은 데이터를 한꺼번에 처리하기에 아주 유용합니다. 하지만 배열이 가진 단점이 있어요. 처음에 배열을 만들 때 정한 배열의 크기를 바꾸기 어렵다는 거예요. 이 단점은 뒤에서 ArrayList로 해결이 됩니다. 우선 배열을 이용하여 많은 데이터를 처리하는 문법과 예제들을 공부하기 바랍니다.

06 > 메소드

프로그램을 작성할 때 메소드를 이용하면 코드를 효율적이고 이해하기 쉽도록 작성할 수 있습니다. 메소드는 함수의 일종으로 어떤 특정한 일을 하기 위해 작성된 코드예요. 이 코드에 이름을 붙여 놓고 필요할 때마다 불러서 사용할 수 있어요. 즉, 한 번 작성해 놓으면 필요할 때마다 이름을 불러서 사용할 수 있는데 이를 '코드 재사용(code reuse)'이라고 해요. 프로그래밍에서는 이렇게 코드를 만들어 놓고 재사용하는 것이 매우 중요해요. 메소드는 입력 부분과 출력 부분을 갖습니다. 어떤 입력을 주면서 메소드가 수행되도록 하고, 메소드 수행의 결과로 어떤 값을 출력하는 거예요.

```
class Code
        메소드 hello( )작성
        public static void main(String[] args)
        {
                hello();
                .....
                hello();
                .....
        }
}
```

필요할 때마다 hello() 호출
(메소드 재사용)

코드 재사용(code reuse)는 프로그래밍에서 아주 중요합니다. 자바에서는 메소드(method)를 이용하여 코드를 재사용합니다.

01 메소드 이해하기

메소드는 입력을 받아서 어떤 일을 처리한 후에 결과를 반환합니다. 예를 들어, 두 수를 입력받아서 두 수의 합을 반환한다면 다음과 같이 생각할 수 있어요.

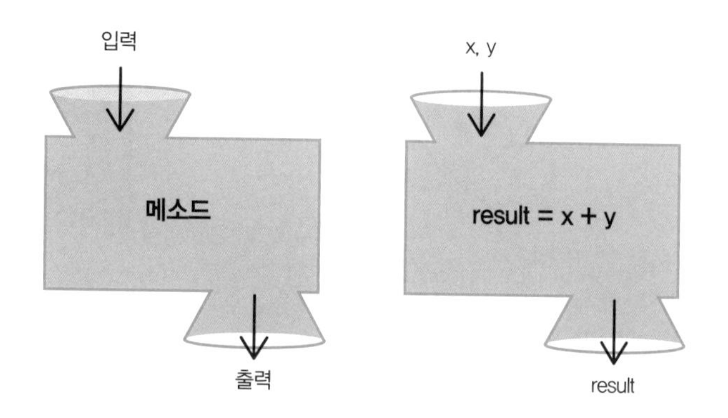

위의 메소드를 자바로 구현하려면 다음의 메소드 형태를 유지해야 합니다.

반환 자료형 **메소드명** (매개변수)
{
    // 메소드 호출시에 수행되는 코드
}
	int add (int x, int y)
	{
	    int result;
	    result = x + y;
	    return result;
	}

- 반환 자료형 : 메소드가 반환할(return) 값의 자료형을 적어 줍니다.
  자바의 기본 자료형(8가지), 참조 자료형이 올 수 있습니다.
- 반환할 값이 없는 경우에는 void라고 적어 줍니다.
- 매개변수 : 메소드 값을 입력하는 변수

메소드를 만들어 놓는 것을 메소드 정의(method definition)라고 합니다. 메소드를 정의한 후에는 메소드를 호출해야(method call) 해당 메소드가 수행됩니다. 이때 매개변수(parameter)와 인수(argument)를 알아야 합니다.

메소드를 호출할 때 넘기는 값은 인수라고 하고 그 값을 받는 공간을 매개변수라고 해요.

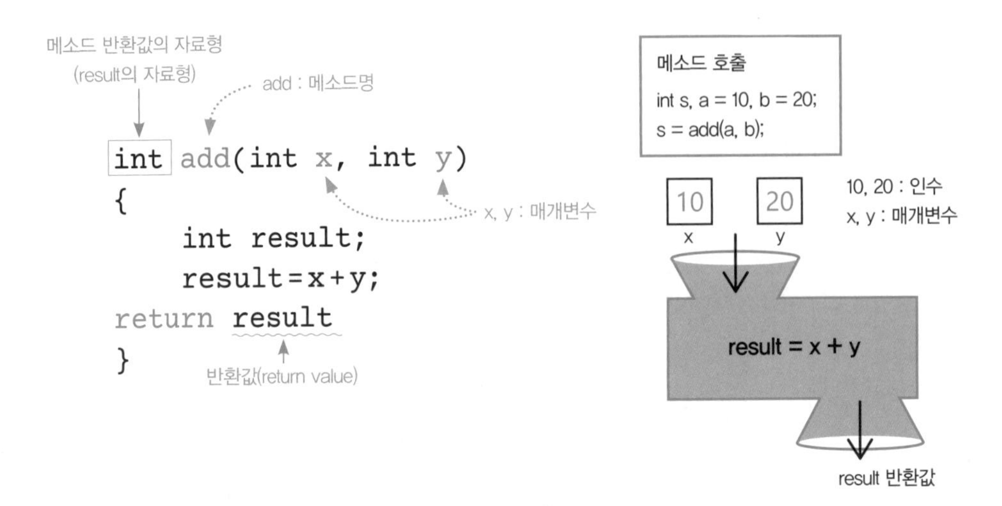

02 메소드 정의와 호출

메소드를 만들어 놓는 것을 메소드 정의라고 합니다. 메소드 정의는 매개변수와 반환값의 유무에 따라 다음과 같이 네 가지 경우로 볼 수 있어요.

- **매개변수와 반환값이 모두 없는 경우(입력과 출력이 모두 없음)**

아래 show() 메소드는 매개변수와 반환값이 없는 경우입니다.

코드 81

```
public class Code81 {
                        ←반환값 없음
  public static void show()   // 메소드 정의
  {
          System.out.println("I am show method");
  }

  public static void main(String[] args)
  {
          System.out.println("before show call");
          show();                    // 메소드 호출
          System.out.println("after show call");
  }
}
```

결과

```
before show call
I am show method
after show call
```

show() 메소드는 반환값이 없어요(return 구문이 없습니다). 이렇게 반환값이 없는 경우에는 void 키워드를 이용해야 합니다. 그리고 show() 메소드를 보면 void show() 앞에 public static이 붙어 있습니다. public은 접근 제어자라고 하는데, 여기에 대해서는 9장에서 설명할게요. static이 붙은 메소드를 '정적 메소드'라고 하는데, main 메소드에도 항상 static이 붙는 것을 알 수가 있습니다. static에 대한 자세한 문법은 클래스에 대해서 공부할 때 설명하고, 여기에서는 메소드 앞에 static이 붙을 때 중요한 문법에 대해서 얘기할게요. 당분간은 다음 두 가지를 기억해 두고 에러가 나지 않도록 static 키워드를 사용하기 바랍니다.

❶ main 메소드 앞에는 반드시 static을 붙여야 합니다.

❷ static 메소드는 static 메소드만 호출할 수 있습니다.

main 메소드 앞에는 반드시 static을 붙여야 하는 것이 자바의 기본 문법이예요. 그리고 main 메소드가 static을 갖고 있기 때문에 main 메소드 내에서 호출하는 다른 메소드들도 모두 static 키워드를 앞에 붙여야 합니다. 그래서 show() 메소드 앞에 static이 붙은 거예요.

접근제어자

반환값이 없는 경우 void 키워드를 사용합니다.

```
public static void show( )
{
      ......   static 메소드는 static 메소드만 호출할 수 있습니다.
}
public static void main(String[ ] args)
{
      ......
      show( );  ← show() 메소드 호출
      ......
}
```

예제를 하나 더 볼게요.

코드 82

```
public class Code82 {

  public static void greeting1()
  {
          System.out.println("Good morning");
  }

  public static void greeting2()
  {
          System.out.println("Good afternoon");
  }

  public static void greeting3()
  {
          System.out.println("Good evening");
  }

  public static void main(String[] args)
  {
          System.out.println("In the morning...");
          greeting1();
          System.out.println("In the afternoon...");
          greeting2();
          System.out.println("In the evening...");
          greeting3();
  }
}
```

결과

```
In the morning...
Good morning
In the afternoon...
Good afternoon
In the evening...
Good evening
```

- **매개변수는 있고 반환값이 없는 경우**(입력이 있고 출력은 없음)

코드 83

```
public class Code83 {
                                    인수 2개를 받습니다.
  public static void findPower(int x, int y)
  {
          int result = 1;
          for (int a = 1; a <= y; a++)
          result *= x;
    System.out.println(x + "의 " + y + "제곱 : " + result);
  }

  public static void main(String[] args)
  {
          int a = 2, b = 10;
          findPower(a,b);
  }
}
```

결과

```
2의 10제곱 : 1024
```

- **매개변수는 없고 반환값이 있는 경우**(입력은 없고 출력은 있음)

코드 84

```
public class Code84 {

  public static int doSomething()
  {                ← result의 자료형
          int result;
          result = 10 * 100;
          return result;
  }

  public static void main(String[] args)
  {
          int x;
          x = doSomething();
          System.out.println("x : " + x);
  }
}
```

결과

```
x : 1000
```

● **매개변수와 반환값이 모두 있는 경우**(입력과 출력이 모두 있음)

아래 코드에서 findMax 메소드는 두 정수를 입력받아서 두 수 중에서 큰 수를 반환합니다.

코드 85

```
import java.util.Scanner;

public class Code85 {

    static int add(int x, int y)    // add 메소드 정의
    {
            int result;  ◀······ 지역변수
            result = x + y;
            return result;
    }

    public static void main(String[] args)
    {
            Scanner scin = new Scanner(System.in);
            System.out.print("Enter two integers : ");
            int a = scin.nextInt();
            int b = scin.nextInt();
            int c = add(a,b);        // add 메소드 호출
            System.out.println(a + " + " + b + " = " + c);
            scin.close();
    }
}
```

결과 1

```
Enter two integers : 10 30
10 + 30 = 40
```

결과 2

```
Enter two integers : 55 77
55 + 77 = 132
```

[코드 85]에서 add 메소드에 있는 result를 지역변수(local variable)라고 합니다. 이름대로 add 메소드 지역에서만 사용하는 변수라는 뜻이예요. 그래서 result 변수는 main 메소드에서는 사용할 수가 없어요. 지역변수는 선언할 때 공간이 생성되고, 지역변수를 선언한 메소드 블록이 끝나면 메모리에서 없어집니다. 매개변수도 지역변수입니다.

```
static int add(int x, int y)
{
    int result;
    result = x + y;
    return result;
}
public static void main(String[ ] args)
{
    ......
    int a = scin.nextInt( );
    ......
    int b = scin.nextInt( );
    int c = add(a, b);
```

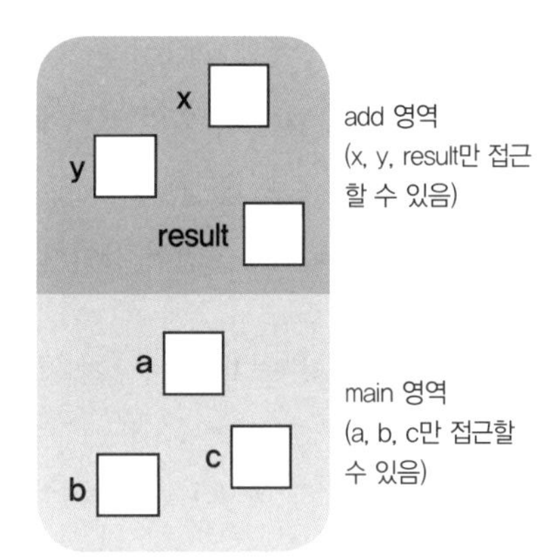

● return 문이 여러 개 있는 경우

메소드에서 return을 만나면 메소드를 끝내고 메소드를 호출한 곳으로 제어가 갑니다. 지금까지는 return 구문이 한 개 있는 예제들을 주로 보았는데, 하나의 메소드 안에 return 문이 여러 개 있을 수도 있습니다.

코드 86

```
import java.util.Scanner;

public class Code86 {

  static boolean check(int n)
  {
          if (n % 2 == 0)
                  return true;
          else
                  return false;
  }

  public static void main(String[] args)
  {
          Scanner scin = new Scanner(System.in);
          System.out.print("Enter one number : ");
          int a = scin.nextInt();
          if (check(a) == true)
             System.out.println(a + " is even number");
          else
             System.out.println(a + " is odd number");
          scin.close();
  }
}
```

결과 1

```
Enter one number : 50
50 is even number
```

결과 2

```
Enter one number : 21
21 is odd number
```


자바 시작하기
변수, 자료형, 주석
자바 시작하기
조건문과 반복문
배열과 문자열
메소드
클래스와 객체
상속

하나의 메소드에서 return 문이 여러 개 있더라도 가장 먼저 만나는 return 문을 수행하고 메소드를 끝내게 됩니다. 위의 코드에서 한 가지를 더 설명할게요. 다음과 같이 if 괄호 안에 메소드 호출이 있을 수도 있습니다. check(a)를 호출하고 받은 반환값이 true인지 false인지에 따라서 check(a) == true 조건이 참인지 거짓인지 결정되겠죠.

```
if (check(a) == true)     ->    if (check(a))
```

if (check(a) == true)를 if (check(a)) 라고 간략히 쓸 수도 있습니다.

```
if (check(a) == true)
```

❶ check(a) 수행결과가 true/false 입니다.
❷ check(a) 결과와 true를 비교합니다.
❸ check(a) 결과가 true이면 if 구문이 수행됩니다.

```
if (check(a))
```

❶ check(a) 수행 결과가 true/false 입니다.
❷ check(a) 결과에 따라 if(true) 또는 if(false)가 수행됩니다.

03 메소드에 배열을 넘기거나 반환하는 경우

메소드 매개변수로 배열을 넘기는 경우에 대해 설명하겠습니다. 배열은 참조 변수로 기본 자료형과 달리 참조값(주소)을 넘깁니다.

코드 87

```
import java.util.Arrays;

public class Code87 {

    static void updateArray(int[] B)    // 배열([]) 표현이 필요합니다.
    {
            for (int i=0; i<B.length; i++)
                B[i] += 10;
    }

    public static void main(String[] args)
    {
            int[] A = {3, 5, 1, 9, 8, 10};
            System.out.println(Arrays.toString(A));
            updateArray(A);              // 배열을 넘길 때는 이름만 넣습니다.
            System.out.println(Arrays.toString(A));
    }
}
```

결과

```
[3, 5, 1, 9, 8, 10]
[13, 15, 11, 19, 18, 20]
```

위의 코드는 다음과 같이 수행됩니다. main에서 만든 배열 A를 메소드 updateArray에서 B라는 이름으로 공유하게 되는 거죠.

배열을 메소드에 넘기면 참조값만 넘어갑니다. 따라서 메소드에서 직접 배열의 값을 수정할 수 있어요.

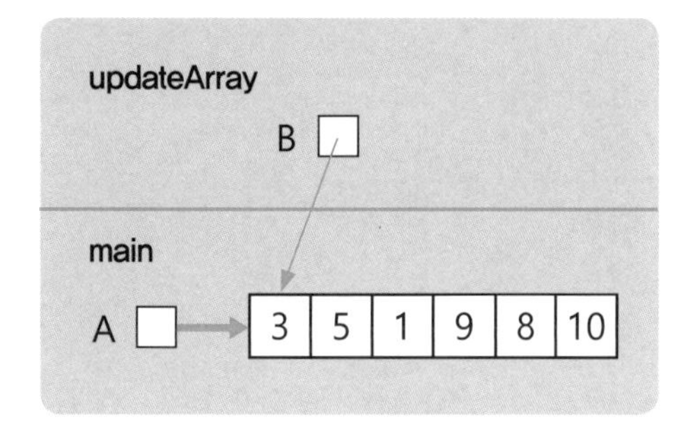

다음으로 메소드가 배열을 반환하는 경우를 볼게요. 이 경우는 메소드에서 배열을 생성한 후에 반환하는 상황이 되겠죠.

코드 88

```
public class Code88 {

  public static int[] makeArray(int size)
  {
        int A[] = new int[size];
        for (int i = 0; i < size; i++)
              A[i] = i * i;
        return A;
  }

  public static void main(String[] args)
  {
        int s = 5;
        int B[] = makeArray(s);
        for (int i = 0; i < B.length; i++)
              System.out.println(B[i]);
  }
}
```

결과

```
0
1
4
9
16
```

04 가변 인수

가변 인수는 메소드를 호출할 때 넘기는 인수의 개수가 가변적인 것을 말합니다. 즉, 원하는 개수만큼의 인수를 입력으로 보내는 것을 의미합니다. 가변 개수의 인수를 사용하려면 다음과 같이 적어 줍니다.

코드89

```
public class Code89 {
                                        가변 인수 : 인수가 몇 개든 넘어올 수 있습니다.
  public static void varArgTest(int ... v)
  {
          System.out.println("number of arguments : " + v.length);
          for (int i=0; i<v.length; i++)
                  System.out.println(v[i]);
  }

  public static void main(String[] args)
  {
          varArgTest();                          // 인수가 없습니다.
          varArgTest(1);                         // 인수가 1개인 경우
          varArgTest(3, 5);                      // 인수가 2개인 경우
          varArgTest(100, 200, 300); // 인수가 3개인 경우
  }
}
```

결과

```
number of arguments : 0
number of arguments : 1
1
number of arguments : 2
3
5
number of arguments : 3
100
200
300
```

가변 인수를 사용할 때 두 가지 주의할 점이 있습니다.

첫째로, 일반 인수와 가변 인수를 섞어서 사용할 때입니다. 이 경우에는 반드시 가변 인수를 맨 마지막에 적어야 합니다.

코드 90

```
public class Code90 {

  public static int largerThanValue(int value, int ... v)
  {                                          ← 가변 인수는 마지막에 적어야 함.
        int sum = 0;
        for (int i=0; i<v.length; i++) {
              if (v[i] >= value)
                    sum += v[i];
        }
        return sum;
  }

  public static void main(String[] args)
  {
        int largerSum;
     largerSum = largerThanValue(10, 5, 3, 11, 17, 2, 20, 15);
        System.out.println("sum : " + largerSum);
  }
}
```

결과

```
sum : 63
```

두 번째로 주의할 점은 가변 개수의 인수는 하나만 사용할 수 있다는 거예요. 다음과 같이 double ... w와 int ... v를 적어 주면 가변 개수 인수를 두 개 넣는건데, 이렇게 할 수가 없습니다. 반드시 가변 개수 인수를 사용하려면, 마지막 인수로 한 번만 사용해야 합니다.

```
public static void test(int value, double ... w, int ... v)  // 에러 발생함.
{
  ......
}
```

```
void varArgTest(int … v)
```

정수 인수가 여러 개 올 수 있습니다.
넘어 오는 인수의 개수가 몇 개이든지 배열 v에 저장됩니다.

```
void varArgTest(double x, char c, int … v)
```

일반 인수(x, c)와 가변 인수를 섞어서 사용할 경우에는 반드시 가변 인수를 맨 마지막에 적어야 합니다.
그리고 두 개 이상의 가변 인수를 동시에 사용할 수 없습니다(가변 인수가 있다면 정확히 한 개만, 맨 마지막에 사용해야 합니다).

05 메소드 오버로딩 (method overloading)

자바에서는 같은 클래스 내에 같은 이름의 메소드를 여러 개 가질 수 있도록 합니다. 이것이 메소드 오버로딩 개념인데요, 이름이 같은 메소드가 여러 개 있더라도 각 메소드의 매개변수 부분을 다르게 함으로써 구별될 수 있도록 합니다. 예를 보면 쉽게 이해하리라 생각해요.

코드 91

```
public class Code91 {
                                    ←매개변수 없음
  static void overMethod() {
    System.out.println("No parameters.");
  }
                                      ←정수형 매개변수 1개
  static void overMethod(int x) {
    System.out.println("One parameter : " + x);
  }
                                        ←정수형 매개변수 2개
  static void overMethod(int x, int y) {
    System.out.println("Two integer parameters : (" +  x + "," + y + ")");
  }
                                          ←정수형 매개변수 1개, double형 매개변수 1개
  static void overMethod(int x, double y) {
    System.out.println("One integer " + x + " and the other double " + y);
  }
```

```
  public static void main(String[] args) {
    overMethod();
    overMethod(10);
    overMethod(5,7);
    overMethod(100, 25.5);
  }
}
```

결과

```
No parameters.
One parameter : 10
Two integer parameters : (5,7)
One integer 100 and the other double 25.5
```

```
void overMethod( ) { ...... }
void overMethod(int x) { ...... }
void overMethod(int x, int y) { ...... }
void overMethod(int x, double y) { ...... }

overMethod( );
overMethod(10);
overMethod(5, 7);
overMethod(100, 25.5);
```

메소드 오버로딩이 되려면 반환값은 같거나 다르거나 중요하지 않고, 매개변수 부분이 달라야 하는 것이 중요합니다. 즉, 다음과 같은 경우에는 오버로딩이 아니예요. 즉 같은 메소드로 처리합니다.

```
void overMethod(int x, double y) {
  System.out.println("One integer " + x + " and the other double " + y);
}
double overMethod(int x, double y) {
  return x + y;
}
```

가변 개수 인수도 오버로딩 메소드에 사용할 수 있습니다.

코드 92

```
public class code92 {

  public static void test(int ... v)
  {
          System.out.println("v.length : " + v.length);
          for (int i=0; i<v.length; i++)
                  System.out.println(v[i]);
}

  public static void test(double ... w)
  {
          System.out.println("w.length : " + w.length);
          for (int i=0; i<w.length; i++)
                  System.out.println(w[i]);
  }

  public static void test(String y, int ... x)
  {
          System.out.println("y : " + y);
          System.out.println("x.length : " + x.length);
          for (int i=0; i<x.length; i++)
                  System.out.println(x[i]);
  }

  public static void main(String[] args)
  {
          test(1, 2, 3, 4, 5);
          test(1.1, 2.2, 3.3);
          test("hello", 10, 20, 30);
  }
}
```

결과

```
v.length : 5
1
2
3
4
5
w.length : 3
1.1
2.2
3.3
y : hello
x.length : 3
10
20
30
```

이번 장에서는 자바의 메소드에 대해서 학습하였습니다. 메소드는 함수로 주어진 입력에 대해서 어떤 특정한 일을 수행한 후에 출력을 냅니다. 메소드를 이용하면 반복되는 코드를 한 번만 작성해 놓고 여러 번 호출할 수 있게 함으로써 코드 관리를 수월하게 할 수 있도록 해 줍니다. 메소드에 배열을 넘기는 방법과 가변 인수를 사용하는 문법에 대해서도 학습하였습니다. 다음 장부터는 클래스를 공부할텐데, 클래스에서 메소드는 아주 중요하니까 이번 장에서 꼼꼼하게 공부하기 바랍니다.

07 > 클래스와 객체

이제 클래스에 대해 공부하겠습니다. 자바 언어는 클래스를 통해서 객체 지향 코딩이 가능하기 때문에 클래스는 자바 언어의 가장 핵심 부분이예요. 그래서 잘 공부해 두어야 합니다.

이전 장에서 정수, 실수, 또는 문자를 컴퓨터에 어떻게 저장하고 사용하는지를 공부했어요. 만약에 정수, 실수, 문자가 아닌 다른 데이터를 컴퓨터에 저장해야 한다면 어떻게 해야 할까요? 예를 들어서, '강아지'를 컴퓨터에 데이터로 저장하고 싶어요. 자바 언어에서 '강아지'를 표현하는 방법은 따로 없습니다. 그래서 '강아지'를 표현하고 싶다면 직접 '강아지' 자료형을 만들어서 객체화할 수 있어야 해요. 우선 '강아지'를 객체화하여 코딩한다고 하면 '강아지'를 표현할 수 있는 방법을 생각해 봐야 해요. 각각의 강아지를 표현할 수 있는 속성은 무엇이 있을까요? 이름, 나이, 색 등이 될 수 있겠죠. 그리고 모든 강아지들이 공통으로 하는 행동이 있을 거예요. 예를 들어서 '꼬리 흔들기', '달리기', '구르기' 등이 강아지의 공통된 행동 특성이겠죠. 이렇게 강아지의 고유 속성과 공통된 정보를 이용하여 강아지 클래스를 만들 수 있습니다. 그리고 강아지 클래스를 이용하여 강아지 객체를 만들 수 있는 거예요.

클래스는 현실 세계의 물체들을 객체화하여 코딩할 수 있도록 하는 도구입니다.

01 클래스 기본과 객체 생성

자바 프로그램에서는 모든 것이 클래스를 통하여 작성됩니다. 클래스는 객체를 만드는 기본 도구라고 할 수 있어요. 클래스는 어떤 객체를 표현하는 데이터와 객체의 행동을 나타내는 메소드로 구성됩니다. 예를 들어서, '차(car)'를 객체화한다고 해 볼게요. '차'를 나타내는 데이터로는 차종, 색, 연식 등이 될 수 있을 거예요. 그리고 '차'의 동작으로는 달리기, 속도 올리기, 속도 줄이기, 멈추기 등이 있을 수 있겠죠. '차'를 나타내는 데이터는 '속성(attribute)'이라고 하고, 행동은 '메소드(method)'를 통해서 구현합니다. 우선 간단하게 차(Car) 클래스를 작성해 볼게요.

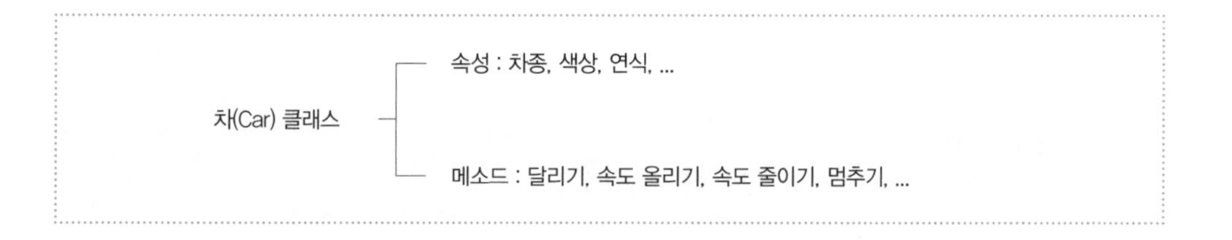

클래스를 만들고 그 클래스가 생성하는 객체들을 '인스턴스(instance)'라고 합니다.

네 대의 차 인스턴스(instance)가 있어요. 각 인스턴스는 각각의 색을 갖고 있습니다. '색'과 같이 각 인스턴스가 갖는 특성을 속성(attribute)'라고 합니다.

Car 클래스와 인스턴스 2개를 생성하는 코드를 작성해 볼게요.

코드 93

```
class Car {
    String kind;      // 차종   ┐
    String color;     // 색상   ├ 속성(attribute)
    int year;         // 연식   ┘

    void run() {                                      ┐
        System.out.println("car is running.");        │
    }                                                 │
                                                      ├ 메소드 2개
    void speedUp() {                                  │
        System.out.println("car is speeding up.");    ┘
    }
}

public class Code93 {
    public static void main(String[] args) {
        Car myCar = new Car();    // new는 인스턴스를 생성하는 키워드입니다.
        myCar.kind = "Sonata";    // '인스턴스명.속성'을 이용하여 속성을 채웁니다.
        myCar.color = "white";
        myCar.year = 2015;

        Car yourCar = new Car();
        yourCar.kind = "Pride";
        yourCar.color = "blue";
        yourCar.year = 2017;

        myCar.run();     ┐
        yourCar.run();   ┘ run() 메소드를 인스턴스 각각이 호출했습니다.

        myCar.speedUp();
        yourCar.speedUp();
    }
}
```

지금까지는 하나의 java 파일에 하나의 클래스를 넣고 코딩했었는데, 이번 장부터는 클래스 여러 개를 작성하고 수행합니다. 우선 앞의 코드에서 Car 클래스와 Code91 클래스를 만들었어요. 이 두 클래스는 하나의 java 파일에 넣어도 되고, 두 개의 java 파일에 나누어 넣어도 됩니다. 우선 하나의 java 파일에 넣어서 수행하는 방법을 알아 볼게요. java 파일명은 클래스명과 일치해야 한다고 했어요. 만약에 두 개의 클래스를 하나의 파일에 넣는 경우에는 두 클래스 중 하나의 클래스명을 파일명으로 해야겠죠. 이때 중요한 게 있어요. 두 클래스에 모두 public 키워드를 붙이지 않으면 두 클래스 중에 어느 클래스명도 java 파일명이 될 수 있습니다. 그런데, 만약에 두 클래스 중에 하나의 클래스 앞에 public 키워드가 붙으면 반드시 그 클래스 이름이 파일명이 되어야 합니다. 그리고 하나의 파일에 있는 클래스 모두에 public 키워드를 붙일 수는 없어요.

파일에 클래스가 한 개 있는 경우 → 클래스명과 파일명이 일치해야 합니다.

파일에 클래스가 여러 개 있는 경우

- 모든 클래스가 public 키워드를 갖지 않는 경우에는 어떤 클래스명도 파일명이 될 수 있습니다.
- public 키워드를 갖는 클래스가 있다면 그 클래스명을 파일명으로 해야 합니다.

하나의 파일에 클래스가 여러 개 있는 경우, 단 한 개의 클래스에만 public 키워드가 붙을 수 있습니다(모든 클래스에 public 키워드가 없을 수도 있고요).

예를 들면 다음과 같아요.

```
public class AA
{

}
class BB {

}
class CC {

}
```

AA.java라고 해야 합니다. BB.java 또는 CC.java라고 하면 에러가 발생합니다.

```
class AA {

}
class BB {

}
class CC {

}
```

AA.java 또는 BB.java 또는 CC.java 모두 파일명이 될 수 있습니다.

● 객체(object)와 인스턴스(instance)

클래스를 작성하면 그 클래스의 객체 또는 인스턴스를 생성할 수 있습니다. 객체와 인스턴스는 의미적으로 약간의 차이가 있지만 혼용해서 사용해도 됩니다. 위의 코드에서 보듯이 인스턴스는 new 키워드를 이용하여 생성합니다.

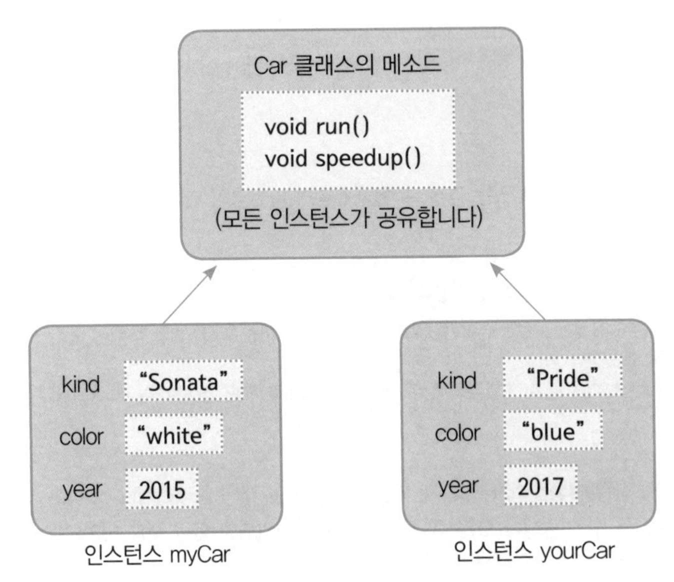

new 키워드를 이용하면 이러한 인스턴스가 생성됩니다.

● 속성(attribute)과 메소드(method)

위의 Car 클래스에서 kind, color, year는 인스턴스의 데이터입니다. 즉, 인스턴스를 특징지을 수 있는 각 인스턴스마다 갖는 데이터가 되는거죠. myCar 객체는 차종이 Sonata이고, 흰색이며 2015년에 나온 차예요. yourCar 객체는 차종이 Pride이고, 파란색이며 2017년 차량이라는 표현이죠.

위의 Car 클래스를 통해서 몇 가지 용어를 설명할게요.

```
class Car
{
    String kind;
    String color;
    int year;

    void run( ) { … }
    void speedup( ) { … }
}
```

속성(attribute) : 각 인스턴스마다 갖는 데이터입니다. 인스턴스 변수(instance variable)이라고도 부릅니다.

메소드(method) : 모든 인스턴스가 공유합니다. 메소드는 어느 인스턴스가 호출했는지가 중요합니다.

속성만 갖는 클래스

속성(인스턴스 변수)만 갖는 클래스도 가능합니다. 아래 Dog 클래스는 강아지의 이름과 나이만을 갖는 클래스예요. 하지만 대부분의 경우 클래스에는 메소드를 추가합니다.

코드 94

```
class Dog {        // 두 개의 인스턴스 변수 name, age를 갖습니다.
    String name;
    int age;
}

public class Code94 {
    public static void main(String[] args) {
            Dog happy = new Dog();  // 객체를 생성합니다.
            Dog bella = new Dog();   // 객체를 생성합니다.
            happy.name = "Happy";
            happy.age = 3;
            bella.name = "Bella";
            bella.age = 2;

            System.out.println("나는 강아지 두 마리를 키웁니다.");
            System.out.println("한 마리는 이름이 " + happy.name + "이고, " +
                        happy.age + "세입니다.");
            System.out.println("다른 한 마리는 이름이 " + bella.name + "이고, " +
                        bella.age + "세입니다.");
    }
}
```

결과

```
나는 강아지 두 마리를 키웁니다.
한 마리는 이름이 Happy이고, 3세입니다.
다른 한 마리는 이름이 Bella이고, 2세입니다.
```

인스턴스를 생성하는 new 키워드

객체를 생성하려면 new 키워드를 사용합니다. 즉, 다음과 같이 작성해야 합니다.

```
클래스명 객체명 = new 클래스명();
```

위의 Car 클래스의 인스턴스 생성 과정을 설명할게요. new 키워드를 이용하면 메모리에 인스턴스의 속성을 저장할 수 있는 공간이 확보됩니다. 다음 그림에서 빨간색으로 묶은 부분이 인스턴스인데, new 키워드를 사용해야 이 공간이 생성되는 거예요. 그리고 myCar, yourCar는 인스턴스를 가리키는 변수가 되는데, 이를 '인스턴스 참조 변수' 또는 '레퍼런스 변수'라고 부릅니다.

코드 95

```
Car myCar = new Car();
myCar.kind = "Sonata";
myCar.color = "white";
myCar.year = 2015;

Car yourCar = new Car();
yourCar.kind = "Pride";
yourCar.color = "blue";
yourCar.year = 2017;

System.out.println(myCar);
System.out.println(yourCar);
```

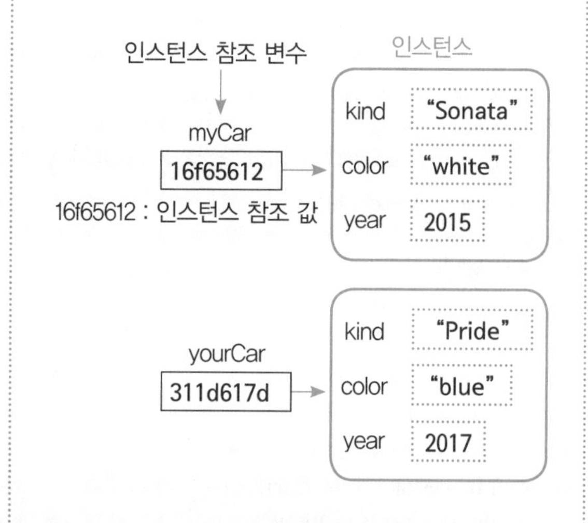

결과

```
code95.Car@16f65612  ← 메모리 16f65612에 myCar 객체가 생성됩니다.
code95.Car@311d617d  ← 메모리 311d617d에 yourCar 객체가 생성됩니다.
```

다음과 같이 레퍼런스 변수를 먼저 만들고 객체는 다음에 생성해도 됩니다.

```
Car myCar; // Car 클래스의 인스턴스를 가리킬 레퍼런스 변수 myCar를 선언합니다.
myCar = new Car(); // Car 인스턴스를 생성하여 레퍼런스 변수와 연결합니다.
```

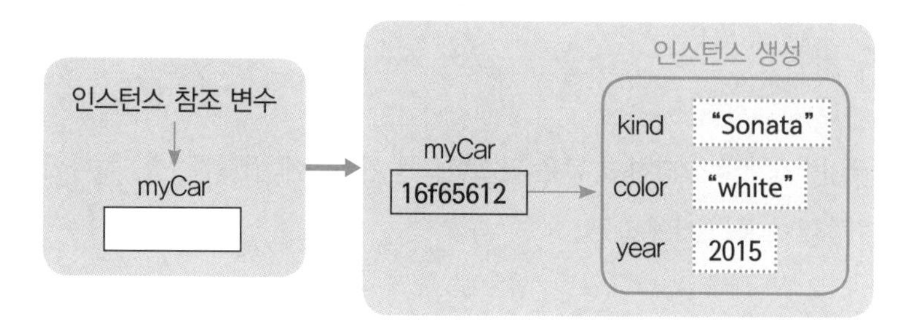

객체 생성과 객체 참조 변수

다음과 같이 하나의 레퍼런스 변수에 객체를 생성하고, 또 다른 레퍼런스 변수에 할당할 수도 있어요. 아래 예제에서 myCar 인스턴스를 가리키는 변수 myCar를 만든 후에 myCar2 변수도 인스턴스 myCar 인스턴스를 가리키도록 했어요. 즉, 다른 두 레퍼런스 변수가 하나의 인스턴스를 공유하는 모양입니다.

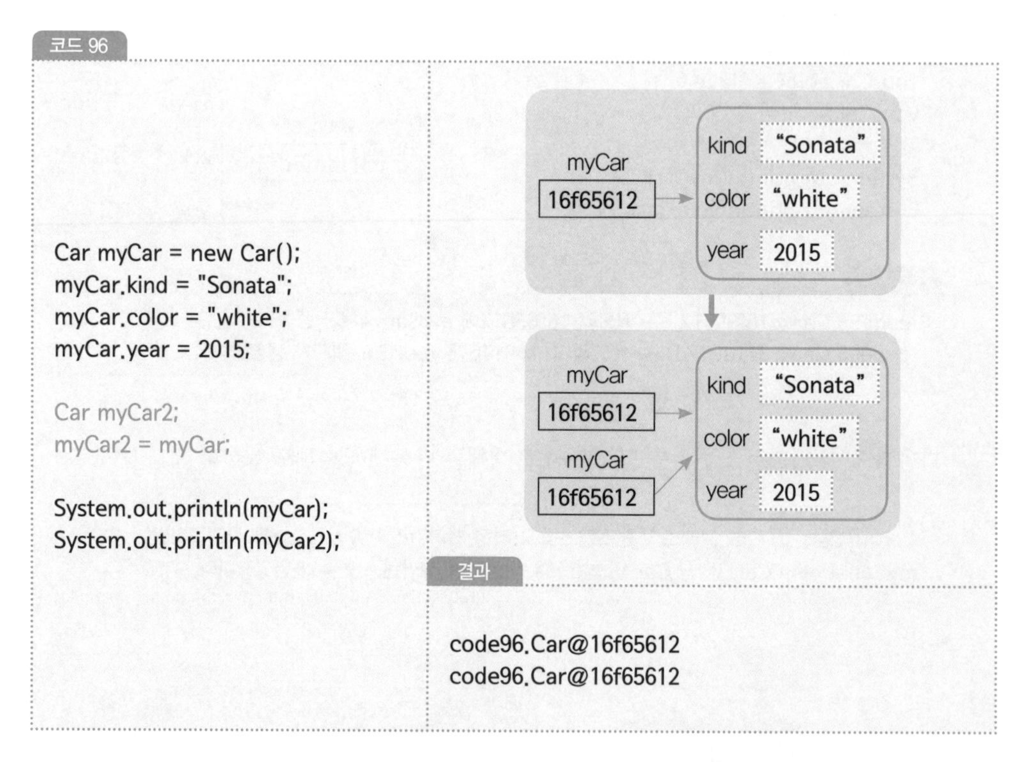

이렇게 레퍼런스끼리 할당하면 같은 인스턴스를 가리키게 됩니다. 즉, 하나의 인스턴스에 두 개의 레퍼런스명이 붙는 거예요.

이제 인스턴스 변수와 메소드를 모두 갖는 클래스를 작성해 볼게요. 성적 관리를 위해서 학생 인스턴스들을 만들어 보려고 합니다.

코드 97

```
class Student {
  int no;// 학번
  String name;    // 이름
  double score;   // 성적

  void printStudent() {
        System.out.println("no    : " + no);
        System.out.println("name  : " + name);
        System.out.println("score : " + score);
  }
  void updateScore(double change) {
        score += change;
  }
}

public class Code97 {
  public static void main(String[] args)
  {
        Student s1 = new Student();
        s1.no = 10;
        s1.name = "Alice";
        s1.score = 92.5;
        Student s2 = new Student();
        s2.no = 20;
        s2.name = "David";
        s2.score = 88.2;
        s1.printStudent();
        s2.printStudent();
        s1.updateScore(+2.3);
        s2.updateScore(-1.5);
        System.out.println("-------------------");
        s1.printStudent();
        s2.printStudent();
  }
}
```

결과

```
no : 10
name : Alice
score : 92.5
no : 20
name : David
score : 88.2
---------------
no : 10
name : Alice
score : 94.8
no : 20
name : David
score : 86.7
```

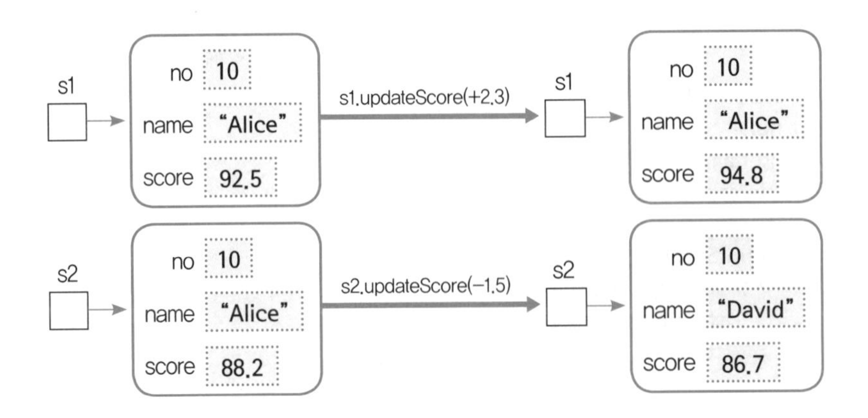

02 생성자 (constructor)

생성자는 인스턴스가 생성되는 순간에 자동으로 호출되는 특별한 메소드로 인스턴스에 필요한 공간을 만들고 초기화하는 역할을 합니다. 생성자는 다음의 특징을 갖습니다.

- 생성자명은 클래스명과 같아야 합니다.
- 생성자는 인스턴스가 생성될 때 자동으로 호출되는 특별한 메소드입니다.
- 생성자는 반환값이 없는 메소드입니다.
- 생성자는 얼마든지 오버로딩하여 사용할 수 있습니다.

디폴트 생성자(default constructor)

new 키워드를 이용하여 인스턴스를 생성한다고 했는데 이때 생성자가 호출되는 거예요. 지금까지 클래스에 생성자를 넣지 않았는데 이렇게 생성자가 클래스에 없다면 new할 때 디폴트 생성자가 자동으로 호출됩니다. 디폴트 생성자는 이름이 클래스명과 똑같고 매개변수가 없습니다.

class 클래스명 {
　클래스명() {
　　......
　}
}
	class Car {
	
	　Car() {}　// 디폴트 생성자
	
	}

일반적으로 속성, 생성자, 메소드를 모두 갖춘 클래스는 다음의 형태를 갖게 됩니다.

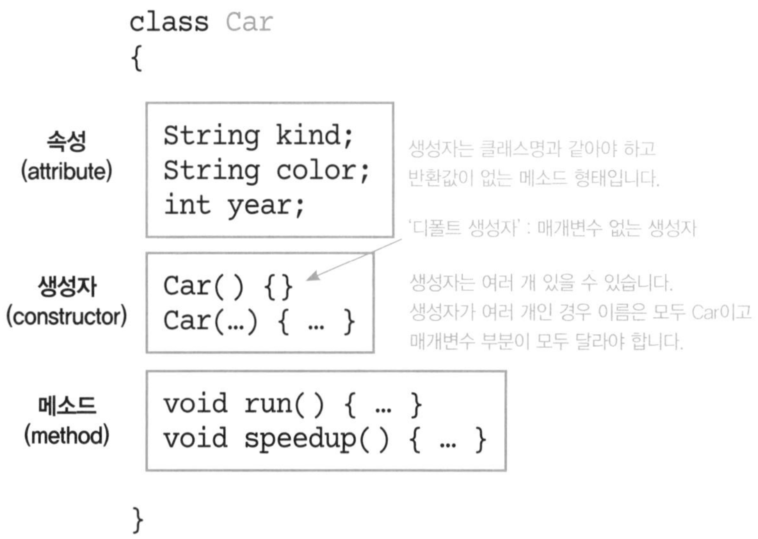

```
class Car
{
    // 속성 (attribute)
    String kind;
    String color;
    int year;

    // 생성자 (constructor)
    Car( ) {}
    Car(...) { ... }

    // 메소드 (method)
    void run( ) { ... }
    void speedup( ) { ... }
}
```

생성자는 클래스명과 같아야 하고 반환값이 없는 메소드 형태입니다.

'디폴트 생성자' : 매개변수 없는 생성자

생성자는 여러 개 있을 수 있습니다. 생성자가 여러 개인 경우 이름은 모두 Car이고 매개변수 부분이 모두 달라야 합니다.

- 디폴트 생성자가 없는 클래스 : 아래 Friend 클래스는 생성자가 하나도 없습니다. 이 경우에 컴퓨터가 자동으로 디폴트 생성자를 호출해 줍니다.

코드 98

```
class Friend {   // 클래스 Friend에는 생성자가 하나도 없습니다.
  String name;
  int age;

  // Friend(){ }   생성자가 하나도 없는 경우에는 자동으로 디폴트 생성자를 제공합니다.
  void printFriend() {
```

```
    System.out.println("name : " + name + ", age : " + age);
  }
}

public class code98 {
  public static void main(String[] args)
  {
    Friend f = new Friend();    // 디폴트 생성자 자동 호출
    f.printFriend();  // 인스턴스를 생성하고 바로 출력해 봅니다.
    f.name = "Alce";
    f.age = 20;
    f.printFriend();
  }
}
```

String의 디폴트 값은 null입니다.

int의 디폴트 값은 0입니다.

결과

```
name : null, age : 0
name : Alice, age : 20
```

● 디폴트 생성자가 있는 클래스

코드 99

```
class Dog {
  String name;
  String color;

  Dog() {
    System.out.println("Default constructor is called");
  }
  void printDog() {
    System.out.println("name : " + name);
    System.out.println("color : " + color);
  }
}

public class Code99 {
  public static void main(String[] args)
  {
    Dog d = new Dog();  // 여기에서 Dog() 디폴트 생성자를 호출합니다.
    d.printDog();
  }
}
```

속성은 자동으로 초기화되는데 디폴트 값이 null입니다.

결과

```
Default constructor is called   ←······디폴트 생성자가 호출되었음을 알 수 있어요.
name : null
color : null
```

위의 코드에서는 디폴트 생성자가 호출되는 것을 보기 위해서 생성자 안에 출력문을 넣었습니다. 만약에 생성자가 하나도 없다면 내용이 없는 디폴트 생성자가 제공되는 것과 마찬가지예요.

```
class Dog {
  String name;
  String color;
                    ←·········· 여기에 디폴트 생성자 Dog() {}가 있는 거예요.
  void printDog() {
    System.out.println("name : " + name);
    System.out.println("color : " + color);
  }
}

public class Code {
  public static void main(String[] args)
  {
    Dog d = new Dog();
    d.printDog();
  }
}
```

사실 꼭 위의 위치에 디폴트 생성자가 있는 것은 아니고, 클래스 Dog 내에 어딘가에 디폴트 생성자가 있는 거예요.

디폴트 생성자에는 인스턴스를 생성할 때 초기화하려는 작업을 수행하면 좋습니다. 다음 예제로 디폴트 생성자를 한 번 더 이해해 보세요.

코드 100

```
class Point {
        int x;
        int y;

        Point() {  ◀····· 디폴트 생성자
                x = 10;
                y = 20;
        }

        void print() {
                System.out.println("(" + x + "," + y +
")");
        }
}

public class Code100 {

        public static void main(String[] args)
        {
                Point p1 = new Point();
                Point p2 = new Point();

                p1.print();
                p2.print();
        }
}
```

결과

```
(10,20)
(10,20)
```

매개변수가 있는 생성자

매개변수가 있는 생성자는 다음과 같이 입력을 갖는 생성자로 인스턴스를 생성할 때 인스턴스를 원하는 값으로 초기화할 수 있습니다.

코드 101

```
class Friend {
  String name;
  int age;

  Friend() { }                // 디폴트 생성자
  Friend(String n, int a) {   // 매개변수(인수)가 있는 생성자
    name = n;
    age = a;
  }
  void printFriend() {
    System.out.println("name : " + name + ", age : " + age);
  }
}

public class Code101 {
   public static void main(String[] args)
   {
     Friend f = new Friend("Alice", 20);
     f.printFriend();
   }
}
```

결과

```
name : Alice, age : 20
```

생성자 오버로딩(constructor overloading)

경우에 따라서 생성자가 여러 개 있기도 합니다. 메소드 오버로딩과 같이 생성자가 여러 개 있는 것을 생성자 오버로딩이라고 합니다. 실제로 많은 경우에 생성자가 오버로딩되어 제공됩니다. 앞의 Friend 클래스도 디폴트 생성자와 매개변수가 있는 생성자, 이렇게 두 개의 생성자가 있어요. 생성자 오버로딩의 예를 볼게요.

코드 102

```
class Student {
  int no;              // 번호
  String name;         // 이름
  double score;        // 성적

  Student(){}                    // 디폴트 생성자
  Student(int n) {               // 번호만 초기화하는 생성자
    no = n;
  }
  Student(int n, String nm) {  // 번호, 이름을 초기화하는 생성자
    no = n;
    name = nm;
  }
  Student(int n, String nm, double s) {   // 번호, 이름, 성적을 초기화하는 생성자
    no = n;
    name = nm;
    score = s;
  }
  void printStudent() {
    System.out.println("no : " + no + ", name : " + name + ", score : " + score);
  }
}

public class Code102 {
  public static void main(String[] args)
  {
  ❶ Student s1 = new Student();
  ❷ Student s2 = new Student(10);
  ❸ Student s3 = new Student(15, "David");
  ❹ Student s4 = new Student(20, "Paul", 92.5);
    s1.printStudent();
    s2.printStudent();
    s3.printStudent();
    s4.printStudent();
  }
}
```

결과

```
no : 0, name : null, score : 0.0
no : 10, name : null, score : 0.0
no : 15, name : David, score : 0.0
no : 20, name : Paul, score : 92.5
```

[코드 102]의 student 클래스에는 4개의 생성자가 있습니다. ①~④에서 객체를 생성할 때 괄호 안의 인수를 보고 어느 생성자를 수행해야 하는지 결정합니다.

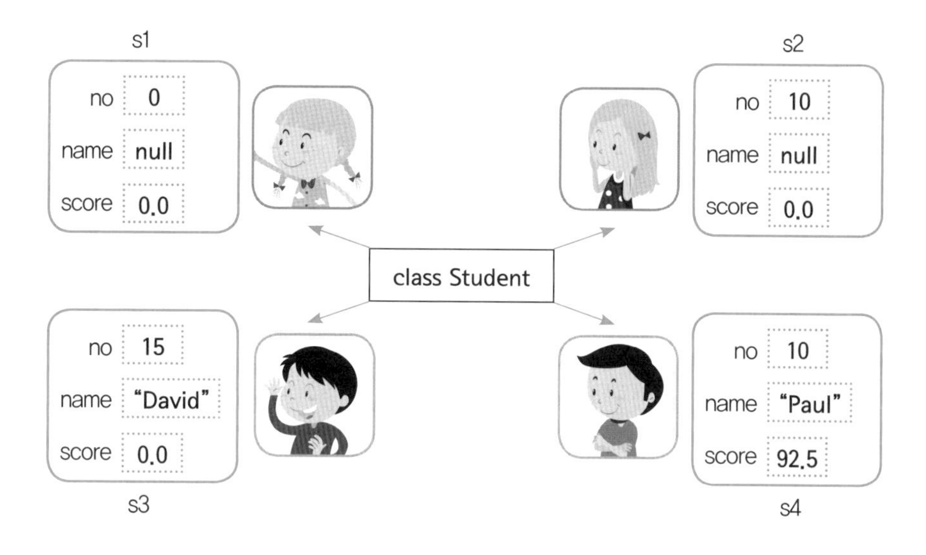

클래스에 생성자를 넣을 때 주의할 점이 있어요. 만약에 클래스에 디폴트 생성자가 아닌 생성자가 하나라도 있다면 디폴트 생성자를 자동으로 제공하지 않는다는 거예요.

```
class Data
{
    int x;

    void print( ) {…}
}
```

→

```
class Data
{
    int x;

    Data( ) {}   // 디폴트 생성자
    void print() {…}
}
```

생성자가 없는 클래스는 자바 언어에서 자동으로 디폴트 생성자를 제공합니다.

```
class Data
{
    int x;

    Data(int y) {x = y;}
    void print( ) {…}
}
```

→

```
Data d1=new Data(100);  // OK
Data d2=new Data();     // 에러 발생
```

만약에 생성자가 하나라도 있으면 디폴트 생성자는 자동으로 제공하지 않습니다.
따라서 디폴트 생성자를 이용하여 인스턴스를 생성하려고 하면 에러가 발생합니다.

코드를 확인해 볼게요.

코드 103

```
❶ class Data {
❷     int m;
❸     Data(int x) {  // 매개변수 1개 생성자
❹         m = x;
❺     }
❻     void printData() {
❼         System.out.println("m : " + m);
❽     }
❾ }

public class Code103 {
    public static void main(String[] args) {
        Data d = new Data(100);
        d.printData();
    }
}
```

왼쪽 코드에서는 new Data(100); 이라고 생성자를 호출했기 때문에 라인 ❸에 있는 생성자를 호출하게 됩니다. 역시 문제가 없는 코드예요.

그런데 만일 위의 main 메소드에서 new Data(100);이라고 하지 않고, new Data()라고 작성하여 디폴트 생성자를 호출하면 에러가 발생합니다.

```
class Data {
    int m;
    Data(int x) {  // 매개변수 1개 생성자
        m = x;
    }
    void printData() {
        System.out.println("m : " + m);
    }
}

public class ConstructorTest {
    public static void main(String[] args) {
        Data d = new Data();  // 여기에서 에러가 발생함.
        d.printData();
    }
}
```

에러 메시지 : The constructor Data() is undefined

예제를 하나 더 볼게요.

코드 104

```
class Student {
  int no;
  String name;
  double score;

  Student(int n) {  // 생성자가 하나라도 있으면 디폴트 생성자를 추가하지 않습니다.
    no = n;
  }

  void printStudent() {
    System.out.println("no : " + no + ", name : " + name + ", score : " + score);
  }
}

public class code104 {
  public static void main(String[] args)
  {
    Student s1 = new Student();   // 에러 발생.
    Student s2 = new Student(10);
    s1.printStudent();
    s2.printStudent();
  }
}
```

클래스에 디폴트 생성자가 없고, 매개변수가 있는 생성자가 존재하는 경우, 디폴트 생성자를 이용하여 객체를 생성하려면 에러가 발생한다는 것을 기억해 두세요.

03 인스턴스 변수와 클래스 변수

클래스를 통해 인스턴스를 생성할 때, 각 인스턴스가 갖는 데이터 영역이 있고, 인스턴스들끼리 공유하는 데이터 영역이 있어요. 각 인스턴스가 갖는 데이터는 인스턴스 변수이고, 인스턴스들 간에 공유하는 데이터는 클래스 변수라고 합니다. 클래스 변수는 클래스당 한 개가 만들어져서 모든 인스턴스들이 공유하는 거예요. 클래스 변수는 'static' 키워드를 이용하여 만듭니다.

인스턴스 변수(instance variable)

인스턴스 변수는 각 인스턴스마다 갖는 자신만의 데이터 영역이에요. 지금까지 보았던 클래스들은 모두 인스턴스 변수만 갖고 있습니다.

코드 105

```
class PersonInfo
{
	String name;
	int age;
	double height;

	PersonInfo(){}

	PersonInfo(String n, int a, double h) {
		name = n;
		age = a;
		height = h;
	}

	void printAll() {
		System.out.println("name : " + name);
		System.out.println("age : " + age);
		System.out.println("height : " + height);
	}
}

public class Code105 {
	public static void main(String[] args)
	{
		PersonInfo p1 = new PersonInfo();
		PersonInfo p2 = new PersonInfo("Alice", 10, 115.5);
		p1.printAll();
		p2.printAll();
	}
}
```

결과

```
name : null
age : 0
height : 0.0
name : Alice
age : 10
height : 115.5
```

name, age, height는 각 인스턴스마다 갖는 공간으로 '인스턴스 변수'라고 하고 인스턴스 변수는 자동 초기화가 된다고 했었죠. 이 코드에서 p1의 각 인스턴스가 디폴트 값으로 초기화되었습니다.

인스턴스 변수를 .을 이용하여 클래스 밖에서도 사용할 수 있어요.

코드 106

```
class PersonInfo
{
	String name;
	int age;
	double height;

	PersonInfo() {}
}

public class Code106 {
	public static void main(String[] args)
	{
		PersonInfo p = new PersonInfo();
		p.name = "Alice";
		p.age = 12;
		p.height = 120.5;
		System.out.println("p.name : " + p.name);
		System.out.println("p.age : " + p.age);
		System.out.println("p.height : " + p.height);
	}
}
```

결과

```
p.name : Alice
p.age : 12
p.height : 120.5
```

NOTE 인스턴스 변수는 자동으로 초기화됩니다. 불리언은 false로 초기화되고, byte, short, int, long 타입은 0으로, float, double은 0.0으로 초기화됩니다. 그리고 String은 null값으로 초기화됩니다.

클래스 변수(static variable)

클래스에는 인스턴스 변수 외에 클래스 변수도 있는데 변수 앞에 static 키워드가 붙은 것이 클래스 변수입니다. 인스턴스 변수가 인스턴스마다 각자 갖는 데이터인 반면에 static 변수는 모든 인스턴스가 공유하는 클래스당 한 개만 생성되는 변수입니다. 인스턴스 변수처럼 static 변수도 자동으로 초기화됩니다. 예제를 통해서 인스턴스 변수와 클래스 변수를 이해해 보세요.

코드 107

```
class Data {
        int value;  ←— 인스턴스 변수
        static int count;  ←— 클래스 변수

    void print() {
        System.out.println("value : " + value);
        System.out.println("count : " + count);
    }
}

public class Code107 {
        public static void main(String[] args)
        {
                Data d1 = new Data();
                Data d2 = new Data();
                d1.print();
                d2.print();
        }
}
```

결과

```
value : 0
count : 0
value : 0
count : 0
```

클래스 Data의 각 인스턴스는 인스턴스 변수 value와 클래스 변수 count를 갖습니다. static 키워드가 붙는 변수를 '클래스 변수' 또는 '정적 변수'라고 하는데 모든 인스턴스가 공유하는 변수입니다.

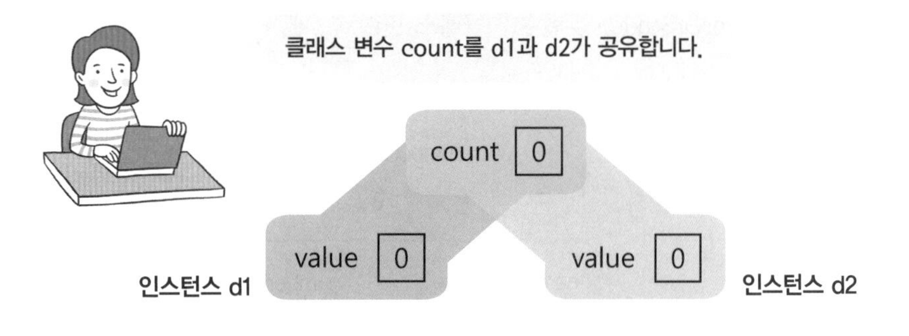

의미있는 클래스 변수를 포함한 예제를 볼게요.

코드 108

```
class Student {
  static int numberOfStudent;
  String name;
  double score;

  Student(){
          numberOfStudent ++;
  }

  Student(String n, double s) {
          numberOfStudent ++;
          name = n;
          score = s;
  }

  void print() {
          System.out.println("name : " + name);
          System.out.println("score : " + score);
          System.out.println("numberOfStudent : " +
                  numberOfStudent);
  }
}

public class Code108 {
          public static void main(String[] args)
          {
                  Student s1 = new Student("Alice", 90.5);
                  Student s2 = new Student("David", 88.3);
                  Student s3 = new Student("Cindy", 77.1);

                  s1.print();
                  s2.print();
                  s3.print();

          }
}
```

결과

```
name : Alice
score : 90.5
numberOfStudent : 3
name : David
score : 88.3
numberOfStudent : 3
name : Cindy
score : 77.1
numberOfStudent : 3
```

코드에서 numberOfStudents 변수가 클래스 변수로, 세 개의 인스턴스 s1, s2, s3가 공유하는 변수입니다.

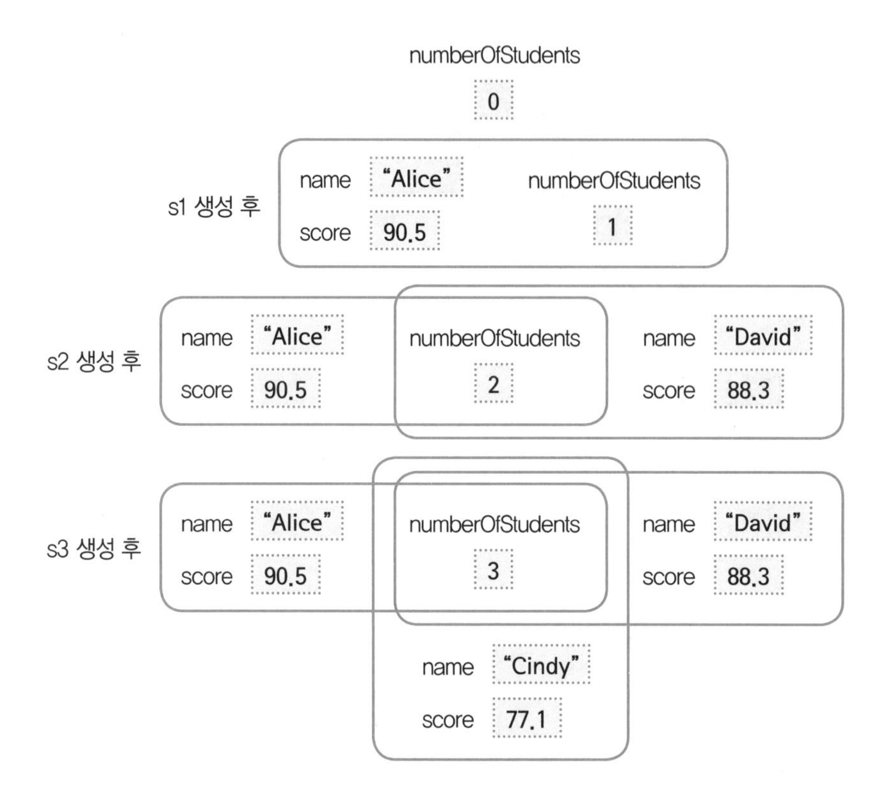

그림에서 보듯이 numberOfStudents 변수는 세 인스턴스가 공유하기 때문에 s1, s2, s3 생성 후에 출력을 하면 모두 같은 3을 출력하게 됩니다. 만약에 [코드 108]의 main 메소드를 다음과 같이 수정하면 어떤 결과가 나올까요?

코드 109

```
public static void main(String[] args)
{
        Student s1 = new Student("Alice", 90.5);
        s1.print();
        Student s2 = new Student("David", 88.3);
        s2.print();
        Student s3 = new Student("Cindy", 77.1);
        s3.print();
}
```

결과

```
name : Alice
score : 90.5
numberOfStudent : 1
name : David
score : 88.3
numberOfStudent : 2
name : Cindy
score : 77.1
numberOfStudent : 3
```

위의 코드를 보면 생성자 안에서 numberOfStudents 값이 인스턴스를 생성할 때마다 하나씩 증가하게 됩니다. 따라서 numberOfStudents 변수에는 현재까지 생성된 인스턴스의 개수를 저장하고 있음을 알 수 있어요.

클래스 변수는 인스턴스 소유가 아니라 클래스 소유라고 생각할 수 있어요. 따라서 '인스턴스.클래스 변수'라고 하는 것보다 '클래스.클래스 변수'라고 하는 것이 합리적으로 보여요. 실제로 다음과 같이 클래스 변수는 클래스 이름을 이용하여 접근할 수 있고, 이 방법이 더 좋습니다.

코드 110

```
class BankAccount {
  String name;        // 고객명
  double balance;     // 계좌 잔고
  static int count;   // 고객 수

  BankAccount(String name, double balance) {
          this.name = name;
          this.balance = balance;
          count ++;
  }
}

public class Code110 {
  public static void main(String[] args) {
          BankAccount ba1 = new BankAccount("Alice", 100000);
          BankAccount ba2 = new BankAccount("Paul", 50000);
          BankAccount ba3 = new BankAccount("Cindy", 30000);
          BankAccount ba4 = new BankAccount("David", 150000);
          BankAccount ba5 = new BankAccount("Tom", 200000);

          System.out.println("number of accounts : " + BankAccount.count);
  }
}
```

위의 코드를 수행하면 number of accounts : 5라고 출력됩니다. 이렇게 클래스 변수는 클래스명을 이용해서 사용할 수 있습니다.

04 this 키워드

클래스를 만들면 그 클래스를 이용해서 무수히 많은 인스턴스를 만들 수가 있습니다. 각 인스턴스는 각자의 인스턴스 변수를 갖게 된다고 했어요. 그리고 메소드는 메모리에 하나만 생겨서 인스턴스들끼리 공유하게 됩니다. 이번에는 특별한 참조 변수인 this에 대해서 설명합니다. this는 그 순간에 클래스를 이용하는 인스턴스를 가리키는 변수예요.

생성자와 this 키워드

지금까지 생성자를 만들 때, 생성자 괄호에 넣는 값은 인스턴스 변수를 초기화하기 위해서 넣는 인수들이었죠. 그때 매개변수의 이름과 인스턴스 변수이름을 다르게 했어요(아래 왼쪽 코드에서 nm, s는 매개변수이고 name, score는 인스턴스 변수죠). 만약에 아래 오른쪽과 같이 매개변수 이름과 인스턴스 변수 이름이 같다면 어떻게 될까요?

```
class Student {
    String name;      // 인스턴스 변수
    double score;

    Student(String nm, double s) {   // 매개변수
        name = nm;
        score = s;
    }
}
```

```
Student(String name, double score) {
    name = name;
    score = score;
}
```

오른쪽 코드의 경우 name, score가 모두 매개변수로 간주되어서 인스턴스 변수 초기화가 제대로 되지 않습니다. 하지만 인스턴스 변수와 파라미터(매개변수)명이 같은 것은 좋아요. 변수명이 관리될 수 있거든요. 이때 this 키워드가 유용하게 사용됩니다. this는 현재 클래스를 이용하는 인스턴스를 가리키는 특별한 키워드라고 볼 수 있습니다.

다음 코드를 보세요.

코드 111

```
class Book {
        String title;
        int price;

        Book(String title, int price) {
                this.title = title;
                this.price = price;
        }
}

public class Code111 {
        public static void main(String[] args)
        {
                Book b1 = new Book("Peter Pan", 10000);
                Book b2 = new Book("Aladdin", 9000);

                System.out.println(b1.title + ", " + b1.price);
                System.out.println(b2.title + ", " + b2.price);
        }
}
```

결과

```
Peter Pan, 10000
Aladdin, 9000
```

this는 현재 이용되고 있는 인스턴스를 가리키는 특별한 참조 변수입니다. 다음의 그림을 보세요. this는 딱 한 개만 있어서 매 순간 하나의 인스턴스만을 가리킨다는 것을 기억해 두세요.

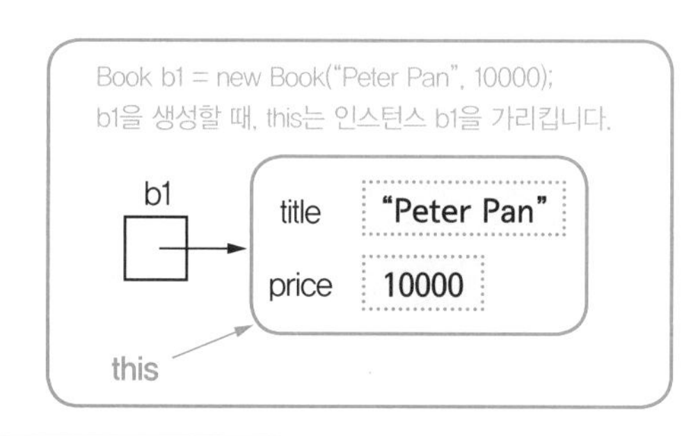

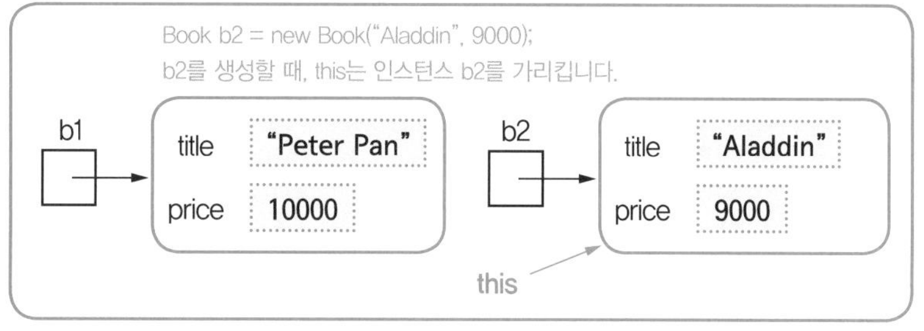

this 키워드는 어떤 생성자가 오버로딩된 다른 생성자를 호출할 때도 사용할 수 있습니다. 아래 왼쪽 코드에서 세 번째 생성자 첫 줄이 Book(String title) 생성자의 내용과 같습니다(밑줄 부분). 즉, 똑같은 코드가 중복됩니다. 프로그래밍에서 중복은 피하는 것이 좋아요. 이 부분을 this 키워드를 이용하여 오른쪽 코드와 같이 바꿀 수 있습니다.

코드 112

```
class Book {
        String title;
        int price;

        Book(){}
        Book(String title) {
                this.title = title;
        }
        Book(String title, int price) {
                this.title = title;
                this.price = price;
        }
}
```

```
class Book {
        String title;
        int price;

        Book(){}
        Book(String title) {
❶               this.title = title;
        }
        Book(String title, int price) {
❷               this(title);
                this.price = price;
        }
}
public class Code112 {
   public static void main(String[] args) {
❸       Book b = new Book("Java", 25000);
   }
}
```

오른쪽 코드 ❸에서 객체를 생성하면 세 번째 생성자가 호출되어 ❷번 줄이 수행되는데, 이때 this(title);에서 this는 다른 생성자를 의미합니다. 따라서 하나의 매개변수를 갖는 두 번째 생성자가 호출되어 ❶번 줄이 수행됩니다.

조금 더 복잡한 예제를 볼게요.

코드 113

```
class Student {
        int number;
        String name;
        double score;

        Student(){}
```

```
        Student(int number) {
                this.number = number;
        }
        Student(int number, String name) {
                this(number);
                this.name = name;
        }
        Student(int number, String name, double score) {
                this(number, name);
                this.score = score;
        }
}
public class Code113 {

        public static void main(String[] args) {
                Student s = new Student(10, "Paul", 88.5);
        }
}
```

이렇게 this를 이용하여 다른 생성자를 호출할 때 주의할 점이 있어요. 반드시 생성자 첫 줄에 한 번만 써야 한다는 거예요. 다음과 같이 this를 사용하면 모두 에러가 발생합니다.

```
Student(int number, String name, double score) {
        this.score = score;
        this(number, name);
}
```

위의 코드는 this()가 두 번째 줄에 나와서 에러가 발생합니다. 에러 메시지를 보면 'Constructor call must be the first statement in a constructor'라고 나옵니다. 다음과 같이 적는 것은 안 되겠죠. 코드에서는 세미콜론(;)이 나오면 한 줄이 끝났다고 간주합니다. 따라서 다음과 같이 적어도 this()는 두 번째 줄에 있는 거예요.

```
Student(int number, String name, double score) {
        this.score = score; this(number, name);
}
```

인스턴스 변수가 많은 경우에 this()를 이용하여 다른 생성자를 어떻게 호출할지는 사용자가 디자인하기 나름입니다. 예를 들어서, 아래 두 코드 중에 어느 것이 좋다고 할 수 없어요.

```
Student(int number) {
        this.number = number;
}
Student(String name) {
        this.name = name;
}
Student(double score) {
        this.score = score;
}
Student(int number, String name, double
score) {
        this(number);
        this.name = name;
        this.score = score;
}
```

```
Student(int number) {
        this.number = number;
}
Student(String name) {
        this.name = name;
}
Student(double score) {
        this.score = score;
}
Student(int number, String name, double
score) {
        this(score);
        this.number = number;
        this.name = name;
}
```

this 키워드를 이용한 메소드 호출

this 키워드는 같은 클래스에 있는 변수 또는 메소드를 호출할 때 이용할 수 있습니다.

```
class Friend
{
  String name;
  int age;

  Friend(String name, int age) {  // 인수가 있는 생성자
        this.name = name;
        this.age = age;
  }
  void hello() {
        System.out.println("Hello");
  }
  void printFriend() {
        this.hello();
        System.out.println("name : " + this.name + ", age : " + this.age);
  }
}
```

같은 클래스에 있는 메소드를 호출합니다.

05 static 키워드

static은 '정적'이라고 번역합니다. 앞에서 static 키워드가 변수 앞에 붙으면 클래스 변수라고 했어요. static 키워드는 메소드 앞에 사용할 수도 있고, static 블록을 만들어서 사용할 수도 있어요. 이에 대해서 하나씩 알아 볼게요.

static 변수

static 변수는 하나의 클래스에서 정확히 한 개만 만들어지는 변수라고 했었죠. 그래서 사용할 때 '클래스.static변수명'으로 사용합니다.

다음 코드를 보세요.

코드 114

```
class Circle {
  static double PI = 3.141592;
  double radius;   // 반지름

  Circle(double radius) {
        this.radius = radius;
  }

  double area() {
        return this.radius * this.radius * PI;
  }

  double perimeter() {
        return 2 * PI * this.radius;
  }
}

public class Code114 {
  public static void main(String[] args)
  {
        Circle c1 = new Circle(10.0);
        Circle c2 = new Circle(100.0);

        System.out.println("area of c1 : " + c1.area());
        System.out.println("perimeter of c1 : " + c1.perimeter());
```

```
            System.out.println("area of c2 : " + c2.area());
            System.out.println("perimeter of c2 : " + c2.perimeter());
            }
}
```

결과

```
area of c1 : 314.1592
perimeter of c1 : 62.83184
area of c2 : 31415.920000000002
perimeter of c2 : 628.3184
```

이 코드에서는 PI 값을 모든 인스턴스가 가질 필요가 없기 때문에 클래스 변수로 만들어서 인스턴스끼리 공유하게 됩니다.

static 메소드

static 메소드는 메소드 앞에 static 키워드를 붙이고, 클래스 메소드 또는 정적 메소드라고 부릅니다. static 메소드를 호출할 때에는 '클래스.메소드명()'을 이용합니다.

코드 115

```
class Person {
            static int count;
            String name;

            Person() {
                        count ++;
            }

            static void printCount() {
                        System.out.println("count : " + count);
            }
}
public class Code115 {

            public static void main(String[] args)
            {
                        Person p1 = new Person();
                        Person p2 = new Person();
                        Person.printCount();      // '클래스명.메소드명()'으로 씁니다
```

```
                p1.printCount();        // '인스턴스명.메소드()'으로 해도 됩니다.
                p2.printCount();
        }
}
```

결과

```
count : 2
count : 2
count : 2
```

위와 같이 '클래스명.메소드명()' 또는 '인스턴스명.메소드()'으로 static 메소드를 호출할 수 있는데, '클래스명.메소드명()'가 올바른 방식입니다.

static 메소드에서 중요한 내용이 있습니다. static 메소드에서는 static 멤버만 사용할 수 있어요.

NOTE
'static은 static만 부른다'를 기억해 두세요.

static 키워드는 인스턴스 변수와 메소드 앞에 붙일 수 있습니다.
static이 붙은 변수는 '클래스 변수'라고 부릅니다.
static이 붙은 메소드는 '클래스 매소드'라고 부릅니다.
static 메소드는 static 메소드와 static 변수만 사용할 수 있습니다.

다음의 예를 보세요. 왼쪽 코드에서 print() 메소드는 non-static 메소드이고 오른쪽 코드에서는 static 메소드로 선언되어 있습니다. print() 메소드가 non-static인 경우에는 print() 메소드 안에서 static 변수인 x와 non-static 변수인 y 모두 사용 가능해요. 하지만 오른쪽 코드에서처럼 print() 메소드를 static으로 선언하면 print() 메소드 안에서는 static 멤버만 사용 가능합니다. 따라서 non-static 변수인 y를 사용할 때 에러가 발생해요. 간단하게 static 메소드에서는 static 멤버만 사용 가능하다고 알아 두세요.

코드 116

```
class Data {
  static int x;
  int y;

  Data(int x, int y) {
    Data.x = x;
    this.y = y;
  }
         non-static method
  void print() {
    System.out.println("x : " + x);
    System.out.println("y : " + y);
  }
}

public class Code116 {
  public static void main(String[] args)   {
    Data d = new Data(10, 20);
    d.print();
  }
}
```

```
class Data {
  static int x;
  int y;

  Data(int x, int y) {
    Data.x = x;
    this.y = y;
  }
         static method
                                        static
  static void print() {
    System.out.println("x : " + x);
    System.out.println("y : " + y); //에러
  }
                           non-static
}

public class Code116 {
  public static void main(String[] args)   {
    Data d = new Data(10, 20);
    d.print();
  }
}
```

non-static 메소드에서는 non-static 멤버 또는 static 멤버 모두 사용할 수 있습니다.

다음의 예제는 static 메소드에서 다른 static 메소드를 부르는 형태입니다.

```
class StaticTest {
  void test() {
          System.out.println("I am test");
  }
  static void show() {
          System.out.println("I am show");
  }
  void print() {
          test();
          show();
  }
}
```

```
class StaticTest {
  void test() {
          System.out.println("I am test");
  }
  static void show() {
          System.out.println("I am show");
  }
  static void print() {
          test();   // 에러가 발생합니다.
          show();
  }        static method가 non-static 호출하면
}          에러가 발생합니다.
```

왼쪽 코드에서는 print() 메소드가 non-static이기 때문에 static 메소드 또는 non-static 메소드 모두 호출할 수 있습니다. 오른쪽 코드에서는 print() 메소드를 static으로 정의했기 때문에 non-static 메소드인 test() 메소드를 호출하면 에러가 발생합니다.

static 블록과 non-static 블록

클래스 내에 그냥 블록 또는 static 블록을 넣을 수 있습니다. 다음과 같은 형태가 그냥 블록입니다. 그냥 블록은 non-static 블록을 말합니다.

코드 117

```
class Block {
  Block() {
          System.out.println("I am constructor");
  }
  { ←non-static 블록
          System.out.println("I am block");
  }
}

public class Code117 {
  public static void main(String[] args)
  {
          Block b1 = new Block();
          Block b2 = new Block();
  }
}
```

결과

```
I am block
I am constructor
I am block
I am constructor
```

non-static 블록은 생성자처럼 인스턴스를 생성할 때마다 수행되는 영역이예요. 즉 new할 때마다 수행됩니다. 이때 생성자보다 먼저 호출됩니다.

클래스 내에 이렇게 블록이 있을 수 있습니다. 이 경우 인스턴스를 생성할 때마다 블록이 먼저 수행되고 생성자가 다음으로 수행됩니다.

```
class Block{
    Block { … }      생성자
    {
        ......        non-static 블록
    }
}
```

다음으로 static 블록을 볼게요.

코드 118

```
class Block {
  Block() {
          System.out.println("I am constructor");
  }
  static {
          System.out.println("I am static block");
  }
}

public class Code118 {
  public static void main(String[] args)
  {
          Block b1 = new Block();
          Block b2 = new Block();
  }
}
```

결과

```
[ 결과 ]

I am static block
I am constructor
I am constructor
```

static 블록은 생성자처럼 첫 번째 인스턴스를 생성하기 바로 전에 한 번만 수행되는 블록입니다.

클래스 내에 static이 붙는 블록을 static 블록이라고 합니다.
static 블록은 첫 번째 인스턴스를 생성하기 전에 딱 한 번만 수행됩니다.

```
class Block{
    Block { … }        생성자
    static{
        ……             static 블록
    }
}
```

06 자바의 접근 제어와 private 키워드

자바에는 클래스 내의 멤버에 대해서 접근 권한을 줄 수가 있는데, 다음과 같이 네 가지의 접근 권한이 있습니다. 여기에서는 public과 private을 설명합니다.

private	같은 클래스 내에서만 접근이 가능합니다.
protected	상속과 관계가 있습니다.
(default)	패키지와 관계가 있습니다.
public	어디서나 접근 가능합니다.

위의 네 가지 접근 제어는 인스턴스 변수, 생성자 또는 메소드 앞에 붙일 수 있습니다. 또한 class 앞에도 붙일 수 있습니다.

private 키워드

여기에서는 private 접근 제어에 대해서 설명합니다. private 접근 제어는 클래스 내에서만 접근 가능하다고 했는데, 예를 들어 볼게요.

코드 119

```
class Book {
    private String title;
    private int price;

    Book(){}
    Book(String title, int price){
            this.title = title;
            this.price = price;
    }

    void printBook() {
            System.out.println("title : " + title);
            System.out.println("price : " + price);
    }
}

public class Code119 {
    public static void main(String[] args)
    {
            Book bk = new Book("Java Programming", 25000);
            bk.printBook();
            bk.price = 27000;   // 에러 (The field Book.price is not visible.)
    }
}
```

위의 코드에서 보면 인스턴스 변수인 title과 price 앞에 private 키워드가 붙어 있어요. private 키워드가 있으면 클래스 안에서만 사용하겠다는 의미이기 때문에 다른 클래스에서 bk.price라고 썼을 때 에러가 발생합니다. 이때 에러 메시지는 'The field Book.price is not visible.'이라고 나오는데, 클래스 안에 있는 멤버를 클래스 외부에서 볼 수 있는지 없는지를 visibility라고 합니다. 따라서 이 에러는 private 멤버는 외부에서 볼 수 없다는 의미인 거예요.

```
class Book {

    private String title;
    private int price;

    ......
}
```

인스턴스 변수에 private 접근 제어를 하는 것은 인스턴스 변수를 보호하려는 의도가 있는 거예요. 이를 캡슐화(encapsulation)라고 합니다.

```
class BookTest {

    public static void main(String[] args)
    {
          Book bk = new Book("JAVA", 25000);
          bk.price = 20000;

    }
}
```

클래스의 private 멤버를 클래스 외부에서는 접근할 수가 없습니다. 에러가 발생합니다.

public 키워드

public 키워드는 private 키워드와 완전히 반대입니다. public 키워드는 어디서나 사용할 수 있도록 하겠다는 의미예요. 따라서 public은 접근 제어가 전혀 없는 키워드입니다. 다음 장에서 좀 더 자세히 설명하겠습니다.

디폴트 접근 제어

디폴트 접근 제어는 private, public, protected 키워드가 아무 것도 붙지 않을 때 디폴트 접근 제어라고 합니다(default라는 키워드가 자바 버전 1.8에 추가되었는데, 접근 제어와는 상관이 없습니다. 이에 대해서는 8장에서 다룹니다). 다음의 예제를 통해서 private 접근 제어, public 접근 제어, 디폴트 접근 제어를 구별해 보세요.

코드 120

```
class Data {
  private int x;     // private 접근 제어(x는 클래스 내에서만 접근 가능합니다).
  public int y;      // public 접근 제어(y는 어디에서나 접근 가능합니다).
  int z;             // 디폴트 접근 제어(z는 같은 패키지에서만 접근 가능합니다).
}

public class Code120 {
  public static void main(String[] args)
  {
          Data data = new Data();
          data.x = 10;  ◀······ 에러 발생
          data.y = 20;
          data.z = 30;
  }
}
```

디폴트 접근 제어는 같은 패키지에서 접근 가능한 접근 제어예요. 아직 패키지를 배우지 않아서 이해되지 않을 거에요. 다음 장에서 패키지에 대한 공부를 할 때 다시 자세히 설명합니다.

```
class Data
{
    private int x;          // x는 클래스 Data에서만 사용 가능함.
    public int y;           // y는 어디에서나 사용 가능함.
    protected int z;        // z는 상속관계에서 사용 가능함.
    int w;                  // 아무 것도 안 붙는 경우 '디폴트 접근 제어'하고 함.
                            // w는 같은 패키지에서만 사용 가능함.

    ......
}
```

상속 관계와 패키지에 대해서는 다음 장에서 학습합니다.

접근자 메소드와 변경자 메소드

[코드 119]를 수행하면 bk.price = 27000; 라인에서 에러가 발생합니다. 에러 메시지를 보면 'The field Book.price is not visible.'이라고 나오는데, 'Book 클래스의 price 필드는 볼 수 없다'로 해석이 되겠죠. 인스턴스 변수 price가 private 접근 제어를 갖고 있기 때문에 Book 클래스 외부에서 price를 직접 사용하려면 에러가 발생합니다. price 값을 변경하려고 하면 어떻게 해야 할까요? 직접 price에 접근할 수 없으니까 price에 접근할 수 있는 메소드를 추가해야겠죠. 이러한 메소드를 접근자(accessor), 변경자(mutator)라고 합니다.

- **접근자(accessor)** : 인스턴스 변수의 값을 가져오기 위한 메소드. 이름을 getXXX()의 형태로 사용하는데 XXX 자리에는 인스턴스 변수명을 넣어 줍니다.
- **변경자(mutator)** : 인스턴스 변수의 값을 수정하기 위한 메소드. 이름은 setXXX()의 형태로 사용하는데 XXX 자리에는 인스턴스 변수명을 넣어 줍니다.

코드 121

```
class Book {
  private String title;
  private int price;

  Book(){}
  Book(String title, int price){
        this.title = title;
        this.price = price;
  }

  String getTitle() {   // title 접근자
        return title;
  }
  int getPrice() {      // price 접근자
        return price;
  }
  void setTitle(String title) {  // title 변경자
        this.title = title;
  }
  void setPrice(int price) {    // price 변경자
        this.price = price;
  }
```

```
void printBook() {
            System.out.println("title : " + title);
            System.out.println("price : " + price);
    }
}

public class Code121 {
    public static void main(String[] args)
    {
            Book bk = new Book("Java Programming", 25000);
            bk.printBook();
            bk.setPrice(27000);                    // 변경자(mutator) 호출
            bk.setTitle("Java Programming 2");     // 변경자(mutator) 호출
            System.out.println("title : " + bk.getTitle());  // 접근자(accessor) 호출
            System.out.println("price : " + bk.getPrice());  // 접근자(accessor) 호출
    }
}
```

예제에서 보듯이 Book 클래스 외부에서 인스턴스 변수 price를 직접 접근할 수 없기 때문에 setPrice() 메소드와 getPrice() 메소드를 추가해 준 거예요.

이렇게 클래스의 인스턴스 변수에 private 접근 제어를 두어서 외부에서 함부로 인스턴스 값을 수정할 수 없도록 하는 것 데이터 숨김(data hiding) 개념이라고 합니다.

```
class Data
{
    private int x;          // x는 클래스 Data에서만 사용 가능함

    void setX(int x) {  // 변경자(private 멤버 x의 값을 변경함)
        this.x = x;
    }

    int getX() {            // 접근자(private 멤버 x의 값을 반환함)
        return x;
    }

}
```

NOTE
데이터 숨김(data hiding) 개념은 인스턴스 변수에 private 접근 제어를 두어서 클래스 내부에서만 사용할 수 있도록 하는 개념입니다. 그리고 캡슐화(encapsulation)와도 같은 의미입니다.

07 자료형으로서의 클래스

지금까지 기본적인 클래스에 대해 공부했어요. 클래스는 사물 또는 사람을 인스턴스로 구현하여 코딩할 수 있도록 하는 도구라는 것을 알았을 거예요. 이 과정을 통해서 인스턴스는 데이터라는 것을 알 수 있고, 클래스를 데이터를 만드는 틀이라는 것도 이해했을 거라 생각해요. 즉, 클래스는 자료형이라고 할 수가 있어요. 2장에서 자료형을 설명할 때, 자바의 자료형에는 다음과 같이 두 가지가 있다고 했습니다.

❶ **기본 자료형**(primitive data types) : boolean, char, byte, short, int, long, float, double
❷ **참조 자료형**(reference data types) : 배열, 클래스

클래스를 자료형으로 인식하는 것이 중요해요. 그렇게 되면 기본 자료형을 넣을 수 있는 자리에는 인스턴스들도 적용될 수 있다는 얘기입니다.

인스턴스를 다음과 같이 메소드의 인수로 넣을 수도 있습니다.

코드 122

```
class Point {
        private int x;   // x 좌표
        private int y;   // y 좌표

        Point() {}
        Point(int x, int y) {
                this.x = x;
                this.y = y;
        }
```

```
	int getX() {
		return x;
	}

	int getY() {
		return y;
	}

	void setX(int x) {
		this.x = x;
	}

	void setY(int y) {
		this.y = y;
	}
}

public class Code122 {

		static void add(Point t1, Point t2) {
			Point pt = new Point();
			pt.setX(t1.getX() + t2.getX());
			pt.setY(t1.getY() + t2.getY());
			System.out.println("p1 + p2 : (" + pt.getX() + "," + pt.getY() +
")");
		}

		public static void main(String[] args) {
			Point p1 = new Point(1, 3);
			Point p2 = new Point(5, 8);

			System.out.println("p1 : (" + p1.getX() + "," + p1.getY() + ")");
			System.out.println("p2 : (" + p2.getX() + "," + p2.getY() + ")");
			add(p1, p2);
		}
}
```

결과

```
p1 : (1,3)
p2 : (5,8)
p1 + p2 : (6,11)
```

위의 과정을 그림으로 확인해 볼게요.

p1이 갖고 있는 인스턴스의 참조값을 t1으로 넘깁니다.
마찬가지로 p2 안의 참조값이 t2로 넘어갑니다.

인스턴스 자체가 복사가 되어 새로 생기는 게 아니고 참조값만 넘어갑니다.

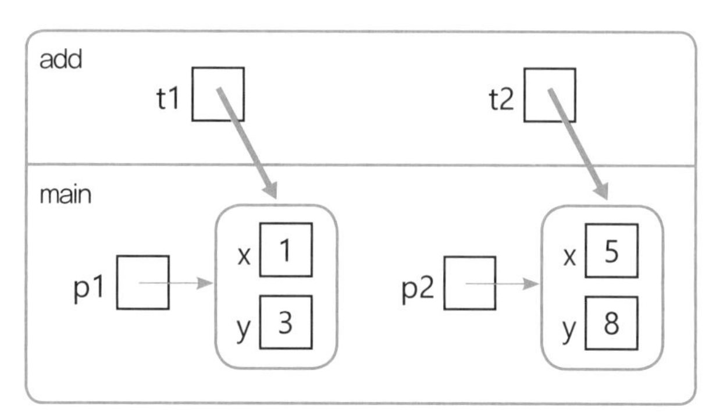

위의 과정을 이해하는 것은 아주 중요해요. 참조 자료형인 배열과 클래스 인스턴스는 이렇게 데이터 자체가 새롭게 생기지 않고 참조값이 넘어간다는 것을 꼭 기억해 두기 바랍니다. 관련 예제를 하나 볼게요.

코드 123

```
public class Code123 {

        static void change(Point t) {
                t.setX(10);
                t.setY(33);
        }

        public static void main(String[] args) {
                Point p = new Point(2, 7);
                System.out.println("before : (" + p.getX() + "," + p.getY() + ")");
                change(p);
                System.out.println("after  : (" + p.getX() + "," + p.getY() + ")");

        }
}
```

결과

```
before : (2,7)
after  : (10,33)
```

앞의 예제와 똑같이 참조값을 메소드 change()에 넘기니까 코드는 다음과 같이 수행되겠죠.

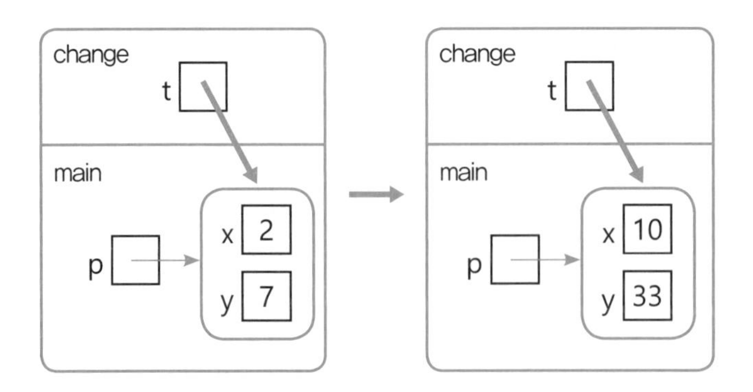

인스턴스를 메소드의 반환값으로 이용할 수도 있습니다. 다음의 예제를 보세요. 앞의 Point 클래스를 그대로 이용할게요.

코드 124

```
class Point {
    ......
}
public class Code124 {
        static Point add(Point t1, Point t2) {
❶               Point t3 = new Point();
❷               t3.setX(t1.getX() + t2.getX());   ←반드시 인스턴스를 생성하여 반환한다.
❸               t3.setY(t1.getY() + t2.getY());
                return t3;
        }

        public static void main(String[] args) {
                Point p1 = new Point(10, 20);
                Point p2 = new Point(11, 33);
                Point p3 = add(p1, p2);
                System.out.println("p3 : (" + p3.getX() + "," + p3.getY() + ")");
        }
}
```

결과

```
p3 : (21,53)
```

코드에서 add 메소드는 Point 인스턴스를 반환합니다. 이때 중요한 것이 있습니다. 반드시 t3와 같이 Point 인스턴스를 생성하여 반환하여야 합니다.

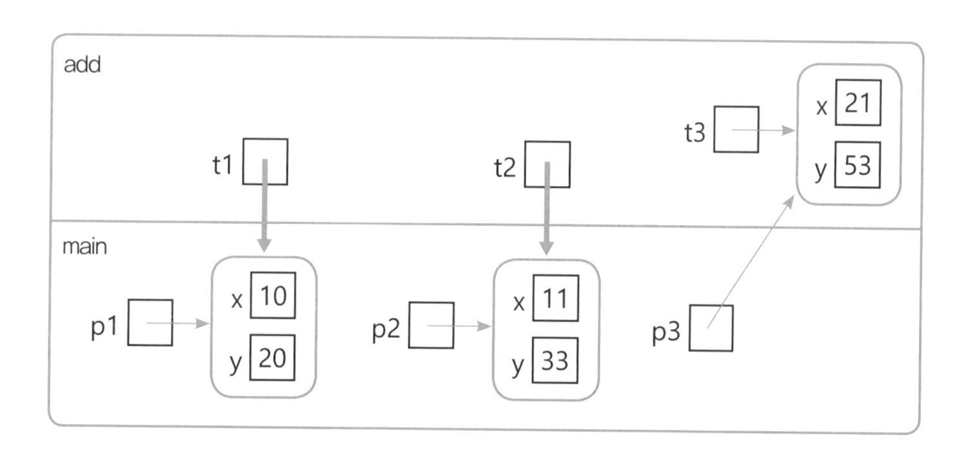

만약에 메소드 add에서 Point 인스턴스를 생성하지 않고 다음과 같이 코딩하면 문제가 발생합니다. [코드 124]에서 ❶라인을 다음과 같이 바꾸어 실행해 보세요.

```
Point t3 = new Point();  →  Point t3;
```

그러면 인스턴스 공간을 만들지 않고 ❷, ❸ 라인을 실행하려고 하기 때문에 에러가 발생합니다. 에러 메시지는 'The local variable t3 may not have been initialized'입니다.

08 인스턴스 배열

배열은 같은 자료형의 데이터를 한꺼번에 저장할 수 있도록 하는 공간입니다. 배열의 각 원소가 인스턴스인 경우에 대해 설명하겠습니다. 4장에서 배열을 만들 때 new 키워드를 이용했습니다. new 키워드를 이용했다는 것은 배열도 객체라는 뜻입니다. 자바에서 new 키워드를 이용하여 생성되는 것들은 모두 객체입니다. Student 클래스를 만들어서 인스턴스 여러 개를 배열에 저장해 보겠습니다. 다음 코드는 Student 배열에 인스턴스 5개를 저장하고 다섯 명의 성적 평균을 구하는 코드입니다.

코드 125

```
class Student {
        private String name;
        private int score;

        Student(String name, int score) {
                this.name = name;
                this.score = score;
        }

      String getName() {
              return name;
      }

      int getScore() {
              return score;
      }

        void print() {
                System.out.println(name + "(" + score + ")");
        }
}

public class Code125 {

    public static void main(String[] args) {
❶          Student st[] = new Student[5];
❷          st[0] = new Student("Alice", 88);
❸          st[1] = new Student("Tom", 98);
❹          st[2] = new Student("Jenny", 80);
❺          st[3] = new Student("Betty", 79);
❻          st[4] = new Student("Daniel", 91);

            int total = 0;
❼          for (int i = 0 ; i < st.length; i++)
                total += st[i].getScore();

            double average = (double) total / st.length;

            System.out.println("average : " + average);

        }
}
```

코드에서 ❶ ~ ❻ 부분이 인스턴스를 저장한 배열을 만드는 부분이예요. 우선 ❶ Student st[] = new Student[5]; 에서는 다음과 같이 배열이 만들어집니다.

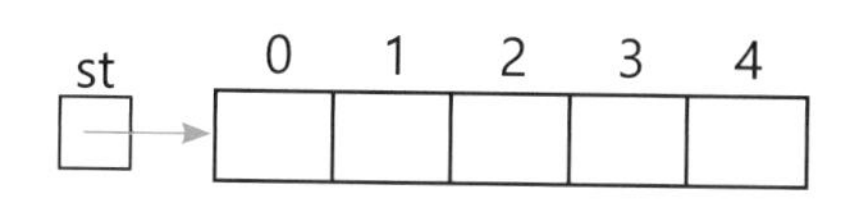

❷~❻ 라인이 수행된 후에 배열 모습은 다음과 같습니다.

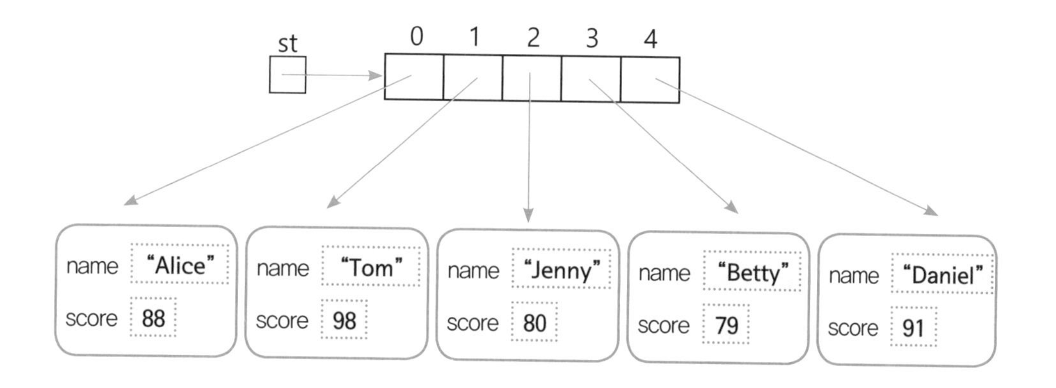

❼의 for 루프는 다음과 같이 for-each 구문으로 바꿀 수도 있겠죠.

```
int total = 0;
for (int i=0 ; i < st.length; i++)
    total += st[i].getScore();
```

```
int total = 0;
for (Student s : st)
    total += s.getScore();
```

만약에 배열을 선언할 때 배열에 Student 인스턴스를 생성하도록 하려면 다음과 같이 배열을 초기화해야 합니다.

```
Student st[] = { new Student("Alice", 88),
            new Student("Tom", 98),
            new Student("Jenny", 80),
            new Student("Betty", 79),
            new Student("Daniel", 91)};
```

09 클래스 예제들

이번 장에서 클래스에 대한 중요한 기본 내용들을 공부하였습니다. 이번 장에서 배운 내용을 바탕으로 클래스 예제를 몇 개 보겠습니다.

인스턴스 안에 다른 인스턴스를 속성으로 가질 수도 있습니다. 이에 해당하는 예제 코드를 볼게요. 클래스 Score는 영어, 수학 성적을 속성으로 갖고 있습니다. 클래스 Student를 만들어서 Score 인스턴스를 속성으로 갖는 코드를 보겠습니다.

코드 126

```
class Score {
        private int math;       // 수학 성적
        private int english;    // 영어 성적

        Score(){}
        Score(int math, int english) {
                this.math = math;
                this.english = english;
        }

        int getMath() { return math; }
        int getEnglish() { return english; }
        void setMath(int math) { this.math = math; }
        void setEnglish(int english) { this.english = english; }
        void incMath(int n) { this.math += n; }
        void incEnglish(int n) { this.english += n; }
}

class Student {
        private String name;
        private Score score;

        Student(){}
        Student(String name, Score score) {
                this.name = name;
                this.score = score;
        }

        String getName() { return name; }
        Score getScore() { return score; }
```

```
        void setName(String name) { this.name = name; }
        void setScore(Score score) { this.score = score; }
        void incScore(int m, int e) {  // 수학 성적을 m만큼, 영어 성적을 e만큼 증가
                score.incMath(m);
                score.incEnglish(e);
        }

        void printStudent() {
              System.out.println(name +
                    " : math(" + score.getMath() + "), english(" + score.getEnglish() +
")");
        }
}

public class Code126 {
        public static void main(String[] args) {
                Student s1 = new Student("Alice", new Score(90, 80));

                Score a = new Score(88, 93);
                Student s2 = new Student("Bob", a);

                Student s3 = new Student();
                Score b = new Score(78, 70);
                s3.setName("Paul");
                s3.setScore(b);

                s1.incScore(3,5);

                s1.printStudent();
                s2.printStudent();
                s3.printStudent();
        }
}
```

결과

```
Alice : math(93), english(85)
Bob : math(88), english(93)
Paul : math(78), english(70)
```

지갑과 동전을 클래스로 구현해 보겠습니다. 동전 클래스를 만들고 지갑 클래스를 만들어서 동전 인스턴스를 지갑 인스턴스에 저장해 보겠습니다.

코드 127

```
class Coin {
        private int value;
        private int count;

        Coin(){}
        Coin(int value, int count) {
                this.value = value;
                this.count = count;
        }

        int getValue() { return value; }
        int getCount() { return count; }
        void setValue(int value) {
                this.value = value;
        }
        void setCount(int count) {
                this.count = count;
        }
}

class Purse {
        private String owner;
        private Coin coin[];

        Purse(){}
        Purse(String owner, Coin coin[]) {
                this.owner = owner;
                this.coin = coin;
        }

        String getOwner() {
                return owner;
        }

        Coin[] getCoin() {
                return coin;
        }
```

```
void setOwner(String owner) {
                this.owner = owner;
        }

        void setCoin(Coin[] coin) {
                this.coin = coin;
        }
}

public class Code127 {
        public static void main(String[] args)
        {
                Coin coin1 = new Coin(500, 4);
                Coin coin2 = new Coin(100, 3);
                Coin coin3 = new Coin(50, 6);
                Coin coin4 = new Coin(10, 7);

                Coin coin[] = { coin1, coin2, coin3, coin4 };

                Purse purse = new Purse("Alice", coin);

                System.out.println(purse.getOwner() + " 지갑의 각 동전 개수");
                for (Coin c : purse.getCoin())
                        System.out.println(c.getValue() + "원 : " + c.getCount() + "
                        개");

                int total = 0;
                for (Coin c : purse.getCoin()) {
                        total += c.getValue() * c.getCount();
                }
                System.out.println(purse.getOwner() + "는 지갑에 " + total + "원 있습니
                다");
        }
}
```

결과

```
Alice 지갑의 각 동전 개수
500원 : 4개
100원 : 3개
50원 : 6개
10원 : 7개
Alice는 지갑에 2670원 있습니다
```

08 > 상속

이전 장에서는 클래스의 가장 기본적인 내용에 대해서 설명하였습니다. 이번 장에서는 클래스를 확장한 상속의 개념에 대해서 공부하고, 관련 문법들에 대해서 설명할게요. 상속은 객체 지향 언어가 추구하는 중요한 개념 중에 하나입니다. 상속은 이름 그대로 클래스가 다른 클래스를 상속받아서 사용하는 것을 말해요.

상속을 이용하면 이전에 만든 클래스를 재사용할 수 있어서 코드의 효율성을 높일 수 있다는 장점이 있습니다.

부모 클래스

자식 클래스

자식 클래스는 부모 클래스를 상속받아서
코드를 재사용할 수 있습니다.

객체 지향 언어 중요 특성은 다음과 같아요.

추상화 (abstraction)
캡슐화 (encapsulation)
상속 (inheritance)
다형성 (polymorphism)

01 상속 기본 개념

상속은 이름 그대로 클래스를 상속받아서 새로운 클래스를 만드는 거예요. 하나의 클래스를 상속받을 때는 연관이 있어야 상속을 받을 수 있겠죠. 예를 들어서, 다음과 같이 Person이라는 클래스를 만들어서 사용하고 있어요.

```
class Person {
    private String name;   // 이름
    private String phone;  // 전화번호

    Person(){}
    Person(String name, String phone) {
            this.name = name;
            this.phone = phone;
    }

    void printPerson() {
            System.out.println(name + "'s phone number is " + phone);
    }
}
```

다음으로 Student 클래스를 만들려고 해요. Student 클래스는 인스턴스 변수로 이름, 전화번호, 성적을 가지려고 합니다. 이 경우 Person 클래스가 이름과 전화번호를 갖고 있으므로 완전히 새로운 Student 클래스를 만드는 것보다는 Person 클래스를 가져다 사용하면 좋을 거예요. 프로그래밍에서는 동일한 부분은 어떤 방법으로든 재사용하는 것을 선호합니다. 이런 경우에 상속이 유용합니다. 상속은 다음과 같이 회실표로 표현합니다.

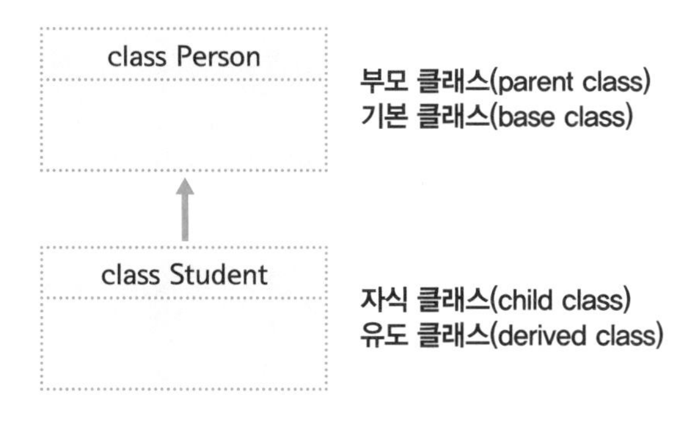

● extends 키워드

하나의 클래스가 다른 클래스를 상속받을 때 extends 키워드를 사용합니다. 이때, 상속하는 클래스를 '부모 클래스' 또는 '기본 클래스'라고 합니다. 상속받는 클래스는 '자식 클래스' 또는 '유도 클래스'라고 부르고요.

```
class Person {

}

class Student extends Person {  // 클래스 Student는 클래스 Person을 상속받음.

}
```

위의 코드를 완성해 볼게요.

코드 128

```
class Person {
   private String name;
   private String phone;

   Person(){}
   Person(String name, String phone) {
      this.name = name;
      this.phone = phone;
   }
   void printPerson() {
      System.out.println("name : " + name);
      System.out.println("phone : " + phone);
  }
}

class Student extends Person {
   private int score;
   Student(){}
   Student(String name, String phone, int score) {
      super(name, phone);   // super는 부모 생성자를 호출하는 키워드입니다.
      this.score = score;
   }
   void printStudent() {
```

```
        printPerson();   // 부모 클래스의 printPerson() 메소드를 사용할 수 있습니다.
        System.out.println("score : " + score);
    }
}

public class Code128 {
    public static void main(String[] args)
    {
        Student s = new Student("Alice", "010-111-1111", 90);
        s.printStudent();
    }
}
```

이 코드를 간략하게 다음과 같이 그림으로 표현할 수 있어요.

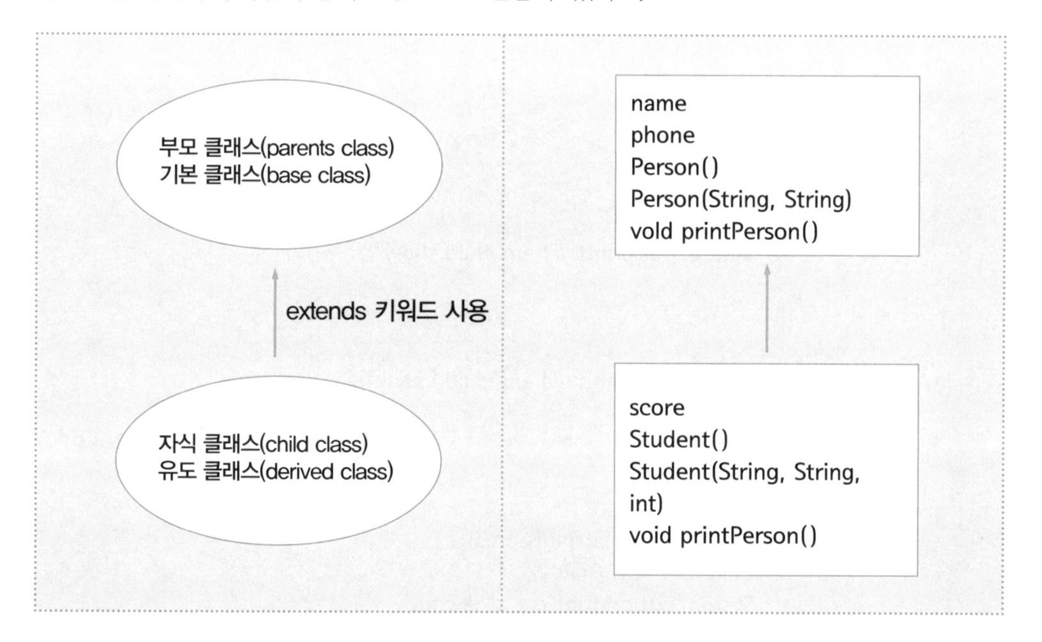

하나의 클래스가 부모 클래스를 갖게 되면 부모 클래스의 멤버들은 모두 자기 것처럼 사용할 수가 있어요. printStudent() 메소드에서 부모의 printPerson()을 사용하고 있습니다.

우선은 위의 코드를 대략만 이해해 보세요. 앞으로 super 키워드와 생성자 등에 대해서 하나씩 설명할 거예요.

다음은 Parent 클래스를 Child 클래스가 상속하는 예제입니다.

코드 129

```
class Parent {
	int x = 10;
	int y = 20;

	void show() {
		System.out.println("I am parent show");
	}

	void print() {
		System.out.println("I am parent print");
	}
}


class Child extends Parent {
	int y = 30;
	int z = 40;

	void show() {
		System.out.println("I am child show");
	}

	void check() {
		System.out.println("I am child check");
	}
}

public class Code129 {
	public static void main(String[] args) {
		Child c = new Child();
		System.out.println("c.x : " + c.x);
		System.out.println("c.y : " + c.y);
		System.out.println("c.z : " + c.z);

		c.show();
		c.print();
		c.check();
	}
}
```

결과

```
c. x : 10
c. y : 30
c. z : 40
I am child show
I am parent print
I am child check
```

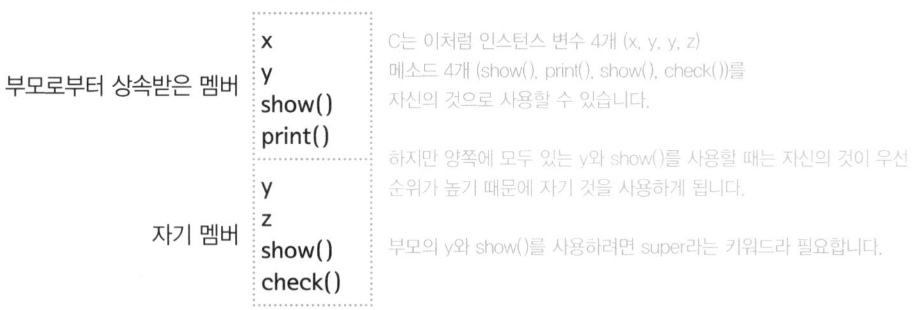

02 super 키워드

부모 생성자와 자식 생성자 관계를 알아볼게요. 자식 객체를 생성하면 우선 부모 생성자를 호출하고 다음으로 자식의 생성자를 호출합니다. 따라서 자식 객체를 생성할 때 적절한 부모 생성자가 제공되어 있어야 에러가 발생하지 않아요. 다음의 예를 보세요.

부모와 자식에 모두 디폴트 생성자가 있는 경우

코드 130

```
class Parent {
    Parent() {
        System.out.println("parent constructor is called");
    }
    void printParent() {
        System.out.println("I am parent")
```

```
    }
}
class Child extends Parent {
    Child() {
        System.out.println("child constructor is called");
    }
    void printChild() {
        System.out.println("I am child");
    }
}
public class code130 {
    public static void main(String[] args) {
        Child c = new Child();  // 부모 생성자 호출 후에 자신의 생성자 호출
        c.printParent();
        c.printChild();
    }
}
```

결과

```
parent constructor is called   ◀····· 부모 생성자가 자동으로 호출되었습니다.
child constructor is called           다음으로 자식 생성자가 호출되었습니다.
I am parent
I am child
```

위의 예에서 보듯이 자식 객체는 생성될 때 부모의 생성자를 먼저 호출하고 나서 자신의 생성자를 호출합니다. 따라서 적절한 부모 생성자가 제공되어야 합니다. 만약에 부모 생성자가 하나도 없는 경우라면, 자동으로 디폴트 생성자가 제공됩니다. 다음 코드가 부모 생성자가 없는 경우 디폴트 생성자가 제공되어서 에러가 발생하지 않는 코드입니다.

코드 131

```
class Parent { ←생성자가 하나도 없기 때문에 디폴트 생성자가 제공됩니다.
	void printParent() {
		System.out.println("I am parent");
	}
}

class Child extends Parent {
	Child() {
		System.out.println("child constructor is called");
	}
	void printChild() {
		System.out.println("I am child");
	}
}

public class Code131 {
	public static void main(String[] args)
	{
		Child c = new Child(); ←이때 부모 생성자 호출 후에 자식의 생성자가 호출됩니다.
		c.printParent();
		c.printChild();
	}
}
```

결과

```
child constructor is called
I am parent
I am child
```

다음과 같이 자식 클래스에 디폴트 생성자가 아닌 생성자가 있더라도 부모의 디폴트 생성자가 제공되어서 에러가 없습니다.

코드 132

```
class Parent {
	void printParent() {
		System.out.println("I am parent");
	}
}

class Child extends Parent {
	private int data;

	Child(int data) {
		this.data = data;
	}
	void printChild() {
		System.out.println("data : " + data);
	}
}

public class Code132 {
	public static void main(String[] args)
	{
		Child c = new Child(10);
		c.printParent();
		c.printChild();
	}
}
```

결과

```
I am parent
data : 10
```

```
class Parent {

    // 생성자 없음
    // 디폴트 생성자를 자동으로 제공함

}

class Child extends Parent {

    Child( ) { … }
}
```

```
Child c = new Child();
```

자동으로 제공되는 부모 생성자가 호출되고 나서 자식의 생성자가 호출됩니다.

만약에 부모 클래스에 생성자가 하나라도 제공되면 디폴트 생성자는 자동으로 제공되지 않습니다. 이때는 에러가 발생할 수 있어요. 다음의 예를 보세요.

코드 133

```
class Parent {  ◀···· 디폴트 생성자가 제공되지 않습니다.
        private int dataA;
        Parent(int dataA) {
                this.dataA = dataA;
        }
}

class Child extends Parent {
        Child() {  ◀····· 여기에서 에러가 발생합니다.
                System.out.println("child constructor is called");
        }
        void printChild() {
                System.out.println("I am child");
        }
}

public class Code133 {
        public static void main(String[] args) {
                Child c = new Child();
                c.printChild();
        }
}
```

결과

이 코드는 다음과 같은 에러 메시지를 냅니다.

Implicit super constructor Parent() is undefined. Must explicitly invoke another constructor

자식 생성자를 호출하기 전에 부모 디폴트 생성자를 호출해야 하는데, 부모 생성자가 하나라도 있으면 디폴트 생성자를 제공하지 않기 때문에 적절한 부모 생성자가 없다는 에러입니다.

```
class Parent {

    // 디폴트 생성자가 아닌 생성자가 있음
    Parent(int data) {
        ......
    }

}

class Child extends Parent {

    Child( ) { … } ◀····· 에러 발생
}
```

부모 클래스에 디폴트 생성자가 아닌 생성자가 하나라도 있으면 디폴트 생성자를 자동으로 제공하지 않습니다.

super 키워드를 이용하여 부모 생성자 호출하기

부모 클래스의 private 멤버를 자식 클래스에서 어떻게 접근해야 하는지를 알아 볼게요. private 접근 제어는 자신의 클래스 내에서만 접근이 가능한 제어라고 했어요. 그렇기 때문에 자식 클래스라고 해도 부모 클래스의 private 멤버는 접근할 수가 없습니다. 하지만 상속을 하면 자신의 멤버로 가지게 되는 거예요. 즉, 부모 클래스의 멤버가 자식 클래스의 멤버가 되지만 private으로 선언되어 있기 때문에 마음대로 접근할 수는 없다는 거죠.

```
class Parent {

    private int dataA;

}

class Child extends Parent {

    private int dataB;
    void setData(int a, int b) {
        dataA = a;
        dataB = b;
    }
}
```

Child 클래스

dataA dataB	인스턴스 변수
setData()	메소드

Child 클래스는 세 개의 멤버를 갖습니다.
그 중에서 dataA는 상속에 의해 갖게 된 인스턴스 변수입니다.
비록 dataA가 Child 클래스의 인스턴스 변수가 될 수 있지만, private 변수이기 때문에 Parent 클래스에서만 사용할 수 있어요. 따라서 에러가 발생합니다.

다음의 코드를 보세요. 그림의 상황을 코드로 구현해 보았습니다.

```
class Parent {
        private int dataA;
                        ◀···· 부모의 private 멤버는 자식이 접근할 수 없습니다.
        Parent() {}
        Parent(int dataA) {
                this.dataA = dataA;
        }
}

class Child extends Parent {
        private int dataB;

        Child(){}
        Child(int dataA, int dataB) {
                this.dataA = dataA;   ◀···· 여기에서 에러가 발생합니다.
                this.dataB = dataB;
        }
}
```

에러 메시지는 'The field Parent.dataA is not visible'이라고 나옵니다. 'visible'은 보이지 않는다는 뜻이죠. 그대로 해석해서 Child 클래스에서 Parent 클래스의 dataA 변수는 볼 수 없다는 뜻입니다. 즉, Child 클래스의 인스턴스가 dataA를 인스턴스 변수로 갖지만 Child 클래스에서 접근할 수는 없다는 얘기입니다. 이 경우에는 다른 방식으로 dataA에 접근해야 하는데, 이때 super 키워드를 이용하여 부모 생성자를 통해서 dataA에 접근할 수 있도록 합니다.

자식 클래스에서 부모 클래스에 데이터를 접근하는 부분은 생성자가 되겠죠. 이때는 자식 클래스에서 부모 생성자를 통해서 객체를 생성해야 합니다. 자식 클래스에서 부모 생성자를 호출할 때는 super() 키워드를 사용합니다.

```
Child(int dataA, int dataB) {
    super(dataA);  // Parent(dataA); 라고 할 수는 없습니다.
    this.dataB = dataB;
}
```

super()를 사용할 때에도 this()와 마찬가지로 생성자 맨 첫 줄에 적어야 합니다. 따라서 하나의 생성자에 super()와 this()가 같이 있을 수가 없습니다.

코드 134

```
class Parent {
	private int dataA;

	Parent() {}
	Parent(int dataA) {
		this.dataA = dataA;
	}
	void printA() {
		System.out.println("dataA : " + dataA);
	}
}

class Child extends Parent {
	private int dataB;

	Child(){}
	Child(int dataA, int dataB) {
		super(dataA);        ◀···· super 키워드를 이용하여 부모 생성자를 호출합니다.
		this.dataB = dataB;
	}
	void printB() {
		System.out.println("dataB : " + dataB);
	}
}

public class Code134 {
	public static void main(String[] args) {
		Child c = new Child(10, 20);
		c.printA();
		c.printB();
	}
}
```

결과

```
dataA : 10
dataB : 20
```

위의 코드에서 보듯이 자식 생성자에서 부모 생성자를 호출하려면 super()를 이용해야 합니다.

자신의 클래스에 있는 다른 생성자를 호출할 때는 this()를 사용하고 부모 클래스의 생성자를 호출하려면 super()를 사용합니다.

위에서 보듯이 자식 클래스라고 하더라도 부모 클래스의 private 멤버에는 접근할 수가 없습니다. 상속 관계에 있을 때 자식 생성자에서 this()와 super()를 효율적으로 사용하면 좋습니다. 다음 코드를 보세요.

코드 135

```
class Person {
        private String name;   // 이름
        private String email;  // 이메일

        Person(){}
❶       Person(String name) {
                this.name = name;
        }
❷       Person(String name, String email) {
                this(name);
                this.email = email;
        }
}

class Student extends Person {
        private int score;  // 성적
        private int year;   // 학년

        Student() {}
❸       Student(String name, String email) {
                super(name, email);   // 생성자 ❷ 호출
        }
❹       Student(String name, String email, int score) {
                this(name, email);     // 생성자 ❸ 호출
                this.score = score;
        }
❺       Student(String name, String email, int score, int year) {
                this(name, email);     // 생성자 ❸ 호출
                this.score = score;
                this.year = year;
        }
}
```

위의 코드에서 생성자 ❺는 다음과 같이 작성할 수도 있습니다.

```
Student(String name, String email, int score, int year) {
        super(name, email);     // 생성자 ❷ 호출
        this.score = score;
        this.year = year;
}
```

또는 생성자 ❹를 이용하면 좋겠죠.

```
Student(String name, String email, int score, int year) {
        super(name, email, score);     // 생성자 ❹ 호출
        this.year = year;
}
```

this()와 super()를 적절히 이용하여 자식 생성자를 작성해야 한다는 것을 알았을 거예요. 이때 조심할 것은 this()와 super() 둘 중에 하나만 한 번 이용해야 한다는 거예요. 즉, 다음과 같이 하면 에러가 발생합니다.

```
class Person {
        private String name;   // 이름
        private String email;  // 이메일
        ......

        Person(String name, String email) {
                this(name);
                this.email = email;
        }
}

class Student extends Person {
        private int score;  // 성적
        private int year;   // 학년

        Student() {}
        Student(String name, String email) {
                super(name, email);
        }
        Student(int score, int year) {
                this.score = score;
                this.year = year;
```

```
        }
        Student(String name, String email, int score, int year) {
                super(name, email);  ◀····· 에러 발생
                this(score, year);
        }
}
```

위처럼 super()와 this()를 같이 사용하면 문제가 발생합니다. 에러 메시지는 다음과 같아요.

```
Constructor call must be the first statement in a constructor
```

생성자 호출은 반드시 첫 줄에서 해야 한다는 뜻이죠. 그래서 super() 또는 this()로 다른 생성자를 호출할 때에는 첫 줄에 한 번만 해야 합니다.

생성자에서 다른 생성자를 호출할 때에는 반드시 첫 줄에 한 번만 해야 합니다.

```
Student( ...... ) {
    super( ... );
    ......
}
```

```
Student( ...... ) {
    this( ... );
    ......
}
```

super 키워드를 이용하여 부모 멤버에 접근하기

생성자 호출뿐만 아니라 자식 클래스에서 부모 멤버를 접근하려면 super 키워드를 사용합니다. 마치 this를 이용하여 자신의 멤버에 접근하는 것과 마찬가지예요.

- **부모 클래스의 인스턴스 변수에 접근하기 :** 부모 클래스에 있는 인스턴스 변수와 같은 이름으로 인스턴스 변수를 갖는 경우 super 키워드를 이용하여 부모 클래스의 인스턴스에 접근할 수 있습니다.

코드 136

```
class Parent {
	int data = 10;

}

class Child extends Parent {
	int data = 20;

	void printData() {
		System.out.println("data from Parent : " + super.data);
		System.out.println("data from Child : " + this.data);
		System.out.println("data from Child : " + data);
	}
}

public class Code136 {
	public static void main(String[] args) {
		Child c = new Child();
		c.printData();
	}
}
```

결과

```
data from Parent : 10
data from Child : 20
data from Child : 20
```

물론 이렇게 super 키워드를 이용해서 직접 부모의 data를 접근할 수 있는 것은 부모의 data가 private 으로 선언되지 않았기 때문이에요. 만약에 부모의 data가 private 멤버라면 접근이 불가능합니다.

```
class Parent {
	private int data = 10;   // private으로 선언했습니다.

}

class Child extends Parent {
	int data = 20;
```

```
        void printData() {
                System.out.println("data from Parent : " + super.data);  // 에러 발생
                System.out.println("data from Child : " + this.data);
                System.out.println("data from Child : " + data);
        }
}
```

위처럼 부모 클래스의 data 멤버를 private으로 선언했더니 super.data에서 에러가 발생했습니다. 에러 메시지는 다음과 같아요.

```
The field Parent.data is not visible
```

visible하지 않다는 에러 메시지는 private 멤버를 클래스 밖에서 접근하려고 할 때 발생하는 에러예요. 아무리 부모 멤버를 자식 클래스에서 갖는다 하더라도 private으로 선언되어 있으면 접근할 수가 없어요. 이 경우에는 부모의 private 멤버에 접근하는 메소드를 만들어서 메소드를 통하여 접근하는 것이 일반적인 해결 방법이에요.

코드 137

```
class Parent {
        private int data = 10;
        int getData() {
                return data;
        }

}

class Child extends Parent {
        int data = 20;

        void printData() {
                System.out.println("data from Parent : " + super.getData());
                System.out.println("data from Child : " + this.data);
                System.out.println("data from Child : " + data);
        }
}
```

```
public class Code137 {
        public static void main(String[] args) {
                Child c = new Child();
                c.printData();
        }
}
```

결과

```
data from Parent : 10
data from Child : 20
data from Child : 20
```

부모 클래스의 메소드에 접근하기 : 부모 클래스의 메소드는 자식 클래스에서 얼마든지 사용할 수 있어요. 그런데 만약에 같은 이름의 메소드가 부모 클래스와 자식 클래스에 모두 있다면 super 키워드를 이용하여 부모 클래스 멤버라는 것을 명시해야 합니다.

상속에서는 자식 클래스는 부모 클래스의 멤버를 자기 것처럼 사용할 수 있다고 했었죠. 다음 코드를 보세요.

코드 138

```
class Parent {
        void printParent() {
                System.out.println("I am parent print");
        }
}

class Child extends Parent {
        void printChild() {
                System.out.println("I am chlid print");
        }
}

public class Code138 {
        public static void main(String[] args) {
                Child c = new Child();
                c.printParent();
                c.printChild();
        }
}
```

결과

```
I am parent print
I am chlid print
```

[코드 138]를 보면 Child 인스턴스인 c가 부모 클래스에 있는 printParent() 메소드도 호출하여 사용하는 것을 알 수가 있어요. 그러면 부모 클래스와 자식 클래스에 같은 이름의 메소드가 있는 경우에는 어떻게 수행될까요? 다음 코드를 보세요.

코드 139

```
class Parent {
	void print() {
		System.out.println("I am parent print");
	}
}

class Child extends Parent {
	void print() {
		System.out.println("I am chlid print");
	}
}

public class Code139 {
	public static void main(String[] args) {
		Child c = new Child();
		c.print();
	}
}
```

결과

```
I am chlid print
```

[코드 139]를 보면 Parent 클래스에도 print() 메소드가 있고, Child 클래스에도 print() 메소드가 있습니다. Child 클래스의 인스턴스 c를 생성하고 print() 메소드를 호출하면 자신의 메소드를 호출합니다. 즉, 자신의 클래스를 먼저 보고 자신의 클래스에 없는 메소드라면 부모 클래스를 찾아 봅니다. 이때 부모의 print() 메소드를 호출하고자 한다면 super 키워드를 사용하면 됩니다.

코드 140

```
class Parent {
	void print() {
		System.out.println("I am parent print");
	}
}

class Child extends Parent {
	void print() {
		super.print();
	}
}

public class Code140 {
	public static void main(String[] args) {
		Child c = new Child();
		c.print();
	}
}
```

결과

```
I am parent print
```

자식 클래스에서 super 키워드를 이용하여 부모 클래스 멤버에 접근할 수 있습니다.

```
class Parent {
   int data;
   void test( ) { ...... }

}

class Child extends Parent {

    super.data

    super.test( )

}
```

03 메소드 오버라이딩 (overriding)

메소드 오버로딩은 같은 클래스에서 이름은 같고 매개변수가 다른 메소드들 간의 관계라고 했어요. 상속 관계에서는 메소드 오버라이딩이 있습니다. 메소드 오버라이딩은 상속 관계에서 부모 클래스가 갖고 있는 메소드와 똑같은 형태의 메소드를 갖는 것을 말해요. 똑같은 형태는 같은 반환값 유형, 같은 메소드명, 같은 매개변수를 말합니다.

오버로딩(overloading)은 한 클래스 내에서 메소드명은 같고 매개변수가 다른 것을 말합니다.
오버라이딩(overriding)은 자식 클래스에서 부모 클래스에 있는 메소드와 같은 형태를 갖는 것을 말합니다.

```
class Overloading {

    void test( ) { … }
    void test(int a) { … }
    void test(double b) { … }
    void test(int a, int b) { … }
    void test(int a, double b) { … }
    void test(String x) { … }
    ......

}

class Parent {

    void show( ) { … }
    int test(int a) { … }
    void check(double b) { … }
    ......
}
class Child extends Parent {
     void show( ) { … }
     int test(int a) { … }
     void check(double b) { … }
     ......
}
```

메소드 show(), test(), check() 모두 오버라이딩되어 있습니다.

위의 코드에서 void print() 메소드, void test(int x) 메소드가 모두 오버라이딩되어 있어요. 오버라이딩되어 있는 경우에 자식 객체는 자신이 갖고 있는 메소드를 호출하고, 부모 객체도 자신의 메소드를 호출합니다. 위의 Parent, Child 클래스의 객체를 만들어서 오버라이딩된 메소드를 호출해 볼게요.

코드 141

```
public class Code141 {
    public static void main(String[] args) {
            Parent p = new Parent();
            p.print();    // Parent 클래스의 print() 메소드 호출
            p.test(10);  // Parent 클래스의 test() 메소드 호출
            Child c = new Child();
            c.print();    // Child 클래스의 print() 메소드 호출
            c.test(20);  // Child 클래스의 test() 메소드 호출
    }
}
```

결과

```
I am parent print
Parent - test method
I am child print
Child - test method
```

각 인스턴스는 자기 클래스의 메소드를 호출하는 것이 기본입니다. 만약에 호출한 메소드가 자기 클래스에 없으면 부모 클래스에 있는지 보고, 부모 클래스에 있는 메소드를 호출하게 됩니다.

```
class Parent {

    void show( ) { … }    <---- Parent p = new Parent( );
    ......                      p.show( );
}
class Child extends Parent {     Child c = new Child( );
     void show( ) { … }   <---- c.show( );
     ......
}
```

만약 위의 코드에서 객체 c가 print() 메소드를 호출했는데, 부모의 print() 메소드가 호출되기를 바란다면, super 키워드로 해결할 수 있어요.

코드 142

```
class Parent {
    void print() {
            System.out.println("I am parent print");
    }
    void test(int x) {
            System.out.println("Parent - test method");
    }
}

class Child extends Parent {
    void print() {
            super.print();
    }
    void test(int x) {
            super.test(x);
    }
}
public class Code142 {
    public static void main(String[] args) {
            Parent p = new Parent();
            p.print();
            p.test(10);
            Child c = new Child();
            c.print();
            c.test(20);
    }
}
```

결과

```
I am parent print
Parent - test method
I am parent print
Parent - test method
```

좀 더 확실히 이해하기 위해서 예제 코드를 더 볼게요.

코드 143

```
class Parent {
        void show() {
                System.out.println("I am parent show");
        }
        void print() {
                System.out.println("I am parent print");
        }
}

class Child extends Parent {
        void show() {
                System.out.println("I am child show");
        }
        void print() {
                system.out.println("I am child print");
        }
}

public class Code143 {
        public static void main(String[] args)
        {
                Parent p = new Parent();
                p.show();
                p.print();
                p.check();   // check() 메소드는 Parent 클래스에 없기 때문에 에러 발생
                Child c = new Child();
                c.show();
                c.print(); // 내 안에 없으면 부모 클래스 메소드를 수행합니다.
                c.check();
        }
}
```

결과

```
p.check();를 삭제하고 수행하면 다음과 같은 결과가 나옵니다.
I am parent show
I am parent print
I am child show
I am child print
```

오버로딩과 오버라이딩이 같이 있는 예제를 볼게요.

코드 144

```
class Parent {
	void show() {
		System.out.println("I am parent show");
	}

	void show(int data) {
		System.out.println("I am parent show - data : " + data);
	}

	void show(String msg) {
		System.out.println("I am parent : " + msg);
	}
}

class Child extends Parent {
	void show(int data) {
		System.out.println("I am child show - data : " + data);
	}
}

public class Code144 {
	public static void main(String[] args) {
		Child c = new Child();
		c.show();
		c.show(100);  ←오버라이딩
		c.show("Hello");
	}
}
```

결과

```
I am parent show
I am child show - data : 100  ←오버라이딩된 경우, child 인스턴스는 자기의 메소드를 호출합니다.
I am parent : Hello
```

오버로딩

오버라이딩

```
class Parent {

    void show( ) { … }
    void show(int data) { … }
    void show(String msg) { … }
}

class Child extends Parent {
    void show(int data) { … }
}
```

04 final 키워드

final 키워드는 다음과 같이 클래스, 인스턴스 변수, 메소드, 메소드 내의 지역 변수 앞에 사용할 수 있습니다.

```
final class Data {          // final 클래스
  final private int x;       // final 인스턴스 변수 x
  final void print() {       // final 메소드
     ......
  }

  void test() {
     final int data;       // final 지역 변수 data
     ......
  }
}
```

final 클래스

final 클래스는 자식 클래스를 가질 수 없는 클래스입니다. 즉, 자신이 마지막 클래스입니다.

```
final class Data {
            private int x;
            Data(){}
            Data(int x) {
                        this.x = x;
            }
}

class ChildData extends Data {   // 에러 발생

}
```

final 클래스를 상속받으려는 ChildData 클래스에서 에러가 발생합니다.

final 인스턴스 변수

인스턴스 변수 앞에 final 키워드가 붙으면 상수라는 뜻입니다. 즉, 한 번 저장된 값은 바꿀 수 없다는 의미예요.

```
class Data {
   final private int x = 100;    // final 인스턴스 변수를 초기화합니다.
   Data(){}
   Data(int x) {
            this.x = x;     // 에러. 초기화된 final 인스턴스 변수는 생성자를 통해 변경시킬 수 없습니다.
   }
}
```

위의 예에서는 생성자를 통해서 인스턴스 변수 값을 변경하려고 했는데, 에러가 발생함을 알 수 있습니다. 생성자뿐 아니라 클래스 안에서 final로 선언된 인스턴스 변수의 값을 변경하려고 하면 모두 에러가 발생합니다.

```
class Data {
  final private int x = 100;
  Data(){}
  void setX(int x) {
        this.x = x;    // 에러. 초기화된 final 인스턴스 변수는 메소드를 통해 변경시킬 수 없습니다.
  }
}
```

final 인스턴스 변수를 초기화하지 않고 선언하면 반드시 생성자를 통해서 초기화해야 합니다.

```
class Data {
   final private int x;    // final 인스턴스 변수를 초기화하지 않았습니다.
   Data() {
        this.x = 0;        // 생성자에서 초기화합니다.
   }
   Data(int x) {
        this.x = x;        // 생성자에서 초기화합니다.
   }
}
```

final 인스턴스 변수는 선언할 때 초기화하던가, 생성자에서 초기화해야 한다는 것을 알 수 있습니다. final 인스턴스 변수의 예를 보고 final이 인스턴스 변수에 붙는 경우를 좀 더 생각해 보겠습니다.

코드 145

```
class Circle {
        final double PI = 3.141592;
        private double radius;

        Circle() {}
        Circle(double radius) {
                this.radius = radius;
        }

        double getRadius() {
                return radius;
        }
```

```
void setRadius(double radius) {
                this.radius = radius;
        }
}

public class Code145 {
        public static void main(String[] args) {
                Circle c1 = new Circle(1.5);
                Circle c2 = new Circle(2.2);

                double c1Area = c1.PI * c1.getRadius() * c1.getRadius();
                double c2Area = c2.PI * c2.getRadius() * c2.getRadius();

                System.out.println("c1 area : " + c1Area);
                System.out.println("c2 area : " + c2Area);
        }
}
```

결과

```
c1 area : 7.068582000000001
c2 area : 15.205305280000003
```

c1, c2 인스턴스는 다음과 같습니다.

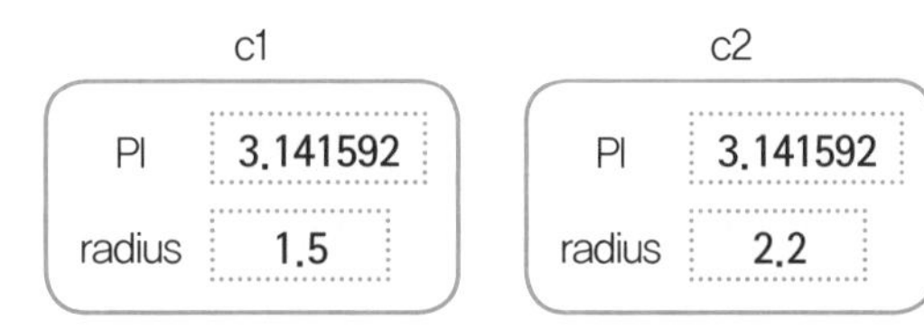

final 인스턴스 변수는 초기화되면 바꿀 수가 없습니다.
따라서 Circle 인스턴스는 모두 같은 값을 갖는 PI 인스턴스 변수를 가져야 합니다.
그러면 모든 인스턴스가 PI를 가질 필요가 없어요.
따라서 final 인스턴스 변수를 static으로 해서 모든 인스턴스 간에 공유를 하면 좋습니다.

앞에서 보듯이 Circle 클래스의 모든 인스턴스들은 PI를 가져야 합니다. 그런데 PI는 상수로 사용될 것이기 때문에 모든 인스턴스들이 각자 따로 가지고 있을 필요가 없이 하나만 만들어 놓고 공유하는 것이 더 좋아요. 이렇게 인스턴스들이 공유하는 데이터는 static 데이터로 지정하는 것이 좋습니다.

코드 146

```
class Circle {
        static final double PI = 3.141592;
        private double radius;

        Circle() {}
        Circle(double radius) {
                this.radius = radius;
        }

        double getRadius() {
                return radius;
        }

        void setRadius(double radius) {
                this.radius = radius;
        }
}

public class Code146 {
        public static void main(String[] args) {
                Circle c1 = new Circle(1.5);
                Circle c2 = new Circle(2.2);

                double c1Area = Circle.PI * c1.getRadius() * c1.getRadius();
                double c2Area = Circle.PI * c2.getRadius() * c2.getRadius();

                System.out.println("c1 area : " + c1Area);
                System.out.println("c2 area : " + c2Area);
        }
}
```

결과

```
c1 area : 7.068582000000001
c2 area : 15.205305280000003
```

위와 같이 final 데이터는 static으로 정의해서 모든 인스턴스가 같은 값을 공유하도록 하는 것이 좋습니다.

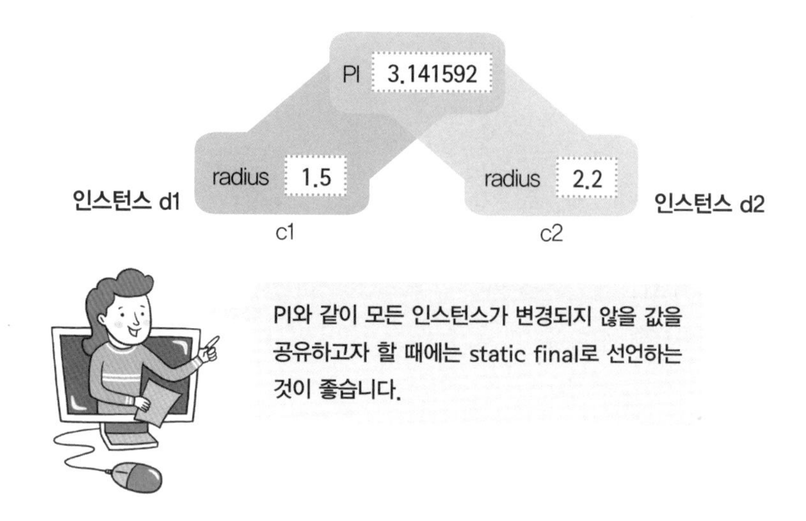

final 메소드

final 메소드는 오버라이딩할 수 없는 메소드입니다. 즉, 자식 클래스에서 오버라이딩 메소드를 가질 수 없는 거예요.

```
class Data {
    private int x;
    Data() {}
    Data(int x) {
        this.x = x;
    }
    final void show() {
        System.out.println("x : " + x);
    }
}
```

```
class ChildData extends Data {
    ChildData(){}
    void show() {    // 에러. final 메소드는 오버라이딩할 수 없습니다.
            System.out.println("I am child show");
    }
}
```

final 지역 변수

final 키워드는 메소드 내의 지역 변수 앞에도 붙을 수 있어요. 이 경우에도 한 번 값이 저장되면 변경할 수 없는 상수가 됩니다.

```
public class FinalTest {
    public static void main(String[] args)
    {
            final int data = 100;   // data 지역 변수가 100으로 초기화되어 있습니다.
            System.out.println("data : " + data);
            data = 200  // 에러. data 변수는 final 변수라서 변경할 수 없습니다.
    }
}
```

final 변수도 선언할 때 초기화하지 않고 나중에 초기화할 수 있습니다.

```
public class FinalTest {
    public static void main(String[] args)
    {
            final int data;  // final 선언만 합니다.
            data = 100;    // final 변수를 초기화합니다.
            System.out.println("data : " + data);
            data = 200;   // 에러. final 변수는 초기화 후에 값을 변경할 수 없습니다.
    }
}
```

05 단일 상속과 다중 상속 (multiple inheritance)

단일 상속은 하나의 부모를 갖는 것을 말하고, 다중 상속은 부모가 여럿인 것을 말합니다. 자바는 다중 상속을 지원합니다. 하지만 기본적으로 부모 클래스는 하나만 가질 수 있어요. 10장에서 인터페이스를 배울텐데, 인터페이스를 이용하면 다중 상속을 할 수가 있습니다. 다중 상속에 대해서는 10장에서 자세하게 다룹니다.

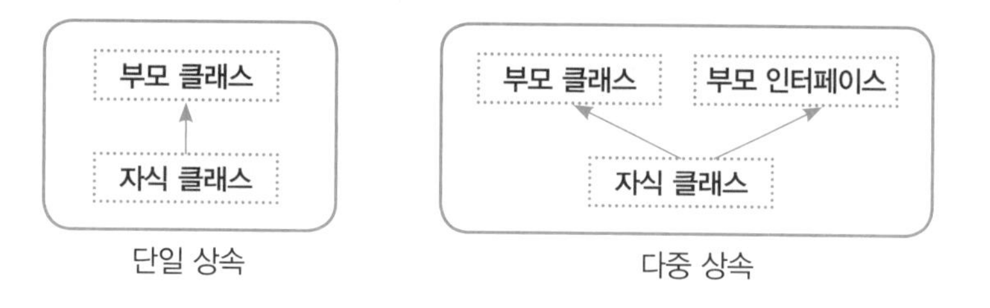

자바에서 부모 클래스를 2개 이상 가질 수는 없지만 하나의 클래스가 자식 클래스를 여러 개 만들 수는 있습니다. 다음과 같은 형태의 상속이 가능합니다.

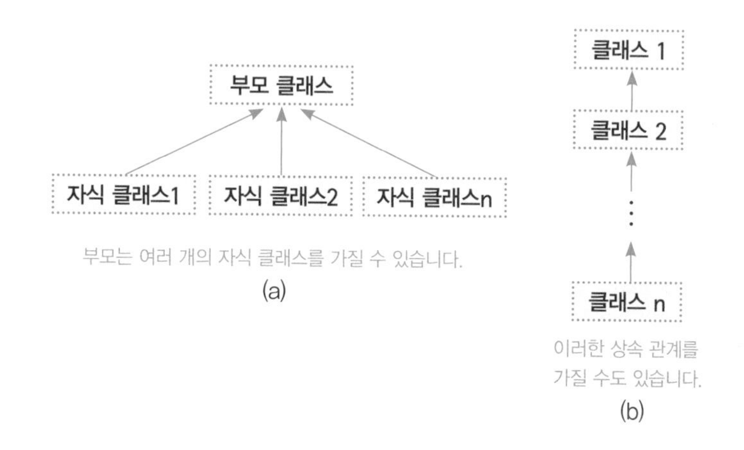

(a)와 같은 경우 '다형성'을 지원할 수 있습니다. '다형성'은 뒤에 다시 나옵니다. 여기에서는 (a)의 경우에 해당하는 예제를 하나 볼게요.

코드 147

```
class Parent {
        int a = 10;
        void show() {
                System.out.println("I am parent show");
        }
}

class Child1 extends Parent {
        int b = 20;
        void show1() {
                System.out.println("I am child1 show");
        }
}

class Child2 extends Parent {
        int c = 30;
        void show2() {
                System.out.println("I am child2 show");
        }
}

public class Code147 {
        public static void main(String[] args)
        {
                Child1 c1 = new Child1();
                Child2 c2 = new Child2();
                System.out.println("c1.a : " + c1.a);
                System.out.println("c1.b : " + c1.b);
                System.out.println("c2.a : " + c2.a);
                System.out.println("c2.b : " + c2.c);
                c1.show();
                c1.show1();
                c2.show();
                c2.show2();
        }
}
```

결과

```
c1.a : 10
c1.b : 20
c2.a : 10
c2.b : 30
```

```
I am parent show
I am child1 show
I am parent show
I am child2 show
```

(b)의 경우는 부모 클래스, 그 위에 또 조부모 클래스를 갖는 모양이죠. 이렇게 많은 클래스를 상위 클래스로 가질 수가 있습니다. 이 경우에는 자신의 상위 클래스에 있는 멤버들은 모두 자기 것으로 사용할 수가 있겠죠.

코드 148

```
class GrandParent {
        int x = 10;
        void show1() {
                System.out.println("I am grandparent show1");
        }
}

class Parent extends GrandParent {
        int y = 20;
        void show2() {
                System.out.println("I am parent show2");
        }
}

class Child extends Parent {
        int z = 30;
        void show3() {
                System.out.println("I am child show3");
        }
}

public class Code148 {
        public static void main(String[] args) {
                Child t = new Child();
                System.out.println("t.x : " + t.x);
                System.out.println("t.y : " + t.y);
                System.out.println("t.z : " + t.z);

                t.show1();
                t.show2();
```

```
            t.show3();
        }
}
```

결과

```
t.x : 10
t.y : 20
t.z : 30
I am grandparent show1
I am parent show2
I am child show3
```

06 다형성 (polymorphism)

자바의 객체 지향 개념에서 중요한 것 중에 하나가 다형성입니다. 다형성은 이름대로 여러 가지 형태를 가질 수 있는 성질을 말해요. 코드로는 부모 참조 변수에 자식 객체를 생성하는 거예요. 그러니까 참조값은 부모지만, 실제 저장된 객체는 자식이라는 뜻이예요.

```
class Parent {

    ......
}

class Child extends Parent {

    ......
}
```

```
Parent x = new Child();
```

x → Child 인스턴스

부모 참조 변수

x에 저장된 값은 Parent 형입니다.
하지만 실제로 x가 참조하는 데이터를 따라가 보면 Child 인스턴스가 있습니다.
보이는 것은 부모 형태지만 실제 인스턴스는 자식이 저장되어 있는 것을 '다형성'이라고 합니다.

다형성 이해하기

'다형성'이 부모 참조 변수에 실제 자식의 인스턴스를 넣는 것이라고 했습니다. 다형성은 이름 그대로 형태가 여럿인 것을 말해요. 예를 들어서, 자식이 여럿인 클래스가 있다면 어떤 자식 인스턴스도 참조 변수에 할당할 수 있습니다. 즉, 겉 형태는 부모 형태 하나지만, 실제 인스턴스는 어떤 자식 인스턴스일 수도 있습니다.

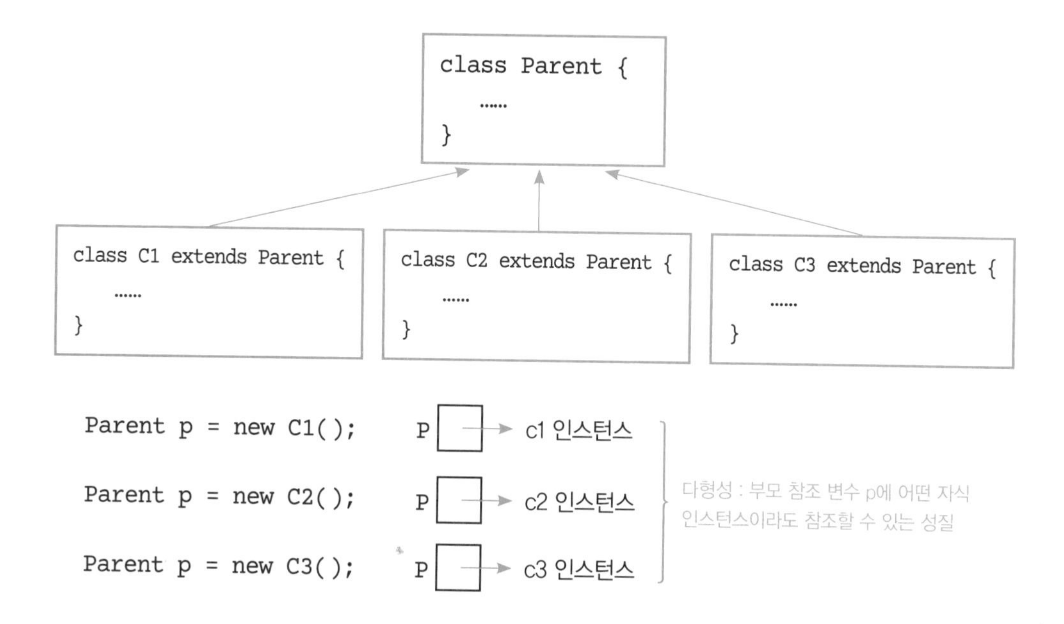

참조 변수 자체는 부모 타입이기 때문에 부모 클래스 내에 있는 멤버들만 사용할 수 있어요. 여기에 대해서는 조금 더 설명이 필요한데, 일단은 부모 클래스에 있는 멤버들만 접근할 수 있다고 생각하세요.

코드 149

```
class Parent {
    void print() {
            System.out.println("parent - print method");
    }
    void test() {
            System.out.println("Parent - test method");
```

```
    }
}

class Child extends Parent {
    void print() {
        System.out.println("child - print method");
    }
    void check() {
        System.out.println("child - check method");
    }
}

public class Code149 {
    public static void main(String[] args) {
        Parent p = new Parent();
        p.print();
        p.test();
        p.check();  // 에러. Parent 클래스에 check() 메소드는 없음

        Child c = new Child();
        c.print();
        c.check();
        c.test();

        Parent x = new Child();  // 다형성 (부모 변수에 자식 객체를 생성함)
        x.print();
        x.test();
        x.check();  // 에러. Parent 클래스에 check()는 없는 메소드임
    }
}
```

위의 예에서 보듯이 부모 변수에 자식 객체를 생성하면, 변수 타입이 클래스이기 때문에 부모 클래스에 있는 멤버만 사용할 수 있습니다.

```
class Parent {
   void print() { … }
   void test() { … }
}

class Child extends Parent {
   void print() { … }
   void check() { … }
}
```

```
Parent p = new Child();

p.print();  } ok
p.test();   }
p.check();  ◀····· 에러 : check() 메소드는 Parent 클래스에 없습니다.
```

P는 Parent 형이기 때문에 Parent 클래스에 있는 멤버만 사용 가능합니다. 따라서 Child 클래스에 있는 check() 메소드는 사용할 수 없습니다.

이때 오버라이딩되어 있는 메소드는 어떨까요? 오버라이딩 메소드는 자식 클래스에 있는 메소드를 호출합니다. 실제로 위의 코드에서 에러를 없애고 수행시킨 결과를 볼게요.

코드 150

```
class Parent {
    void print() {
            System.out.println("parent - print method");
    }
    void test() {
            System.out.println("parent - test method");
    }
}

class Child extends Parent {
    void print() {
            System.out.println("child - print method");
    }
    void check() {
            System.out.println("child - check method");
    }
}
```

```
public class Code150 {
    public static void main(String[] args) {
        Parent x = new Child();
        x.print();      // print() 메소드는 오버라이딩되어 있어서 자식의 print() 호출함.
        x.test();
    }
}
```

결과

```
child - print method
parent - test method
```

```
class Parent {
   void print( ) { … }
   void test( ) { … }
}

class Child extends Parent {
   void print( ) { … }
   void check( ) { … }
}
```

```
Parent p = new Child( );
p.print( );
```

Parent의 print()가 아니라 Child의 print()를 호출합니다.

부모 참조 변수에 자식 인스턴스를 할당했을 때, 자식 클래스에 오버라이딩된 메소드를 호출합니다.

다형성에 대해서 조금 더 생각해 볼게요. 다음과 같은 상속 관계가 있다고 할게요. 부모 클래스인 Person 클래스는 두 개의 자식 클래스를 갖습니다. 각 자식 클래스에는 오버라이딩된 메소드 print()를 갖고 있어요. 이때 각각의 자식 인스턴스는 자기의 오버라이딩된 print() 메소드를 호출합니다. 이것이 다형성입니다.

코드 151

```
class Person {
    private String name;
    Person(){}
    Person(String name) {
            this.name = name;
    }
    String getName() {
            return name;
    }
    void print( ) {
            System.out.println("I am " + name);
    }
}

class Teacher extends Person {
    private String subject;
    Teacher(){}
    Teacher(String name, String subject) {
            super(name);
            this.subject = subject;
    }
    void print() {
            System.out.println("I am " + getName() + " and I teach " + subject + ".");
    }
}

class Student extends Person {
    private String year;
    Student(){}
    Student(String name, String year) {
            super(name);
            this.year = year;
    }
    void print() {
            System.out.println("I am " + getName() + " and I am " + year + ".");
    }
}

public class Code151 {
    public static void main(String[] args) {
            Person p1 = new Teacher("Alice", "Math");
            Person p2 = new Student("David", "Sophomore");
```

```
        p1.print();
        p2.print();
    }
}
```

결과

```
I am Alice and I teach Math.
I am David and I am Sophomore.
```

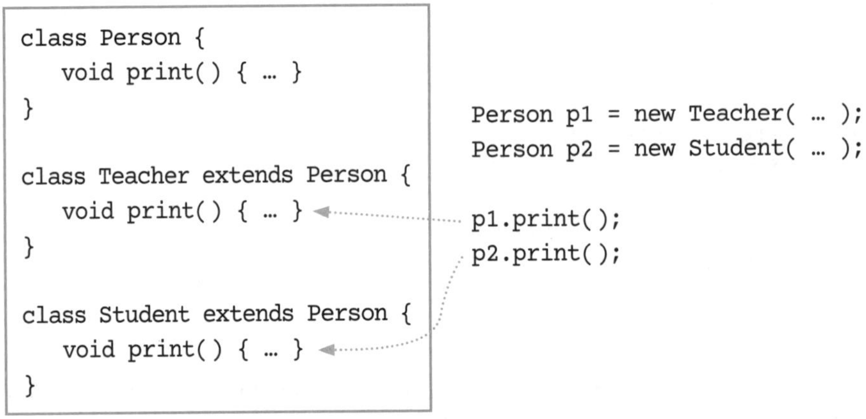

```
class Person {
   void print() { … }
}

class Teacher extends Person {
   void print() { … }
}

class Student extends Person {
   void print() { … }
}
```

```
Person p1 = new Teacher( … );
Person p2 = new Student( … );

p1.print();
p2.print();
```

instanceof 연산자

어느 인스턴스가 어느 클래스의 인스턴스인지를 판단해야 할 때가 있습니다. 이때 instanceof 연산자를 사용합니다.

인스턴스 instanceof 클래스 : 인스턴스가 클래스의 인스턴스라면 true가 됩니다.

간단한 예제로 instanceof 사용법을 알아 볼게요.

코드 152

```
class Data1 {
	void print() {
		System.out.println("class Data1 print method");
	}
}

class Data2 {
	void show() {
		System.out.println("class Data2 show method");
	}
}

public class Code152 {

	public static void main(String[] args) {
		Data1 d1 = new Data1();
		Data2 d2 = new Data2();

		if (d1 instanceof Data1)   // d1이 Data1의 인스턴스인지 판단합니다.
			d1.print();

		if (d2 instanceof Data2)   // d2가 Data2의 인스턴스인지 판단합니다.
			d2.show();
	}
}
```

결과

```
class Data1 print method
class Data2 show method
```

3장에서 서로 다른 자료형 간에 형 변환을 공부하였었죠. 3장에서는 기본 자료형에 대한 형 변환이었는데, 이번에는 객체 간의 형 변환에 대해서 공부합니다. 기본적으로 연관이 없는 다른 클래스끼리는 형 변환이 불가능합니다. 하지만 상속 관계에서는 형 변환이 가능한데, 자식 객체를 부모 변수에 넣는 것은 '다형성'이라 하고 형 변환이 필요없었죠. 하지만 부모 객체를 자식 변수에 넣는 것은 형 변환이 꼭 필요합니다.

부모가 여러 개의 자식 클래스를 갖는 경우에, 부모 참조 변수에 자식 인스턴스를 넣었을 때 어떤 자식 클래스의 인스턴스인지를 판단해야 하는 경우가 있어요. 이때 instanceof 연산자가 유용합니다. 그리고 필요에 따라 적절한 형 변환이 필요합니다. 다음 예제를 보세요.

코드 153

```
class Car {
    private String color;
    Car(){}
    Car(String color) { this.color = color; }
    void drive() { System.out.println("driving..."); }
}

class Sedan extends Car {
    private int seats;
    Sedan(){}
    Sedan(String color, int seats) {
            super(color);
            this.seats = seats;
    }
    void showSeats() { System.out.println("This car has " + seats + " seats."); }
}

class Truck extends Car {
    private int wheel;
    Truck(){}
    Truck(String color, int wheel) {
            super(color);
            this.wheel = wheel;
}
    void showWheel() {
        System.out.println("This truck is " + wheel + " drive truck");
    }
}

public class Code153 {
    public static void main(String[] args) {
            Car myCar = new Sedan("white", 4);
            Car yourCar = new Truck("blue", 4);

            if (myCar instanceof Sedan)
                    ((Sedan) myCar).showSeats();    // 형 변환이 필요함
            if (yourCar instanceof Truck)
                    ((Truck) yourCar).showWheel();  // 형 변환이 필요함
    }
}
```

```java
class Car {
   void drive() { … }
}

class Sedan extends Car {
   void showSeats() { … }
}
```

```java
Car myCar = new Sedan( … );

if (myCar instanceof Sedan)
      myCar.showSeats();
```

myCar는 Car 형이기 때문에 Car 클래스의 메소드만 호출할 수 있습니다. 따라서 이렇게 myCar.showSeats()를 호출하면 에러가 발생합니다.

만약 myCar 클래스의 메소드를 호출하고 싶다면 myCar 인스턴스를 부모 Car로 형 변환해야 합니다. yourCar에 대해서도 마찬가지고요.

```java
Car myCar = new Sedan( … );

if (myCar instanceof Sedan)
      ((Sedan)myCar).showSeats();
```

- **부모 타입의 매개변수에 자식 객체를 인수로 넘길 때**

클래스는 메소드의 매개변수에 지정할 수 있습니다. 그러면 해당 객체를 인수로 넘겨야겠죠. 이때에도 instanceof 연산자가 중요합니다.

코드 154

```java
class Parent {
  void print() {
    System.out.println("Parent : print()");
  }
  void show() {
    System.out.println("Parent : show()");
  }
}

class ChildA extends Parent {
  void print() {
    System.out.println("Child-A : print()");
  }
  void showA() {
    System.out.println("Child-A : show()");
  }
}

class ChildB extends Parent {
  void print() {
    System.out.println("Child-B : print()");
  }
  void showB() {
    System.out.println("Child-B : show()");
  }
}

public class Code154 {
  static void doWork(Parent p) {
    if (p instanceof ChildA) {
          ChildA ca = (ChildA) p;
          ca.print();
          ca.show();
          ca.showA();
    }
    else if (p instanceof ChildB) {
          ChildB cb = (ChildB) p;
          cb.print();
          cb.show();
          cb.showB();
    }
    else {
          p.print();
          p.show();
    }
  }

  public static void main(String[] args)   {
    Parent p = new Parent();
    ChildA a = new ChildA();
    ChildB b = new ChildB();
    doWork(p);
    doWork(a);
    doWork(b);
  }
}
```

결과

```
Parent : print()
Parent : show()
Child-A : print()
Parent : show()
Child-A : show()
Child-B : print()
Parent : show()
Child-B : show()
```

부모가 같은 클래스라도 형 변환은 불가능합니다. 위의 예제에서 ChildA와 ChildB 사이에는 형 변환을 할 수 없습니다.

```
ChildA a = new ChildA();
ChildB b = new ChildB();
a = b;            // 에러 : 부모가 같더라도 a와 b는 서로 다른 타입의 객체입니다.
a = (ChildA) b;  // 에러 : 형 변환도 할 수 없습니다.
```

다른 타입의 객체 간의 형 변환

서로 다른 타입 간의 객체 간에는 형 변환이 가능하지 않습니다.

이번 장에서는 객체 지향 언어에서 중요한 상속에 대해 공부하였습니다. this, super 키워드의 사용법을 잘 알아 두어야 합니다. 그리고 오버로딩과 오버라이딩을 이해하고 다형성 개념을 잘 이해하기 바랍니다. 또한 예제를 통해서 instanceof 연산자를 확실하게 사용할 수 있도록 해야 합니다.

09 > 패키지와 접근 제어

패키지는 연관된 클래스와 인터페이스들을 모아 놓은 것을 말합니다. 인터페이스는 다음 장에서 다룹니다. 패키지는 윈도우의 폴더와 같은 개념이에요. 즉, 연관된 파일들을 하나의 폴더에 모아서 정리할 수 있게 합니다. 실제로 클래스명은 패키지 이름까지 붙인 거예요. 예를 들어서, String 클래스의 이름은 java.lang.String입니다. 지금까지는 네 가지 접근 제어(public, protected, 디폴트, private)중에서 private 접근 제어만 고려했었는데, 패키지를 잘 다루려면 나머지 접근 제어에 대한 이해가 중요합니다. 이번 장에서는 패키지 개념과 각 접근 제어를 자세히 공부합니다.

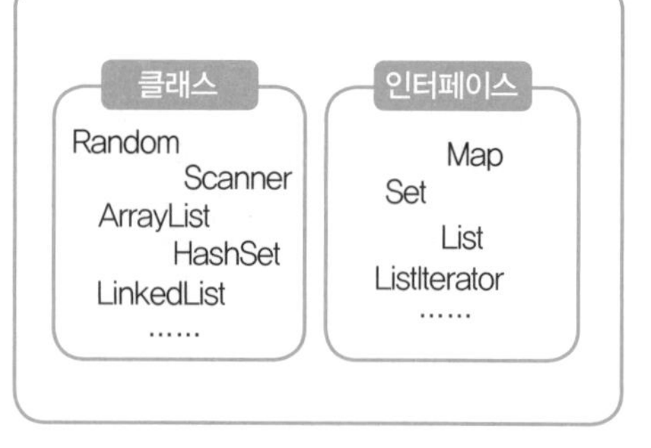

01 패키지 (package)

패키지는 연관된 클래스와 인터페이스들을 모아 놓은 것을 말합니다. 패키지는 윈도우의 폴더와 같은 개념이예요. 즉, 연관된 파일들을 하나의 이름으로 묶어서 정리할 수 있게 합니다. 클래스의 실제 이름은 패키지명까지 붙인 이름이예요. 예를 들어서, String 클래스는 java.lang.String이 실제 이름인데, 여기에서 java.lang이 패키지명입니다.

java.lang 패키지에 있는 String과 System 클래스를 사용해 볼게요.

코드 155

```
public class Code155 {

        public static void main(String[] args)
        {
                java.lang.String name = "Alice";
                int age = 10;
                java.lang.System.out.println(name + " is " + age + " years old.");
        }
}
```

결과

```
Alice is 10 years old.
```

위의 코드를 보면 String을 패키지명까지 붙여서 java.lang.String이라고 적었어요. System 클래스도 마찬가지고요. 원래는 이렇게 패키지명까지 붙여서 써야 하는데, java.lang 패키지에 있는 클래스들은 클래스명만 써도 되도록 자바가 제공하고 있어서 java.lang.String 이라고 써야 할 것을 String이라고 쓴 거예요. 하지만 Scanner 클래스는 java.lang 패키지에 있지 않기 때문에 패키지명까지 모두 적어야 합니다. Scanner 클래스는 java.util 패키지에 있습니다.

코드 156

```
public class Code156 {

        public static void main(String[] args)
        {
                java.util.Scanner scin = new java.util.Scanner(System.in);
                System.out.print("Enter your name : " );
```

```
            String name = scin.next();
            System.out.println("You are " + name);
        scin.close();
    }
}
```

결과

```
Enter your name : Alice
You are Alice
```

[코드 155]에서 java.lang은 생략해도 되지만 [코드 156]에서 java.util은 생략하면 안 됩니다. 생략하고 싶으면 import를 이용하여 Scanner 클래스가 java.util 패키지에 있는 클래스임을 알려야 합니다.

코드 157

```
import java.util.Scanner;

public class Code157 {

    public static void main(String[] args)
    {
        Scanner scin = new Scanner(System.in);
        System.out.print("Enter your name : " );
        String name = scin.next();
        System.out.println("You are " + name);
        scin.close();
    }
}
```

위의 코드와 같이 import 구문으로 어느 패키지에서 가져다 사용하는지를 명시하면 Scanner라고 간단히 사용할 수 있습니다. 이때 import java.util.*; 라고 하면 java.util 패키지에 있는 모든 클래스와 인터페이스를 가져와서 사용하겠다는 거예요.

java.lang 패키지에 있는 클래스 또는 인터페이스는 그냥 사용해도 됩니다.
그 외의 패키지에 있는 클래스와 인터페이스들을 사용하려면 반드시 어느 패키지에서 가져와서 사용하는지를 명시해야 합니다. import 구문을 이때 사용합니다.

```
import java.util.Scanner;
```

java.util 패키지에 있는 Scanner 클래스를 사용하겠다고 명시하는 거예요.

```
import java.util.*;
```

java.util 패키지에 있는 모든 클래스 또는 인터페이스를 사용하겠다고 명시하는 거예요.

02 패키지 생성하기

패키지를 직접 만드는 방법에 대해 알아보겠습니다.

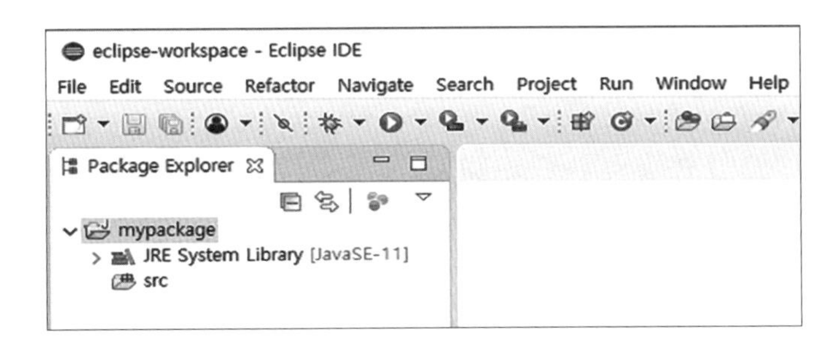

1 우선 mypackage라는 이름으로 프로젝트를 새로 만듭니다. 그러면 왼쪽 화면과 같이 프로젝트가 생성됩니다.

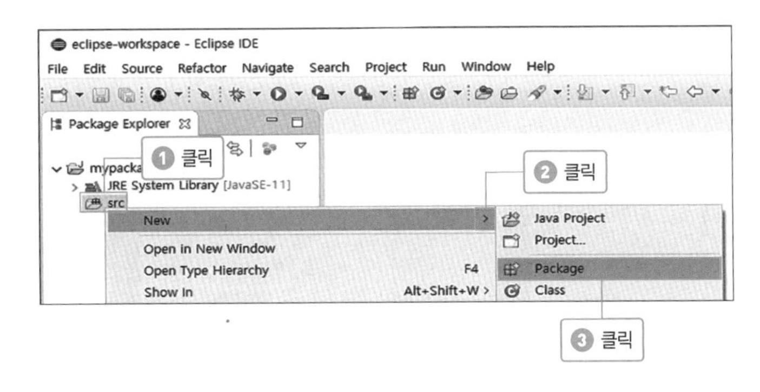

2 mypackage 프로젝트 밑에 newpkg라는 이름으로 패키지를 만들려고 합니다.

3 이름을 오른쪽 화면과 같이 입력합니다.

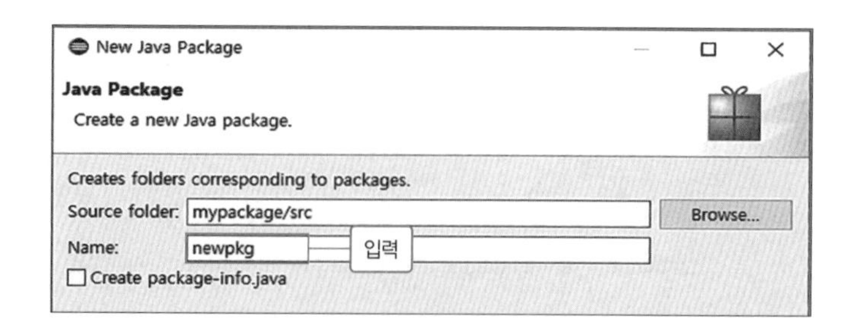

4 오른쪽 화면과 같이 패키지명이 나타나면 해당 패키지 아래에 클래스 파일을 생성하고 코딩합니다.

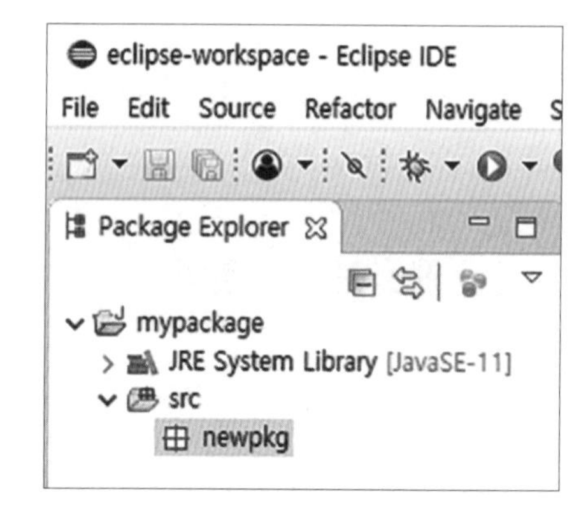

5 클래스 파일을 생성합니다.

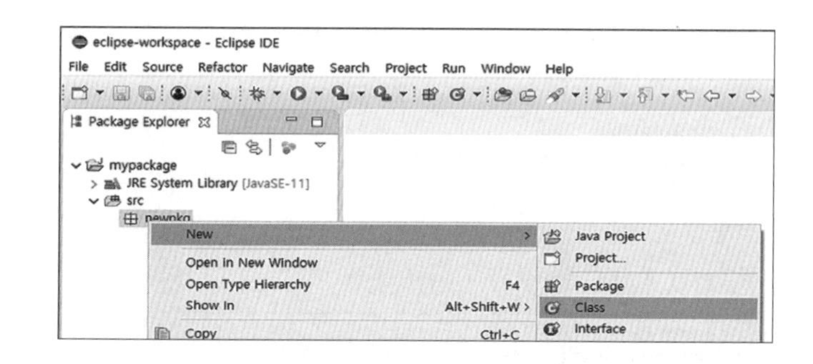

6 파일명은 간단히 Test.java로 하였습니다. 항상 파일 첫 줄에는 해당 파일이 소속된 패키지를 알려 주는 package newpkg;이 추가됩니다.

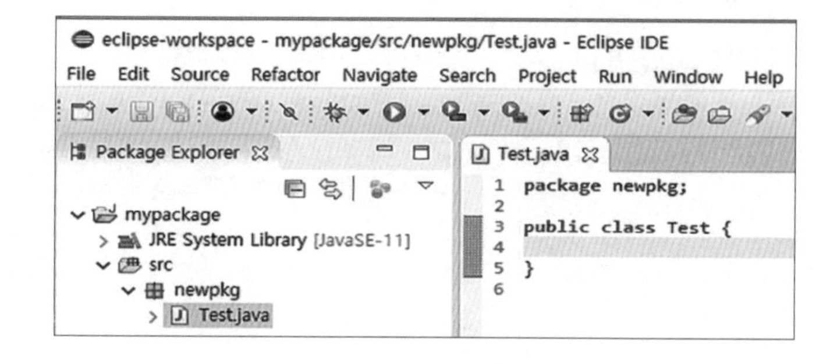

같은 프로젝트 아래에 패키지를 여러 개 만들 수 있습니다. 오른쪽과 같이 mypackage 프로젝트 아래에 newpkg2 라는 이름으로 패키지를 하나 더 만들고 그 아래에 Test.java, Test2.java 파일을 만들어 볼게요. 그러면 다음과 같이 보일 거예요. Test.java라는 파일은 두 패키지에 모두 있어요. 하지만 윈도우에서 다른 폴더에 같은 이름의 파일이 있을 수 있듯이 패키지가 다르면 같은 파일의 이름이라도 서로 독립적으로 다른 파일로 간주합니다. 하지만 같은 패키지에는 같은 이름의 클래스가 존재하면 안 됩니다.

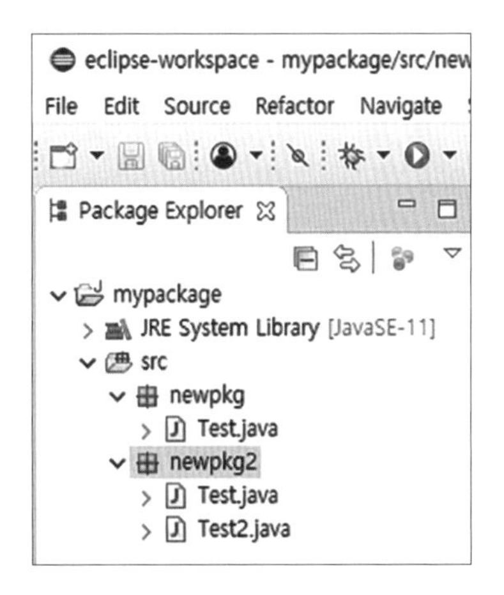

서로 다른 패키지에는 같은 이름의 클래스가 있어도 됩니다.
하지만 하나의 패키지에 같은 이름의 클래스가 있으면 안 되요.

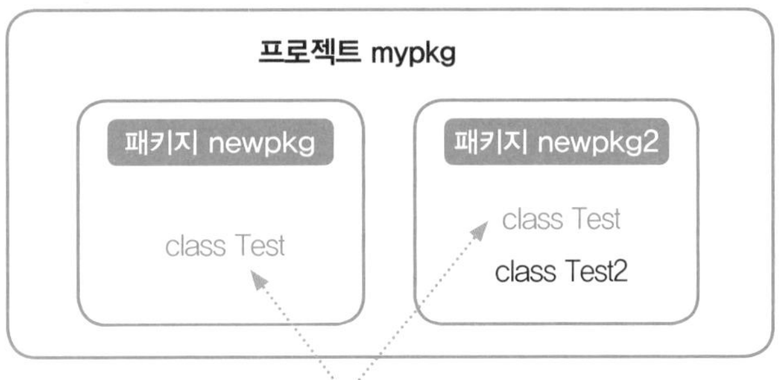

서로 다른 패키지에 같은 이름의 클래스가 있습니다.

같은 패키지 내에서는 클래스들 간에 얼마든지 서로의 객체를 만들어 사용할 수 있습니다. 다음의 예를 보세요. friendpkg 패키지에는 두 클래스 Friend와 Main이 있고, Main 클래스에서 Friend 클래스 객체를 만들어 사용하고 있어요. 이렇게 같은 패키지에 있는 클래스 간에는 자유롭게 서로 객체를 만들어 사용할 수 있습니다.

```
friendtest
  JRE System Library [JavaSE-11]
  src
    friendpkg
      Friend.java
      Main.java
```

```
// Friend.java
package friendpkg;
public class Friend {
    void print() {
            System.out.println("Friend
class");
    }
}
```

```
// Main.java
package friendpkg;
public class Main {
    public static void main(String[] args) {
            Friend f = new Friend();
            f.print();
    }
}
```

만약에 같은 이름의 클래스를 하나의 패키지에 만들면 에러가 발생합니다. 아래 예제 코드를 보면 Main.java 파일에 Friend 클래스를 또 넣었습니다. 이 경우 Main 클래스의 main 메소드 라인 3에서 에러가 발생합니다. 에러 메시지를 살펴 보면 'The type Friend is already defined'라고 나오고요. 이렇게 하나의 패키지에 같은 이름의 클래스를 만들면 안 됩니다. 하지만 다른 패키지에는 같은 이름의 클래스가 존재할 수 있어요. 마치 서로 다른 폴더에 같은 이름의 파일이 존재할 수 있는 것처럼요.

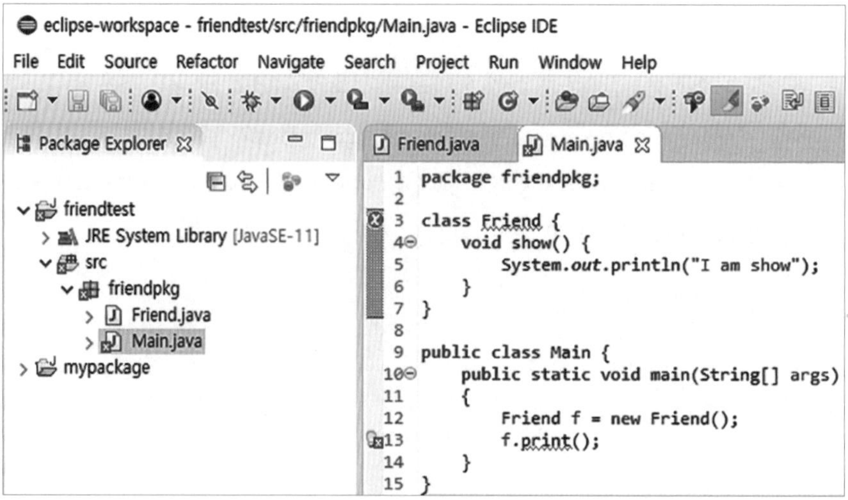

```
eclipse-workspace - friendtest/src/friendpkg/Main.java - Eclipse IDE
File Edit Source Refactor Navigate Search Project Run Window Help

Package Explorer          Friend.java   Main.java
friendtest
  JRE System Library [JavaSE-11]
  src
    friendpkg
      Friend.java
      Main.java
mypackage

 1 package friendpkg;
 2
 3 class Friend {
 4     void show() {
 5         System.out.println("I am show");
 6     }
 7 }
 8
 9 public class Main {
10     public static void main(String[] args)
11     {
12         Friend f = new Friend();
13         f.print();
14     }
15 }
```

패키지 import하기

기본적으로 같은 패키지에 있는 클래스들 간에는 서로의 객체를 만들어 사용하는 것이 가능하다고 했습니다. 이번에는 다른 패키지에 있는 클래스를 어떻게 사용하는지를 알아 볼게요. 다음의 패키지와 클래스들을 보세요.

```
bookstore
  > JRE System Library [JavaSE-11]
  src
    bookpkg
      > Book.java
    usebookpkg
      > UseBook.java
```

Book.java와 UseBook.java 파일은 다음과 같습니다.

코드 158

```java
package bookpkg;

public class Book {
        private int code;
        private String title;
        private int price;

        public Book(){}
        public Book(int code, String title, int price) {
                this.code = code;
                this.title = title;
                this.price = price;
        }

        public int getCode() { return code; }
        public String getTitle() { return title; }
        public int getPrice() { return price; }

        public void printBookInfo() {
                System.out.println("code : " + code);
                System.out.println("title : " + title);
                System.out.println("price : " + price);
        }
}
```

클래스에 public이 붙어야 다른 패키지에서 접근할 수 있습니다.

private 멤버는 자기 클래스 안에서만 접근할 수 있습니다.

생성자 앞에 public이 붙어야 다른 패키지에서 Book 객체를 생성할 수 있습니다.

public 메소드는 다른 패키지에서 접근할 수 있습니다.

```java
package usebookpkg;
```

```
public class UseBook {
        public static void main(String[] args) {
            Book bk = new Book(101, "algorithms", 25000);  // 에러 발생함.
            bk.printBookInfo();
        }
}
```

다른 패키지에 있는 클래스를 쓰려면 어느 패키지에 있는 클래스인지를 명시해야 합니다.

위의 코드를 수행하면 UseBook 클래스의 main 메소드에서 Book 객체를 만드는 라인에서 에러가 발생합니다. 에러가 발생하는 이유는 다른 패키지에 있는 클래스의 객체를 만들기 때문이예요.

만약 이렇게 다른 패키지에 있는 클래스를 이용하려면 다른 패키지에 있는 클래스임을 알려야 합니다. 여기에는 두 가지 방법이 있어요.

❶ 클래스명 앞에 패키지명까지 붙이는 방법

위의 코드에서 Book 클래스 앞에 패키지명까지 붙이면 어느 패키지에 있는 클래스를 가져다 사용하는지를 명시하기 때문에 에러가 발생하지 않습니다.

```
package usebookpkg;

public class UseBook {
        public static void main(String[] args) {
            bookpkg.Book bk = new bookpkg.Book(101, "algorithms", 25000);
            bk.printBookInfo();
        }
}
```

❷ 패키지를 import하여 사용하는 방법

위의 방법처럼 클래스명 앞에 패키지명까지 붙이면 코드가 깔끔하지 않고 길어집니다. 이런 경우에 맨 위에 package 구문 아래에 import 구문을 이용하여 가져다 사용하는 패키지를 명시하면 됩니다.

```
package usebookpkg;
import bookpkg.Book;

public class UseBook {
	public static void main(String[] args) {
		Book bk = new Book(101, "algorithms", 25000);
		bk.printBookInfo();
	}
}
```

위와 같이 import 키워드 다음에 가져오려는 '패키지명.클래스명'을 적어주면 됩니다. 이때 반드시 import는 package 구문 아래에 와야 합니다. package 구문은 반드시 코드 첫 줄에 한 번만 적어야 합니다. import 구문은 package 구문 아래에 적어 주어야 하고, import 구문은 여러 번 적어도 됩니다. 다음과 같이 bookpkg 패키지에 Student 클래스를 추가하고 이용해 보겠습니다. 이때 import 구문을 어떻게 적는지 잘 보아 두세요.

- bookpkg 패키지에 클래스를 더 추가해 볼게요(Student 클래스를 추가해 보겠습니다). 이 경우에는 import 구문을 어떻게 적어야 하는지 알아 두기 바랍니다.

```
∨ bookstore
  > JRE System Library [JavaSE-11]
  ∨ src
    ∨ bookpkg
      > Book.java
      > Student.java
    ∨ usebookpkg
      > UseBook.java
```

이 경우에 UseBook 클래스에서 bookpkg에 있는 Book 클래스와 Student 클래스의 인스턴스를 모두 사용하고자 한다면 다음과 같이 import해야 합니다. 클래스를 일일이 적어 주거나 *로 한꺼번에 표현할 수도 있어요.

```
package usebookpkg;
import bookpkg.Book;
import bookpkg.Student;

public class UseBook {
        ......
}
```

여러 클래스가 import되는 경우에는 다음과 같이 적을 수 있습니다.

```
import bookpkg.*;
```

import bookpkg.*; 라고 적으면 패키지 bookpkg 아래에 있는 모든 클래스라는 의미예요.

다른 패키지에 있는 클래스의 객체를 만들어 사용하려면 어느 패키지의 클래스인지를 반드시 명시해야 합니다.

```
package bookpkg;

public class Book {
      ......
      public Book() {}
      public Book( … ) {
            ......
      }

      ......
}
```

```
package usebookpkg;

public class UseBook {

    public static void main(String[] args) {
        bookpkg.Book bk = new bookpkg.Book( … );
        ......
    }
}
```

```
package usebookpkg;
import bookpkg.Book;

public class UseBook {

    public static void main(String[] args) {
        Book bk = new Book( … );
        ......
    }
}
```

java 파일을 구성할 때, 맨 위에는 package 구문이 와야 합니다.
package 구문은 한 줄만 있어야 합니다.
다음으로 import 구문을 적어야 합니다.
import 구문은 필요에 따라 여러 줄이 올 수 있습니다.

```
package mypkg;
import java.util.*;
import java.text.*;
import java.io.*;

public class MyClass {

    ......
}
```

03 접근 제어

자바에는 모두 4개의 접근 제어가 있다고 했었죠. public, protected, 디폴트 제어, private입니다. private 접근 제어가 가장 엄격한 제어로 자신의 클래스 내에서만 접근을 허용하는 제어였고 public은 가장 엄격하지 않은 제어로, 어디에서나 접근할 수 있는 제어를 말합니다. 위의 book-pkg와 usebookpkg 예제에서 Book 클래스의 생성자와 메소드 앞에 모두 public을 붙인 것을 보았어요. 다른 패키지에서 Book 클래스를 이용하려고 하면 import도 필요하지만, 클래스, 생성자, 메소드가 모두 public으로 선언되어야만 다른 패키지에서 사용이 가능합니다. 패키지를 포함하여 각 접근 제어를 살펴보겠습니다.

접근 제어자	의미	
private	같은 클래스 내에서만 접근 가능함.	
디폴트 제어	같은 패키지 내에서만 접근 가능함.	
protected	• 같은 패키지 내에서 접근 가능함. • 다른 패키지에 있는 자식 클래스에서 접근 가능함.	↑ 접근이 어려움.
public	어디에서나 접근 가능함.	

private 접근 제어

private 접근 제어는 가장 엄격한 제어로 자신의 클래스 내에서만 사용할 수 있다고 했어요. 패키지와는 상관없이 무조건 자신의 클래스에서만 사용할 수 있는 거예요.

디폴트 접근 제어

접근 제어 자리에 아무 것도 붙지 않을 때 디폴트 제어라고 해요. 자바에서 default라는 키워드는 원래 없었어요. 그런데 버전 8에서 default 메소드라는 문법을 추가하면서 default가 키워드에 포함됩니다. 하지만 제어에 대해서 디폴트 제어라고 하면 아무 것도 붙지 않는 제어를 말하며 같은 패키지에서만 접근 가능한 제어입니다. 예제를 통해서 이해해 보세요. 우선 다음 예제는 문제가 없는 코드입니다.

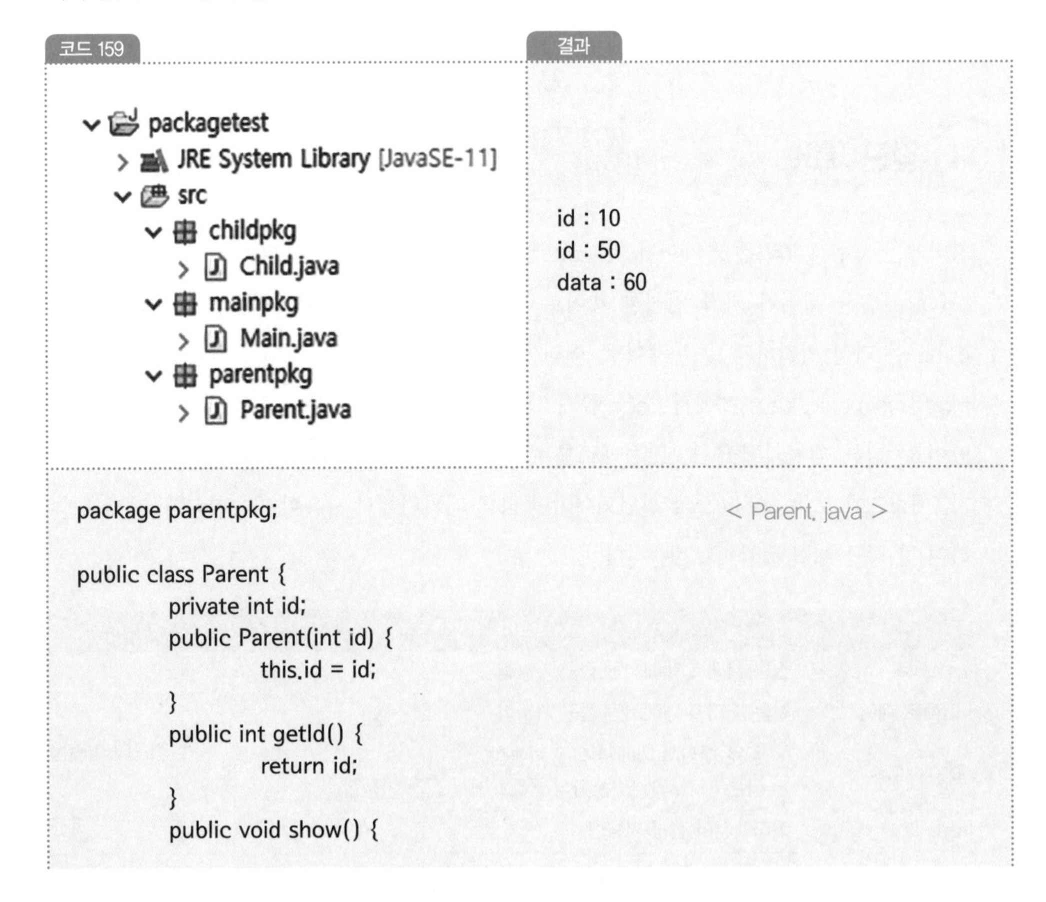


```
package parentpkg;

public class Parent {
        private int id;
        public Parent(int id) {
                this.id = id;
        }
        public int getId() {
                return id;
        }
        public void show() {
```

```
                    System.out.println("id : " + id);
            }
}
```

```
package childpkg;                                    < Child. java >
import parentpkg.Parent;

public class Child extends Parent {
        private int data;
        public Child(int id, int data) {
                super(id);
                this.data = data;
        }
        public void show() {
                System.out.println("id : " + getId());
                System.out.println("data : " + data);
        }
}
```

```
package mainpkg;                                     < Main. java >
import parentpkg.Parent;
import childpkg.Child;

public class Main {
        public static void main(String[] args)
        {
                Parent p = new Parent(10);
                Child c = new Child(50, 60);
                p.show();
                c.show();
        }
}
```

위의 코드에서 Parent 클래스의 getId() 메소드를 디폴트 제어로 하면 다른 패키지에 있는 자식 클래스에서 getId() 메소드를 사용할 수가 없습니다. 위 코드에서 Parent 클래스의 getId() 메소드의 public 키워드를 삭제했습니다. 그랬더니 다음과 같이 에러가 많이 발생하네요.

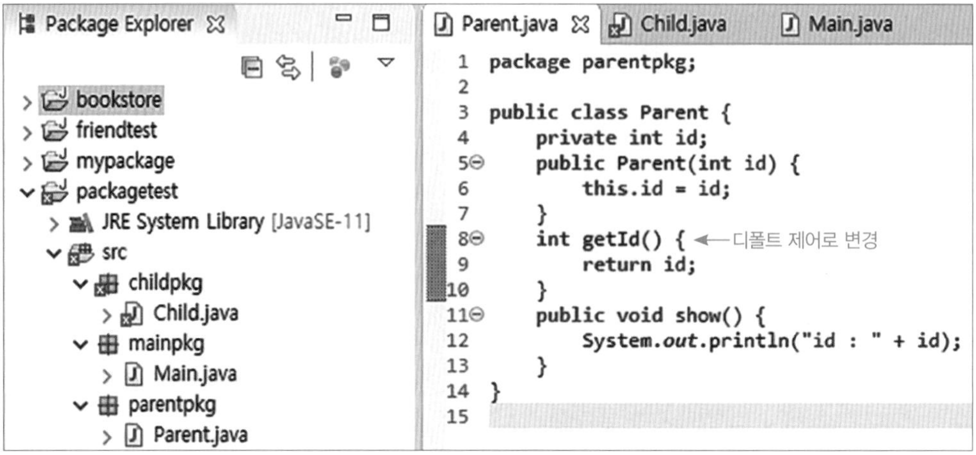

```java
1  package parentpkg;
2
3  public class Parent {
4      private int id;
5      public Parent(int id) {
6          this.id = id;
7      }
8      int getId() {   // ← 디폴트 제어로 변경
9          return id;
10     }
11     public void show() {
12         System.out.println("id : " + id);
13     }
14 }
15
```

그리고 Child 클래스는 하나도 수정하지 않았는데 덩달아서 에러가 발생합니다.

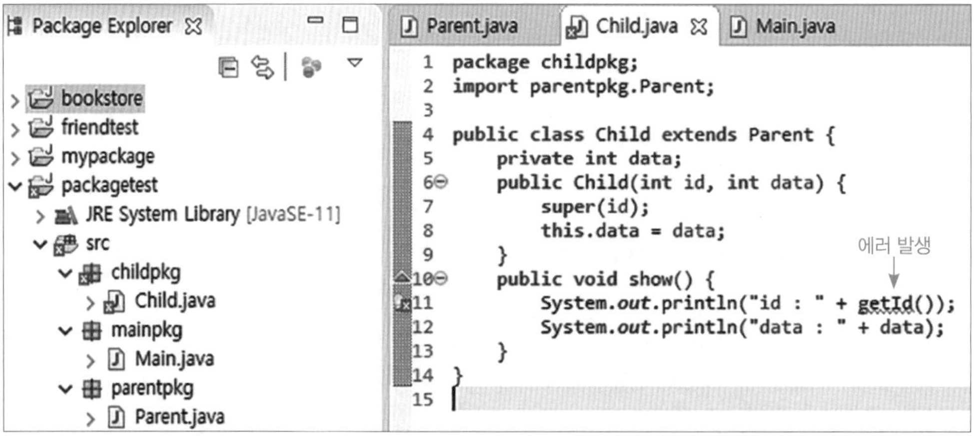

```java
1  package childpkg;
2  import parentpkg.Parent;
3
4  public class Child extends Parent {
5      private int data;
6      public Child(int id, int data) {
7          super(id);
8          this.data = data;
9      }
10     public void show() {
11         System.out.println("id : " + getId());   // 에러 발생
12         System.out.println("data : " + data);
13     }
14 }
15
```

public과 디폴트의 차이를 아시겠죠. 이 경우에 public 제어를 주고 싶지 않다면 protected 제어를 사용하면 됩니다.

protected 접근 제어

부모 클래스와 자식 클래스가 같은 패키지에 있다면 문제가 없는데, 다른 패키지에 있다면 자식 클래스가 부모 클래스에 접근할 수 있도록 해야 합니다. protected 접근 제어는 이 경우 의미가 있어요. 즉, protected 접근 제어는 서로 다른 패키지에 있는 자식 객체가 부모 클래스 멤버에 접근할 수 있도록 합니다. 위의 코드에 protected 접근 제어를 이용하면 에러가 해결됩니다. 다음과 같이 위의 코드에서 protected 접근 제어를 추가하기만 했는데 에러가 모두 해결되었습니다.

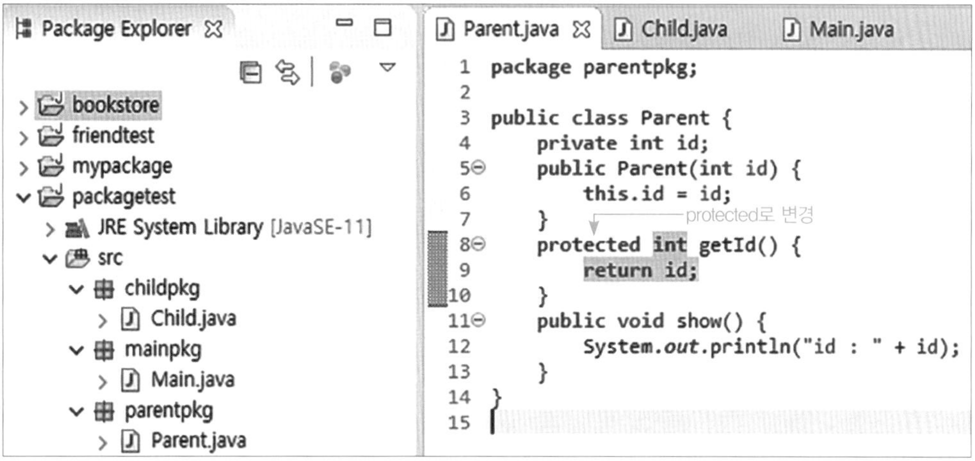

Package Explorer
- bookstore
- friendtest
- mypackage
- packagetest
  - JRE System Library [JavaSE-11]
  - src
    - childpkg
      - Child.java
    - mainpkg
      - Main.java
    - parentpkg
      - Parent.java

Parent.java | Child.java | Main.java

```
1  package parentpkg;
2
3  public class Parent {
4      private int id;
5      public Parent(int id) {
6          this.id = id;
7      }
8      protected int getId() {
9          return id;
10     }
11     public void show() {
12         System.out.println("id : " + id);
13     }
14 }
15
```

protected로 변경

디폴트 제어와 protected 제어를 비교해 보았을 때, 어느 제어가 더 엄격한가요? 디폴트 제어는 상속 관계와는 상관없이 무조건 같은 패키지에서만 접근 가능하다는 의미이고, protected 제어는 같은 패키지 또는 다른 패키지라도 상속 관계에 있으면 접근 가능하다는 의미입니다. 따라서 디폴트 제어가 protected 접근 제어보다 더 엄격하겠죠.

public 접근 제어

public 접근 제어는 제일 편한 접근 제어입니다. 클래스, 인스턴스 변수, 생성자, 메소드 앞에 모두 public 키워드를 붙이면 접근 제어 때문에 에러가 발생하는 일이 없을 거예요. 하지만 자바의 기본 철학에 맞지 않습니다. 자바에서는 데이터 보호를 중요하게 생각하여 private 접근 제어로 인스턴스 변수를 밖에서 함부로 접근하지 않도록 권장합니다. 이에 따라 되도록 가장 엄격한 제어로 코드를 구성하는 것이 좋습니다.

public 접근 제어가 중요한 경우에는 다른 패키지에 있는 클래스의 객체를 생성하려고 할 때입니다. 이때는 반드시 해당 클래스 앞에도 public 키워드가 붙어야 하고, 생성자 앞에도 public 키워드를 붙여야 합니다. 그래야 다른 패키지에서 접근하여 객체를 생성할 수가 있어요. 디폴트 제어와 public 제어의 차이가 아주 많다는 것도 이해해 두기 바랍니다.

04 메소드 오버라이딩과 접근 제어

자식 클래스에서 부모 클래스에 있는 메소드를 오버라이딩할 때 중요한 문법이 있습니다. 자식 메소드가 오버라이딩하는 부모 메소드의 접근 제어보다 더 엄격한 제어를 가질 수 없다는 거예요. 각 접근 제어 간에 엄격성은 다음과 같습니다.

다음 예를 보세요.

코드 160

```
public class Parent {

        public void show() {  ←부모 show()는 public 제어
                System.out.println("I am parent show()");
        }
}
```

```
public class Child extends Parent {

        void show() {   ←여기에서 에러가 발생합니다.
                System.out.println("I am child show");
        }
}
```

부모 show() 메소드의 접근 제어가 public 인데, 오버라이딩된 자식 show() 메소드는 디폴트 제어예요. 아무 것도 안 붙으면 디폴트 제어라고 했어요. 디폴트 제어는 public보다 엄격하기 때문에 위의 코드처럼 자식 메소드가 더 엄격한 제어를 가지면 에러가 발생하고 에러 메시지는 다음과 같습니다.

```
Cannot reduce the visibility of the inherited method from Parent
```

에러 메시지에 보면 'cannot reduce the visibility'라고 나오는데 이 부분이 엄격함에 대한 얘기입니다.

이번 장에서는 자바의 패키지에 대해 공부하였습니다. 자바 패키지는 아주 중요한 내용입니다. 하나의 패키지에 모든 클래스를 넣는다면 코드를 관리할 수가 없습니다. 따라서 연관된 클래스들을 적절하게 그룹지어서 패키지로 만들어야 합니다. 이에 관련한 문법을 설명하였습니다. 그리고 패키지 사용에서 주의할 부분이 접근 제어입니다. 자바에는 네가지의 접근 제어가 있는데 되도록 엄격한 제어로 코드를 구성함으로써 자바의 기본 철학에 따를 수 있도록 코딩하기 바랍니다.

10 추상 클래스와 인터페이스

이번 장에서는 추상 클래스와 인터페이스에 대해서 공부합니다. 추상 클래스는 이름이 나타내듯이 객체화할 수 없는 클래스를 말해요. 즉, 자식을 위해서만 존재하고 자기는 스스로 객체를 만들 수 없는 클래스예요. 인터페이스는 추상 클래스를 보다 더 추상화시킨 개념이고요.

추상 클래스와 인터페이스를 이용하면 다형성을 더 잘 이해할 수 있게 됩니다. 특히 인터페이스는 다중 상속을 가능하게 하여 좀 더 효율적으로 코드를 작성할 수 있도록 해 줍니다.

추상(abstract) 클래스는 객체를 만들 수 없는 클래스입니다. 주로 자식 클래스를 위해서 존재하는 클래스예요.
인터페이스는 추상 클래스를 조금 더 추상화한 거예요.
객체를 만들 수 없고, 다중 상속을 제공합니다.

```
abstract class Test {

    ......
}
```

추상 클래스

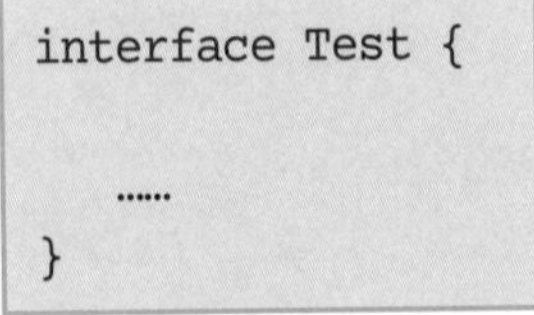

```
interface Test {

    ......
}
```

인터페이스

추상 클래스 (abstract class)

추상 클래스는 자식을 위해 존재하는 클래스예요. 추상 클래스는 인스턴스를 만들 수 없습니다. 추상 클래스가 왜 필요한지 예를 들어 설명해 볼게요. 어느 학교에서 교수와 학생의 정보를 이용하기 위해서 클래스를 구성하려고 합니다. 교수는 사번을, 학생은 학번을 가질 거예요. 교수와 학생이 공통으로 갖는 정보를 뽑아서 Person이라는 상위 클래스를 만들고, Person의 하위 클래스로 Professor와 Student 클래스를 만들 거예요.

```
abstracttest
  JRE System Library [JavaSE-11]
  src
    abstracttest
      Main.java
      Person.java
      Professor.java
      Student.java
```

```
id
name
Person(int, String name)
int getId()
String getName()
```

```
department
Professor(int id, String name, String department)
void show()
```

Professor 클래스

```
year
Student(int id, String name, int year)
void show()
```

Student 클래스

구체적인 코드는 다음과 같습니다.

코드 161

```
package abstracttest;

public class Person {
	private int id;
	private String name;
	public Person(int id, String name) {
		this.id = id;
		this.name = name;
	}
	public int getId() {
		return id;
	}
	public String getName() {
		return name;
	}
}
```

```
package abstracttest;

public class Professor extends Person {
	private String department;	// 학과
	public Professor(int id, String name, String department) {
		super(id, name);
		this.department = department;
	}
	public void show() {
		System.out.println("id : " + getId());
		System.out.println("name : " + getName());
		System.out.println("department : " + department);
	}
}
```

```
package abstracttest;

public class Student extends Person {
	private int year;	// 학년
	public Student(int id, String name, int year) {
		super(id, name);
		this.year = year;
	}
	public void show() {
		System.out.println("id : " + getId());
		System.out.println("name : " + getName());
		System.out.println("year : " + year);
	}
}
```

코드가 이해되리라 생각합니다. 위의 코드에서 Person 클래스는 순전히 자신의 하위 클래스인 Professor와 Student 객체를 위해서 존재한다는 것을 알 수가 있을 거예요. 즉, Person 객체를 만들 일이 없어 보입니다. 이런 경우에 Person 클래스를 추상 클래스로 만드는 거예요. 굳이 추상 클래스로 만들지 않아도 되지만 코드를 보았을 때 추상 클래스로 명시하여 자식 클래스를 위해서 존재하는 클래스임을 알리는 것이 좋아요. 추상 클래스로 만드는 방법은 간단히 클래스 앞에 abstract 키워드를 붙이는 거예요.

```
package abstracttest;

public abstract class Person {
        ......
}
```

추상 메소드

위의 코드보다 조금 더 간단한 코드를 볼게요.

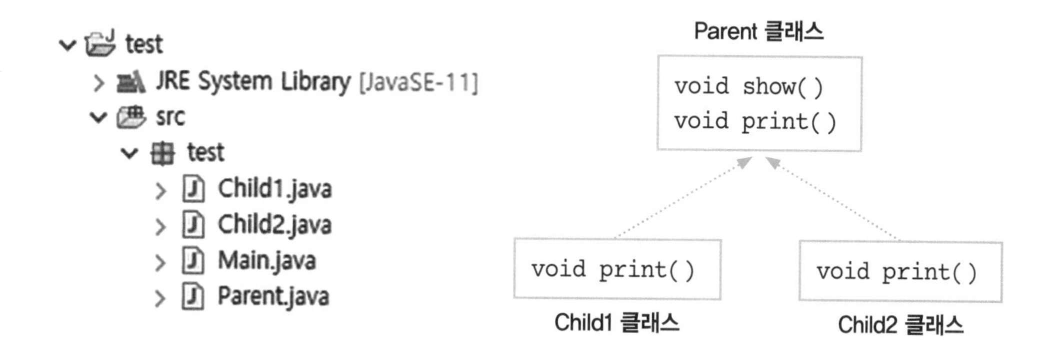

Child1과 Child2 클래스는 print() 메소드만 갖고 있습니다. show() 메소드는 없기 때문에 부모 Parent 클래스에 있는 show() 메소드를 사용하겠죠. 즉, Child1과 Child2 클래스는 show() 메소드는 부모 show() 메소드를 사용하고, print() 메소드는 각자 자신의 메소드를 이용할 거예요. 다음의 코드를 보세요.

코드 162

```
package test;

public class Parent {
  public void show() {
    System.out.println("parent show()");
  }
  public void print() {
    System.out.println("parent print()");
  }
}
```

```
package test;

public class Main {
  public static void main(String[] args)
  {
    Parent x = new Child1();
    Parent y = new Child2();
    x.show();
    y.show();
    x.print();
    y.print();
  }
}
```

```
package test;

public class Child1 extends Parent {
  public void print() {
    System.out.println("child1 print()");
  }
}
```

```
package test;

public class Child2 extends Parent {
  public void print() {
    System.out.println("child2 print()");
  }
}
```

결과

```
parent show()
parent show()
child1 print()
child2 print()
```

코드를 이해했을 거예요. 이러한 경우 부모 클래스에 print() 메소드는 내용을 가질 필요가 없겠죠. 하지만 print() 메소드 이름은 존재해야 합니다. 그래야 오버라이딩을 통해 다형성을 이용할 수 있겠죠. 이런 경우처럼 부모 클래스에 메소드 이름은 존재하지만 메소드 내용은 필요하지 않은 경우 추상 메소드로 선언할 수 있습니다. 위의 코드에서 Parent 클래스를 다시 작성해 볼게요.

```
package test;

public abstract class Parent { // 추상 메소드가 하나라도 있으면 반드시 추상 클래스로.
  public void show() {
    System.out.println("parent show()");
  }
  public abstract void print() ;  // { } 부분이 없이 세미콜론(;)으로 끝냅니다.
}                     추상 메소드
```

위 코드에서 public abstract void print() ; 라고 한 것이 추상 메소드로 선언한 거예요. 이렇게 추상 메소드는 abstract 키워드를 붙이고 메소드 내용, 즉 { } 부분이 없이 세미콜론으로 끝내야 합니다. 추상 메소드가 하나라도 있으면 그 클래스는 반드시 추상 클래스로 선언해야 합니다. 하지만 추상 클래스라고 해서 반드시 추상 메소드를 가져야 하는 것은 아니에요.

NOTE 추상 메소드가 하나라도 있다면 그 클래스는 반드시 추상 클래스가 되어야 합니다.

추상 메소드는 메소드의 헤더 부분만 있고 메소드 내용은 없어요. 클래스 안에 추상 메소드가 하나라도 있으면 그 클래스는 반드시 추상 클래스가 되어야 합니다.

```
public abstract class Parent {

   public void show( ) {
       ......
   }

   public abstract void print( ) ;
}
```

◀····· 추상 메소드를 갖기 때문에 반드시 추상 클래스로 선언해야 합니다.

◀····· 추상 메소드는 { } 부분이 없고 세미콜론(;)으로 끝납니다.

추상 클래스의 특징

어떤 클래스가 자식 클래스만을 위해 존재하는 경우 추상 클래스로 정의하여 사용할 수 있습니다. 추상 클래스의 특징은 다음과 같습니다.

❶ 일반 클래스처럼 멤버변수, 생성자, 일반 메소드 모두 가질 수 있다.
❷ 추상 클래스는 객체를 만들 수 없는 클래스이다.
❸ 추상 클래스의 메소드는 일반 메소드일 수도 있고 추상 메소드일 수도 있다.
❹ 추상 클래스 내의 메소드는 추상 메소드(abstract method)로 구현하는 것이 바람직하다.

❺ 추상 메소드는 선언만 있고 구현 내용은 없다.

❻ 추상 메소드를 갖는 클래스는 반드시 추상 클래스가 되어야 한다.

❼ 추상 메소드는 반드시 자식 클래스에서 오버라이딩해야 한다. 그렇지 않으면 자식 클래스도 추상 클래스가 되어야 한다.

❽ 추상 클래스는 자식 클래스를 만들어 다형성을 이용하도록 한다.

❾ 추상 메소드에는 private 접근 제어자를 붙이면 자식 클래스에서 접근할 수 없으므로 private 접근 제어자를 사용하지 않는다.

❿ 추상 메소드를 갖지 않아도 추상 클래스로 정의할 수 있다.

❼에서 추상 메소드는 반드시 자식 클래스에서 오버라이딩되어야 한다고 했어요. 만약에 부모 클래스에 있는 추상 메소드를 오버라이딩하지 않았다면, 추상 메소드 상태로 자식 클래스에 존재하게 되니까 자식 클래스도 추상 클래스가 되어야 해요. 따라서 부모 클래스에 있는 추상 메소드는 반드시 오버라이딩해서 사용해야 합니다. 그리고 이때 주의할 점이 부모의 추상 메소드의 접근 제어예요. 오버라이딩할 때 부모 접근 제어보다 더 엄격한 접근 제어를 가질 수 없다고 했잖아요. 이 부분을 꼭 지켜 주어야 에러가 발생하지 않겠죠.

정리하면 추상 클래스는 상속을 받아서 자식 클래스에서 추상 메소드를 오버라이딩해서 사용하도록 고안된 거예요. 즉, 다형성에 적합하도록 설계되었다고 볼 수 있죠.

추상 클래스의 예제 코드를 여러 개 보겠습니다. 추상 클래스는 기본적으로 일반 클래스와 똑같이 속성, 생성자, 메소드를 가질 수 있습니다.

추상 메소드가 없어도 추상 클래스로 선언할 수 있습니다. 하지만 추상 클래스로 선언했기 때문에 객체를 생성할 수 없습니다.

코드 163

```
public abstract class Parent {

        private int dataA;

        Parent() {}
        Parent(int dataA) {
                this.dataA = dataA;
```

```java
	}

	void show() {
		System.out.println("parent show : " + dataA);
	}
}
```

```java
public class Child extends Parent {

	private int dataB;

	Child() {}
	Child(int dataA, int dataB) {
		super(dataA);
		this.dataB = dataB;
	}

	void show() {
		super.show();
		System.out.println("child show : " + dataB);
	}
}
```

```java
public class Code163 {

	public static void main(String[] args) {
		Child x = new Child(10, 20);
		x.show();

	//	Parent y = new Parent(5);   ◀····· 에러가 발생함.
	}
}
```

결과

```
parent show : 10
child show : 20
```

패키지와 접근제어
추상 클래스와 인터페이스
패키지와 클래스들
예외 처리
자바 입출력
제네릭스와 컬렉션 프레임워크
스레드
람다 표현식, 열거형, 어노테이션

위의 main 메소드에서 Parent y = new Parent(5); 라고 넣으면 에러가 발생합니다. 에러 메시지는 다음과 같아요. 객체화할 수 없다는 뜻이죠.

```
Cannot instantiate the type Parent
```

부모 클래스의 추상 메소드를 자식 클래스에서 오버라이딩하는 예제를 보겠습니다.

코드 164

```
public abstract class Parent {  // 추상 클래스

        void show() {
                System.out.println("I am parent show");
        }

        abstract void call();   // 추상 메소드
}
```

```
public class Child extends Parent {

        void print() {
                System.out.println("I am child print");
        }

        void call() {   // call() 메소드를 오버라이딩하지 않으면 에러가 발생합니다.
                System.out.println("I am child call");
        }
}
```

```
public class Code164 {

        public static void main(String[] args)
        {
                Child x = new Child();
                x.show();
                x.print();
                x.call();
        }
}
```

결과

```
I am parent show
I am child print
I am child call
```

Child 클래스에 call() 메소드를 오버라이딩하지 않으면 부모 클래스에 있는 추상 메소드 call()을 그대로 상속받아 갖기 때문에 Child 클래스가 결국 추상 메소드 한 개를 갖는 셈이예요. 따라서 반드시 call() 메소드를 오버라이딩해서 메소드 내용을 만들어 넣거나 Child 클래스를 추상 클래스로 만들어야 합니다. 만약에 위의 코드에서 call() 메소드를 자식 클래스에서 오버라이딩하지 않았다면 에러가 발생하고 에러 메시지는 다음과 같습니다.

```
The type Child must implement the inherited abstract method Parent.call()
```

```java
public abstract class Parent {

    abstract void call();

}
```

```java
public class Child extends Parent {

}
```

부모 클래스에 있는 추상 메소드를 오버라이딩하지 않으면 부모의 추상 메소드를 그대로 상속받게 되어 자식 클래스에 추상 메소드가 있다고 간주합니다.

따라서 반드시 부모의 추상 메소드를 오버라이딩하거나, 자식 클래스를 추상 클래스로 만들어야 합니다.

의미있는 추상 클래스를 하나 보겠습니다.

코드 165

```
public abstract class Person {

        private int no;
        private String name;

        Person(){}
        Person(int no, String name) {
                this.no = no;
                this.name = name;
        }

        int getNo() {
                return no;
        }

        String getName() {
                return name;
        }

        abstract void show();
}
```

```
public class Teacher extends Person {

        private String subject;

        Teacher(){}
        Teacher(int no, String name, String subject) {
                super(no, name);
                this.subject = subject;
        }

        void show() {
                System.out.println("Teacher Information");
                System.out.println("--------------------");
                System.out.println("number  : " + getNo());
                System.out.println("name     : " + getName());   ◀····· 에러가 발생함
                System.out.println("subject : " + this.subject);
        }
}
```

```
public class Student extends Person {
	private int year;
	Student(){}
	Student(int no, String name, int year) {
		super(no, name);
		this.year = year;
	}
	void show() {
		System.out.println("Teacher Information");
		System.out.println("-------------------");
		System.out.println("number : " + getNo());
		System.out.println("name : " + getName());
		System.out.println("subject : " + this.year);
	}
}
public class Code165 {

	public static void main(String[] args) {
		Person t1 = new Teacher(112, "Alice", "Math");
		Person t2 = new Teacher(115, "Paul", "English");
		Person s1 = new Student(5, "David", 2);
		Person s2 = new Student(7, "Cindy", 1);

		t1.show();
		System.out.println();
		t2.show();
		System.out.println();
		s1.show();
		System.out.println();
		s2.show();
	}
}
```

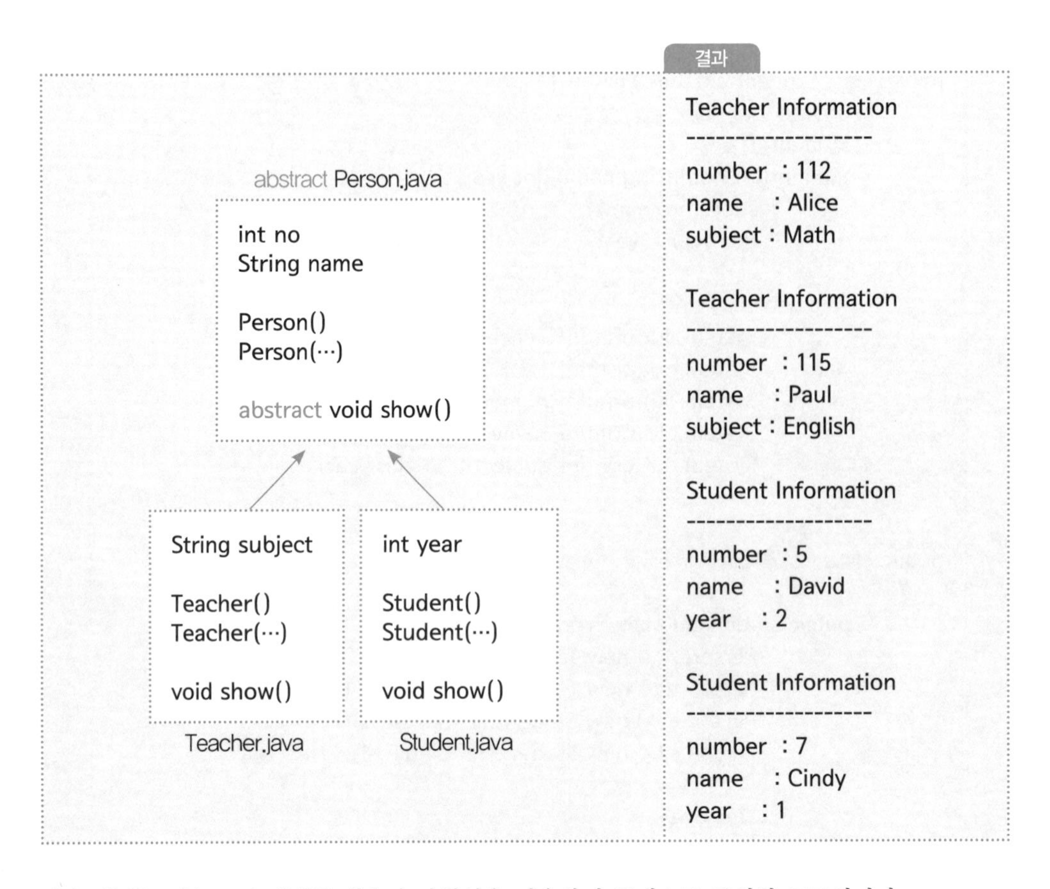

다음 예제는 책(Book) 객체를 상속과 다형성을 이용하여 클래스로 구현한 코드입니다.

이번에는 객체 배열을 이용하여 다형성을 확인해 볼게요.

코드 166

```
public abstract class Book {

        private int code;      // 책 코드
        private String title;  // 책 제목

        Book(){}
        Book(int code, String title) {
                this.code = code;
                this.title = title;
        }

        int getCode() {
```

```
		return code;
	}

	String getTitle() {
		return title;
	}

	abstract void printInfo();
}
```

```
public class ComputerBook extends Book {

	private int stock;  // 재고 수

	ComputerBook(){}
	ComputerBook(int code, String title, int stock) {
		super(code, title);
		this.stock = stock;
	}

	void printInfo() {
		System.out.println("Computer Book Info");
		System.out.println("------------------");
		System.out.println("code  : " + getCode());
		System.out.println("title : " + getTitle());
		System.out.println("stock : " + this.stock);
	}
}
```

```
public class EnglishBook extends Book {

	private int publishedYear;  // 출판연도

	EnglishBook(){}
	EnglishBook(int code, String title, int publishedYear) {
		super(code, title);
		this.publishedYear = publishedYear;
	}

	void printInfo() {
		System.out.println("English Book Info");
		System.out.println("------------------");
		System.out.println("code          : " + getCode());
		System.out.println("title         : " + getTitle());
```

```
            System.out.println("publishedYear : " + this.publishedYear);
        }
}
```

```
public class Code166 {

        public static void main(String[] args)
        {
            Book book[] = {new ComputerBook(1123, "Java", 15),
                            new EnglishBook(2000, "Toefl", 2019),
                            new EnglishBook(2001, "Toeic", 2018),
                            new ComputerBook(1150, "Python", 17),
                            new EnglishBook(2010, "Gre", 2018)};

            for (Book bk : book) {
                    bk.printInfo();
                    System.out.println();
            }
        }
}
```

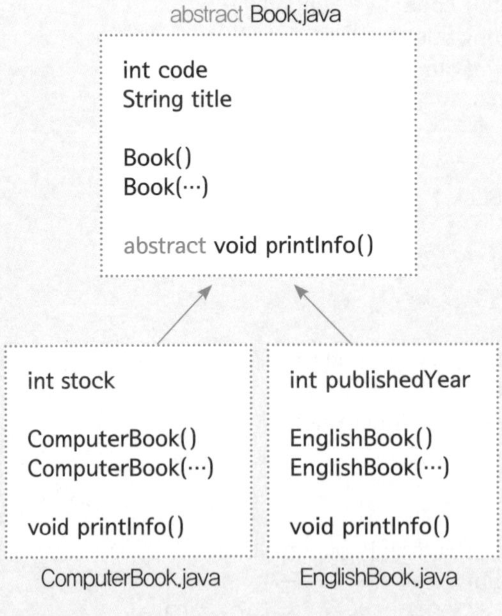

abstract Book.java

```
int code
String title

Book()
Book(…)

abstract void printInfo()
```

```
int stock

ComputerBook()
ComputerBook(…)

void printInfo()
```

ComputerBook.java

```
int publishedYear

EnglishBook()
EnglishBook(…)

void printInfo()
```

EnglishBook.java

결과

```
Computer Book Info
------------------
code : 1123
title : Java
stock : 15

English Book Info
------------------
code : 2000
title : Toefl
publishedYear : 2019

English Book Info
------------------
code : 2001
title : Toeic
publishedYear : 2018

Computer Book Info
------------------
code : 1150
title : Python
stock : 17
```

```
English Book Info
-------------------
code : 2010
title : Gre
publishedYear : 2018
```

위의 코드를 보면 다형성의 장점을 잘 알 수가 있습니다.

부모 타입 배열에 자식 객체들을 생성하여 저장하였습니다.

```
Book book[] = { … };
```

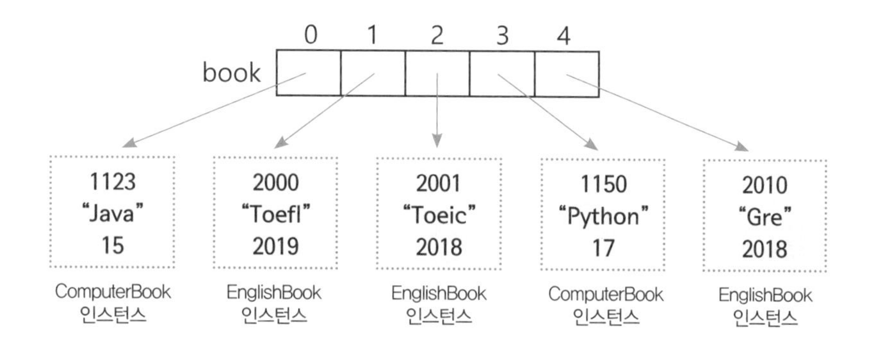

02 자바 버전 7까지의 인터페이스

인터페이스는 추상 클래스의 일종으로, 추상 클래스보다 더 추상화되어 있습니다. 추상 클래스는 일반 클래스와 똑같이 인스턴스 변수, 클래스 변수, 생성자, 메소드를 가질 수 있다고 했어요. 자바 버전 7까지에서는 인터페이스는 상수와 추상 메소드만을 가질 수 있었어요. 자바 버전 8 이후로는 몇 가지 내용이 새로 추가되었습니다. 우선 자바 버전 7까지의 인터페이스에 대해 설명할게요. 그리고 나서 버전 8 이후에 추가된 내용에 대해서 설명할게요.

인터페이스 기초

자바 버전 7까지에서는 인터페이스가 다음과 같이 상수와 추상 메소드만을 가질 수 있습니다.

```
interface 인터페이스명 {
    public static final 자료형 상수명 = 값;
    public abstract 반환자료형 메소드명 ( 매개변수 리스트 );
}
```

인터페이스는 interface 키워드로 정의합니다. 상수는 public static final로 정의되어야 하는데, 만약에 public static final이 생략되어 있어도 인터페이스 내의 상수는 public static final로 간주합니다. 따라서 아래 정의는 모두 같아요.

- public static final int numberOfPerson = 100;
- int numberOfPerson = 100;
- public int numberOfPerson = 100;
- static int numberOfPerson = 100;
- final int numberOfPerson = 100;
- public static int numberOfPerson = 100;

인터페이스 내의 메소드는 public abstract로 정의해야 합니다. 하지만 메소드 앞에 public abstract를 생략해도 public abstract로 간주합니다. 따라서 메소드의 내용이 있으면 안 됩니다. 인터페이스 내에서 아래 정의는 모두 같아요.

- public abstract void print();
- void print();
- public void print();
- abstract void print();

자바 버전 7까지에서는 인터페이스에는 public static final 데이터와 public abstract 메소드만 넣을 수 있었습니다.

```
Interface 인터페이스명 {
    public static final int data = 100;  // 반드시 초기화해야 합니다.
    public abstract void show();         // 반드시 추상 메소드여야 합니다.
}
```

간단한 예제를 볼게요. 다음과 같이 이클립스에서 인터페이스를 생성합니다.

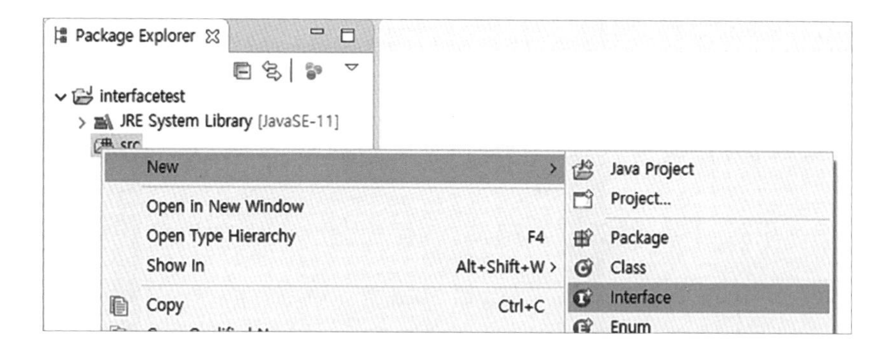

Data라는 이름으로 인터페이스를 만들겠습니다.

```
package interfacetest;

public interface Data {
        int count = 100;   // public static final이 생략되었습니다.
        void print();      // public abstract가 생략되었습니다.
}
```

위의 Data 인터페이스는 객체를 생성할 수 없습니다. 따라서 이렇게 인터페이스를 만들고 나면 count는 사용할 수 있지만 메소드 print()는 바로 사용할 수가 없어요. 메소드 print()를 사용하려면 Data 인터페이스의 자식 클래스를 만들어서 print() 메소드를 오버라이딩한 후에 사용해야 합니다.

만약에 다음과 같이 인터페이스의 객체를 만들려고 하면 'Cannot instantiate the type Data'라는 에러 메시지가 나옵니다.

```
package interfacetest;

public Code {
        public static void main(String[] args)
        {
                Data x = new Data();   // 에러가 발생합니다.
                System.out.println("count : " + Data.count);  // 괜찮습니다.
        }
}
```

인터페이스는 기본적으로 추상 클래스이기 때문에 객체를 생성할 수 없습니다. 위의 코드에서 다음이 에러입니다.

```
Data x = new Data();
```

에러 메시지는 다음과 같이 나옵니다.

```
cannot instantiate the type Data
```

자바 버전 8에서는 인터페이스에 default 메소드를 추가할 수 있게 되었습니다. 여기에서 default는 접근 제어에서 사용한 '디폴트 제어'와는 완전히 다릅니다. 자바 버전 7까지는 default라는 키워드가 없었는데 버전 8에서 default 키워드가 생겼습니다. 그리고 자바 버전 8에서는 static 메소드도 추가할 수 있게 되었습니다.

자바 버전 9에서는 인터페이스가 private 메소드를 가질 수 있도록 되었습니다. 여기에 대해서는 뒤에 다시 설명합니다. 우선 자바 버전 7의 기본 내용을 이해하도록 하세요.

자바 8에서는 default 메소드와 static 메소드가 추가되었습니다.
자바 9에서는 private 메소드가 추가되었습니다.

인터페이스 내의 변수

앞 절에서 보았듯이 인터페이스 내에 변수를 정의할 수 있어요. 하지만 public static fanal 변수이기 때문에 결국은 상수입니다. 즉, 한 번 만들면 바꿀 수 없는 값이예요. 프로그램이 커지고 여러 클래스에서 같은 값을 공유해야 하는 경우에 유용하게 사용할 수 있습니다. 다음의 예를 보세요.

필요한 상수만을 모아서 인터페이스를 구현하고 다른 클래스에서 이용하는 예제입니다.

코드 167

```
public interface Limit {
        int MAX = 100;
        int MIN = 0;
}
```

```
import java.util.*;

public class Code167 {

        public static void main(String[] args) {

                Scanner scin = new Scanner(System.in);
                System.out.print("Enter number between 0 and 100 : ");
                int num = scin.nextInt();

                if (num < Limit.MIN || num > Limit.MAX)
                        System.out.println("Out of range");
        }
}
```

결과

```
Enter number between 0 and 100 : 110
Out of range
```

인터페이스 상속하기

인터페이스 내의 메소드는 추상 메소드이기 때문에 반드시 자식 클래스가 상속받아서 오버라이딩해야 합니다. 클래스가 인터페이스를 상속받을 때에는 implements 키워드를 사용합니다. 그리고 인터페이스가 인터페이스를 상속받을 때도 있는데 이때는 extends 키워드를 사용합니다.

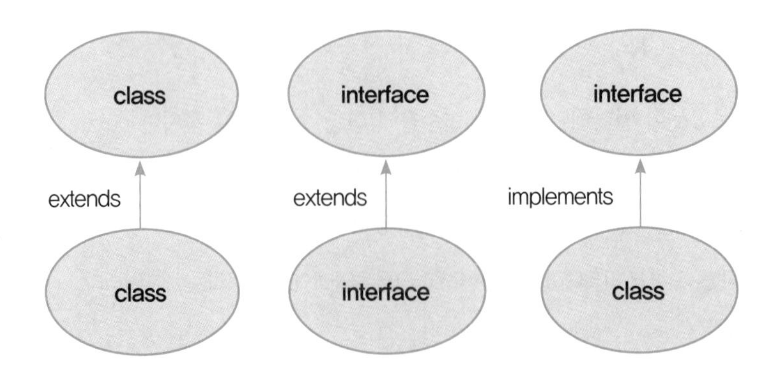

- **클래스가 인터페이스를 상속하기 – implements 키워드 사용**

클래스가 인터페이스를 상속받을 때는 implements 키워드를 사용합니다. 인터페이스 안에 정의된 메소드는 모두 추상 메소드이기 때문에 인터페이스를 상속받는 클래스는 인터페이스에 있는 추상 메소드를 모두 오버라이딩해야겠죠. 만약에 인터페이스에 정의된 메소드 중에서 하나라도 오버라이딩을 하지 않았다면 그 클래스는 추상 클래스가 되어야 합니다.

코드 168

```
code168
  JRE System Library [JavaSE-11]
  src
    interfacetest
      ChildData.java
      Code168.java
      Data.java
```

interface Data

implements

class ChildData

```
package interfacetest;

public interface Data {
        int count = 100;
        void print();
}
```

```
package interfacetest;

public class ChildData implements Data {
        public void print() { // 인터페이스의 메소드들은 public 제어를 합니다.
                System.out.println("I am child print");
        }
}
```

```
package interfacetest;

public class Code168 {
	public static void main(String[] args)
	{
		Data x = new ChildData();
		x.print();
		System.out.println("count : " + Data.count);
	}
}
```

결과

```
I am child print
count : 100
```

오버라이딩할 때 부모보다 엄격한 접근 제어를 가질 수 없습니다.
부모 인터페이스에 있는 메소드를 오버라이딩할 때, 반드시 public 접근 제어를 붙여야 합니다.

```
public interface Data {
    void print();
}

public class ChildData implements Data {
    public void print() {
                 public을 반드시 붙여야 합니다.
    }
}
```

인터페이스가 인터페이스를 상속하기 - extends 키워드 사용

인터페이스가 다른 인터페이스를 상속할 수 있고 이 경우에는 extends 키워드를 사용합니다. 다음 예에서는 Things 인터페이스를 Book 인터페이스가 상속받고, 그 아래에서 Children-Book 클래스가 최종적으로 상속받고 있어요.

코드 169

```
interface Things {
   void printInfo();
}

interface Book extends Things {  // 인터페이스가 인터페이스를 상속받을 때
   void showTitle();
}

class ChildrenBook implements Book {  // 클래스가 인터페이스를 상속받을 때
   private String title;
   private String author;

   ChildrenBook(){}
   ChildrenBook(String title, String author) {
          this.title = title;
          this.author = author;
   }

   public void printInfo() {   // 반드시 오버라이딩해야 합니다.
          System.out.println("**  Info for books  **");
   }

   public void showTitle() {   // 반드시 오버라이딩해야 합니다.
          System.out.println("title : " + title);
          System.out.println("author : " + author);
   }
}

public class Code169 {
   public static void main(String[] args)
   {
          ChildrenBook b = new ChildrenBook("Little Mermaid", "Andersen");
          b.printInfo();
          b.showTitle();
   }
}
```

결과

```
**  Info for books  **
title : Little Mermaid
author : Andersen
```

단일 상속 vs. 다중 상속

인터페이스의 중요한 특징 중에 하나가 다중 상속을 제공한다는 거예요. 단일 상속은 부모가 하나뿐인 것을 말하고, 다중 상속은 부모가 여럿인 거예요. 클래스는 단일 상속만 가능합니다. 즉, 클래스는 부모 클래스를 한 개만 가질 수 있어요. 그런데 인터페이스는 다중 상속을 가능하게 하기 때문에 클래스는 여러 개의 인터페이스를 부모로 가질 수 있습니다. 인터페이스 역시 부모 인터페이스를 여러 개 가질 수 있고요. 아래에 그림으로 정리해 보겠습니다.

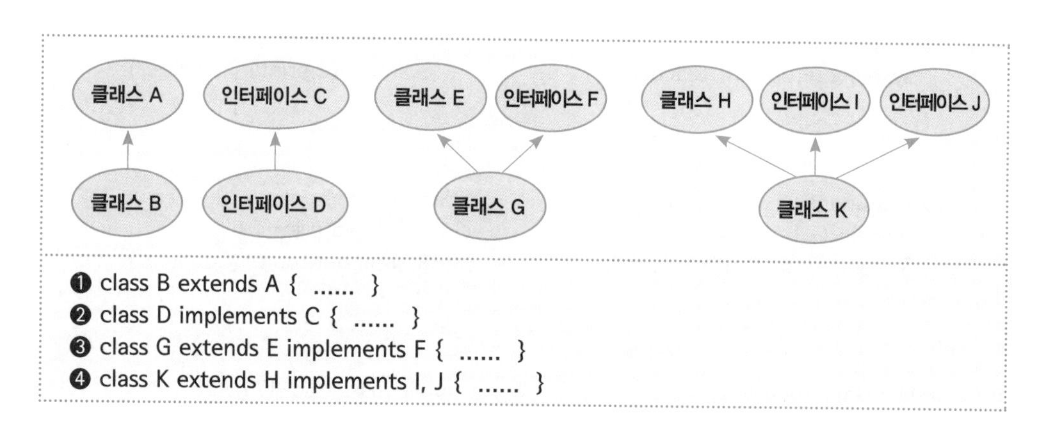

❸은 클래스 G가 두 개의 부모를 갖고 있는데, 클래스는 extends, 인터페이스는 implements로 상속을 표현해야 합니다. 이때 반드시 extends 클래스를 먼저 적어야 합니다.

❹에서는 부모 클래스 한 개와 인터페이스는 2개를 상속받고 있죠. 이렇게 인터페이스를 여러 개 상속받을 때는 implements 키워드 다음에 인터페이스들을 콤마로 분리해서 적어 주면 됩니다.

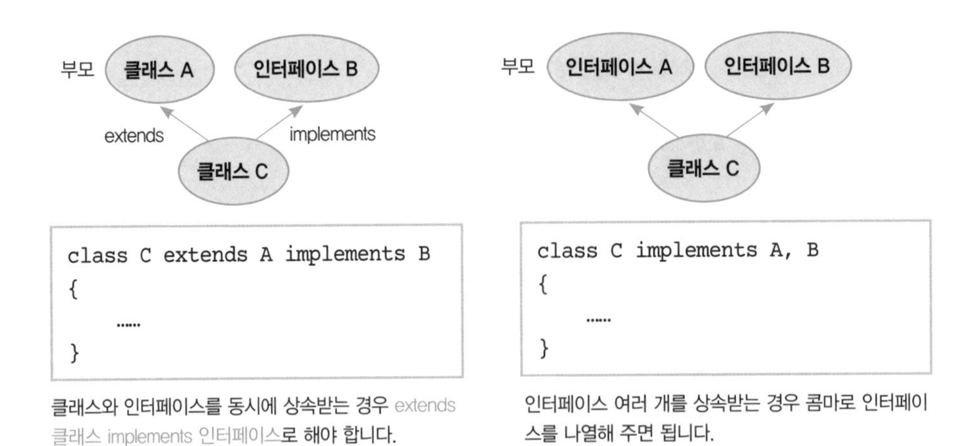

클래스와 인터페이스를 동시에 상속받는 경우 extends 클래스 implements 인터페이스로 해야 합니다.

인터페이스 여러 개를 상속받는 경우 콤마로 인터페이스를 나열해 주면 됩니다.

다음의 두 코드는 하는 일이 똑같습니다. 왼쪽 코드는 추상 클래스를 이용한 것이고, 오른쪽은 인터페이스를 이용했다는 것만 다르죠.

코드 170

```
abstract class Person {
  abstract void print();
}

class Teacher extends Person {
  void print() {
    System.out.println("teacher");
  }
}

class Student extends Person {
  void print() {
    System.out.println("student");
  }
}

public class Code170 {
  public static void main(String[] args) {
    Person t = new Teacher();
    Person s = new Student();
    t.print();
    s.print();
  }
}
```

```
interface Person {
  void print();  // public abstract 생략
}

class Teacher implements Person {
  public void print() {
    System.out.println("teacher");
  }
}

class Student implements Person {
  public void print() {
    System.out.println("student");
  }
}

public class Code170_2 {
  public static void main(String[] args) {
    Person t = new Teacher();
    Person s = new Student();
    t.print();
    s.print();
  }
}
```

결과

```
teacher
student
```

결과

```
teacher
student
```

[코드 170]에서 보듯이 추상 클래스는 인터페이스로 구현할 수가 있어요. 예제를 더 볼게요.

코드 171

```
interface A {
        void test1();
        void test2();
}
```

```
interface B {
        void test3();
        void test4();
}
```

```
class All implements A, B {
        public void test1() {
                System.out.println("I am test1");
        }
        public void test2() {
                System.out.println("I am test2");
        }
        public void test3() {
                System.out.println("I am test3");
        }
        public void test4() {
                System.out.println("I am test4");
        }
}
```

반드시 public 이어야 합니다.

```
public class Code171 {

        public static void main(String[] args) {
                All x = new All();
                x.test1();
                x.test2();
                x.test3();
                x.test4();
        }
}
```

결과

```
I am test1
I am test2
I am test3
I am test4
```

03 자바 버전 8 이후의 인터페이스

자바 버전 8에서 인터페이스에 변화가 생겼습니다. 원래 인터페이스에는 public static final 변수와 추상 메소드만 넣을 수 있다고 했었죠. 여기에 다음의 두 종류의 메소드가 추가됩니다.

- 디폴트 메소드(default method)
- 정적 메소드(static method)

자바 버전 9에서는 인터페이스에 하나의 메소드가 더 추가됩니다.

- 프라이빗 메소드(private method)

새로 추가된 위의 세 메소드들에 대해서 하나씩 알아 보겠습니다.

자바 7까지는 인터페이스에 다음 두 멤버만 있습니다.
자바 8에서는 디폴트 메소드와 static 메소드가 추가되었습니다.
자바 9에서는 private 메소드가 추가되었습니다.

```
interface A {
   public static final 데이터   ]
   public abstract 메소드       ] ······ java 7
   default 메소드  ]
   static 메소드   ] ··········· java 8
   private 메소드 ◀············ java 9
}
```

디폴트 메소드

디폴트 메소드는 메소드의 내용 즉, 구현이 있는 메소드입니다. 이전까지는 추상 메소드만 가질 수 있기 때문에 인터페이스에 있는 모든 메소드가 내용이 없어야 합니다. 이 규칙을 깬 거예요. 디폴트 메소드를 추가하면 어떤 점이 좋을까요? 만약에 기존의 인터페이스에 새로운 메소드를 추가하면 그 인터페이스를 상속받는 모든 하위 클래스에 새로 추가한 메소드를 오버라이딩해야 합니다. 그런데 인터페이스에 디폴트 메소드를 추가하면 디폴트 메소드는 구현되어 있기 때문에 하위 클래스에서 오버라이딩하지 않아도 됩니다. 즉, 인터페이스에 추가된 디폴트 메소드는 하위 클래스를 변경하지 않도록 합니다.

default 메소드는 { } 내용이 있는 메소드입니다.
default 메소드는 추상 메소드가 아니기 때문에 자식 클래스에서 오버라이딩할 필요가 없습니다.

```
interface A {
     default void show( ) {
          ......
     }
}
```

디폴트 메소드는 일반 메소드와 같습니다. 다음의 예를 보세요.

코드 172

```
interface WithDefault {
          int COUNT = 100;
          void test();
          default void show() {   // 반드시 앞에 default 키워드를 붙여야 합니다.
                    System.out.println("I am show");
          }
}

class Test implements WithDefault {
          public void test() {  // test() 메소드는 추상 메소드이므로 오버라이딩합니다.
                    System.out.println("I am test");
          }
}

public class Code172 {
          public static void main(String[] args) {
                    Test t = new Test();
                    t.test();
                    t.show();
          }
}
```

결과

```
I am test
I am show
```

디폴트 메소드 내에서 같은 인터페이스에 있는 추상 메소드를 호출할 수도 있습니다. 이 경우에 추상 메소드는 상속받는 클래스에서 어떻게 구현했는지에 따라 다르겠죠.

코드 173

```
interface WithDefault2 {
        int get();
        default int getNext() {          ← 추상 메소드를 호출했습니다.
                int value = get() + 10;
                return value;
        }
}

class Test2 implements WithDefault2 {
        public int get() {          ← 부모의 추상 메소드를 오버라이딩했습니다.
                return 100;
        }
}

class Test3 implements WithDefault2 {
        public int get() {
                return 500;
        }
}

public class Code173 {
        public static void main(String[] args)
        {
                Test2 x = new Test2();
                System.out.println("x.getNext() : " + x.getNext());

                Test3 y = new Test3();
                System.out.println("y.getNext() : " + y.getNext());
        }
}
```

결과

```
x.getNext() : 110
y.getNext() : 510
```

기존 인터페이스에 새로운 추상 메소드가 추가되면 그 인터페이스의 하위 클래스들은 모두 추가된 메소드를 오버라이딩해야 합니다. 이러한 상황에 대비하기 위해서 default 메소드가 추가된 거예요. default 메소드는 추상 메소드를 호출할 수도 있습니다.

```
interface A  {
     void get();
     default void getNext() {
          get();
     }
}
```

추상 메소드를 호출합니다.

정적 메소드

정적 메소드(static)는 클래스의 정적 메소드와 같습니다. 다음의 예를 보고 이해해 보세요.

코드 174

```
interface WithStatic {
          int get();
          static int getData() {
                    return 100;
          }
}

public class Code174 {
          public static void main(String[] args) {
                    System.out.println("WithStatic.getData() : " + WithStatic.getData());
          }
}
```

static 메소드는 클래스명, 메소드로 호출할 수 있습니다.

결과

```
WithStatic.getData():100
```

프라이빗(private) 메소드

프라이빗 메소드는 자바 버전 9에서 처음 소개되었어요. 인터페이스 내에 정의된 프라이빗 메소드는 같은 인터페이스 내에 있는 디폴트 메소드나 다른 프라이빗 메소드에 의해서만 호출 가능합니다. 프라이빗 메소드 의미대로 메소드가 선언된 곳에서만 사용할 수 있는 거죠. 프라이빗 메소드의 장점은 같은 인터페이스에 있는 디폴트 메소드들끼리 코드를 쉽게 공유할 수 있다는 데 있습니다. 다음의 예를 보세요.

코드 175

```
interface WithPrivate {
        default int getData() {
                print();
                return get() + 100;
        }

    private void print() {
        System.out.println(get());
    }
    private int get() {
        return 100;
    }
}

class Test4 implements WithPrivate {
    void test() {
        int x = getData();
        System.out.println("x : " + x);
    }
}
public class Code175 {
    public static void main(String[] args) {
        Test4 t = new Test4();
        t.test();
    }
}
```

private 메소드는 인터페이스 안에서만 접근 가능합니다.

결과

```
100
x : 200
```

새로 추가된 세 종류의 메소드 중에서 프라이빗 메소드의 사용도가 가장 낮을 것 같습니다. 하지만 인터페이스 내에서 공유되어야 하는 코드를 프라이빗으로 선언하고 인터페이스 내에서만 사용하려고 하는 경우에는 적합한 메소드예요. 기억해 두었다가 필요할 때에 문법에 맞게 사용하기 바랍니다.

이번 장에서는 추상 클래스와 인터페이스에 대해서 공부했습니다. 추상 클래스와 인터페이스 모두 객체를 만들 수 없고, 상속을 받은 클래스가 객체를 만들도록 한 특별한 클래스입니다. 추상 클래스를 더욱 추상화한 것이 인터페이스이고, 인터페이스는 자바 버전 8 이후에 많은 변화가 있었어요. 인터페이스에 추가된 디폴트 메소드, 정적 메소드, 프라이빗 메소드를 잘 공부해서 필요한 때에 유용하게 사용하기 바랍니다.

11 > 유용한 패키지와 클래스들

자바에서 이미 만들어서 제공하는 클래스들 중에서 반드시 알아야 하는 클래스들과 활용하기 좋은 클래스들을 학습합니다. 클래스들은 패키지에 포함되어 있어서 반드시 어떤 패키지에 소속되어 있는지를 같이 공부해 두어야 합니다. 이번 장에서는 자바에서 기본적으로 제공하는 패키지와 클래스들을 정리합니다.

이번 장에서는 다음의 클래스들을 알아 보려고 합니다.

java.lang.Object	최상위 클래스
java.lang.String	문자열 클래스(StringBuffer, StringBulder 클래스도 있음)
jjava.lang.Math	수학 함수들을 모아 놓은 클래스
wrapper 클래스들	기본 자료형에 대응하는 클래스들
java.util.Random	임의의 수가 필요할 때 유용한 클래스

자바 API는 자바에서 기본적으로 제공하는 클래스와 인터페이스들을 모아 놓은 패키지들의 집합입니다.

java.lang.Object 클래스

자바의 주요 패키지들은 다음과 같아요.

패키지명	설명
java.lang	일반적으로 많이 사용하는 클래스들이 여기에 포함됩니다. Object, Math, String, StringBuffer, StringBuilder, System, Thread, wrapper 클래스들(Boolean, Byte, Character, Double, Float, Integer, Long, Short)
java.util	유틸리티 클래스들이 여기에 포함됩니다. 특히 Collections Framework라고 하는 자바의 자료구조 클래스들이 포함되어 있습니다. 이번 장에서는 java.util.Random 클래스만 학습하고 나머지는 14장에서 학습합니다.
java.io	자바 입출력 관련 클래스들이 포함되어 있는 패키지입니다. 12장에서 학습합니다.

이번 장에서 우선 java.lang 패키지를 공부합니다. java.lang 패키지에는 Object라는 클래스가 있는데, Object 클래스는 자바의 최상위 클래스로 우리가 만드는 모든 클래스의 부모 클래스가 됩니다. 그래서 클래스를 선언할 때 extends Object라고 명시하지 않아도 모든 클래스는 항상 Object 클래스를 부모 클래스로 갖고 있는 거예요. java.lang 패키지에 있는 문자열 관련 클래스들인 String, StringBuffer, StringBuilder 클래스도 하나씩 학습합니다. 또한 기본 자료형에 대응하는 wrapper 클래스와 수학 관련 함수들을 모아 놓은 Math 클래스도 학습하고 다양한 코드를 작성해 볼게요. 마지막으로 java.util 패키지에 있는 Random 클래스도 알아봅니다.

자바 API는 다음 사이트에 정리되어 있습니다.

https://docs.oracle.com/en/java/javase/12/docs/api/index.html

여기에서는 자바 12 API를 둘러 보겠습니다. 우선 위의 사이트를 들어가 보면 다음과 같은 화면이 표시됩니다(자바 11 API를 보아도 됩니다).

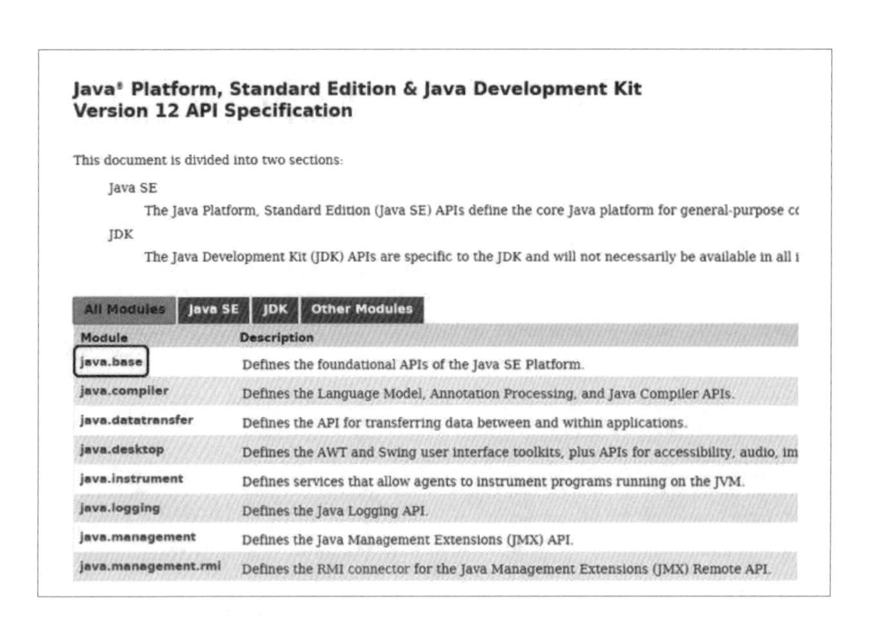

Java® Platform, Standard Edition & Java Development Kit Version 12 API Specification

This document is divided into two sections:

Java SE
: The Java Platform, Standard Edition (Java SE) APIs define the core Java platform for general-purpose cc

JDK
: The Java Development Kit (JDK) APIs are specific to the JDK and will not necessarily be available in all i

All Modules | Java SE | JDK | Other Modules

Module	Description
java.base	Defines the foundational APIs of the Java SE Platform.
java.compiler	Defines the Language Model, Annotation Processing, and Java Compiler APIs.
java.datatransfer	Defines the API for transferring data between and within applications.
java.desktop	Defines the AWT and Swing user interface toolkits, plus APIs for accessibility, audio, im
java.instrument	Defines services that allow agents to instrument programs running on the JVM.
java.logging	Defines the Java Logging API.
java.management	Defines the Java Management Extensions (JMX) API.
java.management.rmi	Defines the RMI connector for the Java Management Extensions (JMX) Remote API.

여기에서 java.base를 선택하면 다음과 같은 화면이 보일 거예요.

Packages

Exports

Package	Description
java.io	Provides for system input and output through data streams, serialization and the file system.
java.lang	Provides classes that are fundamental to the design of the Java programming language.
java.lang.annotation	Provides library support for the Java programming language annotation facility.
java.lang.constant	Classes and interfaces to represent *nominal descriptors* for run-time entities such as classes or met
java.lang.invoke	The `java.lang.invoke` package provides low-level primitives for interacting with the Java Virtual M
java.lang.module	Classes to support module descriptors and creating configurations of modules by means of resolutic
java.lang.ref	Provides reference-object classes, which support a limited degree of interaction with the garbage cc
java.lang.reflect	Provides classes and interfaces for obtaining reflective information about classes and objects.
java.math	Provides classes for performing arbitrary-precision integer arithmetic (`BigInteger`) and arbitrary-p
java.net	Provides the classes for implementing networking applications.

패키지 목록이 왼쪽에 보이면 참고하려는 패키지를 클릭해서 들어가면 됩니다. 가장 기본적인 java.lang 패키지를 볼게요. java.lang 패키지에 들어가면 많은 인터페이스와 클래스들이 있는데 그 중에서 다음 클래스들을 공부합니다.

클래스명	설명
Object	자바의 최상위 클래스
String	문자열 클래스
StringBuffer	문자열 클래스
StringBuilder	문자열 클래스
Math	수학 클래스
Boolean	wrapper 클래스(자바의 기본 자료형에 대응되는 클래스들)
Byte	
Character	
Double	
Float	
Integer	
Long	
Short	
Class	클래스 자체 정보를 갖는 클래스
Thread	15장에서 학습합니다.

자바는 클래스와 인터페이스 간에 상속 관계로 연결되어 있습니다. 자바의 최상위 클래스는 Object 클래스로 모든 클래스의 부모가 됩니다. 우리가 지금까지 만든 클래스들도 명시하지는 않았지만 Object 클래스를 상속받고 있는 거예요. 다음과 같이 사용자가 Person 클래스를 만들고 Teacher, Student 클래스를 Person의 하위 클래스로 만들었다고 하면 Person 클래스는 Object 클래스의 하위 클래스가 됩니다.

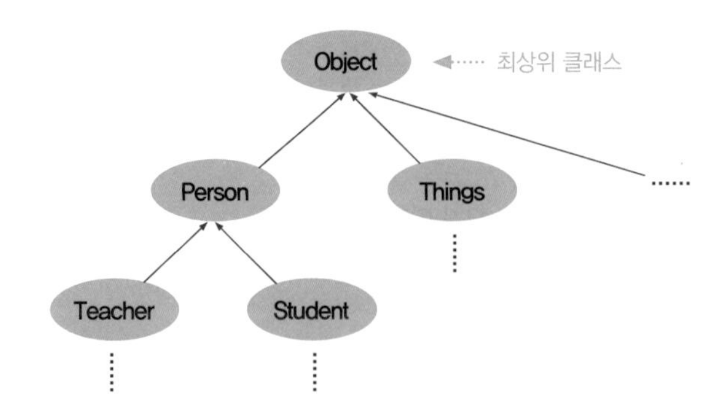

Object 클래스의 메소드를 알아보겠습니다.

메소드	설명
protected Object clone()	객체를 복사하여 반환함.
public boolean equals(Object obj)	obj 객체와 같은지 비교함.
public final Class<?> getClass()	클래스 정보를 반환함.
public int hashCode()	객체의 해시값을 반환함.
public final void notify()	스레드와 연관되는 메소드임.
public final void notifyAll()	
public String toString()	객체의 스트링 표현을 반환함.
public final void wait()	스레드와 연관되는 메소드임.
public final void wait(long timeout)	
public final void wait(long timeout, int nanos)	

자바 API 문서에 위와 같이 Object 클래스의 메소드들이 있어요. Object 클래스는 모든 클래스의 상위 클래스가 되니까 우리가 만드는 클래스에서는 위의 메소드를 마음대로 사용할 수가 있겠죠. 이번 장에서는 위의 메소드 중에서 equals()와 toString() 메소드를 설명할게요. 나머지 메소드들은 이후 장에서 설명합니다.

equals() 메소드

'==' 기호는 양변의 값이 같은지를 판단하는 기호입니다. 만약에 두 객체가 같은 값을 갖는지를 알고 싶어서 '==' 기호를 사용한다면 다음과 같은 결과를 보게 됩니다.

코드 176

```
class Thing extends Object {
  private String name;
  private int count;
  Thing(){}
  Thing(String name, int count) {
        this.name = name;
        this.count = count;
  }
  void print() {
        System.out.println("name : " + name);
        System.out.println("count : " + count);
  }
}

public class Code176 {
  public static void main(String[] args)
  {
        Thing th1 = new Thing("desk", 5);
        Thing th2 = new Thing("desk", 5);
                                          객체 자체를 비교하지 않고 참조값을 비교합니다.
        if (th1 == th2) System.out.println("Same Thing");
        else System.out.println("Different Thing");

        System.out.println(th1);
        System.out.println(th2);
  }
}
```

결과

```
Different Thing
Code176.Thing@16f65612
Code176.Thing@311d617d
```

두 객체를 '=='로 비교하면 두 객체의 참조 변수값을 비교하게 됩니다. 따라서 th1, th2처럼 두 객체가 같은 데이터 값을 갖고 있다고 하더라도 참조 값을 비교하기 때문에 같은 값을 갖는 객체라고 판단할 수가 없어요. 따라서 '==' 기호를 이용해서는 두 인스턴스가 같은 값을 갖고 있는지 판단할 수가 없습니다.

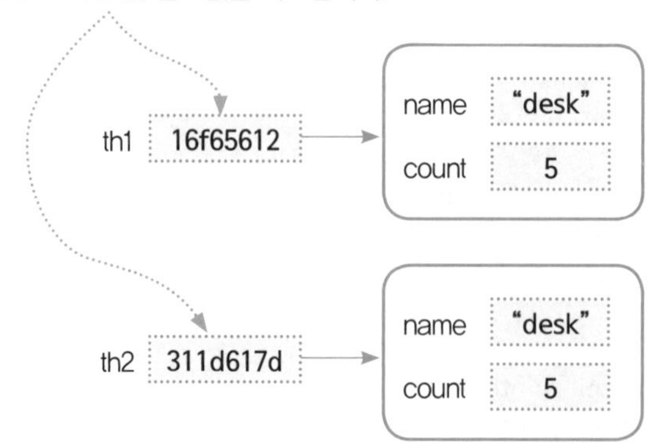

이런 경우에 Object 클래스의 equals 메소드를 오버라이딩해서 사용하면 유용합니다. 우선 Object 클래스의 equals 메소드를 그냥 사용해 볼게요. 위의 코드에서 th1과 th2를 비교하는 부분만 다음과 같이 작성해 봅니다.

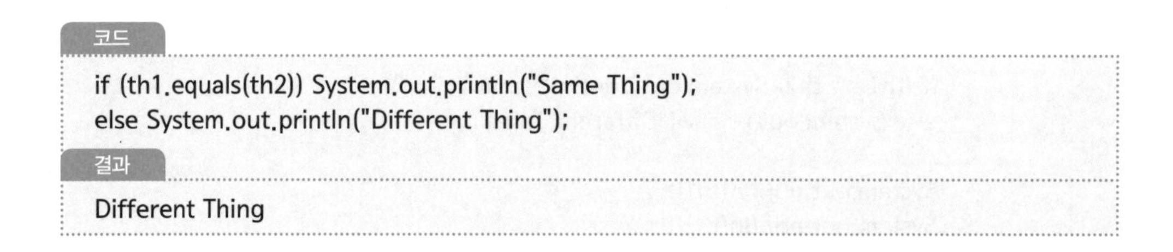

코드

```
if (th1.equals(th2)) System.out.println("Same Thing");
else System.out.println("Different Thing");
```

결과

```
Different Thing
```

결과는 '=='을 사용하든 equals() 메소드를 사용하든 같습니다. 여기서 두 가지를 기억해 두세요.

① equals() 메소드는 Object 클래스에 있기 때문에 자유롭게 사용할 수 있습니다.

② Object 클래스의 equals() 메소드는 '==' 기호와 똑같이 수행됩니다.

Object 클래스에 equals 메소드는 '==' 기호와 같습니다.
즉, 인스턴스 참조값을 비교합니다.
equals 메소드가 인스턴스 자체가 같은지 비교하도록 하려면 오버라이딩해서 사용해야 합니다.

위의 클래스 Thing에 equals() 메소드를 오버라이딩해서 다음과 같이 작성해 볼게요.

코드 177

```
class Thing extends Object {
    private String name;
    private int count;
    Thing(){}
    Thing(String name, int count) {
            this.name = name;
            this.count = count;
    }
    void print() {
            System.out.println("name : " + name);
            System.out.println("count : " + count);
    }
    public boolean equals(Object obj) {     ◀····· object 클래스의 equals를 오버라이딩합니다.
            if (this.name.equals((Thing)obj).name) && this.count == ((Thing)obj).count)
                    return true;
            return false;
    }
}

public class Code177 {
    public static void main(String[] args)
    {
            Thing th1 = new Thing("desk", 5);
            Thing th2 = new Thing("desk", 5);

            if (th1.equals(th2)) System.out.println("Same Thing");
            else System.out.println("Different Thing");
    }
}
```

결과

```
Same Thing
```

위의 같이 Object 클래스의 equals() 메소드를 오버라이딩해서 두 인스턴스가 서로 다른 독립된 인스턴스라고 하더라도 인스턴스가 갖고 있는 변수의 값이 같다면 true를 반환하도록 구현합니다.

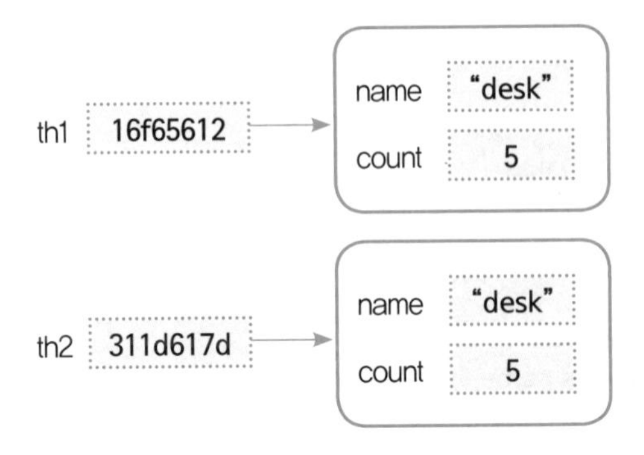

th1.equals(th2)를 호출하면 다음이 수행됩니다.

```
this.name.equals(((Thing)obj).name)&&this.count==((Thing)obj).count
```

th1 String 클래스는 equals메소드가 오버라이딩되어 있습니다.

toString() 메소드

Object 클래스에 있는 toString() 메소드를 볼게요. 다음의 예에서 toString() 메소드를 어떻게 사용했는지 보세요.

코드 178

```
package Code178;

class Thing {
	private String name;
	private int price;
	Thing(String name, int price) {
		this.name = name;
		this.price = price;
	}
	void show() {
		System.out.println("name : " + name + ", price : " + price);
	}
}
public class Code178 {
	public static void main(String[] args)
	{
		Thing t = new Thing("book", 20000);
		String s = t.toString();
```

```
❶                System.out.println(s);
❷                System.out.println(t);
❸                t.show();
        }
}
```

결과

```
Code178.Thing@16f65612     ◀····· ❶ 결과
Code178.Thing@16f65612     ◀····· ❷ 결과
name : book, price : 20000 ◀····· ❸ 결과
```

위의 코드의 결과를 보면 toString() 메소드는 인스턴스의 참조값을 반환합니다. 그래서 ❶, ❷가 같은 값을 반환하게 되죠. show() 메소드는 인스턴스의 값들을 출력하기 위해서 넣은 메소드입니다. ❶ 또는 ❷와 같이 출력했을 때 show() 메소드와 같이 나오도록 하려면 toString() 메소드를 오버라이딩하면 됩니다. toString() 메소드를 이용하면 인스턴스를 문자열로 바꾸어줄 수 있어요. 다음의 예를 보세요.

코드 179

```
class Thing {
        private String name;
        private int price;
        Thing(String name, int price) {
                this.name = name;
                this.price = price;
        }
        public String toString() {
                return "name : " + name + ", price : " + price;
        }
}
public class Code179 {
        public static void main(String[] args)
        {
                Thing t = new Thing("book", 20000);
                String s = t.toString();
❶                System.out.println(s);
❷                System.out.println(t);
        }
}
```

toString() 메소드가 오버라이딩되어 있으면 그것을 호출합니다.

결과

```
name : book, price : 20000
name : book, price : 20000
```

위의 코드에서 toString() 메소드는 Object 클래스에 있는 toString() 메소드를 오버라이딩한 거죠. toString() 메소드를 오버라이딩한 후에는 ❷처럼 System.out.println() 안에 인스턴스 이름을 넣었을 때 자동으로 toString() 메소드가 호출됩니다.

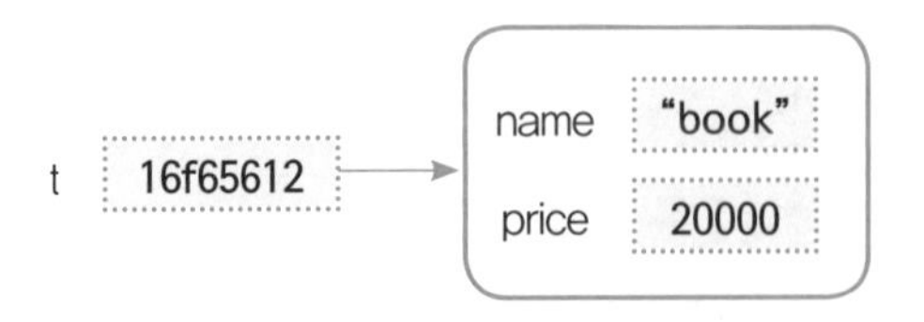

System.out.println(t) → 참조값 16f65612을 출력합니다.

System.out.println(t.toString()) → toString() 메소드의 return 값을 출력합니다.

toString() 메소드가 적절하게 오버라이딩되어 있으면 다음 둘의 출력이 같습니다.

```
System.out.println(t.toString());
System.out.println(t);
```

02 java.lang.String/java.lang.StringBuffer/java.lang.StringBuilder 클래스

자바에는 문자열을 다루는 클래스로 String, StringBuffer, StringBuilder가 있어요. 지금까지는 String 클래스를 주로 이용했는데, 이번 장에서 String 클래스를 자세히 학습하고 StringBuffer와 StringBuilder도 학습하겠습니다.

java.lang.String

String 클래스는 지금까지 System.out.println() 메소드의 괄호 안에서 주로 사용했어요. 이제는 구체적으로 생성자와 다양한 String 메소드에 대해서 설명할게요.

● String 인스턴스 생성하기

String 인스턴스는 두 가지 방법으로 생성 가능합니다.

❶ 다른 인스턴스 생성과 마찬가지로 new 키워드 이용하기

❷ 간단하게 쌍따옴표만으로 생성하기

다음은 "Hello"라는 String 인스턴스를 생성하는 코드입니다. 두 코드는 문자열을 생성한다는 것은 같지만 약간의 차이가 있어요. 아래 코드의 결과를 보세요.

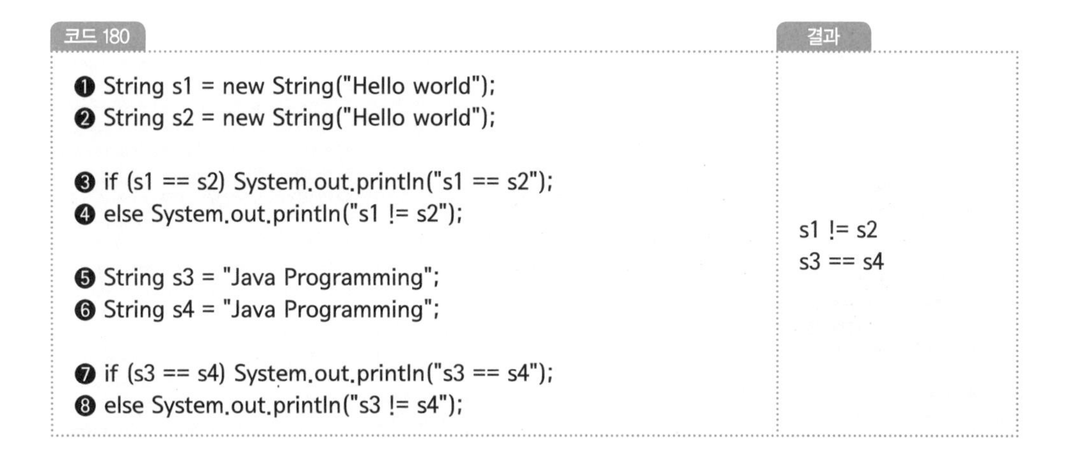

코드 180

```
❶ String s1 = new String("Hello world");
❷ String s2 = new String("Hello world");

❸ if (s1 == s2) System.out.println("s1 == s2");
❹ else System.out.println("s1 != s2");

❺ String s3 = "Java Programming";
❻ String s4 = "Java Programming";

❼ if (s3 == s4) System.out.println("s3 == s4");
❽ else System.out.println("s3 != s4");
```

결과

```
s1 != s2
s3 == s4
```

❶과 ❷에서는 new 키워드를 이용하여 문자열 인스턴스를 생성하였습니다. 이런 경우에는 무조건 새로운 인스턴스를 생성해 줍니다. 문자열뿐만 아니라 new를 이용하여 인스턴스를 생성하면 어떤 클래스든지 항상 새로운 인스턴스가 생성됩니다. ❸에서 s1과 s2가 같은지를 비교하는데, 이때는 두 인스턴스가 같은 참조값을 갖는지를 비교하는 거예요. 따라서 서로 다른 인스턴스이므로 else가 수행됩니다.

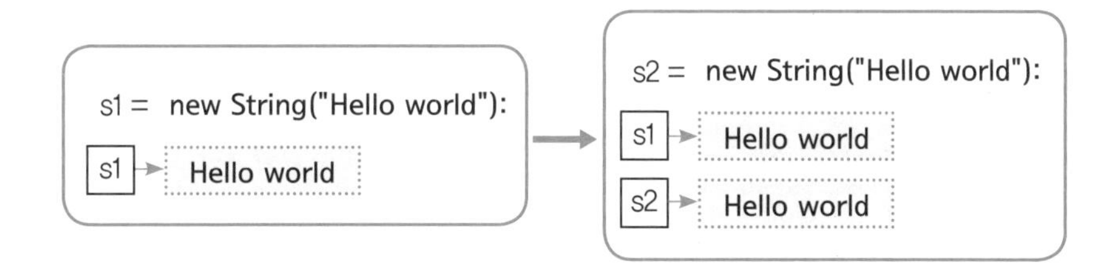

❺와 ❻에서도 똑같은 문자열을 생성하는데, 이번에는 new 키워드없이 따옴표로 간단하게 인스턴스를 생성했죠. 이런 경우에는 new로 생성할 때와는 다르게 이미 생성한 똑같은 문자열이 있

다면 새로 생성하지 않고 이미 생성된 인스턴스에 이름을 하나 더 붙입니다. 즉, 다음과 같이 문자열이 생성되는 거예요.

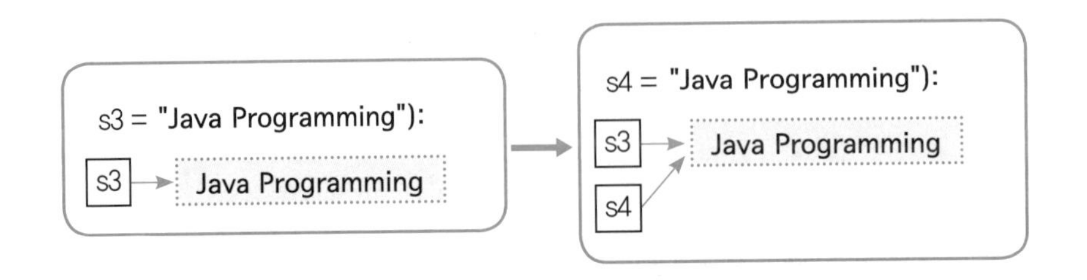

String 클래스의 인스턴스 생성은 두 가지 방법으로 할 수가 있습니다.
new 키워드를 사용하면 매번 새로운 인스턴스를 생성합니다.
new 키워드를 사용하지 않고 " … " 로 생성하면 같은 문자열은 공유하게 됩니다.

참고로 다음과 같이 new를 이용한 인스턴스와 따옴표를 이용한 인스턴스도 같은 문자열이라고 하더라도 공유하지 않음을 알아 두기 바랍니다.

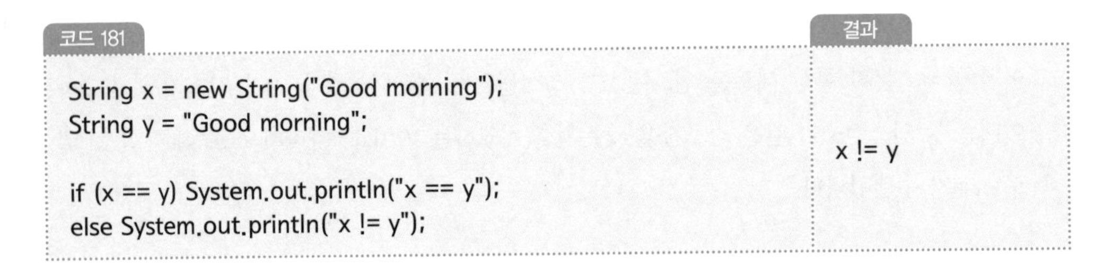

코드 181

```
String x = new String("Good morning");
String y = "Good morning";

if (x == y) System.out.println("x == y");
else System.out.println("x != y");
```

결과

```
x != y
```

String 메소드들

String은 실제로 컴퓨터에 다음과 같이 배열 형태로 저장되어 있습니다.

```
str="java Programming";
```

	0	1	2	3	4	5	6	7	8	9	10	11	12	13	14	15	← 인덱스 (index)
str →	J	a	v	a		P	r	o	g	r	a	m	m	i	n	g	

String 클래스의 메소드들을 살펴 볼게요. String 클래스에 적용할 수 있는 메소드는 아주 많은데, 여기에서는 많이 사용하게 될 메소드들을 설명합니다.

메소드	설명
char charAt(int index)	명시된 인덱스에 해당하는 문자를 반환함.
int compareTo(String anotherString)	두 문자열을 사전식으로 비교함.
String concat(String str)	문자열 뒤에 str을 연결함.
boolean contains(CharSequence s)	문자열에 s가 포함되어 있다면 true를 반환함. 아니라면 false를 반환함.
boolean equals(Object anObject)	문자열과 anObject가 같은 문자열인지 판단하여 true 또는 false를 반환함.
int indexOf(int ch)	문자 ch가 있다면 그 위치 인덱스를 반환함. ch가 여러 개 있다면 가장 앞에 있는 인덱스를 반환함.
int lastIndexOf(int ch)	문자 ch가 있는 가장 마지막 인덱스를 반환함.
int length()	문자열의 길이를 반환함.
String replace(char oldCh, char newCh)	문자 oldCh를 newCh로 변환하고 새로 변환된 문자열을 반환함.
String toString()	Object 클래스의 toString() 메소드를 오버라이딩한 것으로 문자열 자체를 반환함.

위 메소드들 중에서 equals()와 toString()을 제외한 나머지 메소드들로 예제를 보겠습니다.

코드 182

```
String str = new String("Java Programming");
System.out.println("str.charAt(7) : " + str.charAt(7));
                                         index 7의 문자 'O'

String temp = new String("Java Coding");
System.out.println("str.compareTo(temp) : " + str.compareTo(temp));

String temp2 = new String("Study");
System.out.println("str.concat(temp2) : " + str.concat(temp2));
                                         str에 temp2를 연결합니다.
```

```
String temp3 = new String("gram");
String temp4 = new String("coding");
System.out.println("str.contains(temp3) : " + str.contains(temp3));
System.out.println("str.contains(temp4) : " + str.contains(temp4));

System.out.println("str.indexOf('a') : " + str.indexOf('a'));
System.out.println("str.lastIndexOf('a') : " + str.lastIndexOf('a'));
System.out.println("str.indexOf('u') : " + str.indexOf('u'));

System.out.println("str.length() : " + str.length());

String str2 = str.replace('a', 'A');
System.out.println("str.replace('a', 'A') : " + str2);
```

str에 temp3가 포함되어 있는지 판단합니다.

'a'의 index를 찾아줍니다. 'a'가 여러 개이면 가장 먼저 나오는 index를 반환합니다.

str의 길이를 반환합니다.

'a'를 모두 'A'로 바꿉니다.

결과

```
str.charAt(7) : o
str.compareTo(temp) : 13
str.concat(temp2) : Java ProgrammingStudy
str.contains(temp3) : true
str.contains(temp4) : false
str.indexOf('a') : 1
str.lastIndexOf('a') : 10
str.indexOf('u') : -1
str.length() : 16
str.replace('a', 'A') : JAvA ProgrAmming
```

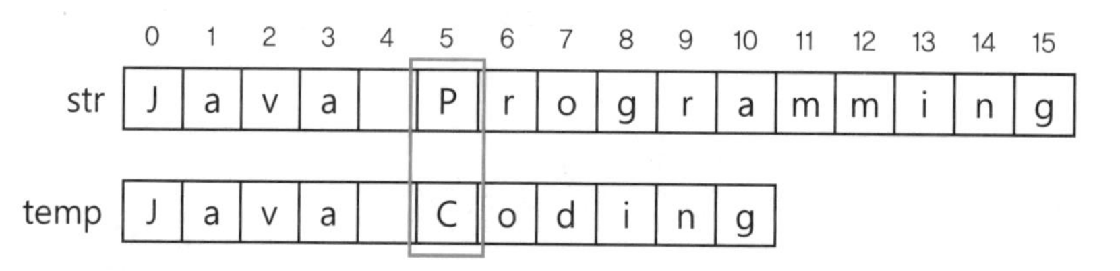

str과 temp 문자열을 비교하면 인덱스 5에서 처음으로 다른 문자가 나옵니다.
두 문자 'P' □ 'C'를 하면 13이 되죠(아스키코드).
그래서 결과 13이 나오는 거예요.

다음으로 equals() 메소드를 살펴 보겠습니다.

코드 183

```
String x = new String("Hello world");
String y = new String("Hello world");

if (x == y) System.out.println("x == y");
else System.out.println("x != y");

if (x.equals(y)) System.out.println("x equals y");
else System.out.println("x not equals y");
```

결과

```
x != y
x equals y
```

'=='은 위에서 설명했듯이 양쪽의 인스턴스가 동일한 인스턴스인지를 판단하기 때문에 new를 이용하여 각각 만들어진 인스턴스는 동일하지 않기 때문에 x != y가 출력됩니다. equals 메소드는 두 인스턴스의 값이 실제로 같은지를 판단합니다. 따라서 두 인스턴스의 값이 같은지를 알고 싶을 때는 반드시 equals 메소드를 사용해야 합니다. 그러니까 String 클래스는 equals 메소드가 오버라이딩되어서 사용자가 편하게 사용할 수 있도록 제공되는 거예요.

toString() 메소드를 보겠습니다.

```
  String x = new String("Hello world");
❶ System.out.println(x);
❷ System.out.println(x.toString());
```

결과

```
Hello world
Hello world
```

❶과 같이 인스턴스명을 그대로 System.out.println() 괄호에 넣으면 인스턴스 내의 변수 값이 출력되지 않고 인스턴스의 참조값인 주소가 출력되는데, 문자열의 경우는 참조값이 아닌 문자열 자체가 출력됩니다. 그리고 ❷와 같이 stString()을 적용하여 출력해도 똑같아요. 여기에서 알 수 있는 것은 String 메소드는 이미 toString() 메소드가 오버라이딩되어서 인스턴스의 참조값이 아닌 인스턴스 자체의 변수값인 문자열이 출력된다는 것을 알 수가 있습니다.

이처럼 String 클래스는 워낙에 많이 사용하니까 equals(), toString() 메소드를 오버라이딩해서 제공하여 사용자가 편리하게 이용할수록 구현되어 있습니다. 그리고 new 키워드를 사용하지 않고 간단하게 따옴표만으로도 문자열을 생성할 수 있도록 해 주었죠.

문자열은 equals() 메소드와 toString() 메소드가 오버라이딩되어서 제공됩니다.
API 문서에서 확인해 보세요.

java.lang.StringBuffer

문자열 클래스 중에서 StringBuffer 클래스를 살펴 보겠습니다. StringBuffer 인스턴스는 반드시 new 키워드를 사용해서 생성해야 합니다.

● StringBuffer 인스턴스 생성하기

StringBuffer 생성자를 살펴 보겠습니다.

생성자	설명
StringBuffer()	크기 16인 빈 문자열이 생성됨.
StringBuffer(int capacity)	capacity 값을 주면 그 크기로 빈 문자열이 생성됨.
StringBuffer(String str)	문자열 str로 초기화하는 인스턴스가 생성됨.

StringBuffer 인스턴스 생성자의 예를 볼게요.

코드 184

```
StringBuffer sb1 = new StringBuffer("Hello");

StringBuffer sb2 = new StringBuffer();
sb2.append("World");  ◀····· 빈 StringBuffer 객체에 "world"문자열을 붙입니다.

StringBuffer sb3 = new StringBuffer(20);
sb3.append("Java Programming is created by James Gosling");
```

```
System.out.println(sb1);
System.out.println(sb2);
System.out.println(sb3);

System.out.println(sb1.capacity());
System.out.println(sb2.capacity());
System.out.println(sb3.capacity());
```

결과

```
Hello
World
Java Programming is created by James Gosling
21
16
44
```

StringBuffer 메소드들

유용하게 사용할 수 있는 StringBuffer 메소드들을 정리해 보겠습니다.

메소드	설명
StringBuffer append(boolean b)	인수로 넣는 자료형 데이터를 StringBuffer하고 결과 StringBuffer를 반환함.
StringBuffer append(char c)	
StringBuffer append(double d)	
StringBuffer append(float f)	
StringBuffer append(int i)	
StringBuffer append(long lng)	
StringBuffer append(String str)	문자열 s를 추가한 StringBuffer를 반환함.
StringBuffer append(StringBuffer sb)	StringBuffer sb를 추가한 StringBuffer를 반환함.
int capacity()	현재 StringBuffer의 저장 크기를 반환함.
char charAt(int index)	index에 위치한 문자 한 개를 반환함.
int compareTo(StringBuffer another)	StringBuffer another와 사전순으로 비교한 결과를 반환함.
StringBuffer delete(int start, int end)	start인덱스에서 end인덱스 사이의 문자들을 삭제함.
StringBuffer deleteCharAt(int index)	index 위치에 있는 문자 한 개를 삭제한 후에 StringBuffer를 반환함.

int indexOf(String str)	str이 최초로 나오는 위치 인덱스를 반환함.
StringBuffer insert(int offset, char c)	offset 위치에 문자 c를 삽입하고 StringBuffer 인스턴스를 반환함.
StringBuffer insert(int offset, String str)	offset 위치에 문자열 str을 삽입하고 StringBuffer 인스턴스를 반환함.
StringBuffer replace (int start, int end, String str)	인덱스 start에서 end 부분을 str로 대체한 StringBuffer 인스턴스를 반환함.
StringBuffer reverse()	StringBuffer 인스턴스를 역순으로 바꾼 새로운 StringBuffer 인스턴스를 반환함.
void setCharAt(int index, char ch)	index 위치에 문자를 ch로 바꿈.
String substring(int start)	start 인덱스에서 시작하는 부분 문자열을 반환함.
void trimToSize()	문자들이 이용하는 크기로 용량을 잘라냄.

메소드의 이름을 보면 어떤 일을 하는 메소드인지를 알 수가 있어서 코딩이 그리 어렵지 않을 것 같습니다. 예제를 통해서 위의 메소드들을 사용해 보겠습니다.

코드 185

```
StringBuffer sb1 = new StringBuffer("Good morning");
sb1.append('!');
sb1.append(" Alice!");
System.out.println(sb1);

StringBuffer sb2 = new StringBuffer("water");
StringBuffer sb3 = new StringBuffer("wafer");
System.out.println("sb2.charAt(2) : " + sb2.charAt(2));
System.out.println("sb2.compareTo(sb3) : " + sb2.compareTo(sb3));
StringBuffer sb4 = new StringBuffer("Java Programming Language");
sb4.delete(5, 8);
System.out.println("sb4.delete(5,8) : " + sb4);

StringBuffer sb5 = new StringBuffer("Hello world");
sb5.insert(5,  ',');
System.out.println("sb5 : " + sb5);

System.out.println("sb5.substring(7) : " + sb5.substring(7));

System.out.println("sb5 : " + sb5);
System.out.println("sb5.capacity() : " + sb5.capacity());
```

't'와 'f'의 아스키코드 값을 비교합니다.

인덱스 5에서 인덱스 7까지 삭제

```
sb5.trimToSize();
System.out.println("after trim : " + sb5.capacity());
```

결과

```
Good morning! Alice!
sb2.charAt(2) : t
sb2.compareTo(sb3) : 14
sb4.delete(5,8) : Java gramming Language
sb5 : Hello, world
sb5.substring(7) : world!
sb5 : Hello, world!
sb5.capacity() : 27
after trim : 12
```

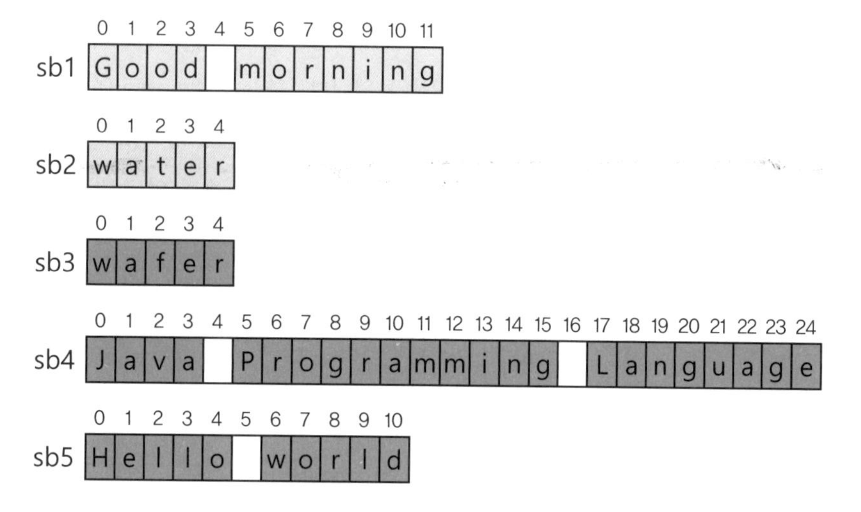

StringBuffer 클래스는 toString() 메소드는 오버라이딩되어 있지만 equals() 메소드는 오버라이딩되어 있지 않습니다. 다음의 예를 보세요.

코드 186

```
StringBuffer sb1 = new StringBuffer("Hello world");
StringBuffer sb2 = new StringBuffer("Hello world");
                    toString() 메소드는 오버라이딩되어 있습니다.
System.out.println(sb1);
               equals() 메소드는 오버라이딩되어 있지 않습니다.
if (sb1.equals(sb2)) System.out.println("sb1 equals sb2");
else System.out.println("sb1 does not equal sb2");
```

결과

```
Hello world
sb1 does not equal sb2
```

String 클래스는 toString() 메소드와 equals() 메소드가 오버라이딩되어 있습니다.
하지만 StringBuffer, StingBuilder 클래스는 toString() 메소드만 오버라이딩되어 있습니다.

여기에서 String 클래스와 StringBuffer 클래스의 차이를 알아볼게요. String 클래스가 StringBuffer 클래스보다 사용이 좀 더 편해 보입니다. 하지만 StringBuffer만의 장점이 있어요. String 인스턴스는 immutable(변경 불가능)하지만 StringBuffer 인스턴스는 mutable(변경 가능)합니다. 따라서 String 인스턴스는 한 번 생성하면 변경할 수가 없고 변경된 새로운 인스턴스가 만들어집니다. 이에 반해 StringBuffer 인스턴스는 변경이 가능하기 때문에 같은 인스턴스가 계속 변경될 수 있어요. 두 클래스의 메소드들을 비교해 보더라도 StringBuffer 클래스는 인스턴스를 수정할 수 있는 메소드들 append, delete, insert 등과 같은 메소드들이 많은 반면에 String 클래스는 그러한 메소드들이 별로 없어요.

만약에 "compuer"라고 실수로 't'를 빠뜨렸다면 String 인스턴스는 다음과 같이 새롭게 String 인스턴스를 구성해야 합니다. 이에 반해 StringBuffer 인스턴스는 insert 메소드를 이용하여 기존의 인스턴스를 직접 수정할 수가 있어요.

코드 187

```
String s = new String("compuer");
String new_s = s.substring(0,5) + 't' + s.substring(5);
System.out.println("new_s : " + new_s);

StringBuffer sb = new StringBuffer("compuer");
sb.insert(5, 't');
System.out.println("sb : " + sb);
```

결과

```
new_s : computer
sb : computer
```

s = "computer";

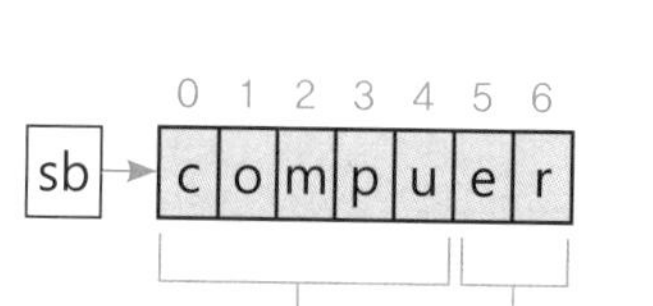

s.substring(0, 5)　s.substring(5)

새로운 문자열 new_s가 생성됨.

String 인스턴스는 immutable 합니다.

StringBuffer sb=new Stringbuffer("computer");

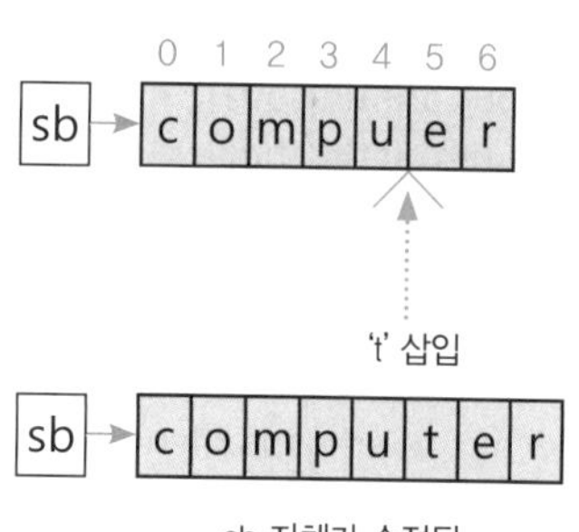

sb 자체가 수정됨.

StringBuffer 인스턴스는 immutable 합니다.

java.lang.StringBuilder

StringBuilder 클래스는 mutable한 문자열 클래스라는 점에서 StringBuffer 클래스와 많이 유사합니다. 실제로 생성자도 같고, 같은 메소드들이 많이 존재합니다. 둘의 가장 큰 차이는 StringBuffer 인스턴스는 스레드에서 이용 가능하고 StringBuilder는 스레드에서 이용할 수 없다는 거예요. 이 부분은 배우지 않았기 때문에 그냥 넘어갈게요.

StringBuilder 클래스의 생성자는 StringBuffer 클래스와 유사합니다. 또한 메소드들도 StringBuffer 클래스와 거의 같습니다. 따라서 앞의 예제에서 StringBuffer를 모두 String-Builder 클래스로 바꾸어서 수행해도 똑같은 결과가 나옵니다. 똑같은 코드가 중복되니 이 부분은 각자 확인해 보기 바랍니다.

코드 188

```
StringBuilder sbd1 = new StringBuilder("Hello");
StringBuilder sbd2 = new StringBuilder();
sbd2.append("World");

StringBuilder sbd3 = new StringBuilder(20);
sbd3.append("Java Programming is created by James Gosling");

System.out.println(sbd1);
System.out.println(sbd2);
System.out.println(sbd3);

System.out.println(sbd1.length() + ", " + sbd1.capacity());
System.out.println(sbd2.length() + ", " + sbd2.capacity());
System.out.println(sbd3.length() + ", " + sbd3.capacity());
```

결과

```
Hello
World
Java Programming is created by James Gosling
5, 21
5, 16
44, 44
```

StringBuilder 클래스도 StringBuffer 클래스처럼 toString() 메소드는 오버라이딩되어 있지만 equals() 메소드는 오버라이딩되어 있지 않아요.

코드 189

```
StringBuilder sbd1 = new StringBuilder("Hello world");
StringBuilder sbd2 = new StringBuilder("Hello world");

System.out.println(sbd1);
if (sbd1.equals(sbd2)) System.out.println("sbd1 equals sbd2");
else System.out.println("sbd1 does not equal sbd2");
```

결과

```
Hello world
sbd1 does not equal sbd2
```

java.lang.Math 클래스

java.lang 패키지에는 수학 관련 클래스인 Math 클래스가 있습니다. 아주 사용 빈도가 높은 클래스예요. Math 클래스는 생성자가 없고 두 개의 상수와 메소드들로 이루어져 있어요. 그리고 모든 메소드들은 정적 메소드로 인스턴스 생성없이 사용할 수가 있어서 사용이 편합니다. 필드와 메소드 몇 가지만 살펴 볼게요.

필드	설명
static double E	자연 로그 e 값
static double PI	원주율 PI 값

몇 개의 메소드를 살펴 볼게요.

메소드	설명
static double abs(double a)	a의 절대값을 계산함.
static double ceil(double a)	a 이상의 수 중에서 가장 작은 정수를 반환함.
static double floor(double a)	a 이하의 수 중에서 가장 큰 정수를 반환함.
static double max(double a, double b)	a와 b 중에서 큰 값을 반환함.
static double min(double a, double b)	a와 b 중에서 작은 값을 반환함.
static double pow(double a, double b)	a^b을 반환함.
static long round(double a)	a를 반올림한 값을 반환함.
static double sqrt(double a)	a의 루트 값을 반환함.

위의 메소드를 코드를 살펴 볼게요.

코드 190

```
System.out.println("1. " + Math.abs(-3.5));
System.out.println("2. " + Math.ceil(-3.5));
System.out.println("3. " + Math.floor(-3.5));
System.out.println("4. " + Math.max(2.7, 6.7));
System.out.println("5. " + Math.min(-3.5, -5.5));
System.out.println("6. " + Math.pow(2, 10));
System.out.println("7. " + Math.round(3.7));
System.out.println("8. " + Math.round(3.1));
System.out.println("9. " + Math.sqrt(25));
```

```
1. 3.5
2. -3.0
3. -4.0
4. 6.7
5. -5.5
6. 1024.0
7. 4
8. 3
9. 5.0
```

Math 클래스는 그리 어렵지 않아요. 위에서는 대부분이 double 자료형을 다루는 메소드들을 넣었는데, double뿐 아니라 다양한 자료형에 대해서 위의 메소드들을 이용할 수 있으니 반드시 API 문서를 확인하시기 바랍니다.

04 wrapper 클래스

코딩을 하다 보면 자바의 기본 자료형(boolean, char, byte, short, int, long, float, double)을 인스턴스로 변환하여 사용해야 하는 경우가 있습니다. wrapper 클래스가 이때 필요합니다. wrapper라는 이름의 클래스가 있는 것이 아니고, 기본 자료형 각각에 대응하는 클래스들을 통틀어서 wrapper 클래스라고 부릅니다. 기본 자료형에 해당하는 wrapper 클래스와 상속 관계는 다음과 같습니다.

기본자료형	wrapper 클래스
boolean	Boolean
char	Character
byte	Byte
short	Short
int	Integer
long	Long
float	Float
double	Double

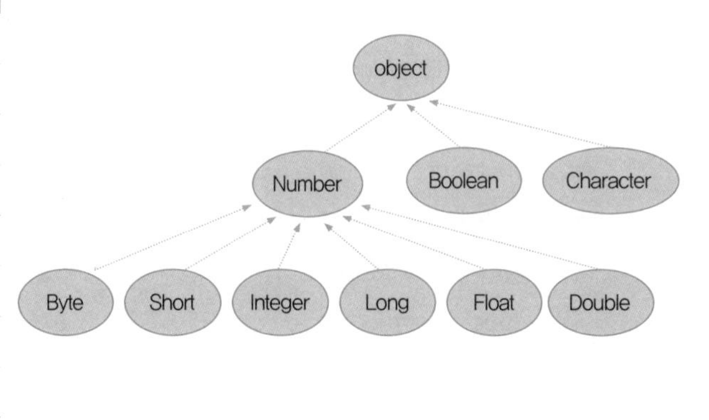

기본 자료형을 객체로 변환해야 하는 경우에 wrapper 클래스를 이용합니다. 기본 자료형과 wrapper 클래스는 Character, Integer만 이름이 다르고 다른 자료형들은 이름이 같습니다(wrapper 클래스가 첫 문자만 대문자로 시작합니다).

Number 클래스

Number 클래스는 위의 그림에서 보듯이 6개 숫자 관련 클래스의 상위 클래스입니다. Boolean과 Character 클래스는 Number 클래스와 관계가 없고요. 상속 관계에 있으니까 6개 숫자 관련 클래스들은 모두 Number 클래스에 있는 메소드들을 사용할 수 있겠죠. Number 클래스의 구성을 살펴 보겠습니다.

메소드	설명
byte byteValue()	byte 값으로 반환함.
abstract double doubleValue()	double 값으로 반환함.
abstract float floatValue()	float 값으로 반환함.
abstract int intValue()	int 값으로 반환함.
abstract long longValue()	long 값으로 반환함.
short shortValue()	short 값으로 반환함.

Byte / Short / Integer / Long 클래스

Byte, Short, Integer, Long 클래스는 모두 정수형 데이터를 인스턴스화할 수 있도록 합니다. 4개의 클래스 구성이 유사하므로 Integer 클래스에서 중요한 내용을 먼저 설명하고 나머지 클래스들을 정리해 보겠습니다.

Integer 클래스의 메소드 중에서 많이 사용하게 될 메소드를 살펴 볼게요. Integer 클래스의 생성자는 자바 9부터 deprecate되었습니다. Integer 클래스의 필드 중에 유용한 것은 MAX_VALUE와 MIN_VALUE입니다.

필드	설명
static int MAX_VALUE	가장 큰 정수 값을 갖고 있음.
static int MIN_VALUE	가장 작은 정수 값을 갖고 있음.

intValue() 메소드는 다음과 같이 사용합니다.

메소드	설명
int intValue()	Integer 인스턴스를 int로 변환하여 반환함.
static int parseInt(String s)	문자열 s를 int로 변환하여 반환함.
static Integer valueOf(int i)	int 값을 Integer 인스턴스로 변환하여 반환함.
static Integer valueOf(String s)	문자열 s를 Integer 인스턴스로 변환하여 반환함.

parseInt() 메소드는 정적 메소드이므로 바로 사용이 가능하죠. parseInt() 메소드에 전달된 문자열을 int 값으로 변환할 수 있어서 아주 유용하게 사용합니다.

```
Integer x = new Integer(100);  // deprecate된 생성자도 사용 가능합니다.
int value = x.intValue();       // Integer 인스턴스 x를 int 값으로 변환합니다.
```

parseInt() 메소드는 정적 메소드이므로 바로 사용이 가능하죠. parseInt() 메소드에 전달된 문자열을 int 값으로 변환할 수 있어서 아주 유용하게 사용합니다.

```
String n = "2019";
int year = Integer.parseInt(n);
```

valueOf() 메소드를 이용하면 문자열 또는 정수를 Integer 인스턴스로 변환할 수 있습니다.

```
Integer num1 = Integer.valueOf("2019");
Integer num2 = Integer.valueOf(2019);
```

Byte, Short, Long 클래스도 Integer 클래스와 마찬가지입니다.

	메소드	설명
Byte	byte byteValue()	Byte 인스턴스를 byte로 변환하여 반환함.
	static byte parseByte(String s)	문자열 s를 byte로 변환하여 반환함.
	static Byte valueOf(byte b)	byte 값을 Byte 인스턴스로 변환하여 반환함.
	static Byte valueOf(String s)	문자열 s를 Byte 인스턴스로 변환하여 반환함.
Short	short shortValue()	Short 인스턴스를 short로 변환하여 반환함.
	static short parseShort(String s)	문자열 s를 short로 변환하여 반환함.
	static Short valueOf(short s)	short 값을 Short 인스턴스로 변환하여 반환함.
	static Short valueOf(String s)	문자열 s를 Short 인스턴스로 변환하여 반환함.

Long	long longValue()	Long 인스턴스를 long으로 변환하여 반환함.
	static long parseLong(String s)	문자열 s를 long으로 변환하여 반환함.
	static Long valueOf(long l)	long 값을 Long 인스턴스로 변환하여 반환함.
	static Long valueOf(String s)	문자열 s를 Long 인스턴스로 변환하여 반환함.

기타 wrapper 클래스

나머지 wrapper 클래스도 Integer 클래스와 유사합니다. 기본 자료형 또는 문자열로 저장된 기본 자료형 데이터를 인스턴스로 변환하려면 valueOf 메소드를 사용합니다.

Wrapper 클래스 – 기본 자료형	Wrapper 클래스 – String
static Boolean valueOf (boolean b)	static Boolean valueOf (String s)
static Character valueOf (char c)	–
static Byte valueOf (byte b)	static Byte valueOf (String s)
static Short valueOf (short s)	static Short valueOf (String s)
static Integer valueOf (inti)	static Integer valueOf (String s)
static Long valueOf (long l)	static Long valueOf (String s)
static Float valueOf (float f)	static Float valueOf (String s)
static Double valueOf (double d)	static Double valueOf (String s)

auto-boxing(오토박싱)/auto-unboxing(오토언박싱)

wrapper 클래스는 int와 같은 기본 데이터를 인스턴스로 변환하거나 그 반대의 경우에 필요하다는 것을 알았을 거예요. 우선 박싱(boxing)/언박싱(unboxing) 개념을 설명할게요. boxing은 기본 데이터를 인스턴스로 변환하는 것을 의미하고, 반대로 인스턴스로 된 데이터를 기본 데이터형으로 변환하는 것을 unboxing이라고 합니다.

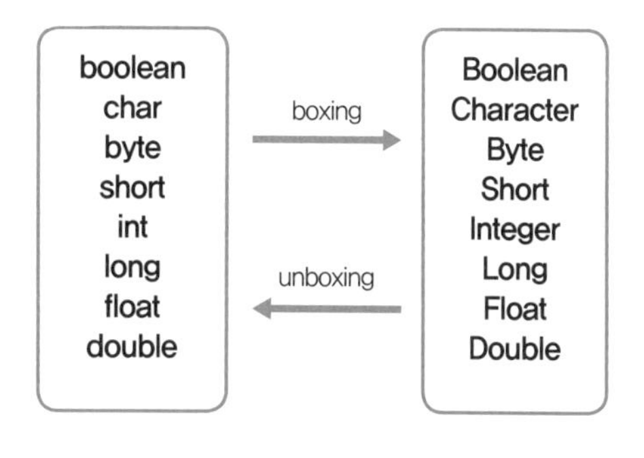

다음의 예를 보세요.

```
❶ Integer x = new Integer(100); // boxing (객체 ← 기본 자료형의 데이터)
❷ int y= x.intValue();            // unboxing (기본 자료형의 데이터 ← 객체)
```

오토박싱(auto-boxing)은 자동으로 박싱되는 것을 말합니다. 위의 ①을 다음과 같이 쓸 수 있어요.

```
Integer x = 100;  // auto-boxing (100이 자동으로 인스턴스 x로 변환)
```

오토언박싱(auto-unboxing)도 마찬가지예요. 위의 ②를 다음과 같이 쓸 수 있어요.

```
Integer x = new Integer(100);
int y = x;   // auto-unboxing (인스턴스 x가 자동으로 기본 자료형 100으로 변환)
```

위에서 보았듯이 오토박싱/오토언박싱 기능이 있어서 기본 자료형과 해당하는 wrapper 클래스 인스턴스 간에 쉽게 변환될 수 있어요.

05 java.util.Random 클래스

java.util 패키지에 있는 Random 클래스는 임의의 수를 생성해야 할 때 유용합니다. Random 클래스의 생성자와 주요 메소드만을 살펴 볼게요.

생성자	설명
Random()	임의의 값을 생성할 수 있는 인스턴스 생성함. (random number generator라고 함)
Random(long seed)	seed 값으로 임의의 값을 생성할 수 있는 인스턴스를 생성함.

Random 인스턴스를 생성한 후에는 여러 메소드를 사용할 수 있는데, 그 중에서 많이 사용하는 nextInt() 메소드를 설명할게요.

메소드	설명
int nextInt()	다음의 임의의 정수를 생성함.
int nextInt(int bound)	bound 내의 다음의 임의의 정수를 생성함.

다음의 예를 보세요.

코드 191

```
Random rand1 = new Random();
Random rand2 = new Random();

for(int i=0; i < 3; i++)
  System.out.print(rand1.nextInt() + " ");
System.out.println();

for(int i=0; i < 3; i++)
  System.out.print(rand2.nextInt(100) + " ");
```

결과 1

```
-933776941 -1544721929 -31335111
67 65 37
```

결과 2

```
-1853508009 525953444 -1865820461
75 11 38
```

java.uil.Random 클래스를 이용한 예제 코드를 볼게요.

Math.Random을 이용하여 컴퓨터가 1에서 100 사이의 정수를 임의로 선택하도록 합니다. 사용자에게 컴퓨터가 선택한 수를 맞추는 코드를 작성해 볼게요. 몇 번 만에 숫자를 맞추는지 출력하도록 합니다.

코드 192

```
import java.util.Scanner;

public class Code192 {
        public static void main(String[] args) {

                int computerChoice, guess = 0;
                int count = 0;

                // 컴퓨터가 1 ~ 100 사이의 정수를 하나 선택하도록 합니다.
                computerChoice = (int) (Math.random() * 100);
                System.out.println("컴퓨터가 1부터 100사이의 하나의 정수를 선택했습니다.");
                System.out.println("*****   컴퓨터가 선택한 수를 맞춰 보세요    ****");
                System.out.println("------------------------------------");
                while (computerChoice != guess) {
                        System.out.print("1과 100사이의 값을 입력하세요 : ");
                        count += 1;
                        Scanner scin = new Scanner(System.in);
                        guess = scin.nextInt();
```

```
                if (guess > computerChoice)
                    System.out.println("더 작은 수를 입력하세요");
                if (guess < computerChoice)
                    System.out.println("더 큰 수를 입력하세요");
            }

            System.out.println("컴퓨터가 선택한 수를 맞췄습니다.");
            System.out.println("시도횟수는 " + count + "번입니다.");
        }
}
```

결과

```
컴퓨터가 1부터 100사이의 하나의 정수를 선택했습니다.
*****   컴퓨터가 선택한 수를 맞춰 보세요    ****
--------------------------------------------
1과 100사이의 값을 입력하세요 : 50
더 작은 수를 입력하세요
1과 100사이의 값을 입력하세요 : 30
더 작은 수를 입력하세요
1과 100사이의 값을 입력하세요 : 20
더 큰 수를 입력하세요
1과 100사이의 값을 입력하세요 : 25
더 작은 수를 입력하세요
1과 100사이의 값을 입력하세요 : 23
더 작은 수를 입력하세요
1과 100사이의 값을 입력하세요 : 22
더 작은 수를 입력하세요
1과 100사이의 값을 입력하세요 : 21
컴퓨터가 선택한 수를 맞췄습니다.
시도횟수는 7번입니다.
```

이번 장에서는 자바 API에 있는 많이 사용하는 클래스들을 알아 보았습니다. 특히 Object 클래스는 모든 클래스의 상위 클래스로 toString() 메소드와 equals() 메소드가 중요합니다. 이 두 메소드를 오버라이딩해서 사용하는 것에 대해 잘 알아 두기 바랍니다. 그 외에도 세 가지 문자열 클래스의 사용법을 알아 보았고, wrapper 클래스도 알아 보았습니다. wrapper 클래스는 기본 자료형의 데이터를 객체로 변환해서 사용해야 할 때 반드시 필요한 클래스들임을 알아 보았습니다.

12 > 예외 처리

코딩을 하다 보면 여러 오류를 보게 됩니다. 가장 기본적으로는 자바 문법을 잘못 사용해서 오류가 발생할 수 있어요. 이런 오류는 '컴파일 에러'라고 하죠. 하지만 문법적으로 잘못된 부분이 없는데도 코드 수행에 오류가 발생하는 경우가 있습니다. 이번 장에서는 그에 대해 공부합니다. 그러니까 컴파일 에러가 없는데도 코드 수행에 문제가 발생하는 상황을 배울 거예요. 이런 경우에는 에러가 아니라 '예외'가 발생했다고 합니다.

아마 배열을 공부할 때 예외가 발생한 적이 있을 거예요. 배열 크기를 벗어나는 범위의 인덱스 사용할 경우에 ArrayIndexOufOfBoundsException이라는 이름의 예외가 발생한 적이 있을 거예요. 이 예외 외에도 잘못된 계산식을 사용할 때 ArithmeticException, 없는 파일에 접근하려고 할 때 발생하는 FileNotFoundException 등과 같이 여러 예외가 있습니다. 이번 장에서는 어떤 예외들이 있는지 알아보고, 예외가 발생했을 때 어떻게 처리하는지를 공부합니다.

자바 에러에는 다음의 두 종류가 있어요.

- 문법 에러인 컴파일 에러
- 컴파일 후에 수행했을 때 발생하는 예외

01 프로그램 오류와 예외 처리

프로그램을 작성하고 실행시키는 과정에서 크게 두 종류의 에러가 발생할 수 있습니다.

[자바 에러]

- **컴파일 에러** – 컴파일 시에 발생하는 에러(잘못된 문법 기술)
- **런타임 에러** – 프로그램 실행 시에 발생하는 에러

컴파일 에러는 자바 문법 오류이기 때문에 문법에 맞게 수정하면 되겠죠. 런타임 에러는 코드가 수행되면서 발생하는 문제로, 다시 두 종류로 나누어 볼 수 있습니다.

[런타임 에러]

- **에러(error)** – 프로그램 코드로 수습될 수 없음(예 : 메모리 부족 등)
- **예외(exception)** – 프로그램 코드로 수습할 수 있음(예 : 배열 인덱스 오류 등)

위의 에러 중에서 이번 장에서는 예외에 대해서 학습할 거예요. 예외 역시 클래스로 구성됩니다. Throwable이라는 클래스가 예외의 최상위 클래스입니다.

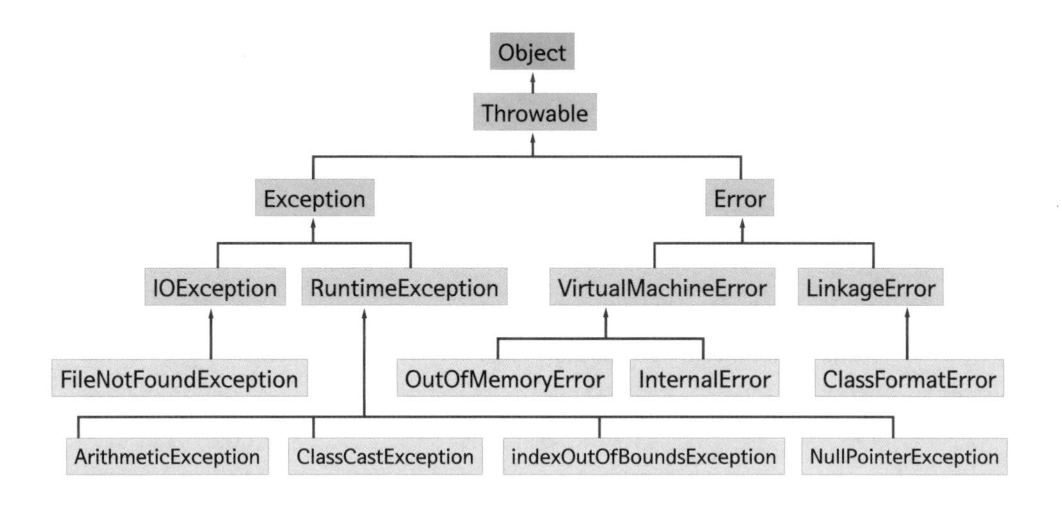

예외가 발생하면 예외가 발생하지 않도록 해당 코드 부분을 수정하면 되지만, 그렇게 할 수 없는 경우도 있습니다. 따라서 예외가 발생하면 어떻게 처리해야 하는지를 알아야 합니다. 자바 언어에서는 다음의 두 가지 방법으로 '예외 처리'를 합니다.

[예외 처리하기]

- try ~ catch ~ finally 구문 이용하기
- throws 이용하기

예외가 발생하면 예외가 발생하지 않도록 코드를 수정할 수 있습니다. 하지만 예외에 따라서 예외가 그냥 발생하도록 두고 예외가 발생했을 때 적절히 처리해 주는 것이 좋은 경우가 있습니다.

02 try ~ catch 구문으로 예외 처리하기

우선 어떤 코드가 예외인지 알아보겠습니다.

● 0으로 나누는 경우에 발생하는 예외

아래 코드와 수행 결과를 보세요.

코드 193

```
package exceptiontest1;

public class Code193 {
        public static void main(String[] args)
        {
                int a=5, b=0, c;
                c = a / b;
                System.out.println("c : " + c);
        }
}
```

결과

```
Exception in thread "main" java.lang.ArithmeticException: / by zero
          at exceptiontest1.Code193.main(Code193.java:7)
```

ArithmeticException이 발생했습니다. 0으로 나누어서 예외가 발생함.

수학에서 0으로 나눌 수 없듯이 프로그램에서도 0으로 나누는 것은 불가능합니다. 위의 코드에서 b 값이 0이 아니라면 아무 문제없이 수행되겠죠. 즉, 코드가 항상 예외를 발생시키는 것이 아니고 데이터에 따라서 예외가 발생하기도 하고 발생하지 않기도 한다는 거예요. 이렇게 예외가 발생할 가능성이 있을 때 예외 처리를 통해 코드를 안전하게 만들어 주어야 합니다.

● 배열의 인덱스 범위를 벗어나는 경우에 발생하는 예외

배열의 인덱스를 잘못 적는 경우에 발생하는 예외를 볼게요.

코드 194

```
package exceptiontest2;

public class Code194 {
          public static void main(String[] args)
          {
                    int n[] = {1, 3, 5, 6, 10};
                    for (int i=0; i<=5 ; i++) {
                              System.out.println("n[" + i + "] = " + n[i]);
                    }
          }
}
```

인덱스 5가 없습니다.

결과

```
n[0] = 1
n[1] = 3
n[2] = 5
n[3] = 6
n[4] = 10
Exception in thread "main" java.lang.ArrayIndexOutOfBoundsException: Index 5 out of
bounds for length 5
          at exceptiontest2.Code194.main(Code194.java:8)
```

ArrayIndexOutBoundsException이 발생했습니다. 배열 n에 인덱스 5가 없음.

이 코드에서는 for 루프에서 i <= 5라고 해서 배열에 없는 인덱스 5까지 루프를 돌리기 때문에 문제가 발생한 거예요. i<5라고 했으면 예외가 발생하지 않았겠죠.

> **참고**
> 위의 코드가 컴파일 에러가 나지 않고 예외인 이유가 궁금할 거예요. 자바 컴파일러는 배열 기호 [ ] 안에 정수인지만을 봅니다. 즉, 인덱스 범위에 맞게 적었는지는 확인하지 않아요. 따라서 위의 코드에서 n[5]는 컴파일러 입장에서는 아무 문제가 없습니다. [ ] 기호 안에 올바른 범위의 인덱스를 넣는 것은 프로그래머의 책임입니다. 따라서 위의 코드가 컴파일 에러는 없고, 수행할 때 해당하는 인덱스가 없어서 예외를 발생시키는 거예요.

try ~ catch ~ finally를 이용하여 예외 처리하기

앞의 경우처럼 예외가 발생하면 어떻게 예외 처리를 해야 하는지 알아 볼게요. 예외 처리는 다음과 같이 try ~ catch ~ finally 구문을 이용해야 합니다.

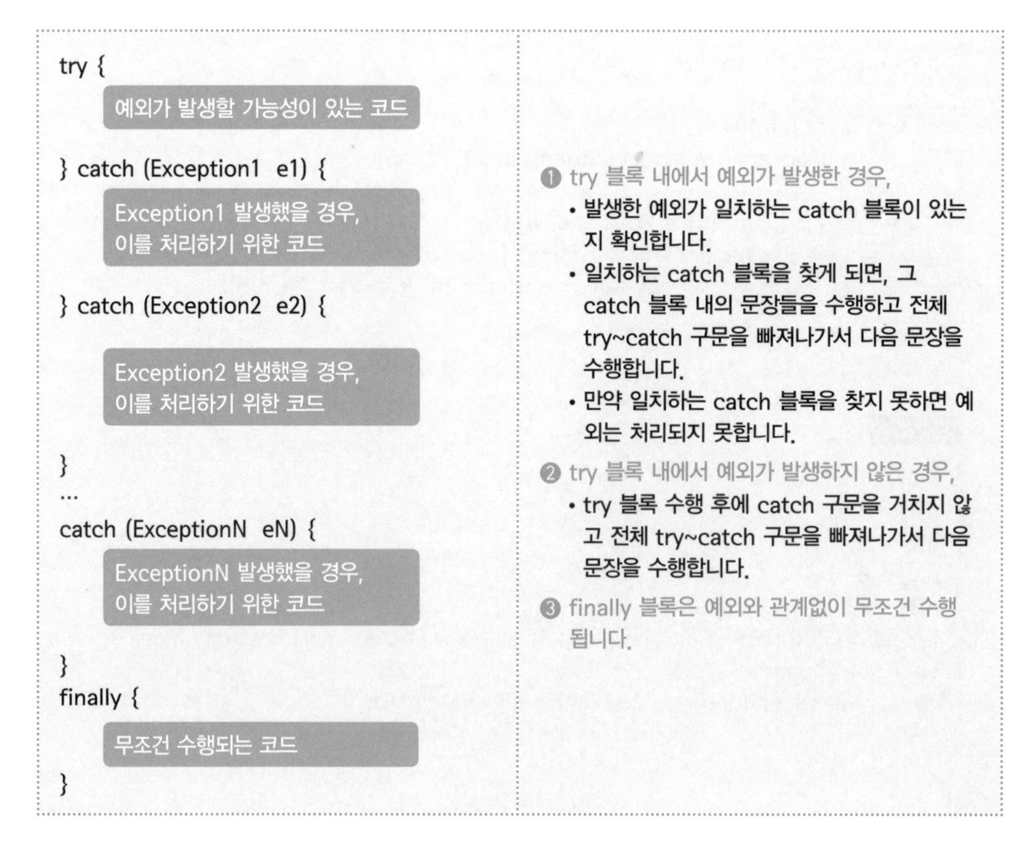

```
try {
                                        예외가 발생할 수 있는 코드
} catch (Exception e1) {

} catch (Exception e2) {
                                        try 블록에서 발생할 가능성이 있는
}                                       예외를 적어야 합니다.
                                        예외가 여러 개면 catch 구문을 여러
                                        개 적습니다.
......

finally {
                                        finally 블록은 있기도 하고 없기도 합니다.
                                        있으면 반드시 수행해야 합니다.
}
```

catch 옆의 괄호에는 반드시 예외가 들어가야 합니다. catch 구문은 1개 이상 넣고, finally 구문은 있을 수도 있고 없을 수도 있습니다.

앞에서 보았던 0으로 나눌 때 발생하는 예외를 처리해 볼게요. 예외가 발생할 가능성이 있는 코드를 try 블록에 넣어 줍니다. 그리고 발생할 수 있는 예외 이름을 catch 괄호에 넣어 주어야 합니다.

코드 195

```
public static void main(String[] args)
{
        int a=5,  b=0 ,  c;
        try {
                c = a / b;  ◀····· 에러가 발생할 가능성 있는 코드
                System.out.println("c : " + c);  ◀····· 위의 코드에 영향받는 코드
        }
        catch(ArithmeticException e) {   ◀····· try 블록 안에서 ArithmeticException
                                                  발생할 수 있습니다.
                System.out.println("0으로 나눌 수 없습니다.");
        }
}
```

결과

```
0으로 나눌 수 없습니다.
```

배열 인덱스 예외도 처리해 볼게요.

코드 196

```
public static void main(String[] args)
{
        int n[] = {1, 3, 5, 6, 10};
        int i = 0;
        try {
                for (i=0; i<=5 ; i++) {
                        System.out.println("n[" + i + "] = " + n[i]);
                }
        }
        catch(ArrayIndexOutOfBoundsException e) {
                System.out.println(i + "는 없는 인덱스입니다.");
        }
}
```

결과

```
n[0] = 1
n[1] = 3
n[2] = 5
n[3] = 6
n[4] = 10
5는 없는 인덱스입니다.
```

이해를 돕기 위해서 try ~ catch ~ finally 예를 몇 개 더 살펴 볼게요.

코드 197

```
public class Code197 {
   public static void main(String[] args)
   {
        try {
           System.out.println("hello world");   // 예외가 발생하지 않는 문장입니다.
           System.out.println("inside try");
        }
        catch(Exception e) {
           System.out.println("I am catch");
        }
        finally {
           System.out.println("finally block");
        }
   }
}
```

결과

```
hello world
inside try
finally block
```

위의 코드는 출력문으로만 구성되어서 예외가 발생할 부분이 없습니다. 따라서 try 블록 코드가 모두 수행되고 예외가 발생하지 않았기 때문에 catch 블록은 건너 뛰겠죠. finally 블록은 예외 발생과 상관없이 무조건 수행됩니다.

다음으로 try 블록 안에 두 개의 예외가 발생하도록 해 볼게요. 그러면 try 블록 안에서 발생하는 모든 예외를 처리할 수 있도록 catch 구문을 구성해야 합니다.

코드 198

```
public static void main(String[] args)
{
        int a = 5, b = 0, c;
        int A[] = new int[3];

        try {
                c = a / b;          // ArithmeticException 발생
                A[3] = 100;         // ArrayIndexOutOfBoundsException 발생
        }                      ········ 여기에 걸립니다.
        catch(ArithmeticException e) {
                System.out.println("0으로 나눌 수 없습니다.");
        }
        catch(Exception e) {   ◄····· 여기까지 오지 못합니다.
                System.out.println("없는 인덱스입니다.");
        }
        finally { ◄·····무조건 수행합니다.
                System.out.println("finally 구문");
        }
}
```

결과

```
0으로 나눌 수 없습니다.
finally 구문
```

위의 코드에서 try 블록의 두 줄 순서를 바꾸어 볼게요.

코드 199

```
public static void main(String[] args)
{
   int a = 5, b = 0, c;
   int A[] = new int[3];

   try {
         A[3] = 100;  // ArrayIndexOutOfBoundsException 먼저 발생
         c = a / b;
   }
   catch(ArithmeticException e) {
         System.out.println("0으로 나눌 수 없습니다.");
   }
   catch(Exception e) {
         System.out.println("없는 인덱스입니다.");
   }
   finally {
         System.out.println("finally 구문");
   }
}
```

ArrayIndexOutOfBoundsException이 없지만 Exception 클래스가 상위 클래스이기 때문에 여기에 걸립니다.

무조건 수행합니다.

결과

```
없는 인덱스입니다.
finally 구문
```

위의 예에서 보듯이 먼저 만나게 되는 예외를 처리하게 되죠. 이때 조심해야 할 것이 있어요. catch 괄호에 넣는 예외 간에 상속 관계가 성립될 때에는 상위 예외를 더 나중에 적어야 합니다.

만약에 다음과 같이 상위 예외 클래스를 먼저 적어 주면 Unreachable catch block이라는 에러가 발생합니다. 즉, catch 블록은 순서대로 확인해 나가기 때문에 상위 클래스인 Exception에서 어떤 예외든 잡히게 됩니다. 따라서 이후에 나오는 catch 블록에 도달할 수가 없는 거죠.

코드 200

```
public static void main(String[] args)
{
  int a = 5, b = 0, c;
  int A[] = new int[3];

  try {
        A[3] = 100;
        c = a / b;
  }
  catch(Exception e) {
        System.out.println("없는 인덱스입니다.");
  }
  catch(ArithmeticException e) {
        System.out.println("0으로 나눌 수 없습니다.");
  }
  finally {
        System.out.println("finally 구문");
  }
}
```

상위 예외 클래스를 먼저 적으면 컴파일 에러가 발생합니다.

결과

컴파일 에러가 발생합니다. 에러 메시지는 다음과 같아요.
Unreachable catch block ArithmeticException. It is already handled by the catch block for exception

```
try {


} catch (Exception e) {

}
```

Exception 클래스는 모든 예외를 잡을 수 있습니다.
이렇게 적으면 try 구문에서 걸리는 예외가 어떤 것이든 catch를 그냥 실행합니다.

[코드 200]에서 보았듯이 catch 구문을 쓸 때는 예외 간의 상속 관계를 고려해야 합니다.

```
try {


} catch (Exception e) {

} catch (ArithmeticException e)
{

}
```

에러 발생

```
try {


} catch (ArithmeticException e)
{

} catch (Exception e) {

}
```

에러 없음

Throwable 클래스는 예외 클래스 중에서 최상위 클래스이므로 Throwable 클래스의 메소드를 하위 예외 클래스 인스턴스가 사용할 수 있겠죠. Throwable 클래스에서 알아야 할 두 메소드를 정리해 보겠습니다.

메소드	설명
String getMessage()	예외에 대한 설명을 반환함.
void printStackTrace()	발생한 예외에 대한 정보를 반환함.

위의 두 메소드에 대한 설명은 비슷해 보이지만 두 메소드의 사용 결과는 다릅니다. 예제를 볼게요. 우선 예외 처리를 하지 않고 수행해 볼게요. 수행 결과로 나오는 메시지를 잘 봐두세요.

코드 201

```
public static void main(String[] args)
{
   int A[] = new int[5];
   A[7] = 100;
}
```

결과

```
Exception in thread "main" java.lang.ArrayIndexOutOfBoundsException: Index 7 out of
bounds for length 5
        at exceptiontest3.Code201.main(Code201.java:7)
```

다음으로 위의 코드에 예외 처리를 하고 getMessage() 메소드를 이용해서 어떤 메시지가 출력되는지 볼게요.

코드 202

```
public static void main(String[] args)
{
  int A[] = new int[5];
  try {
        A[7] = 100;
  }
  catch(ArrayIndexOutOfBoundsException e) {
        System.out.println("Exception message : " + e.getMessage());
  }
}
```

결과

```
Exception message : index 7 out of bounds for length 5
```

printStackTrace() 메소드의 수행 결과를 알아보겠습니다.

코드 203

```
public static void main(String[] args)
{
  int A[] = new int[5];
  try {
        A[7] = 100;
  }
  catch(ArrayIndexOutOfBoundsException e) {
        e.printStackTrace();
  }
}
```

에러 메시지가 그대로 모두 출력됩니다.

결과

```
java.lang.ArrayIndexOutOfBoundsException: Index 7 out of bounds for length 5
        at exceptiontest5.Code203.main(Code203.java:8)
```

throws를 이용하여 예외 처리하기

throws를 이용하여 예외를 처리할 수도 있습니다. throws는 예외 처리를 다른 데로 넘기는 방식이에요. 다음의 예를 보세요.

코드 204

```
package exceptiontest6;

public class Code204 {
   public static void makeArray( )
   {
       int A[] = new int[3];
       A[0] = 10;
       A[1] = 20;
       A[2] = 30;
       A[3] = 40;
       A[4] = 50; // 여기에서 ArrayIndexOutOfBoundsException 발생
   }
   public static void main(String[] args)
   {
       System.out.println("main starts");
       makeArray( ); // makeArray( ) 메소드에서 예외 발생
       System.out.println("main ends"); // 출력되지 않음.
   }
}
```

결과

```
main starts
Exception in thread "main" java.lang.ArrayIndexOutOfBoundsException: Index 3 out of
bounds for length 3
        at exceptiontest6.Code204.makeArray(Code204.java:10)
        at exceptiontest6.Code204.main(Code204.java:16)
```

위의 코드를 try~catch로 예외 처리하면 다음과 같겠죠.

코드 205

```
public static void makeArray()
{
        int A[] = new int[3];
        try {
                A[0] = 10;
                A[1] = 20;
                A[2] = 30;
                A[3] = 40;
                A[4] = 50;   ◀····· 예외 발생 부분
        }
        catch(ArrayIndexOutOfBoundsException e) {
                System.out.println("Exception message : " + e.getMessage());
```

```
        }
}
public static void main(String[] args)
{
        System.out.println("main starts");
        makeArray();
        System.out.println("main ends");
}
```

결과

```
main starts
Exception message : Index 3 out of bounds for length 3
main ends
```

위의 코드를 throws를 이용하여 다시 예외 처리해 볼게요.

코드 206

```
// makeArray() 메소드에서 예외가 발생하는데 예외처리를 하지 않았습니다.
// 대신 throws 구문을 이용해서 makeArray() 메소드를 호출하는 메소드에게
// 예외 처리를 하도록 합니다.

public static void makeArray() throws ArrayIndexOutOfBoundsException
{
        int A[] = new int[3];

        A[0] = 10;
        A[1] = 20;
        A[2] = 30;
        A[3] = 40;
        A[4] = 50;
}

public static void main(String[] args)
{
        System.out.println("main starts");
        try {
                makeArray();
        }
        catch(ArrayIndexOutOfBoundsException e) {
```

makeArray()에서 ArrayIndexOutOfBoundsException이 발생하면 makeArray()를 호출한 곳에서 예외 처리하라는 의미입니다.

makeArray()에서 예외가 발생하면 여기에서 처리합니다.

```
            System.out.println("Exception message : " + e.getMessage());
        }
        System.out.println("main ends");
}
```

결과

```
main starts
Exception message : Index 3 out of bounds for length 3
main ends
```

위의 코드에서 메소드 부분이 다음과 같이 되어 있습니다.

```
public static void makeArray() throws ArrayIndexOutOfBoundsException
```

메소드 이름 옆에 throws 예외의 형태를 적었습니다. 이것은 이 메소드에서 해당 예외가 발생하면 이 메소드를 호출한 곳에서 예외 처리를 하라는 얘기입니다. 즉, 이 예제에서는 main 메소드가 makeArray() 메소드를 호출하니까 main에서 makeArray() 메소드를 호출하는 부분에 예외 처리를 해야겠죠.

```
void test( ) throws ArithmeticException {

}

Public static void main(String[ ] args)
{

    try {
        test( );    여기에서 처리해야 합니다.
    }
    catch (ArithmeticException e) {

    }
}
```

test() 메소드에서 ArithmeticException이 발생하면
test() 메소드를 호출한 메소드가 처리하라는 뜻입니다.

03 예외 생성하기

코딩을 하다 보면 자신만의 예외 상황을 만들고 처리해야 하는 경우가 있습니다. 어떤 예외든지 처리는 앞에서 설명한 대로 처리하면 됩니다. 예외를 만들 때는 throw 구문을 사용합니다. 다음의 예를 보세요.

코드 207

```
class MyException extends Exception {
        int x;
        MyException(int x) {
                this.x = x;
        }
        public String toString() {
                return "I am " + x + " in MyException class";
        }
}
public class Code207 {
        public static void main(String[] args)
        {
                MyException me =  new MyException(10);
                try {
                        System.out.println("before throw MyException");
                        throw me;
                }
                catch (MyException e) {
                        System.out.println(e);
                }
                System.out.println("main ends");
        }
}
```

Exception 클래스를 상속받는 클래스 만듭니다. MyException은 사용자가 만든 예외 클래스입니다.

예외 객체 참조 변수입니다.

예외를 발생시킴

```
before throw MyException
I am 10 in MyException class
main ends
```

위의 예에서 보듯이 MyException 클래스는 Exception 클래스를 상속받고 있어요. 이렇게 해야 MyException 객체가 예외 객체가 됩니다. 이 객체를 throw 키워드를 이용해서 예외를 발생시키도록 합니다. 그리고 throw me; 와 같이 예외를 발생시킨 부분을 try~catch를 이용하여 예외를 처리하도록 해야겠죠.

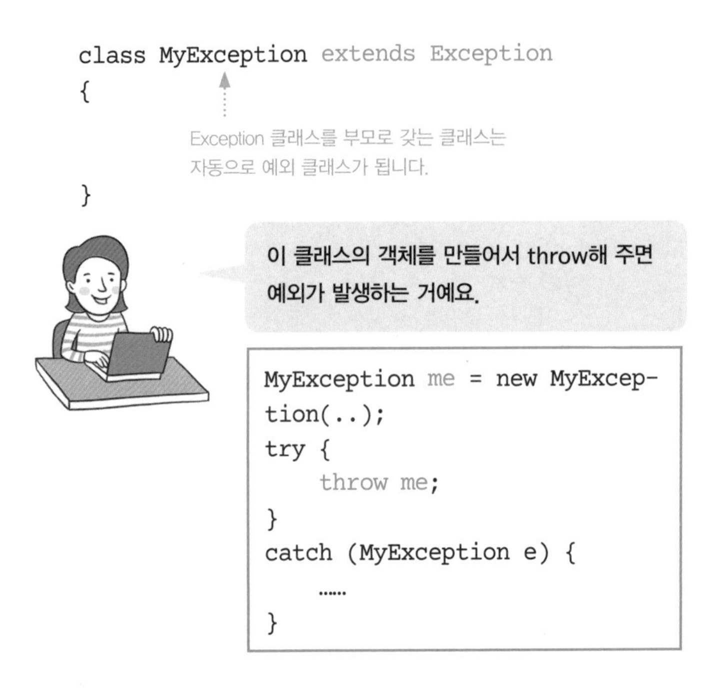

이번 장에서는 에러와 예외의 차이를 알아 보았습니다. 잘못 적은 문법 때문에 발생하는 컴파일 에러는 반드시 코드 자체를 수정해야 하지만 프로그램이 수행되는 과정에서 어쩔 수 없이 발생하는 에러는 예외라고 하여 특별히 처리해야 합니다. 이러한 예외 처리 방법으로는 try~catch만을 이용하는 방법과 throws를 이용하여 예외 처리를 다른 메소드에게 넘기는 방법이 있습니다. 마지막으로 throw 구문을 이용하여 필요할 때 스스로 예외 클래스를 만들어서 예외를 처리하는 방법을 알아 보았습니다.

이번 장에서 살펴본 예외와 앞으로 많이 접할 확률이 높은 예외를 정리하면 우리가 많이 보게 될 예외를 정리하면 다음과 같습니다.

예외명	의미
ArrayIndexOutOfBoundsException	배열 범위를 벗어남
ArithmeticException	연산에 문제가 있음 (0으로 나누기)
FileNotFoundException	존재하지 않는 파일에 접근하기
NullPointerException	인스턴스를 제대로 생성하지 않음
ClassNotFoundException	존재하지 않는 클래스임
NumberFormatException	문자열을 수치로 전환할 때 발생함

13 > 자바 입출력

자바 입출력은 크게 표준 입출력과 파일 입출력으로 나눌 수 있습니다. 표준 입출력은 키보드로부터 입력을 받고 모니터로 출력하는 것을 말해요. 파일 입출력은 파일로부터 데이터를 입력받아서 다시 파일로 출력하는 것을 말하고요. 물론 키보드로 입력받고 파일로 출력할 수도 있고, 파일로부터 받은 입력을 모니터로 출력할 수도 있겠죠.

지금까지는 주로 Scanner 클래스를 이용해서 데이터를 표준 입력으로 받고, System 클래스를 이용해서 모니터 출력을 했어요. 이번 장에서는 Scanner 클래스와 System 클래스도 좀 더 자세히 알아보고, 그 외의 중요한 입출력 클래스들을 학습합니다.

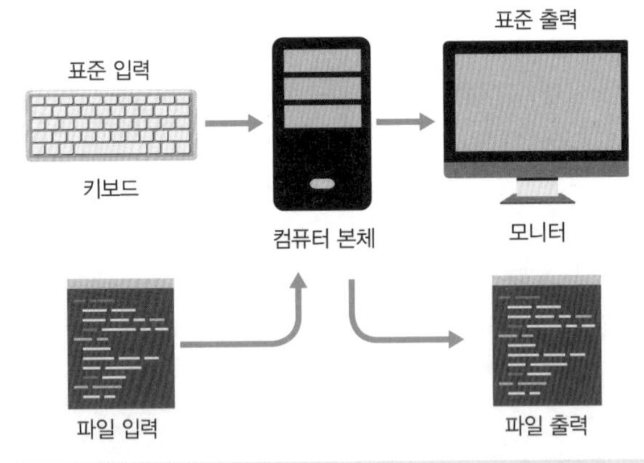

표준 입출력은 키보드로 입력받고 모니터로 출력하는 것을 말합니다.
파일 입출력은 파일로부터 입력받고 결과를 파일로 출력하는 것을 말합니다.

01 스트림 (stream)

스트림은 데이터가 다니는 길을 말합니다. 스트림은 컴퓨터와 입출력 장치 사이에 연결된 길이고, 이러한 스트림에 적절한 입출력 클래스를 이용해서 데이터를 읽어 들이거나 출력하게 되는 거예요. 스트림은 크게 바이트 스트림과 문자 스트림으로 구분됩니다. 이름 그대로 바이트 스트림은 바이트 단위로 데이터 입출력이 이루어지고, 문자 스트림은 문자 단위로 입출력이 이루어집니다. 자바의 초기 버전에서는 바이트 스트림만 있었지만 버전이 업그레이드되면서 문자 스트림이 추가되었어요. 스트림 클래스의 이름을 보면 데이터를 읽어 오기 위한 스트림인지, 아니면 데이터를 쓰기 위한 스트림인지를 알 수가 있어요.

- **입력 스트림 클래스** – 클래스명이 InputStream 또는 Reader로 끝남.
- **출력 스트림 클래스** – 클래스명이 OutputStream 또는 Writer로 끝남.

또한 클래스명이 Stream으로 끝나면 바이트 단위로 입출력이 이루어지는 클래스이고 Reader/Writer로 끝나면 문자 단위로 데이터 입출력이 이루어집니다.

- **바이트 단위 입출력 클래스** – 클래스명이 Stream으로 끝나는 클래스
- **문자 단위 입출력 클래스** – 클래스명이 Reader/Writer로 끝나는 클래스

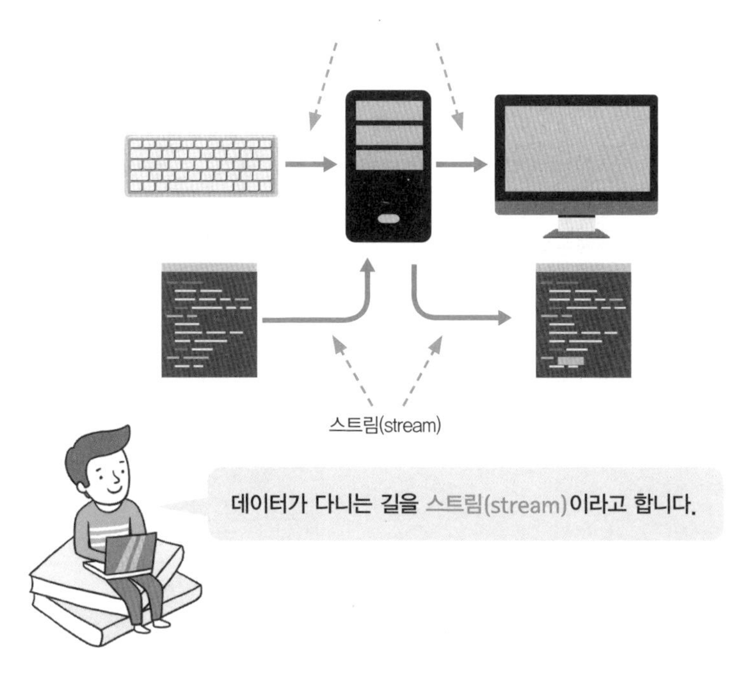

자바에서는 스트림 중에 직접 데이터를 읽고 쓰는데 이용하는 스트림이 있고, 다른 스트림에 보조 역할을 하는 스트림이 있습니다. 이렇게 보조 역할을 하는 스트림은 직접 데이터를 읽고 쓰는 기능은 없습니다. 보조 스트림은 다음과 같습니다.

- **보조 스트림 클래스**
  - InputStreamReader, OutputStreamReader
  - BufferedInputStream, BufferedOutputStream
  - DataInputStream, DataOutputStream

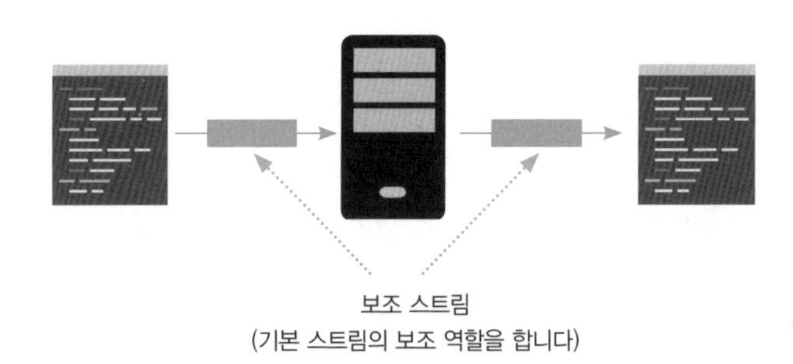

스트림 클래스의 계층 구조는 다음과 같습니다.

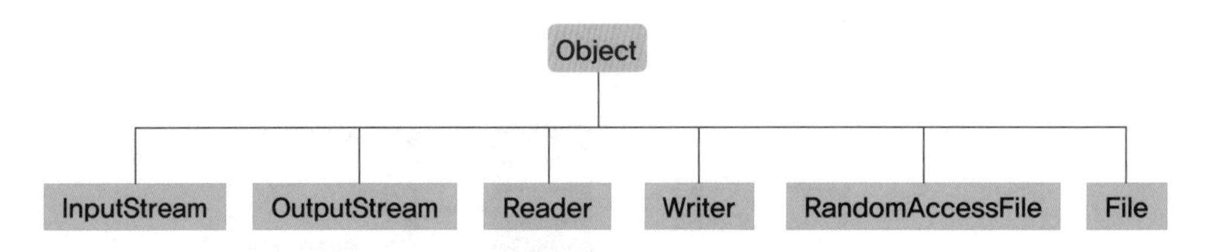

위의 구조에서 File 클래스는 파일로부터 데이터를 읽어 오거나 파일로 데이터를 저장할 때 필요한 클래스입니다.

InputStream 클래스와 OutputStream 클래스의 하위 클래스는 다음과 같습니다. 즉, 바이트 단위로 입출력을 하는 클래스들이죠.

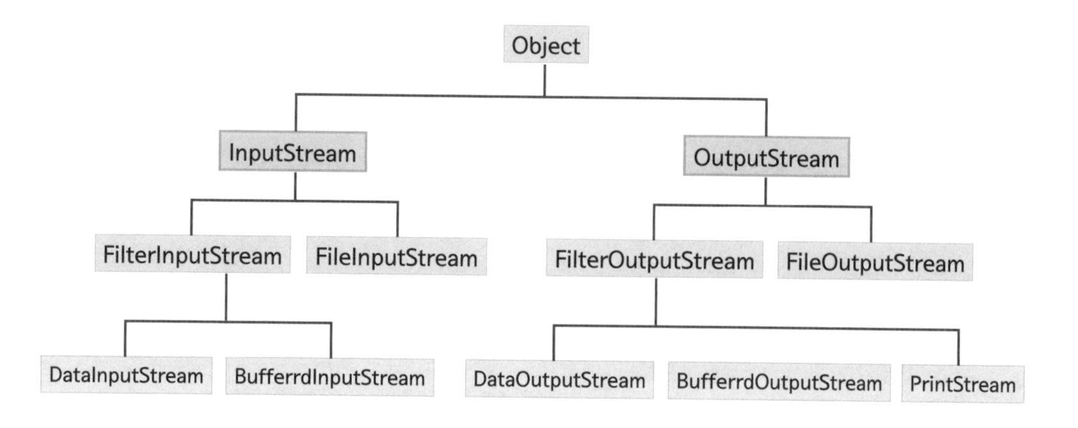

Reader/Writer 클래스의 하위 클래스는 다음과 같습니다. 이 클래스들은 문자 단위로 입출력을 하겠죠.

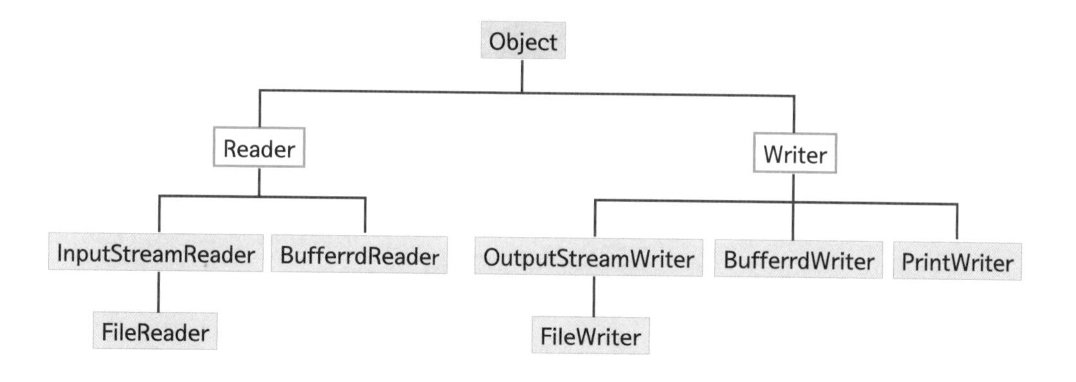

02 표준 입출력 클래스

표준 입력은 키보드로부터 데이터를 입력받는 것을 말해요. 지금까지는 Scanner 클래스를 이용했었죠. 우선 Scanner 클래스를 정리하고 System 클래스를 이용해서도 표준 입력 처리하는 것을 보겠습니다.

Scanner 클래스

Scanner 클래스는 표준 입력 처리에 아주 유용합니다. java.util 패키지에 있고, 다양한 자료형을 읽어올 수 있는 메소드들이 있어서 다양한 데이터 입출력을 처리하는데 유용합니다. 생성자는 여러 가지가 있으나 다음의 생성자가 많이 사용됩니다.

[생성자]

생성자	설명
Scanner(File source)	파일 객체로부터 Scanner 객체를 생성함.
Scanner(InputStream source)	InputStream 객체로부터 Scanner 객체를 생성함.

[메소드]

메소드	설명
void close()	Scanner 객체를 닫음.
String next()	문자열 데이터를 읽음.
boolean nextBoolean()	boolean 데이터를 읽음.
byte nextByte()	byte 데이터를 읽음.
short nextShort()	short 데이터를 읽음.
int nextInt()	int 데이터를 읽음.
long nextLong()	long 데이터를 읽음.
float nextFloat()	float 데이터를 읽음.
double nextDouble()	double 데이터를 읽음.

Scanner 클래스를 이용하면 표준 입력을 쉽게 해결할 수 있습니다.

```
import java.util.Scanner;

Scanner scin = new Scanner(System.in);
String x = scin.next( );
int y = scin.nextInt( );
double z = scin.nextDouble( );

scin.close( );
```

위의 메소드들을 이용하는 예제를 볼게요.

코드 208

```
import java.util.Scanner;

public class Code208 {

	public static void main(String[] args)           키보드를 말합니다.
	{
		Scanner scin = new Scanner(System.in);
		System.out.print("Name : ");
		String name = scin.next();  ◀····· String 읽을 때
		System.out.print("Phone number : ");
		String phone = scin.next();
		System.out.print("Age : ");
		int age = scin.nextInt();  ◀····· int 읽을 때
		System.out.print("Height : ");
		float height = scin.nextFloat();  ◀····· float 읽을 때
		System.out.print("Gender : ");
		char gender = scin.next().charAt(0);  ◀····· String의 첫문자

		System.out.println("Name : " + name);
		System.out.println("Phone : " + phone);
		System.out.println("Age : " + age);
		System.out.println("height : " + height);
		System.out.println("Gender : " + gender);

		scin.close();
	}
}
```

결과

```
Name : Alice
Phone number : 010-111-1234
Age : 21
Height : 160
Gender : Female
Name : Alice
Phone number : 010-111-1234
Age : 21
Height : 160.0
Gender : F
```

System 클래스

System 클래스를 이용해서 키보드로부터 데이터를 읽어 들이는 방법을 알아보겠습니다. 우선 System 클래스를 정리해 볼게요. System 클래스는 다음과 같이 in, out, err 필드를 갖고 있습니다. 우리가 지금까지 사용했던 System.in, System.out이 여기에 해당됩니다.

[필드]

in	public static final InputStream in
out	public static final PrintStream out
err	public static final PrintStream err

- **System.in**

  필드인 in이 InputStream 타입이기 때문에 InputStream 클래스에 있는 메소드들을 사용할 수가 있겠죠. InputStream 클래스의 메소드들은 다음과 같습니다.

public abstract int read() throws IOException
public int read(byte[] b) throws IOException
public int read(byte[] b, int off, int len) throws IOException

위의 메소드들 중에서 read() 메소드를 이용하여 하나의 문자를 입력받는 코드를 보겠습니다.

코드 209

```
public static void main(String[] args)
{
        System.out.print("Enter one character : ");
        int x;
        try {
                x = System.in.read();
                System.out.println("You entered " + x);
                System.out.println("You entered " + ((char)x));
        }
        catch(IOException e) {
                e.printStackTrace();
        }
}
```

read() 메소드의 반환값은 int입니다. char형으로 형 변환해야 영문자로 출력됩니다.

결과

```
Enter one character : a
You entered 97
You entered a
```

위의 코드에 루프를 이용하면 여러 문자들을 입력받을 수 있겠죠.

코드 210

```
public static void main(String[] args)
{
        int x;
        try {                     // 읽어들일 문자가 없으면 -1 반환합니다.
                while ((x = System.in.read()) != -1) {
                        System.out.print((char)x);
                }
        }
        catch(IOException e) {
                e.printStackTrace();
        }
}
```

결과

```
hello world
hello world
```

```
while ((x = System.in.read() ) != -1)
        System.out.print((char) x);
```

while의 조건은 다음과 같이 수행됩니다.

① x = System.in.read() 가 수행되어서, 하나의 문자를 읽어서 x에 저장합니다. x에는 아스키 코드가 저장됩니다.

② 읽어 들인 문자가 있으면 문자로 변환하여 출력합니다.

③ 만약에 읽어 들인 문자가 없다면 -1이 반환되어 while 루프를 끝냅니다.

- System.out

out은 PrintStream 타입이기 때문에 PrintStream 클래스의 메소드들을 사용할 수가 있습니다. PrintStream 클래스에는 다음과 같이 write()와 print() 메소드가 있습니다.

[write 메소드]

메소드	설명
public abstract void write(int b) throws IOException	정수 b의 하위 8 비트를 출력함.
public void write(byte[] b) throws IOException	byte 배열 b의 내용을 출력함.
public void write(byte[] b, int off, int len) throws IOException	배열 b의 off 위치부터 len 길이만큼 출력함.

우리가 지금까지 출력에 사용했던 System.out.println()이 다음의 메소드였습니다. print() 메소드와 print() 메소드의 차이는 출력한 후에 '엔터'가 있고 없고의 차이임을 알 거예요. 아래 표를 보면 기본적으로 print() 메소드는 모든 자료형을 모두 편하게 출력할 수 있음을 알 수 있습니다. 또한 Object를 매개변수로 갖기 때문에 어떤 클래스의 객체도 print() 메소드를 이용해서 출력이 가능합니다. 그런데 이때 해당 클래스가 toString() 메소드를 오버라이딩해서 갖고 있지 않으면 객체의 참조값이 출력됩니다.

[print 메소드]

public void print(boolean b)	public void println(boolean x)
public void print(char c)	public void println(char x)
public void print(int i)	public void println(int x)
public void print(long l)	public void println(long x)
public void print(float f)	public void println(float x)
public void print(double d)	public void println(double x)
public void print(char[] s)	public void println(char[] x)
public void print(String s)	public void println(String x)
public void print(Object obj)	public void println(Object x)
	public void println()

03 파일 입력 클래스

파일로부터 데이터를 읽어 오는 클래스는 FileInputStream과 FileReader 클래스가 있습니다. 그리고 파일에 데이터를 저장(출력)하는 클래스는 FileOutputStream과 FileWriter 클래스가 있습니다. 따라서 다음과 같이 정리할 수가 있습니다.

[파일 입력 클래스]

- **FileInputStream** : 파일로부터 바이트 단위로 데이터를 읽어 옵니다.
- **FileReader** : 파일로부터 문자 단위로 데이터를 읽어 옵니다.

[파일 출력 클래스]

- **FileOutputStream** : 파일로 바이트 단위의 데이터를 출력합니다.
- **FileWriter** : 파일로 문자 단위의 데이터를 출력합니다.

여기에서 우선 파일 입력 클래스를 공부하고, 어떻게 사용하는지를 예제로 확인해 보겠습니다.

파일 저장 위치

파일을 읽어 오기 위해서는 프로그램이 파일의 위치를 알고 있어야 합니다. 이클립스에서는 간단히 프로젝트 아래에 파일을 저장하면 됩니다. filetest라는 프로젝트를 만들어서 그 아래에 파일을 저장해 보겠습니다.

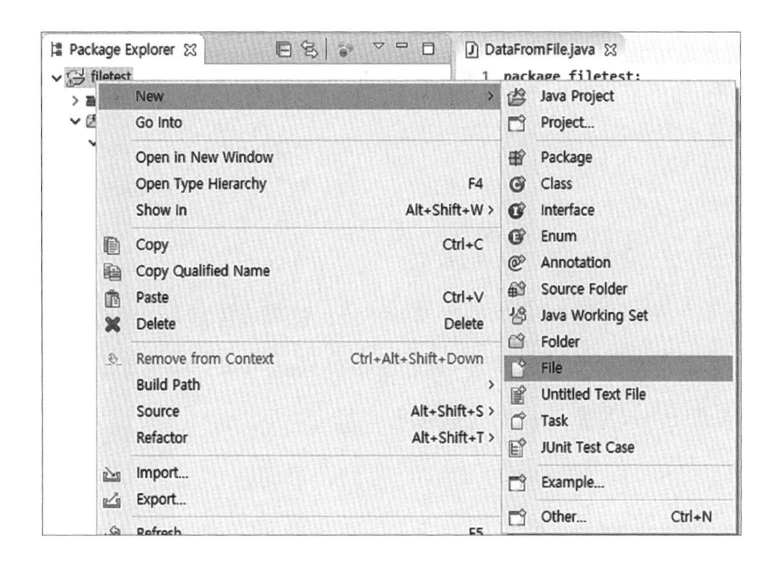

파일명은 자유롭게 만들면 되는데, 여기에서는 'data1.txt'라고 했습니다.

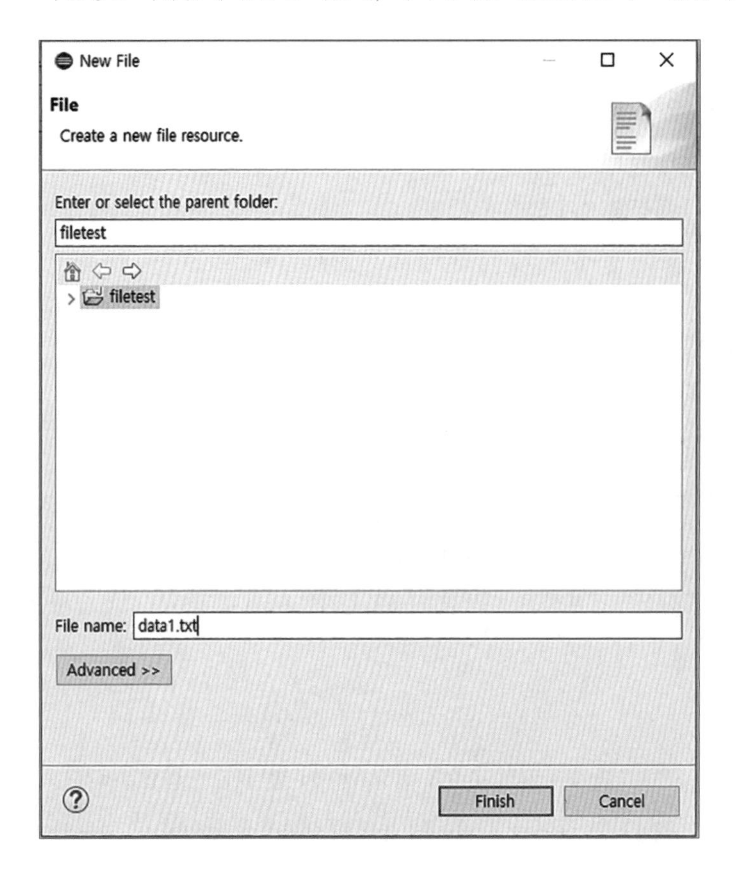

다음과 같이 data1.txt 파일을 저장하였습니다.

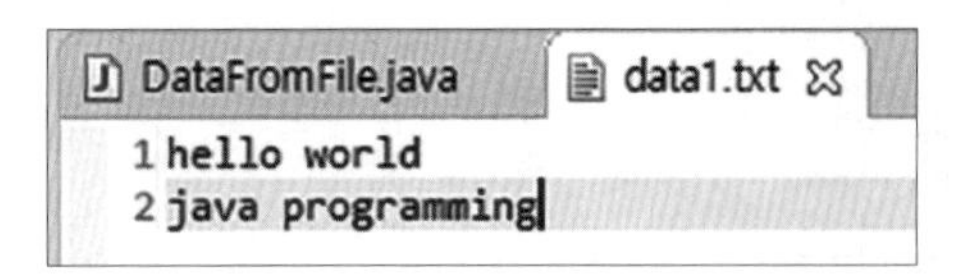

FileInputStream을 이용한 파일 입력

파일로부터 데이터를 읽어 오려면 프로그램과 파일 사이에 스트림 객체를 만들어야 합니다. 그때 사용하는 것이 FileInputStream 클래스입니다. FileInputStream 클래스의 생성자를 통해서 프로그램과 파일 사이에 스트림 객체를 만들 수 있습니다.

[FileInputStream 생성자]

생성자	설명
FileInputStream(File file)	File 객체로부터 스트림 객체를 생성함.
FileInputStream(String name)	파일명을 이용하여 스트림 객체를 생성함.

위의 두 생성자는 실제로 다음과 같습니다. 따라서 반드시 FileNotFoundException에 대한 예외 처리를 해야 합니다.

```
public FileInputStream(String name) throws FileNotFoundException
public FileInputStream(File file) throws FileNotFoundException
```

생성자를 이용해서 스트림을 만들었다면 다음의 메소드들을 이용해서 파일의 내용을 읽어올 수가 있습니다.

[FileInputStream 메소드]

메소드	설명
int read()	입력 스트림으로부터 1바이트 데이터를 읽고, 읽은 데이터의 바이트 수를 반환함.
int read(byte[] b)	입력 스트림으로부터 여러 바이트의 데이터를 읽어서 바이트 배열 b에 저장하고 읽은 데이터의 바이트 수를 반환함.
int read(byte[] b, int off, int len)	입력 스트림으로부터 len 길이의 데이터를 읽어서 바이트 배열 b[off] 위치로부터 저장하고 읽은 데이터의 바이트 수를 반환함.

스트림을 이용한 데이터 읽기가 끝났으면 스트림을 닫아 주어야 합니다. 이때 사용하는 것이 close() 메소드입니다. 그러면 위의 생성자와 메소드들을 이용하여 파일에서 데이터를 읽어 오겠습니다. 위의 세 메소드들도 예외 처리를 해야 합니다.

```
public int read() throws IOException
public int read(byte[] b) throws IOException
public int read(byte[] b, int off, int len) throws IOException
```

- **read() 메소드 이용하여 파일의 데이터 읽어오기**

생성자를 이용하여 data1.txt 파일과 프로그램을 연결한 후에 파일로부터 데이터를 읽어오는 예제입니다. 예외 처리 부분을 잘 봐두세요.

코드 211

```
import java.io.FileInputStream;
import java.io.IOException;

public class Code211 {

	public static void main(String[] args)
	{
		FileInputStream fis = null;
		try {
			fis = new FileInputStream("data1.txt");
			System.out.println((char)fis.read());
			System.out.println((char)fis.read());
			System.out.println((char)fis.read());
			System.out.println((char)fis.read());
			System.out.println((char)fis.read());
			System.out.println((char)fis.read());
			System.out.println((char)fis.read());
			System.out.println((char)fis.read());
		}
		catch(IOException e) {
			System.out.println(e);
		}
		finally {
			try {
				fis.close();
			}
			catch (IOException e) {
				System.out.println(e);
			}
		}
		System.out.println("main end");
	}
}
```

파일명을 넣습니다.

결과

```
h
e
l
l
o

w
o
main end
```

data1.txt 파일

DataFromFil... | data1.txt

```
1 hello world
2 java programming
```

위의 코드를 보면 한 글자씩 읽어와서 출력하는 것을 볼 수가 있죠. 처음부터 끝까지 읽어 오려면 루프를 돌려야 합니다.

코드 212

```
import java.io.FileInputStream;
import java.io.IOException;

public class Code212 {

	public static void main(String[] args)
	{
		FileInputStream fis = null;
		try {
			fis = new FileInputStream("data1.txt");
			int x;
			while ((x = fis.read()) != -1)
				System.out.print((char)x);
		}
		catch(IOException e) {
			System.out.println(e);
		}
		finally {
			try {                    예외 처리가 필요합니다.
				fis.close();
			}
			catch (IOException e) {
				System.out.println(e);
```

```
                        }
                }
        }
}
```

결과

```
hello world
java programming
```

위의 코드에서 보듯이 파일에서 데이터를 모두 읽어 왔다면 close() 메소드를 넣어서 프로그램과 파일간의 스트림을 닫는 것이 좋습니다. close() 메소드도 예외 처리가 필요합니다.

```
public void close() throws IOException
```

파일 접근을 할 때 조심해야 할 것이 있습니다. 만약에 실수로 없는 파일 이름을 넣는다면 에러가 발생합니다. 다음의 예를 보세요.

코드 213

```
import java.io.FileInputStream;
import java.io.IOException;

public class Code213 {
        public static void main(String[] args)
        {
                FileInputStream fis = null;
                try {
                        fis = new FileInputStream("input.txt");
                        System.out.print((char)fis.read());
                }
                catch(IOException e) {
                        System.out.println(e);
                }
                finally {
                        try {
                                fis.close();
                        }
                        catch (IOException e) {
```

파일명을 넣어서 어떤 예외가 발생하는지 확인해 보았습니다.

```
                    }
            }
        }
}
```

결과

```
Exception in thread "main" java.io.FileNotFoundException: input.txt (지정된 파일을 찾을 수 없습니다)
java.lang.NullPointerException
        at Code213.Code213.main(Code213.java:18)
```

FileInputStream 객체를 생성할 때 없는 파일명 input.txt을 넣었습니다. 프로그램 코드에는 에러가 없는데, 두 가지 예외가 발생한 것을 볼 수가 있습니다. 하나는 파일이 없을 때 나오는 예외 'FileNotFoundException이고 다른 하나는 NullPointerException이라고 나옵니다. NullPointerException은 파일이 없어서 fis가 초기값 null을 그대로 갖고 있는 상태인데 close()를 시도하려고 하기 때문에 나오는 예외입니다. 따라서 위의 코드에서 두 가지 예외를 추가해야 합니다.

Class FileNotFoundException	**Class NullPointerException**

java.lang.Object
    java.lang.Throwable
        java.lang.Exception
            java.io.IOException
                java.io.FileNotFoundException
	java.lang.Object
	    java.lang.Throwable
	        java.lang.Exception
	            java.lang.RuntimeException
	                java.lang.NullPointerException

다음과 같이 예외 처리를 추가하였습니다.

코드 214

```
import java.io.FileInputStream;
import java.io.FileNotFoundException;
import java.io.IOException;

public class Code214 {
        public static void main(String[] args)
        {
                FileInputStream fis = null;
                try {
                        fis = new FileInputStream("input.txt");
                        System.out.print((char)fis.read());
                }
```

```java
			catch(FileNotFoundException e) {
				System.out.println("input.txt는 없는 파일입니다.");
			}
			catch(IOException e) {
				System.out.println(e);
			}
			finally {
				try {
					fis.close();
				}
				catch (IOException e) {
					System.out.println(e);
				}
				catch (NullPointerException e) {
					System.out.println("fis가 null 값을 갖고 있습니다.");
				}
			}
		}
}
```

없는 파일을 넣었을 때 fis가 null이기 때문에 발생하는 예외입니다.

결과

```
input.txt는 없는 파일입니다.
fis가 null 값을 갖고 있습니다.
```

우리가 파일 처리를 할 때 항상 올바르게 파일명을 사용하기가 어렵기 때문에 파일 처리를 할 때는 반드시 위와 같이 가능한 예외 상황을 모두 처리하기 바랍니다.

파일 입력 처리는 이러한 형태를 지켜주면 쉽게 코딩할 수가 있습니다.

```
try {
        파일 스트림 연결하기
        파일에서 데이터 읽어 오기
}
catch (FileNotFoundException e) {
        ......
}
catch (IOException e) {
        ......
}
finally {
    try {
        스트림 닫기
    }
    catch (IOException e) {
        ......
    }
    catch (NullPointerException e) {
        ......
    }
}
```

위의 코드에서 보듯이 close 메소드 자체가 예외를 발생시키기 때문에 코드에서 예외 처리가 많아진 것을 알 수가 있습니다. 이 부분을 효율적으로 처리하기 위해서 자바 7에서는 AutoClose-able 인터페이스를 추가하고 try with resouces라는 개념을 추가하였습니다. 예제를 통해서 이 개념을 알아 볼게요.

코드 215

```
import java.io.*;

public class Code215 {
        public static void main(String[] args) {
                int i;
                try (FileInputStream fin = new FileInputStream("data.txt");) {
                        do {
                                i = fin.read(); // read from file
                                if (i != -1) System.out.print((char) i);
                        } while (i != -1);
                } catch(IOException e) {
                        System.out.println("Error reading file.");
                }
        }
}
```

위의 코드를 보면 try 괄호 부분에 파일 스트림 생성 코드가 들어간 것을 볼 수가 있습니다. 이렇게 작성하면 스트림 연결을 끊기 위해 fin을 닫을 때 자동으로 예외 처리가 됩니다. try 부분에 여러 코드를 작성할 수도 있습니다.

코드 216

```
import java.io.*;

public class Code216 {
        public static void main(String[] args) {
                int i;
                String inFile = "input.txt";
                String outFile = "output.txt";

                try (FileInputStream fin = new FileInputStream(inFile);
                   FileOutputStream fout= new FileOutputStream(outFile))
                {
                        do {
                                i = fin.read();
                                if (i != -1) fout.write(i);
                        } while(i != -1);
                }catch(IOException ex) {
                        System.out.println("File IO error " + ex);
                }
        }
}
```

이 코드에서 input.txt는 존재하는 파일이어야 합니다. 이 코드는 input.txt 파일의 내용을 output.txt 파일에 복사하는 프로그램이예요. 역시 close() 메소드를 따로 호출하지 않았습니다.

● int read(byte[] b) 메소드 이용하여 파일의 데이터 읽어오기

코드 217

```
import java.io.FileInputStream;
import java.io.FileNotFoundException;
import java.io.IOException;

public class Code217 {
```

```
        public static void main(String[] args)
        {
                FileInputStream fis = null;
                byte b[] = new byte[50];
                try {
                        fis = new FileInputStream("data1.txt");
                        fis.read(b);  ◀······· 파일 내용을 모두 배열 b에 읽어들입니다.
                        for (byte x : b)
                                System.out.print((char)x);
                }
                catch(FileNotFoundException e) {
                        System.out.println("data1.txt는 없는 파일입니다.");
                }
                catch(IOException e) {
                        System.out.println(e);
                }
                finally {
                        try {
                                fis.close();
                        }
                        catch (IOException e) {
                                System.out.println(e);
                        }
                        catch (NullPointerException e) {
                                System.out.println("fis가 null 값을 갖고 있습니다.");
                        }
                }
        }
}
```

결과

```
hello world
java programming
```

지금까지는 파일명을 이용해서 스트림을 만들었는데, 이번에는 File 클래스를 이용하여 FileInputStream 객체를 만들어 보겠습니다.

코드 218

```
import java.io.File;
import java.io.FileInputStream;
import java.io.IOException;

public class Code218 {
    public static void main(String[] args)
    {
        File file = new File("data2.txt");
        FileInputStream fis = null;
        try {
            fis = new FileInputStream(file);
            int x;
            while ((x = fis.read()) != -1)
                System.out.print((char)x);
        }
        catch(IOException e) {
            System.out.println(e);
        }
        finally {
            try {
                fis.close();
            }
            catch (IOException e) {
                System.out.println(e);
            }
        }
    }
}
```

파일 객체를 만들어서 FileInputStream 생성자에 넣습니다.

결과

```
abcdefg
12345
opqrstuvwxyz
```

파일 data2.txt

```
abcdefg
12345
opqrstuvwxyz
```

FileReader를 이용한 파일 입력

FileReader를 이용하여 파일에 있는 데이터를 읽어오는 방법을 알아보겠습니다.

Class FileReader

java.lang.Object
  java.io.Reader
    java.io.InputStreamReader
      java.io.FileReader

FileReader 클래스의 생성자와 read() 메소드들을 알아보겠습니다.

[FileReader 생성자]

생성자	설명
FileReader(File file)	File 객체를 통하여 FileReader 객체를 생성함.
FileReader(String fileName)	파일명을 이용하여 FileReader 객체를 생성함.

[FileReader 메소드]

메소드	설명
int read()	파일로부터 한 문자를 읽어오고, 읽어온 데이터를 반환함.
int read(char[] cbuf)	파일로부터 읽어온 문자들을 배열 cbuf에 저장함.
int read(char[] cbuf, int offset, int length)	파일로부터 length개의 문자를 읽어와서 배열 cbuf[offset] 위치부터 저장함.

예제를 통하여 FileReader 클래스를 이용해 보겠습니다.

코드 219

```
import java.io.FileReader;
import java.io.IOException;

public class Code219 {
	public static void main(String[] args)
	{
		FileReader fis = null;
		try {
			fis = new FileReader("data3.txt");
			int x;
			while ((x = fis.read()) != -1)
				System.out.print((char)x);
		}
```

```
			catch(IOException e) {
				System.out.println(e);
			}
			finally {
				try {
					fis.close();
				}
				catch (IOException e) {
					System.out.println(e);
				}
			}
		}
}
```

결과

```
hello world
안녕하세요.
```

data3.txt 파일

```
hello world
안녕하세요.
```

FileReader 클래스의 read(char[] cbuf)를 이용해 보겠습니다.

코드 220

```
import java.io.FileReader;
import java.io.IOException;

public class Code220 {
		public static void main(String[] args)
		{
			FileReader fis = null;
			char data[] = new char[50];
			try {
				fis = new FileReader("data3.txt");
				fis.read(data);
				for (int x : data)
					System.out.print((char)x);
			}
			catch(IOException e) {
				System.out.println(e);
			}
			finally {
				try {
					fis.close();
				}
```

```
                        catch (IOException e) {
                            System.out.println(e);
                        }
                }
        }
}
```

결과

```
hello world
안녕하세요.
```

data3.txt 파일

```
hello world
안녕하세요.
```

지금까지 가장 기본적인 FileInputStream과 FileReader 클래스의 사용법을 알아 보았습니다. 이 두 클래스 외에 Scanner 클래스가 파일 입력 처리에 아주 편한 메소드를 많이 제공합니다. Scanner 클래스를 이용해서 파일 처리를 어떻게 하는지 알아보겠습니다. Scanner 클래스는 System.in을 생성자에 넣고 키보드로부터 데이터를 읽어 들일 때 주로 사용했었죠. Scanner 클래스의 생성자 중에 파일을 입력받는 생성자를 이용하면 파일 처리를 할 수 있습니다. 기본 형태는 다음과 같습니다.

```
Scanner scin = new Scanner(new File(파일명));
while (sc.hasNext()) {
    // 파일에서 다음 데이터 읽어오기
}
```

위의 기본 형태에서 보듯이 Scanner 클래스에는 다음에 읽을 데이터가 있는지를 판단하는 메소드가 있습니다. Scanner 클래스의 메소드를 정리해 볼게요.

메소드	설명
public boolean hasNext()	다음에 읽어올 토큰이 있는지 판단함. 읽어올 토큰이 있으면 true, 아니면 false를 반환함.
public String next()	다음 문자열을 읽어옴.
public boolean nextBoolean()	다음 토큰을 읽어서 boolean으로 반환함.
public byte nextByte()	다음 토큰을 읽어서 byle로 반환함.
public short nextShort()	다음 토큰을 읽어서 short로 반환함.

메소드	설명
public int nextInt()	다음 토큰을 읽어서 int로 반환함.
public long nextLong()	다음 토큰을 읽어서 long으로 반환함.
public float nextFloat()	다음 토큰을 읽어서 float로 반환함.
public double nextDouble()	다음 토큰을 읽어서 double로 반환함.

간단한 예제를 볼게요. 파일 test.txt 에 다음과 같이 저장하고 이 파일의 내용을 Scanner 클래스를 이용해서 읽어오겠습니다.

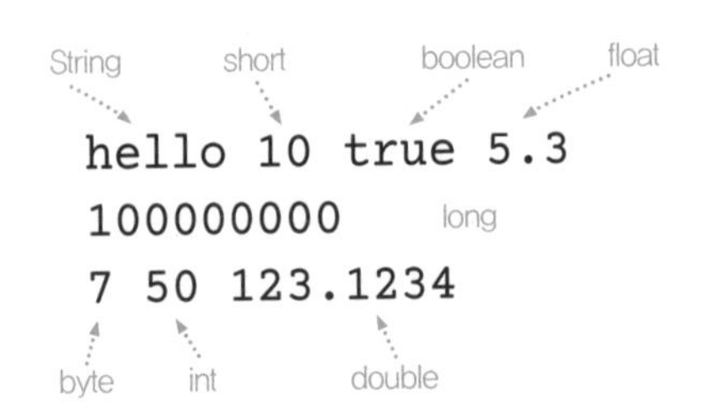

위와 같이 test.txt에 저장되어 있는 경우 파일 입력 처리입니다.

코드 221

```
import java.io.File;
import java.io.FileNotFoundException;
import java.util.Scanner;

public class Code221 {

        public static void main(String[] args)
        {
                File file = new File("test.txt");
                Scanner scin = null;

                String a = "";
                short b = 0;
                boolean c = false;
                float d = 0.0f;
                long e = 0;
                byte f = 0;
                int g = 0;
```

```
                double h = 0.0;

                if (file.exists()) {
                        try {
                                scin = new Scanner(file);
                                a = scin.next();
                                b = scin.nextShort();
                                c = scin.nextBoolean();
                                d = scin.nextFloat();
                                e = scin.nextLong();
                                f = scin.nextByte();
                                g = scin.nextInt();
                                h = scin.nextDouble();
                        }
                        catch(FileNotFoundException exp) {
                                System.out.println(exp);
                        }
                }

                System.out.println("a : " + a);
                System.out.println("b : " + b);
                System.out.println("c : " + c);
                System.out.println("d : " + d);
                System.out.println("e : " + e);
                System.out.println("f : " + f);
                System.out.println("g : " + g);
                System.out.println("h : " + h);
        }
}
```

결과

```
a : hello
b : 10
c : true
d : 5.3
e : 100000000
f : 7
g : 50
h : 123.1234
```

test.txt 파일

```
hello 10 true 5.3
100000000
7 50 123.1234
```

파일에 저장된 데이터 유형이 분명한 경우에 이렇게 Scanner 클래스를 이용하면 다양한 메소드를 이용하여 편리하게 파일 입력을 처리할 수 있다는 것을 알았을 거예요. 의미있는 예제를 더 볼게요.

파일 student.txt에는 각 줄에 [학생 번호, 이름, 성적]이 저장되어 있습니다. 모두 10명 학생 정보가 저장되어 있다고 할게요. 파일에서 학생들의 정보를 읽어서 각 학생을 객체로 생성하여 객체 배열에 저장하는 예제를 생각해 보겠습니다.

코드 222

```
import java.io.File;
import java.io.IOException;
import java.util.Scanner;

class Student {
	private int no;
	private String name;
	private int score;

	Student() {}
	Student(int no, String name, int score) {
		this.no = no;
		this.name = name;
		this.score = score;
	}

	int getNo() { return no; }
	String getName() { return name; }
	int getScore() { return score; }
	public String toString() {
		return no + " : " + name + "( " + score + " )";
	}
}

public class Code222 {

	public static void main(String[] args) {
		Student ST[] = new Student[10];
		File file = new File("student.txt");
		Scanner scin = null;
		int i = 0;
```

```
                try {
                        scin = new Scanner(file);
                        while (scin.hasNext()) {
                                int no = scin.nextInt();
                                String name = scin.next();
                                int score = scin.nextInt();
                                ST[i++] = new Student(no, name, score);
                        }
                }
                catch(IOException e) {
                        System.out.println("student.txt not exist!!");
                }

                System.out.println("== Student List ==");
                System.out.println("------------------");
                for (Student s : ST)
                        System.out.println(s);
                scin.close();
        }
}
```

결과

```
== Student List ==
------------------
1 : David( 80 )
2 : Andrew( 92 )
3 : Cindy( 77 )
4 : Paul( 82 )
5 : Tom( 73 )
6 : Alice( 85 )
7 : Elizabeth( 79 )
8 : Daniel( 100 )
9 : Sarah( 81 )
10 : Jennifer( 95 )
```

파일 student.txt

```
1 David 80
2 Andrew 92
3 Cindy 77
4 Paul 82
5 Tom 73
6 Alice 85
7 Elizabeth 79
8 Daniel 100
9 Sarah 81
10 Jennifer 95
```

위의 코드를 수행하면 다음과 같이 10개의 학생 객체를 저장한 객체 배열을 생성하게 됩니다.

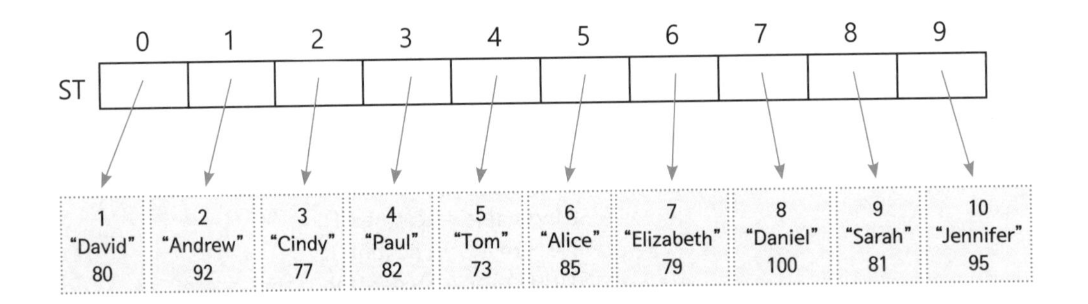

이번 예제에서는 파일에 10개의 데이터가 저장되었음을 알고 코드를 작성했습니다. 만약에 파일에 몇 명의 정보가 저장되었는지 알 수 없다면 위와 같이 코딩할 수가 없겠죠. 이러한 경우에는 ArrayList 또는 LinkedList 클래스를 이용하면 편하게 코딩할 수 있습니다. 다음 장에서 이에 대해 학습합니다.

04 파일 출력 클래스

파일 출력은 파일로 데이터를 저장하는 것을 말합니다. 바이트 스트림의 데이터를 저장할 때는 FileOutputStream을 이용하고 문자 단위의 데이터를 저장할 때는 FileWriter 클래스를 사용합니다. 우선 FileOutputStream을 보겠습니다.

FileOutputStream을 이용한 파일 출력

우선 FileOutputStream의 생성자와 메소드를 살펴 보겠습니다.

[FileOutputStream 생성자]

생성자	설명
FileOutputStream(File file)	File 객체로부터 스트림을 생성함.
FileOutputStream(File file, boolean append)	File 객체로부터 스트림을 생성하는데, 이미 존재하는 파일이면 원래 내용 밑에 추가하는지를 append에 제공함.

FileOutputStream(String name)	문자열로 파일명을 입력받아 스트림을 생성함.
FileOutputStream(String name, boolean append)	문자열 객체로부터 스트림을 생성하는데, 이미 존재하는 파일이면 원래 내용 밑에 추가하는지를 append에 제공함.

[FileOutputStream 메소드]

메소드	설명
void close()	스트림을 닫음.
void flush()	출력 버퍼를 강제로 비우고 데이터를 출력함.
abstract void write(int b)	데이터 b를 파일로 출력함.
void write(byte[] b)	b 바이트 길이의 데이터를 파일로 출력함.
void write(byte[] b, int off, int len)	배열 b[off]부터 len 길이만큼의 데이터를 파일로 출력함.

다음의 예제를 통하여 FileOutputStream 객체와 write 메소드의 사용법을 익혀 두기 바랍니다.

● **void write(byte[] b) 메소드 이용하여 파일의 데이터 읽어오기**

코드 223

```
import java.io.FileOutputStream;
import java.io.IOException;

public class Code223 {

        public static void main(String[] args)
        {
                String content = "Hello Java Programmers";
                byte[] bytes = content.getBytes();
                FileOutputStream fos = null;

                try {
                        fos = new FileOutputStream("data4.txt");
                        fos.write(bytes);
                }
                catch (IOException e) {
                        e.printStackTrace();
                }
```

```
                finally {
                        try {
                                fos.close();
                        }
                        catch (IOException e) {
                                System.out.println(e);
                        }
                }
        }
}
```

결과

위의 코드는 수행하면 모니터에 출력되는 결과는 없습니다.
하지만 data4.txt라는 이름의 파일이 filetest8 폴더에 생겼을 거예요.
파일의 내용은 다음과 같습니다. 꼭 파일이 생성되었는지 확인해 보세요.

```
data4 - 메모장
파일(F) 편집(E) 서식(O) 보기(V) 도움말
Hello Java Programmers
```

파일로부터 데이터를 읽어 들일 때는 파일이 반드시 존재해야 합니다. 만약에 없는 파일에서 데이터를 읽으려고 하면 FileNotFoundException이 발생했었죠. 하지만 파일로 데이터를 저장할 때는 없는 파일이면 새로 생성됩니다. 정리를 하면 다음과 같아요.

❶ 파일에서 데이터를 읽어 들일 때에는 반드시 파일이 존재해야 합니다.

❷ 현재 없는 파일에 데이터를 저장하려면 새로운 파일을 생성합니다.

❸ 기존에 있는 파일에 데이터를 저장하려면 기존의 데이터 위에 덮어 쓸 수도 있고, 기존의 내용을 보존하고 새로운 내용을 기존 내용 다음에 추가할 수도 있습니다. 이때 생성자의 append 매개변수를 이용합니다.

생성자 FileOutputStream(String name, boolean append)에서 append 매개변수에 true를 넣으면 기존에 내용이 있는 파일에 새로운 데이터를 저장하는 경우, 기존 내용 뒤에 새로운 내용을 덧붙입니다. append 매개변수에 false를 넣으면 기존 내용을 모두 지우고 새로운 내용을 기존 내용 위에 덮어 씁니다.

FileWriter를 이용한 파일 출력

FileWriter 클래스를 알아보겠습니다.

[FileWriter 생성자]

생성자	설명
FileWriter(File file)	File 객체로부터 스트림을 생성함.
FileWriter(File file, boolean append)	File 객체로부터 스트림을 생성하는데, 이미 존재하는 파일이면 원래 내용 밑에 추가하는지를 append에 제공함.
FileWriter(String fileName)	문자열로 파일명을 입력받아 스트림을 생성함.
FileWriter(String fileName, boolean append)	문자열 객체로부터 스트림을 생성하는데, 이미 존재하는 파일이면 원래 내용 밑에 추가하는지를 append에 제공함.

[FileWriter 메소드]

메소드	설명
void write(char[] cbuf)	문자배열 cbuf의 내용을 파일에 출력함.
void write(String str)	문자열 str을 파일에 출력함.
void write(char[] cbuf, int off, int len)	문자배열 cbuf[off]부터 len 개 문자를 파일에 출력함.
void write(String str, int off, int len)	문자열 str[off]부터 len 개 문자를 파일에 출력함.

위의 생성자와 메소드를 이용하여 데이터를 파일에 저장해 보겠습니다.

코드 224

```
import java.io.FileWriter;
import java.io.IOException;

public class DataWriteIntoFile {
        public static void main(String[] args)
        {
                char[] cbuf = {'J', 'A', 'V', 'A'};
                String lang = "Language";
                FileWriter fos = null;
```

```
			try {
				fos = new FileWriter("data5.txt");
				fos.write(cbuf);
				fos.write("₩n..........................................₩n);
				fos.write(lang);
			}
		catch (IOException e) {
				e.printStackTrace();
			}
			finally {
				try {
					fos.close();
				}
				catch (IOException e) {
					System.out.println(e);
				}
			}
		}
}
```

결과

파일 data5.txt가 다음의 내용으로 생성됩니다.

```
data5 - 메모장
파일(F)  편집(E)  서식(O)
JAVA
---------------
Language
```

05 보조 스트림 클래스

보조 스트림 클래스는 파일로부터 직접 데이터를 읽어 오거나, 파일에 직접 데이터를 저장할 수 있는 기능이 없습니다. 이름대로 다른 스트림에 보조적으로 적용할 수 있는 클래스예요. 여기에서는 주로 사용하는 보조 스트림 입력에 대해 설명하겠습니다.

보조 스트림 클래스는 입출력 성능 향상을 위해 제공되는 클래스로 다음과 같은 클래스들이 있어요.

InputStreamReader / OutputStreamWriter
BufferedInputStream / BufferedOutputStream
BufferedReader / BufferedWriter

InputStreamReader, OutputStreamWriter

이 두 스트림 클래스는 바이트 스트림을 문자로 변환해 주는 클래스들입니다.

- InputStreamReader

InputStreamReader의 생성자를 살펴 보겠습니다. 보조 스트림 클래스는 생성자가 조금 특별합니다.

[InputStreamReader 생성자]

생성자	설명
InputStreamReader(InputStream in)	InputStream 객체를 받아서 Reader 객체를 생성함.
InputStreamReader(InputStream in, String charsetName)	InputStream과 문자열을 입력받아서 Reader 객체를 생성함.
InputStreamReader(InputStream in, Charset cs)	InputStream과 Charset 객체를 받아서 Reader 객체를 생성함.
InputStreamReader(InputStream in, CharsetDecoder dec)	InputStream과 CharsetDecoder 객체를 받아서 Reader 객체를 생성함.

[InputStreamReader 메소드]

메소드	설명
int read()	문자 한 개를 읽어옴.
int read(char[] cbuf, int offset, int length)	파일에서 데이터를 읽어서 cbuf[offset] 배열에 length 만큼 저장함.

사용 예제를 살펴 볼게요.

코드 225

```
import java.io.FileInputStream;
import java.io.IOException;
import java.io.InputStreamReader;
public class Code225{

        public static void main(String[] args)
        {
                FileInputStream fis = null;
            InputStreamReader reader = null;
                try {
                        fis = new FileInputStream("data6.txt");
                        reader = new InputStreamReader(fis);
                        int x;
                        while ((x = reader.read()) != -1)
                                System.out.print((char) x);
                }
            catch (IOException e) {
                        e.printStackTrace();
                }
                finally {
                        try {
                                fis.close();
                        }
                        catch (IOException e) {
                                System.out.println(e);
                        }
                }
        }
}
```

결과

```
hello world
안녕하세요.
```

data6.txt 파일

data6 - 메모장
파일(F) 편집(E) 서식(O)
java programming
안녕하세요

```
FileInputStream fis = null;
InputStreamReader reader = null;
......
fis = new FileInputStream(파일명);
reader = new InputStreamReader(fis);
```

FileInputStream객체

InputStreamReader 객체

OutputStreamWriter

[OutputStreamWriter 생성자]

생성자	설명
OutputStreamWriter(OutputStream out)	OutputStream 객체를 받아서 Reader 객체를 생성함.
OutputStreamWriter(OutputStream out, String charsetName)	InputStream과 문자열을 입력받아서 Reader 객체를 생성함.
OutputStreamWriter(OutputStream out, Charset cs)	InputStream과 Charset 객체를 받아서 Reader 객체를 생성함.
OutputStreamWriter(OutputStream out, CharsetEncoder enc)	InputStream과 CharsetDecoder 객체를 받아서 Reader 객체를 생성함.

[OutputStreamWriter 메소드]

메소드	설명
void write(char[] cbuf, int off, int len)	문자배열 cbuf[off]로부터 len개의 문자를 저장함.
void write(int c)	문자 한 개를 저장함.
void write(String str, int off, int len)	문자열 str[off]로부터 len개의 문자를 저장함.

BufferedInputStream, BufferedOutputStream

BufferedInputStream과 BufferedOutputStream은 입출력을 실행할 때 버퍼링 기능을 이용하여 좀 더 빠르게 입출력이 이루어질 수 있도록 합니다. 두 클래스 모두 Stream으로 끝나기 때문에 바이트 단위로 입출력된다는 것을 알 수가 있어요. BufferedInputStream 클래스의 생성자를 살펴보고 예제를 보겠습니다.

[BufferedInputStream 생성자]

생성자	설명
BufferedInputStream(InputStream in)	InputStream 객체를 받아서 BufferedInputStream 객체를 생성함.
BufferedInputStream(InputStream in, int size)	InputStream 객체와 버퍼 크기를 입력받아서 BufferedInputStream 객체를 생성함.

BufferedInputStream을 이용하여 파일로부터 데이터를 읽어와서 출력해 보겠습니다. 파일에는 영문과 한글이 같이 저장되어 있는데 Stream 클래스를 이용했기 때문에 한글이 깨지는 것을 볼 수가 있습니다. 이 문제는 BufferReader로 해결할 수 있습니다.

코드 226

```
import java.io.BufferedInputStream;
import java.io.FileInputStream;
import java.io.IOException;

public class Code226 {
    public static void main(String[] args)
    {
            BufferedInputStream bis = null;
            try {
                    bis = new BufferedInputStream(new FileInputStream("data6.txt"));
                    int x = 0;
                    while ((x = bis.read()) != -1)
                            System.out.print((char) x);
            }
        catch (IOException e) {
                    e.printStackTrace();
            }
            finally {
                    try {
                            bis.close();
                    }

                    catch (IOException e) {
                            System.out.println(e);
                    }
            }
    }
}
```

결과

```
java programming
¾?³???¼¼¿?
```

data6.txt 파일

```
data6 - 메모장
파일(F) 편집(E) 서식(O)
java programming
안녕하세요
```

```
FileInputStream fis = null;
BufferedInputStream bis = null;
......
fis = new FileInputStream( 파일명 );
bis = new BufferedInputStream(fis);
```


BufferedReader, BufferedWriter

BufferedReader와 BufferedWriter 클래스도 입출력 시에 버퍼링 기능을 이용하고, Reader/Writer 클래스이기 때문에 문자 단위로 입출력이 이루어짐을 알 수가 있습니다. BufferedReader 클래스의 생성자와 메소드를 알아보겠습니다.

[BufferedReader 생성자]

생성자	설명
BufferedReader(Reader in)	Reader 객체를 이용하여 BufferedReader 객체를 생성함.
BufferedReader(Reader in, int sz)	Reader 객체와 버퍼 크기를 입력받아서 BufferedReader 객체를 생성함.

앞에서 한글이 깨졌던 문제를 BufferedReader 클래스를 이용하여 해결해 보겠습니다.

코드 227

```
import java.io.BufferedReader;
import java.io.FileInputStream;
import java.io.IOException;
import java.io.InputStreamReader;

public class Code227 {
  public static void main(String[] args)
  {
    BufferedReader reader = null;
    try {
         reader = new BufferedReader(
                  new InputStreamReader(new FileInputStream("data6.txt")));
         int x=0;
         while ((x = reader.read()) != -1)
```

```
            System.out.print((char) x);
    }
    catch (IOException e) {
        e.printStackTrace();
    }
    finally {
        try {
            reader.close();
        }
        catch (IOException e) {
            System.out.println(e);
}
    }
  }
}
```

결과

```
java programming
안녕하세요.
```

data6.txt 파일

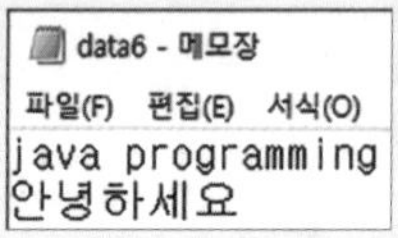

```
data6 - 메모장
파일(F) 편집(E) 서식(O)
java programming
안녕하세요
```

```
FileInputStream fis = null;
InputStreamReader isr = null;
BufferedReader br = null;
......
fis = new FileInputStream( 파일명 );
isr = new InputStreamReader(fis);
br = new BufferedReader(isr);
```

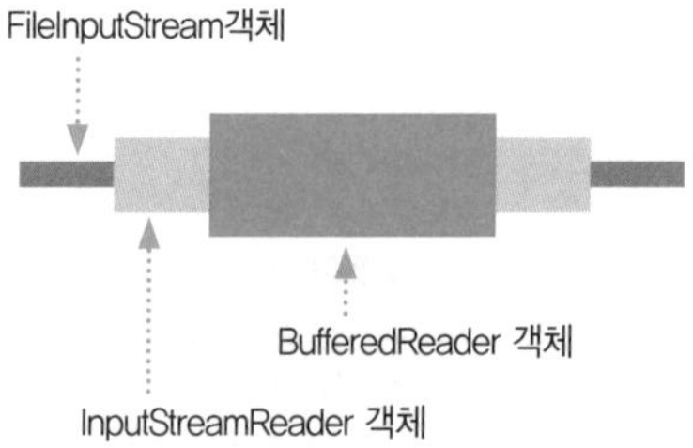

FileInputStream객체

BufferedReader 객체

InputStreamReader 객체

DataInputStream, DataOutputStream

DataInputStream과 DataOutputStream은 자료형에 따라 읽어들이거나 파일에 저장할 수 있기 때문에 유용한 클래스입니다. 이 두 클래스의 메소드를 잘 살펴 보세요.

- **DataInputStream**

DataInputStream 클래스의 생성자는 한 개 있습니다.

[DataInputStream 생성자]

생성자	설명
DataInputStream(InputStream in)	InputStream 객체를 이용하여 DataInputStream 객체를 생성함.

[DataInputStream 메소드]

메소드	설명
int read(byte[] b)	데이터를 읽어 바이트 배열 b에 저장함.
int read(byte[] b, int off, int len)	데이터를 읽어 바이트 배열 b[off]로부터 len 길이만큼 저장함.
boolean readBoolean()	읽은 데이터가 0이면 false, 0이 아니면 true를 반환함.
byte readByte()	1 바이트를 읽어 반환함.
char readChar()	한 문자를 읽어 반환함.
short readShort()	short 데이터 한 개를 읽어 반환함.
int readInt()	int 데이터 한 개를 읽어 반환함.
long readLong()	long 데이터 한 개를 읽어 반환함.
float readFloat()	float 데이터 한 개를 읽어 반환함.
double readDouble()	double 데이터 한 개를 읽어 반환함.

메소드 목록에서 보듯이 파일에 저장된 다양한 데이터를 읽어올 수 있습니다. 예를 보겠습니다.

DataOutputStream 클래스도 생성자가 한 개 있습니다.

[DataOutputStream 생성자]

생성자	설명
DataOutputStream(OutputStream out)	OutputStream 객체를 이용하여 DataOutputStream 객체를 생성함.

[DataOutputStream 메소드]

메소드	설명
int write(byte[] b)	바이트 배열 b를 출력함.
int write(byte[] b, int off, int len)	바이트 배열 b[off]로부터 len 길이만큼 출력함.
void writeBoolean(boolean v)	boolean 데이터를 출력함.
void writeByte(int v)	1 바이트를 출력함.
void writeChar(int v)	한 문자를 출력함.
void writeShort(int v)	short 데이터 한 개를 출력함.
void writeInt(int v)	int 데이터 한 개를 출력함.
void writeLong(long v)	long 데이터 한 개를 출력함.
void writeFloat(float v)	float 데이터 한 개를 출력함.
void writeDouble(double v)	double 데이터 한 개를 출력함.

코드 228

```
import java.io.*;

public class Code228 {
	public static void main(String[] args) {
		int i = 100;
		double d = 23.79;
		boolean b = true;
		try (DataOutputStream dataOut = new DataOutputStream(new
FileOutputStream("data.txt"))) {
			System.out.println("Writing " + i);
			dataOut.writeInt(i);
			System.out.println("Writing " + d);
			dataOut.writeDouble(d);
			System.out.println("Writing " + b);
			dataOut.writeBoolean(b);
		} catch (IOException e) {
			System.out.println("Write error.");
		}
		System.out.println("Writing into file data.txt finished");
		System.out.println();
		System.out.println("Now reading from file data.txt");

		try (DataInputStream dataIn = new DataInputStream(new
FileInputStream("data.txt"))) {
			i = dataIn.readInt();
```

```
                    System.out.println("Reading " + i);
                    d = dataIn.readDouble();
                    System.out.println("Reading " + d);
                    b = dataIn.readBoolean();
                    System.out.println("Reading " + b);
                } catch(IOException e) {
                    System.out.println("Read error.");
                }
        }
}
```

결과

```
Writing 100
Writing 23.79
Writing true
Writing into file data.txt finished

Now reading from file data.txt
Reading 100
Reading 23.79
Reading true
```

위의 코드에서 기본 자료형을 그대로 파일에 출력(저장)한 후에 다시 그 데이터를 읽어와서 화면에 출력하도록 하였습니다. 이렇게 기본 데이터를 그대로 파일 입출력에 사용하려면 DataIn-putStream과 DataOutputStream을 사용하면 됩니다.

이번 장에서는 파일 입출력에 대해서 공부하였습니다. 실제로 많은 데이터를 처리하려면 매번 Scanner를 통해서 키보드 입력을 받을 수는 없습니다. 이렇게 파일에 데이터를 저장해 두고 적당한 스트림 객체를 생성하여 파일로부터 데이터를 처리해야 합니다. 파일 입출력은 클래스명들이 길고, 처리해야 하는 예외가 많아서 처음 배울 때는 에러를 많이 냅니다. 하지만 패턴이 있기 때문에 그 패턴에 맞추어서 스트림 객체를 만들고 read() 메소드를 적절하게 이용하면 어렵지 않게 데이터 입출력을 할 수 있으리라 생각합니다.

14 > 제네릭스와 컬렉션 프레임워크

자바 언어가 버전 1.0에서 시작하여 버전 11까지 오면서 많은 변화가 있었지만, 제네릭스(Generics)만큼 자바 언어 전반에 걸쳐서 영향을 끼친 문법 변화는 별로 없습니다. 제네릭스를 추가하면서 자바 API에도 많은 변화가 있었고, 실제로도 융통성 있는 코드를 작성할 수 있도록 되었어요.

이번 장에서는 제네릭스에 대해서 공부합니다. 우선 제네릭스가 무엇이고 왜 중요한지를 보고 실제 코딩에서 어떻게 적용할 수 있는지를 설명하려고 합니다. 특히 제네릭스가 가장 많이 적용되는 부분은 컬렉션 프레임워크(Collection Framework)에 대해 공부합니다.

2004년에 JAVA 5가 제네릭스(Generics) 개념을 추가했습니다. 제네릭스는 자바의 자료 구조인 컬렉션 프레임워크(Collection Framework)에서 유용하게 사용됩니다.

01 제네릭스 기본

우선 제네릭스의 의미를 알아보겠습니다. 제네릭스는 '매개변수화된 자료형(parameterized type)' 입니다. 제네릭스는 클래스, 인터페이스 또는 메소드에 적용될 수 있는데, 클래스에 적용되면 제네릭 클래스, 인터페이스에 적용되면 제네릭 인터페이스, 그리고 메소드에 적용되면 제네릭 메소드라고 부릅니다.

제네릭 메소드에 대해서 생각해 볼게요. 메소드에 인수를 넘길 때는 반드시 해당하는 매개변수의 자료형과 일치되는 자료형을 갖는 인수를 넘겨야 합니다. 즉, 정수 매개변수에는 정수 인수를 넣어야지요. 그런데 제네릭스를 이용하면 매개변수에 다양한 자료형의 데이터를 넘길 수 있어요. 예를 들어서, 어떤 메소드가 void set(Integer x)라고 한다면, 매개변수 x 자리에는 정수를 넣어야 하겠죠. 만약에 여기에서 x 자리에 Integer 객체 뿐 아니라 다른 타입의 객체를 인수로 넣고 싶다면 Integer 자리 자체를 매개변수로 취급하면 되겠죠. 제네릭스 개념이 바로 여기에서 시작됩니다.

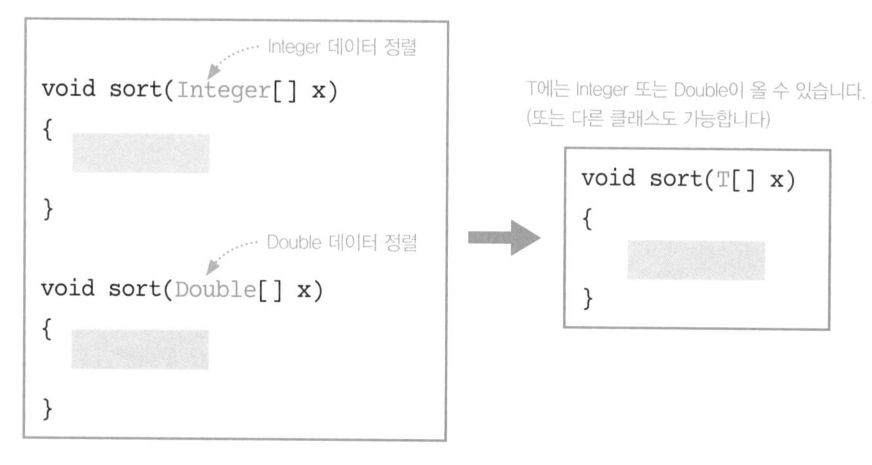

위의 두 sort 메소드는 정렬하려는 자료형만 다를 뿐 메소드의 내용이 같습니다.
이런 경우 자료형 자체를 매개변수와 같이 만들 수가 있어요.

다음의 왼쪽 코드는 x에 정수 데이터만 넣을 수 있죠. 왼쪽 코드를 오른쪽과 같이 수정했습니다. Integer 대신에 T라고 넣었죠. T에는 어떤 객체도 올 수 있다는 의미입니다.

void set(Integer x)
{
  System.out.println(x);
}
	void set(T x)
	{
	  System.out.println(x);
	}

매개변수 x에는 Integer 객체를 넣을 수 있습니다.	매개변수 T 자리에는 자료형이 와야 하는데, T라고 적었습니다. 이것은 어떤 자료형도 T에 넣을 수 있다는 표현입니다.

정렬 프로그램과 같이 많은 프로그램들이 자료형에 관계없이 같은 코드를 사용해야 하는 경우가 있습니다. 이러한 경우에 제네릭스가 아주 유용합니다. 즉, 제네릭스는 코드 재사용성을 높여 줍니다. 제네릭스를 사용할 때 주의할 점이 있다면, 레퍼런스형(클래스)만 제네릭스로 사용할 수 있다는 거예요. 그러니까 int, double 등과 같은 기본 자료형은 제네릭스로 사용할 수가 없어요.

제네릭 클래스

제네릭 클래스는 일반적으로 아래 왼쪽의 형태를 갖습니다. 그리고 이 클래스의 객체를 생성할 때에는 〈〉 기호를 사용하여 어떤 타입의 인수를 넣을지를 알려야 합니다(아래 오른쪽).

클래스명<매개변수 타입 리스트> {
...
}
	클래스명<타입> 객체명 = new 클래스명<타입>();

우선 이해를 돕기 위해서 가장 간단한 형태의 제네릭스 사용 예제를 보겠습니다. 다음 예는 제네릭 클래스와 제네릭 메소드 예제입니다.

코드 229

```
class Data<T> {   // 클래스명 옆에 제네릭 기호 <>를 적고 그 안에 매개변수 기술함.
    T obj;            // 인스턴스 변수 obj의 자료형은 T임.
    Data(T ob) {   // 생성자 Data는 자료형이 T인 인수 한 개를 입력받음.
        obj = ob;
    }
    T getObj() {   // 인스턴스 변수 obj의 자료형은 T임.
        return obj;
    }
```

```
    void showType() {
        System.out.println("Type of T : " + obj.getClass().getName());
    }

}

public class Code229 {
    public static void main(String[] args) {
        Data<Integer> d1 = new Data<Integer>(100);  // 정수 100 인수
        System.out.println(d1.getObj());
        d1.showType();

        Data<String> d2 = new Data<String>("JAVA");  // 문자열 "JAVA" 인수
        System.out.println(d2.getObj());
        d2.showType();
    }
}
```

결과

```
100
Type of T : java.lang.Integer
JAVA
Type of T : java.lang.String
```

위의 코드를 보니까 조금은 이해가 되시나요? 위의 Data 클래스는 제네릭 클래스이고, getObj 메소드는 제네릭 메소드라고 합니다.

- **제네릭에 이용할 수 있는 자료형**

  제네릭으로 사용할 수 있는 자료형은 레퍼런스 형이어야 합니다. int, double 등과 같은 자바의 기본 자료형은 제네릭으로 사용할 수 없습니다. 만약 기본 자료형을 제네릭으로 사용하고자 한다면, 위의 예처럼 wrapper 클래스인 Integer, Double 등을 이용해야 합니다.

- **제네릭 타입도 엄격하게 문법에 따라야 합니다**

  위의 예에서 다음과 같이 제네릭 타입끼리 비교하려고 한다면 에러가 발생합니다.

```
Data<Integer> d1 = new Data<Integer>(100);
Data<String> d2 = new Data<String>("100");

if (d1 == d2)  // 에러 발생
    System.out.println("same data");
```

에러 문장은 'Incompatible operand types Data〈Integer〉 and Data〈String〉'입니다. 즉, 제네릭을 사용하는 경우에는 제네릭까지 포함해서 Data〈Integer〉, Data〈String〉이 자료형이 됩니다. 따라서 위의 d1은 Data 타입이 아니라 Data〈Integer〉 타입이고, d2는 Data〈String〉 타입이 되는 거예요. 그리고 두 타입은 분명하게 다른 타입으로 간주합니다.

```
class Data<T>
{
    T obj;
    Data(T ob) {

    }
    ......

}
```

```
Data<Integer> d1 = new Data<Integer>(100);

Data<String> d2 = new Data<String>("100");
```

Data〈Integer〉와 Data〈String〉은 완전히 다른 자료형입니다.
따라서 다음과 같이 비교할 수가 없습니다.
'Incompatible operand types…'라는 에러가 발생합니다.

```
if (d1==d2) ......
```

예제 하나를 더 볼게요. 제네릭 타입을 두 개 사용한 예제입니다.

코드 230

```
class TwoGenerics<T, V> {
  T data1;
  V data2;
  TwoGenerics(T d1, V d2 ) {
          data1 = d1;
          data2 = d2;
  }
  void showGenericType() {
          System.out.println("Type of T : " + data1.getClass().getName());
          System.out.println("Type of V : " + data2.getClass().getName());
```

```
  }
  T getData1() { return data1; }
  V getData2() { return data2; }
}
public class Code230 {
  public static void main(String[] args) {
      TwoGenerics<Integer, String> x =
                            new TwoGenerics<Integer, String>(100, "hello");
          x.showGenericType();
          int y = x.getData1();
          System.out.println("value : " + y);
          String z = x.getData2();
          System.out.println("value : " + z);
  }
}
```

결과

```
Type of T : java.lang.Integer
JAVA of V : java.lang.String
value : 100
value : hello
```

제한된 제네릭 타입

제네릭을 제한된 형태로 사용해야 하는 경우가 있습니다.

```
< T extends V >
```

위와 같이 적으면 제네릭 T 자리에는 클래스 타입이 V이거나 V 클래스의 하위 클래스 타입만 올 수 있다는 뜻입니다.

```
class Parent
{

}

class Child1 extends Parent
{

}

class Child2 extends Parent
{

}
```

```
class Data<T extends Parent>
{
    ......
}
```

이 자리에는 Parent 클래스 또는 Parent 클래스의 하위 클래스만 넣을 수 있습니다.

```
Data<Parent>
Data<Child1>   } OK
Data<Child2>

Data<String>   } error
```

코드 231

```
class Data<T extends Number> {  // Number 클래스의 하위 클래스 타입
    T obj;
    Data(T ob) {
        obj = ob;
    }
    int calcMultiple(int n) {
        return obj.intValue() * n;
    }
}

public class Code231 {
    public static void main(String[] args) {
        Data<Integer> d = new Data<Integer>(100);  // Integer는 Number의 하위 클래스임.
        int result = d.calcMultiple(5);
        System.out.println(result);

      Data<Double> e = new Data<Double>(17.5);  // Double 역시 Number의 하위 클래스임.
        int result2 = e.calcMultiple(5);
        System.out.println(result2);
    }
}
```

결과

```
500
85
```

위의 예제와 같이 어떤 특정 클래스 또는 그 하위 클래스만으로 제한할 수 있도록 제네릭 클래스를 작성할 수도 있습니다.

와일드카드 인수

와일드카드는 '?'로 나타냅니다. 와일드카드 자리에는 어떤 클래스 타입도 올 수 있다는 의미입니다.

코드 232

```
class WithWild<T extends Number> {
	T data;
	WithWild (T d) { data = d; }
	boolean same(WithWild<?> x) {
		if (Math.abs(data.doubleValue()) == Math.abs(x.data.doubleValue()))
			return true;
		return false;
	}
}
public class Code232 {
	public static void main(String[] args) {
		WithWild<Integer> a= new WithWild<Integer>(6);
		WithWild<Double> b = new WithWild<Double>(-6.0);
		WithWild<Long> c = new WithWild<Long>(5L);
		if (a.same(b)) System.out.println("a and b are equal");
		else System.out.println("a and b are different");
		if (a.same(c)) System.out.println("a and c are equal");
		else System.out.println("a and c are different");
	}
}
```

결과

```
a and b are equal
a and c are different
```

02 컬렉션 프레임워크(Collection Framework)

프로그램을 작성할 때 중요한 것이 데이터를 처리하는 것입니다. 예를 들어서, 10,000명 학생들의 성적 처리 프로그램을 작성한다면 10,000명의 성적을 어떤 형태로든 컴퓨터 메모리에 저장하는 것이 첫 번째로 해야 할 일입니다. 데이터를 저장해야 10,000개의 데이터 중에서 가장 큰 값, 가장 작은 값, 10,000개 데이터의 평균 등을 구할 수가 있겠죠. 10,000개의 데이터를 가장 쉽게 저장하는 방법으로는 배열을 생각해 볼 수가 있어요. 자바의 배열을 이용하면 10,000개의 데이터를 저장할 수 있는 공간을 한꺼번에 만들 수가 있습니다. 배열처럼 많은 데이터를 저장할 수 있는 공간을 자료 구조라고 합니다. 즉, 자료를 저장하는 메모리 상의 구조라는 의미예요.

자바에서는 배열 외에도 많은 데이터를 일정한 구조로 저장할 수 있도록 해 주는 클래스들이 여러 개 있습니다. 그러한 클래스들을 모아서 컬렉션 프레임워크라고 해요. 여기에서 제네릭이 의미가 있어요. 메모리 공간에 어떤 객체라도 저장하려면 다양한 객체를 받을 수 있는 제네릭을 사용해야 하기 때문이죠.

자료 구조(data structure)는 컴퓨터 메모리에 데이터를 저장하는 형태를 말합니다.
대표적인 자료 구조는 '배열'이예요. 배열 외에도 ArrayList, LinkedList, Stack 등과 같은 자료 구조가 자바 API에서 제공하고 있습니다.
컬렉션 프레임워크는 이러한 자료 구조 패키지들을 말합니다.

컬렉션 프레임워크에는 여러 인터페이스와 클래스가 있습니다. 각 인터페이스와 클래스의 특징과 어떻게 활용하는지를 잘 알아 두어야 효과적인 코딩을 할 수가 있어요. 컬렉션 프레임워크가 어떤 인터페이스와 클래스로 구성되어 있는지 볼게요.

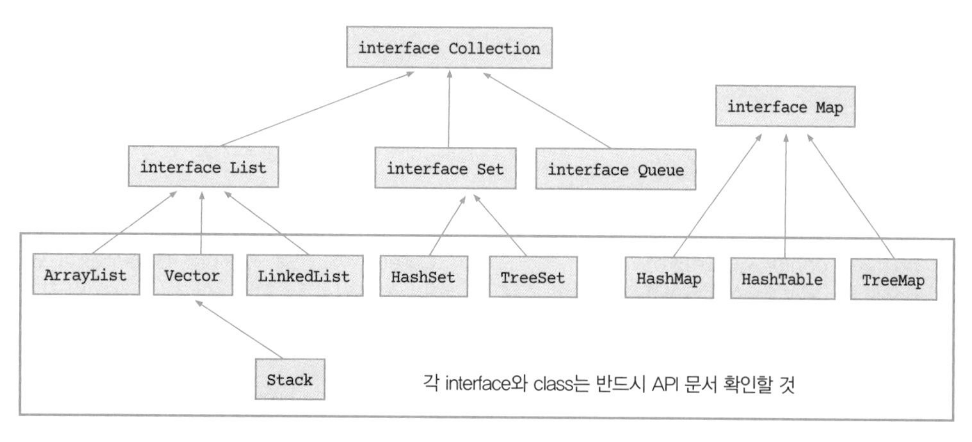

▲ Collection 인터페이스와 하위 구조

List, Set, Map 인터페이스가 중요한데, 각 인터페이스는 다음과 같은 특징을 갖고 있습니다.

[List, Set, Map 특징]

인터페이스	특징
List	순서가 있는 데이터 집합으로 데이터 중복을 허용함.
	구현 클래스 : ArrayList, LinkedList, Stack, Vector 등
Set	순서가 없는 데이터 집합으로 데이터 중복을 허용하지 않음.
	구현 클래스 : HashSet, TreeSet 등
Map	〈key, value〉 쌍으로 이루어진 데이터 집합으로 순서가 없음. 키는 중복될 수 없고, 값은 중복 가능함.
	구현 클래스 : HashMap, TreeMap, Hashtable, Properties 등

위의 클래스에는 레퍼런스 타입의 데이터인 객체만 저장할 수 있습니다. 기본 자료형을 저장하려면 wrapper 클래스를 이용해야 합니다.

List, Set, Map 인터페이스 모두 Collection 인터페이스를 상속받고 있습니다. 따라서 Collectoin 인터페이스에 어떤 메소드들이 있는지 잘 알아 두어야 합니다. Collection 인터페이스에서 많이 사용하는 메소드들은 다음과 같아요.

[Collection 인터페이스의 주요 메소드]

메소드	설명
boolean add(E e) boolean addAll(Collection〈? extends E〉 c)	Collection에 객체를 추가함.
void clear()	Collection에 저장된 모든 객체를 삭제함.
boolean contains(Object o) boolean containsAll(Collection〈?〉 c)	Collection에 객체 또는 다른 Collection이 포함되어 있는지 판단함.
Iterator〈E〉 iterator()	Collection을 순환할 반복자(iterator)를 반환함.
boolean remove(Object o) boolean removeAll(Collection〈?〉 c)	Collection에서 객체를 삭제함.
int size()	Collection에 포함된 원소의 개수를 반환함.

Collection 인터페이스를 구현한 클래스들은 모두 위의 메소드들을 제공합니다.

03 List 인터페이스

List 인터페이스는 객체가 저장되는 순서가 있고 중복된 데이터를 가질 수 있도록 허용합니다. List 인터페이스를 구현한 주요 하위 클래스로는 ArrayList, Vector, LinkedList 등이 있는데 여기에서는 ArrayList와 LinkedList에 대해서 설명합니다.

ArrayList

ArrayList는 배열과 같은 구조를 갖고 있지만 훨씬 융통성있게 활용할 수 있습니다. 배열은 생성할 때 배열의 크기를 분명히 주어야 합니다. 그리고 프로그램이 끝날 때까지 그 크기를 유지해야 합니다. 이것이 배열의 단점이예요. 다음과 같이 크기 5인 정수 배열을 만들었다면 데이터를 5개까지만 저장할 수 있습니다.

```
int[] A = new int[5];
```

만약에 더 많은 데이터를 저장하려면 배열 A는 사용할 수가 없고 다시 new 키워드를 이용해서 배열을 생성해야 합니다. ArrayList는 이러한 배열의 단점을 보완할 수 있는 구조입니다. 그리고

ArrayList에는 객체만 넣을 수 있습니다.

```
int[] A = new int[5];
```

A

배열 A의 크기는 늘리거나 줄일 수 없습니다.
더 많은 데이터를 넣으려면 배열을 새로 만들어야 합니다.

```
ArrayList<Integer> B = new ArrayList<Integer>();
B.add(10);
B.add(20);
B.add(30);
......
```

ArrayList는 add 메소드를 이용하여 얼마든지 원하는 만큼 데이터를 저장할 수 있습니다.

즉, 변경 가능한 배열로 데이터를 얼마든지 저장할 수가 있어요. 다음 예제를 통해서 ArrayList를 이해해 보세요. Collection 인터페이스에 있는 메소드들이 오버라이딩되어 제공되기 때문에 add(), size() 등의 메소드를 바로 사용할 수 있습니다.

코드 233

```
import java.util.ArrayList;

public class Code233 {

        public static void main(String[] args)
        {
                ArrayList<String> number = new ArrayList<String>();
                number.add("one");
                number.add("two");
                number.add("three");
                number.add("four");

                for (int i = 0; i < number.size(); i++)
                    System.out.println(number.get(i));
        }
}
```

결과

```
one
two
three
four
```

코드에서 for 반복문을 다음과 같이 for-each 구문으로 해도 됩니다.

```
for (String x : number)
        System.out.println(x);
```

하지만 다음과 같이 배열처럼 루프를 수행할 수는 없습니다.

```
for (int i = 0; i <  number.size(); i++)
        System.out.println(number[i]);
```

ArrayList에 저장한 데이터를 변경하거나 삭제하는 예제를 보겠습니다.

코드 234

```
import java.util.ArrayList;

public class Code234 {
        public static void main(String[] args) {
                ArrayList<String> list = new ArrayList<String>();
                list.add("C");
                list.add("Java");
                list.add("HTML5");
                list.add(1, "C++");
                list.set(0, "Fortran");
                list.remove(2);
                list.remove("C++");

                for (int i=0; i< list.size(); i++) {
                        String s = list.get(i);
                        System.out.println(s);
                }
        }
}
```

결과

```
Fortran
HTML5
```

```
ArrayList<String> list = new ArrayList<String>();
```

```
list.add("C");
list.add("Java");
list.add("HTML5");
```

0	1	2
"C"	"Java"	"HTML5"

```
list.add(1, "C++");
```

0	1	2	3
"C"	"C++"	"Java"	"HTML5"

```
list.set(0, "Fortran");
```

0	1	2	3
"Fortran"	"C++"	"Java"	"HTML5"

```
list.remove(2);
```

0	1	2
"Fortran"	"C++"	"HTML5"

```
list.remove("C++);
```

0	1
"Fortran"	"HTML5"

ArrayList에 루프를 수행하는 다른 방법이 있습니다. 다음과 같이 이터레이터(iterator)를 이용하여 자동으로 반복이 수행될 수 있도록 하는 방법이예요.

코드 235

```
import java.util.ArrayList;
import java.util.Iterator;

public class Code235 {
    public static void main(String[] args) {
            ArrayList<Integer> list = new ArrayList<Integer>();
            list.add(100);
            list.add(200);
            list.add(50);
            list.add(1, 55);
            list.add(3, 77);

            Iterator<Integer> iter = list.iterator();  // iterator(반복자)를 얻습니다.
            while (iter.hasNext()) {
                Integer t = iter.next();
                System.out.println(t);
            }
```

```
        }
}
```

결과

```
100
55
200
77
50
```

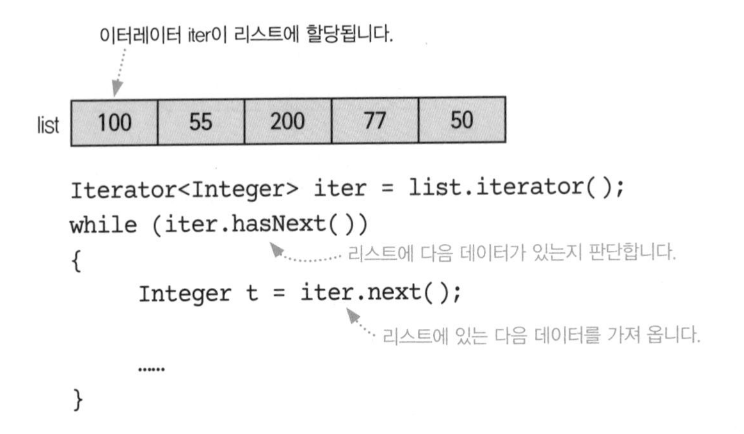

LinkedList

LinkedList는 배열이나 ArrayList와는 약간 다릅니다. 데이터의 순서가 있고 중복된 데이터를 저장해야 한다는 점은 같지만 내부 구성이 약간 달라요.

위의 LinkedList는 다음과 같이 리스트를 구현해 갑니다.

코드 236

```
import java.util.Iterator;
import java.util.LinkedList;

public class Code236 {
        public static void main(String[] args)
        {
                LinkedList<String> list = new LinkedList<String>();
```

```
                    list.add("red");
                    list.add("blue");
                    list.add("purple");
                    list.add("yellow");
                    list.add("green");

                    for (String s : list)
                              System.out.println(s);

                    System.out.println("------------------");

                    Iterator<String> iter = list.iterator();
                    while (iter.hasNext()) {
                              String t = iter.next();
                              System.out.println(t);
                    }
          }
}
```

결과

```
blue
purple
yellow
green
--------------------------
red
blue
purple
yellow
green
```

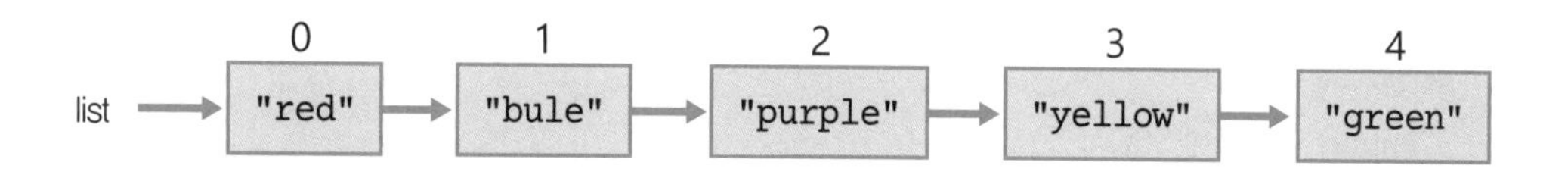

Stack

Stack은 한쪽 끝에서만 데이터의 추가/삭제가 일어나는 구조입니다. 이런 구조는 먼저 들어간 데이터가 나중에 필요할 때 사용할 수 있어요.

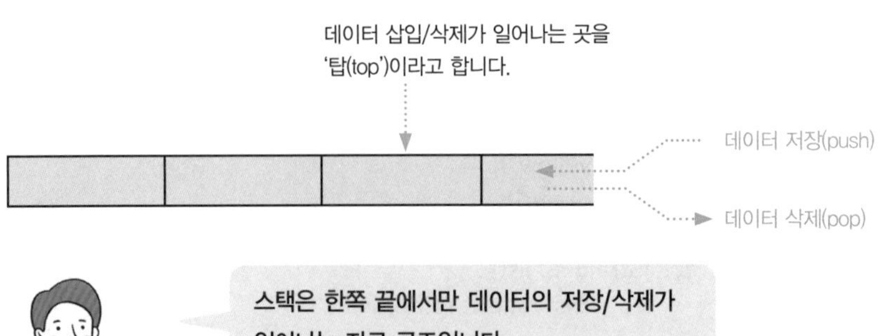

[Stack 생성자]

Stack은 다음과 같이 디폴트 생성자 한 개를 갖습니다.

생성자	설명
Stack()	빈 스택을 생성함.

[Stack 메소드]

메소드	설명
boolean empty()	스택이 비어있는지 판단함.
E peek()	스택 탑에 있는 원소를 반환함.
E pop()	스택 탑에 있는 원소를 삭제하고 반환함.
E push(E item)	스택 탑에 원소 item을 추가함.
int search(Object o)	스택에서 객체 o를 찾아서 있으면 위치를 반환함.

코드 237

```
import java.util.Stack;

public class Code237 {
	public static void main(String[] args)
	{
		Stack<Integer> stk = new Stack<Integer>();
		stk.push(10);
```

```
                    stk.push(20);
                    stk.push(30);
                    Integer data = stk.pop();
                    System.out.println("You popped : " + data);
                    stk.push(40);

                    while(!stk.empty())
                  System.out.println(stk.pop());
    }
}
```

결과

```
You popped : 30
40
20
10
```

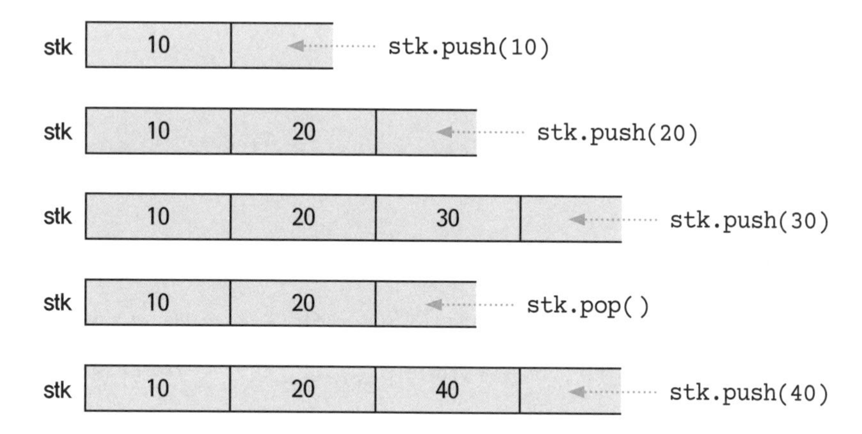

다음으로는 peek() 메소드를 보겠습니다.

코드 238

```
import java.util.Stack;

public class Code238 {
          public static void main(String[] args)
          {
                    Stack<Integer> stk = new Stack<Integer>();
```

```
            stk.push(10);
            stk.push(20);
            stk.push(30);
            Integer data = stk.peek();
            System.out.println("You peeked : " + data);
            stk.push(40);

            int index = stk.search(40);
            System.out.println("data 40 is at " + index);

            while(!stk.empty())
        System.out.println(stk.pop());
        }
}
```

결과

```
You peeked : 30
data 40 is at 1
40
30
20
10
```

Queue

Queue는 한 쪽에서 데이터가 추가되고 반대 쪽에서 데이터를 삭제하는 구조입니다. 일반적으로 줄 서는 구조를 생각하면 됩니다. 은행에 가면 번호표를 받고 먼저 온 사람이 먼저 서비스를 받죠. 이렇게 먼저 온 사람이 큐에서 기다리다가 먼저 서비스를 받는 구조를 큐(Queue)라고 합니다.

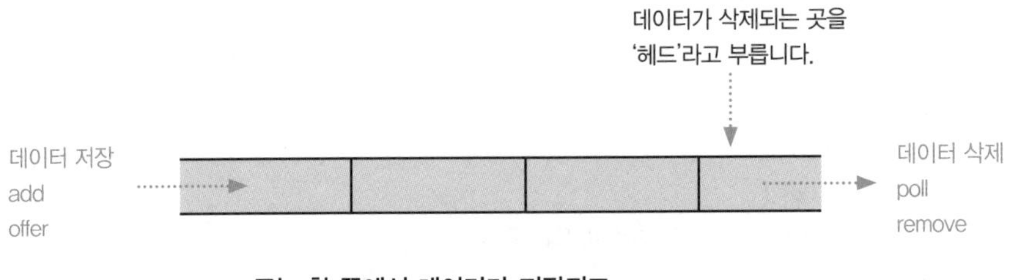

큐는 한 쪽에서 데이터가 저장되고, 반대쪽에서 데이터가 삭제되는 자료 구조입니다.

Queue는 인터페이스이기 때문에 생성자가 없습니다. 따라서 Queue를 구현하려면 Queue의 하위 클래스를 이용해야 합니다. Queue의 하위 클래스 중에서 LinkedList를 이용해서 Queue를 구현해 보겠습니다.

[Queue 메소드]

메소드	설명
boolean add(E e)	원소 e를 큐에 추가함. 공간이 부족하면 IllegalStateException 발생함.
E element()	큐의 헤드에 있는 원소를 반환함. 큐에서 삭제하지는 않음.
boolean offer(E e)	원소 e를 큐에 추가함.
E peek()	큐의 헤드에 있는 원소를 반환함. 큐에서 삭제하지는 않음. 만약에 큐가 비어 있으면 null을 반환함.
E poll()	큐의 헤드에 있는 원소를 반환하고 삭제함. 만약에 큐가 비어 있으면 null을 반환함.
E remove()	큐의 헤드에 있는 원소를 반환하고 삭제함.

메소드들이 조금씩 비슷해 보입니다. 다음의 예를 통해서 주요 메소드인 add와 poll을 익혀 두세요.

코드 239

```
import java.util.LinkedList;
import java.util.Queue;

public class Code239 {
	public static void main(String[] args)
	{
		Queue<Integer> q = new LinkedList<Integer>();
		q.add(10);
		q.add(20);
		q.add(30);
		Integer data = q.poll();
		System.out.println("You polled : " + data);
		q.add(40);

		while(!q.isEmpty())
			System.out.println(q.poll());
	}
}
```

결과

```
You popped : 10
40
20
10
```

Iterator와 ListIterator

이터레이터는 컬렉션 프레임워크에서 순환자 역할을 합니다. 자동으로 원소를 하나씩 순환해 나가는 특별한 인터페이스입니다. Iterator의 메소드들을 정리해 보겠습니다.

메소드	설명
boolean hasNext()	이후에 원소가 더 있는지 판단함. 원소가 더 있다면 true를 반환함.
E next()	다음 원소를 반환함.

Iterator는 한 방향으로만 순환이 가능합니다. 양방향으로 순환이 가능한 ListIterator를 설명할게요.

[ListIterator 메소드]

메소드	설명
boolean hasNext()	이후에 원소가 더 있는지 판단함. 원소가 더 있다면 true를 반환함.
boolean hasPrevious()	이전에 원소가 있는지 판단함. 원소가 있다면 true를 반환함.
E next()	다음 원소를 반환함.
E previous()	이전 원소를 반환함.

ArrayList에 ListIterator를 적용해 보겠습니다.

코드 240

```
import java.util.ArrayList;
import java.util.ListIterator;

public class Code240 {
	public static void main(String[] args) {
		ArrayList<String> list = new ArrayList<String>();
		list.add("1");
		list.add("2");
		list.add("3");
		list.add("4");
		list.add("5");

		ListIterator<String> it = list.listIterator();

		while(it.hasNext()) {
			System.out.print(it.next());
		}

		System.out.println();

		while(it.hasPrevious()) {
			System.out.print(it.previous());
		}
	}
}
```

결과

```
12345
54321
```

이터레이터를 사용할 때 주의할 점이 있습니다. 이터레이터는 재사용이 안된다는 거예요. 다음의 예제를 보세요.

코드 241

```
import java.util.ArrayList;
import java.util.Iterator;

public class Code 241{
	public static void main(String[] args) {
		ArrayList<String> A = new ArrayList<String>(5);
```

```
		for(int i=0; i < 5; i++)
			A.add(i+"");

		Iterator<String> it = A.iterator();
		while(it.hasNext())
			System.out.print(it.next());

		System.out.println("\n-----");

		it = A.iterator();
		while(it.hasNext())
			System.out.print(it.next());

	}
}
```

결과

```
01234
-----
01234
```

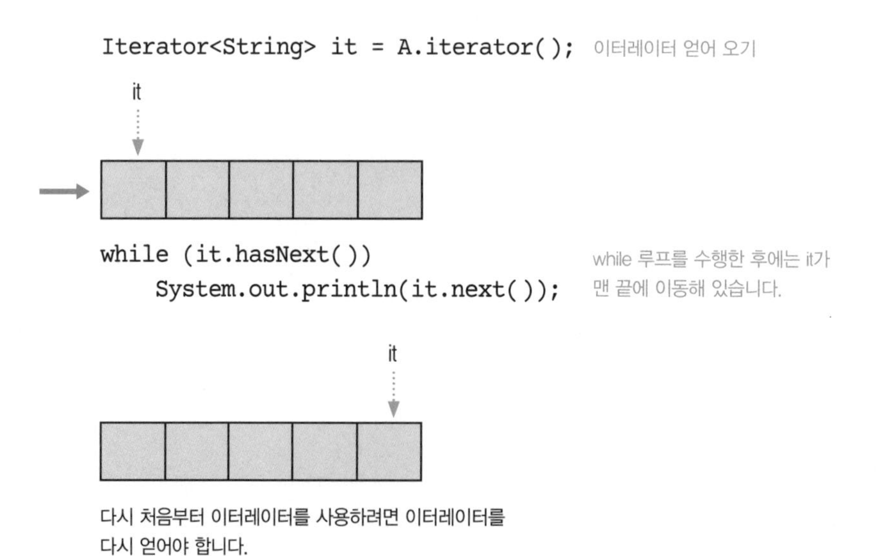

다시 처음부터 이터레이터를 사용하려면 이터레이터를
다시 얻어야 합니다.

04 Set 인터페이스

Set 인터페이스는 집합을 의미합니다. 그래서 집합의 특징 그대로 원소의 순서가 없고 중복된 원소를 넣지 않습니다. Set 인터페이스를 구현한 대표적인 클래스로는 TreeSet과 HashSet 두 개가 있습니다.

TreeSet

TreeSet은 트리 구조를 갖추고 있습니다. 트리 구조를 먼저 설명해 볼게요. 트리 구조는 특별한 자료 저장 구조인데, 자바의 TreeSet 클래스는 트리 구조 중에서 이진 트리 구조 형태를 취합니다. 이진 트리 구조는 데이터를 저장하면서 자동으로 정렬의 형태를 취하게 됩니다. 예를 들어서 트리 구조에 데이터를 저장하고 필요한 작업을 해 보겠습니다.

코드 242

```
import java.util.Iterator;
import java.util.TreeSet;

public class Code242 {
        public static void main(String[] args) {
                int A[] = {4,6,1,9,8,10,5,2,3,7};
                TreeSet<Integer> ts = new TreeSet<>();
                for (int i = 0 ; i<A.length; i++)
                        ts.add(A[i]);
                System.out.println(ts);      // TreeSet 이름으로 통째로 출력하기

                Iterator<Integer> itr = ts.iterator();     // Iterator로 출력하기
                while (itr.hasNext()){
                        System.out.print(itr.next() + " ");
                }
        }
}
```

출력

```
[1, 2, 3, 4, 5, 6, 7, 8, 9, 10]
1 2 3 4 5 6 7 8 9 10
```

위의 예제에서 보면 1부터 10까지의 정수가 저장된 배열 A에 루프를 돌려서 TreeSet에 저장합니다. TreeSet에 저장될 때는 A에 저장된 순서도 들어가는데 TreeSet이 정렬된 형태로 보관을 하고 있어서 이터레이터를 돌렸을 때 정렬된 결과가 나오는 것을 알 수가 있죠. 이렇게 TreeSet은 데이터가 어떻게 입력이 되더라도 정렬된 형태로 데이터를 저장하게 됩니다.

이진 탐색 트리(binary search tree)와 중위 우선 탐색(inorder traversal) 알고리즘을 알면 자바의 TreeSet 구조를 좀 더 쉽게 이해할 수 있습니다. 간단하게 두 개념을 소개하고 넘어갈게요.

이진 탐색 트리는 특별하게 구성되는 트리 구조입니다. 이진 트리는 그림과 같이 자신보다 하위에 두 데이터를 두는 구조를 말합니다. 이때 왼쪽에 있는 데이터를 '왼쪽 자식 데이터', 오른쪽에 있는 데이터를 '오른쪽 자식 데이터'라고 부릅니다.

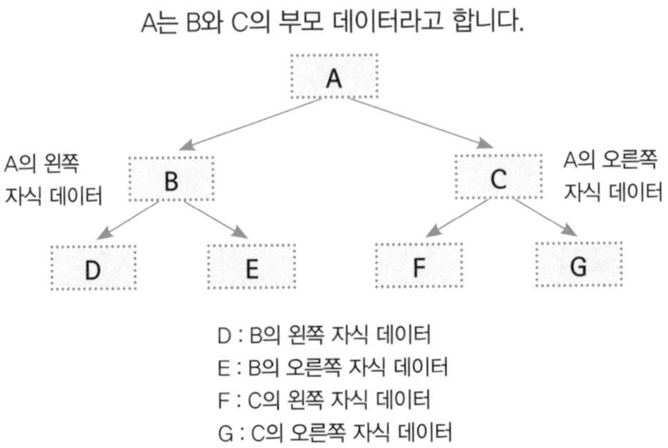

A는 B와 C의 부모 데이터라고 합니다.
A
A의 왼쪽 자식 데이터
B
C
A의 오른쪽 자식 데이터
D
E
F
G

D : B의 왼쪽 자식 데이터
E : B의 오른쪽 자식 데이터
F : C의 왼쪽 자식 데이터
G : C의 오른쪽 자식 데이터

이진 탐색 트리에 이진트리의 특별한 형태로 다음의 조건을 만족해야 합니다.

❶ 저장되는 데이터는 모두 다른 값들이어야 합니다.
❷ 왼쪽 자식 데이터는 부모보다 작은 값이어야 합니다.
❸ 오른쪽 자식 데이터는 부모보다 큰 값이어야 합니다.

TreeSet은 이진 탐색 트리 조건에 맞추어서 구성됩니다. [코드 244]에서처럼 4, 6, 1, 9, 8, 10, 5, 2, 3, 7의 순서로 데이터가 저장된다면 다음과 같이 TreeSet이 구성됩니다.

4 → 6 → 1 → 9 → 8 → 10 → 5 → 2 → 3 → 7

4 추가

6 추가

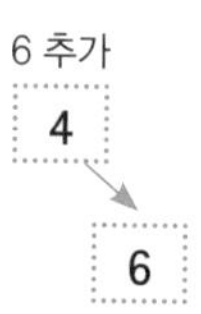

4보다 크니까 4의 오른쪽 자식으로 추가

1 추가

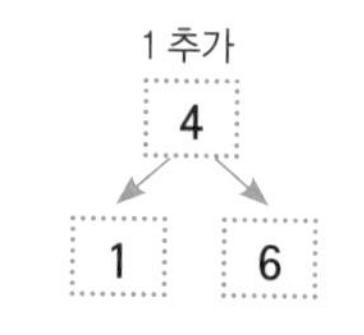

4보다 작으므로 4의 왼쪽 자식으로 추가

9 추가

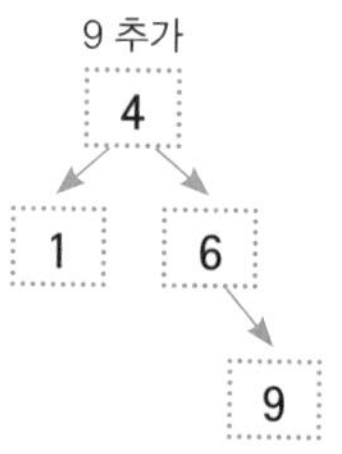

4보다 크고 6보다 크므로 6의 오른쪽 자식으로 추가

8 추가

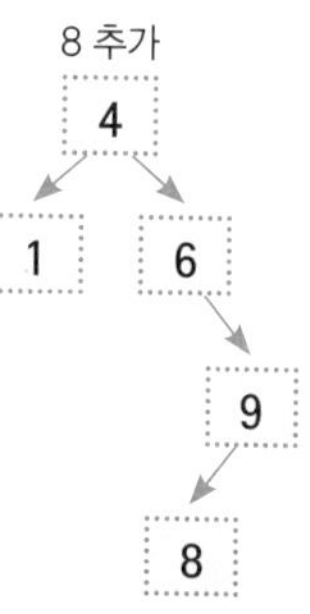

4보다 크고 6보다 크고 9보다는 작으므로 9의 왼쪽 자식으로 추가

4 → 6 → 1 → 9 → 8 → 10 → 5 → 2 → 3 → 7

10 추가

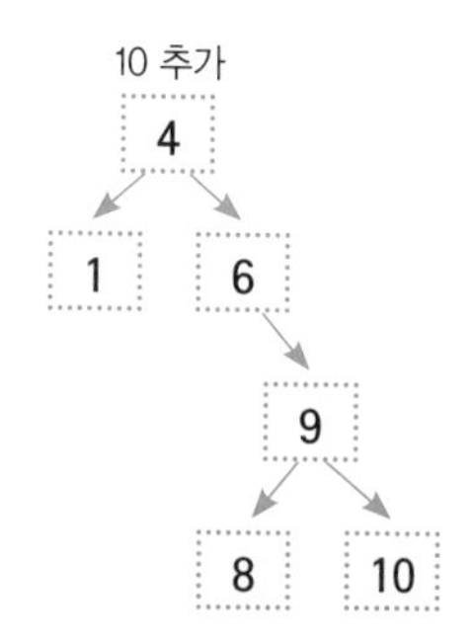

4보다 크고 6보다 크고 9보다 크므로 9의 오른쪽 자식으로 추가

5 추가

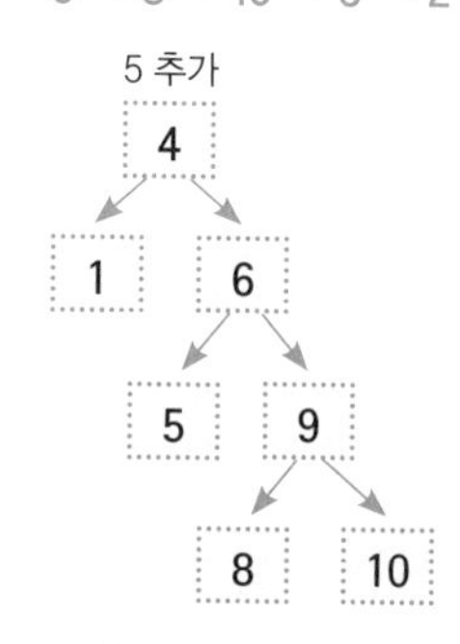

4보다 크고 6보다 작으므로 6의 왼쪽 자식으로 추가

2 추가

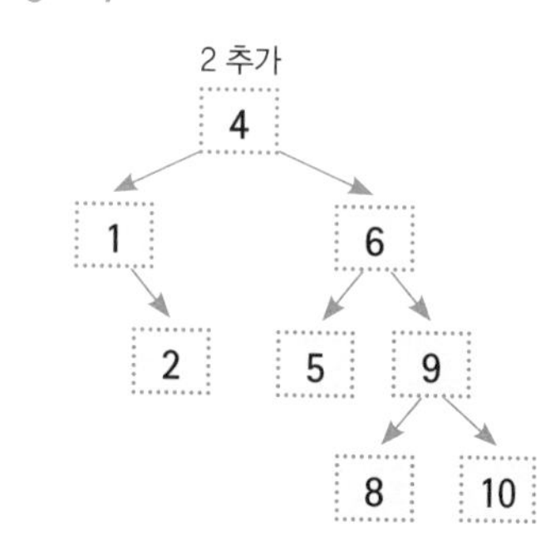

4보다 작고 1보다 크므로 1의 오른쪽 자식으로 추가

4 → 6 → 1 → 9 → 8 → 10 → 5 → 2 → 3 → 7

3 추가

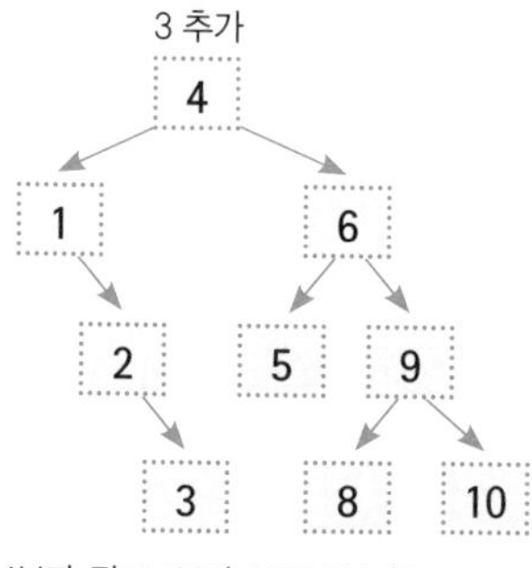

4보다 작고 1보다 크고 2보다도 크므로 2의 오른쪽 자식으로 추가

7 추가

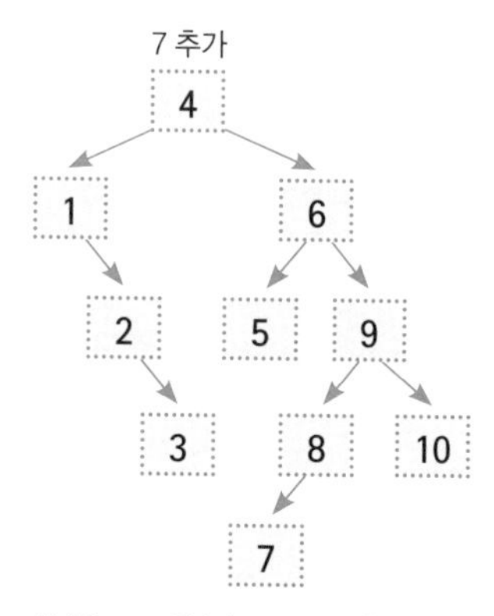

4보다 크고 6보다 크고 9보다 작고 8보다 작으므로 8의 왼쪽 자식으로 추가

위의 데이터가 메모리에 어떻게 저장되는지 볼 수는 없지만 TreeSet 구조는 위와 같은 계층 구조로 규칙에 따라 데이터가 저장됩니다. 그러면 이 TreeSet에 이터레이터를 이용하여 순차적으로 루프를 돌리면 정렬된 순서로 출력되는 것을 보았습니다. TreeSet에 루프를 수행했을 때 정렬된 결과가 나오는 것은 '중위순위 탐색(inorder traversal)' 과정을 거치기 때문이에요. 중위순위 탐색이라는 것은 '왼쪽 자식 데이터 - 부모 데이터 - 오른쪽 자식 데이터'의 순서로 데이터에 접근하는 것을 말합니다. 이해를 쉽게 하기 위해서 다음과 같이 구성된 TreeSet에 대하여 중위순위 탐색을 수행해 볼게요.

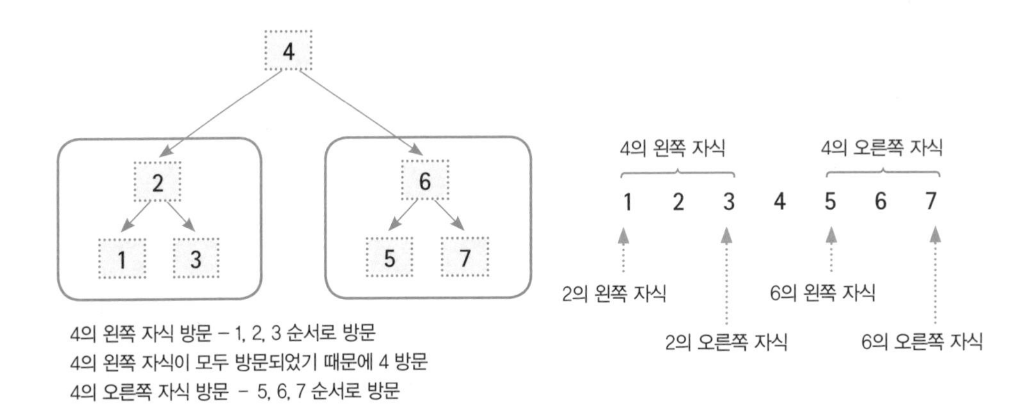

이진 탐색 트리와 중위순위 탐색에 대해서는 이 정도만 설명할게요. 이 부분에 대해 더 궁금하다면 '자료구조' 관련 책을 참고하기 바랍니다.

앞의 예제에서는 TreeSet에 Integer 객체를 저장하였습니다. 이번에는 프로그래머가 만든 클래스의 객체를 TreeSet에 저장해 보겠습니다. Person 클래스는 아이디와 성적을 필드로 갖고 있습니다. Person 객체 여러 개를 만들어서 이 객체들을 TreeSet에 저장해 보겠습니다. Person 객체를 다섯 개 생성하고 아이디는 1부터 5까지의 정수를 갖는다고 하겠습니다.

코드 243

```
import java.util.TreeSet;

class Person  {
        private int id;
        private int score;
        Person(){}
        Person(int id, int score){
                this.id = id;
                this.score = score; }
        public String toString() {
                return "[id=" + id + ", score=" + score + "]";
        }
}

public class Code243 {
        public static void main(String[] args) {
                TreeSet<Person> ts = new TreeSet<>();
                ts.add(new Person(3, 83));
                ts.add(new Person(5, 90));
                ts.add(new Person(1, 93));
                ts.add(new Person(2, 88));
                ts.add(new Person(4, 70));
                System.out.println(ts);
        }
}
```

결과

```
Exception in thread "main" java.lang.ClassCastException: class code243.Person cannot
be cast to class java.lang.Comparable (treetest.Person is in unnamed module of loader
'app'; java.lang.Comparable is in module java.base of loader 'bootstrap')
        at java.base/java.util.TreeMap.compare(TreeMap.java:1291)
        at java.base/java.util.TreeMap.put(TreeMap.java:536)
        at java.base/java.util.TreeSet.add(TreeSet.java:255)
        at treetest.Code236.main(Code243.java:25)
```

위의 코드는 컴파일 에러는 없지만 수행했을 때 예외가 발생합니다. 예외는 ClassCastException이라고 나오죠. 왜 예외가 발생할까요? 위의 Integer를 저장할 때에는 문제가 없었는데, 프로그래머가 만든 Person 객체를 저장할 때는 문제가 발생했습니다. TreeSet에 넣는 데이터는 대소 비교가 가능해야 합니다. Integer 객체들은 숫자들 간에 비교가 가능합니다. 즉, 두 수를 비교해서 정렬되어 저장할 수 있도록 합니다. 하지만 프로그래머가 만든 Person 객체는 대소 개념이 없습니다. 예를 들어서 Person(5, 90)과 Person(1, 93)을 비교했을 때, 아이디 값이 커야 큰 Person인지, 성적이 높아야 큰 Person 객체인지 알 수가 없어요. 프로그래머가 만든 객체들을 TreeSet에 넣으려면 객체 간에 대소 비교를 할 수 있도록 코드를 작성해야 합니다. 이를 위해서 Comparable 인터페이스나 Comparator 인터페이스를 사용합니다.

TreeSet에는 대소비교가 가능한 객체만 저장할 수가 있어요.
사용자가 만든 Person 객체에 대소 개념을 넣으려면

- Comparable 인터페이스
- Comparator 인터페이스

둘 중에 하나를 사용해야 합니다.

Comparable 인터페이스

Comparable 인터페이스를 구현한 클래스들은 같은 타입의 인스턴스끼리 서로 비교할 수 있습니다. wrapper 클래스(Boolean 제외), String, Date, File 클래스 등은 Comparable 인터페이스가 구현되어 제공되기 때문에 이러한 객체들은 Tree에 넣을 때 알아서 오름차순으로 정렬됩니다. 하지만 Person 클래스와 같이 Comparable을 구현하지 않은 클래스의 인스턴스를 TreeSet에 담으면, 실행 시 예외가 발생합니다. Comparable 인터페이스에는 compareTo 메소드가 있어요. 이 메소드를 오버라이딩하는 것이 중요합니다.

```
interface Comparable {      // java.lang 패키지에 존재함.
    int compareTo (T o)
}
```

위의 Person 클래스에 Comparable 인터페이스를 구현해 보겠습니다.

코드 244

```
import java.util.Iterator;
import java.util.TreeSet;

class Person implements Comparable<Person>  {
        private int id;
        private int score;
        Person(){}
        Person(int id, int score){  this.id = id; this.score = score; }
        public String toString() {  return "[id=" + id + ", score=" + score + "]"; }
        public int compareTo(Person p){
                return this.id - p.id;
        }
}
public class Code244 {
        public static void main(String[] args) {
                TreeSet<Person> ts = new TreeSet<>();
                ts.add(new Person(3, 83));
                ts.add(new Person(5, 90));
                ts.add(new Person(1, 93));
                ts.add(new Person(2, 88));
                ts.add(new Person(4, 70));

                Iterator<Person> itr = ts.iterator();  // iterator 이용하여 출력하기
                while (itr.hasNext())
                        System.out.println(itr.next());
        }
}
```

결과

```
[id=1, score=93]
[id=2, score=88]
[id=3, score=83]
[id=4, score=70]
[id=5, score=90]
```

- Comparator 인터페이스

Comparator 인터페이스는 다음과 같아요.

```
interface Comparator {        // java.util 패키지에 존재
   int compare (T o1, T o2) ;
   boolean equals (Object obj);
}
```

Comparator를 통하여 순서 개념을 지정하려면 클래스를 따로 더 만들어야 합니다. 역시 위의 Person 클래스에 Comparator 인터페이스를 구현해 보겠습니다.

코드 245

```
import java.util.Comparator;
import java.util.TreeSet;

class Person {
        private int id;
        private int score;
        Person(){}
        Person(int id, int score){ this.id = id; this.score= score; }
        int getId() { return id; }
        public String toString() { return "[id=" + id + ", score=" + score + "]"; }
}

class PersonComparator implements Comparator<Person> {
        public int compare (Person o1, Person o2) {
                return o1.getId() - o2.getId();
        }
}

public class Code245 {
        public static void main(String[] args) {
                TreeSet<Person> ts= new TreeSet<>(new PersonComparator());
                ts.add(new Person(4, 83));
                ts.add(new Person(5, 90));
                ts.add(new Person(2, 93));
                ts.add(new Person(1, 88));
                ts.add(new Person(3, 70));
                for(Person p:ts)
```

```
                    System.out.println(p);
        }
}
```

결과

```
[id=1, score=88]
[id=2, score=93]
[id=3, score=70]
[id=4, score=83]
[id=5, score=90]
```

위의 예제에서는 아이디를 기준으로 정렬을 했지만 성적을 기준으로도 정렬할 수 있겠죠. 위의 코드를 보면서 성적으로 정렬하는 코드로 수정해 보세요.

HashSet

HashSet 구조 역시 Set의 일종이기 때문에 데이터의 순서가 없고 중복된 데이터를 같은 HashSet에 넣을 수 없습니다. HashSet에서 중요한 것은 객체가 동일한지를 판단하는 거예요. 우선 Integer 객체들을 HashSet에 저장해 보겠습니다.

코드 246

```
import java.util.HashSet;

public class Code246 {
        public static void main(String[] args) {

                Integer[] a = {2, 3, 1, 4, 4, 1, 1, 2, 2, 2, 3, 1, 4, 4, 1};
                HashSet<Integer> set = new HashSet<Integer>();

                for(int i = 0; i < a.length; i++)
                        set.add(a[i]);       // HashSet set에 배열 a의 원소 저장
                System.out.println(set);    // HashSet에 저장된 요소들을 출력
        }

}
```

결과

```
[1, 2, 3, 4]
```

이 예제에서 보면 배열 A에 저장된 정수들이 정확히 한 번씩 HashSet에 저장되는 것을 볼 수가 있습니다. HashSet은 이렇게 중복된 데이터는 저장하지 않습니다. 하지만 프로그래머가 만드는 서로 다른 두 객체가 그 안에 같은 데이터 값을 갖고 있는지를 판단하려면 두 객체가 객체 내부에 동일한 데이터를 갖고 있는지 알 수 있도록 해야 합니다. 다음의 예에서는 이름과 나이를 필드로 갖는 Person 객체를 HashSet에 넣으려고 합니다.

코드 247

```
import java.util.HashSet;

class Person {
    String name;
    int age;
    Person(String name, int age) {
        this.name = name;
        this.age = age;
    }
    public String toString() {
        return name +":"+ age;
    }
}
public class Code247 {
    public static void main(String[] args) {
        HashSet<Object> set = new HashSet<Object>();
        set.add(new String("Alice"));
        set.add(new String("Alice"));
        set.add(new Person("Robert",10));
        set.add(new Person("Robert",10));
        System.out.println(set);
    }
}
```

결과

```
[Alice, Robert:10, Robert:10]
```

HashSet에 스트링 “Alice”를 두 번 저장하였고, 똑같은 데이터 값을 값는 Person 객체(Robert, 10)을 두 개 저장하였습니다. 이때 스트링은 동일한 데이터로 판단하여 한 번만 HashSet에 저장되었고, Person 객체는 동일한 데이터로 판단하지 못해서 두 개가 모두 저장되었습니다. 즉, 컴퓨터가 스트링은 동일한 객체임을 알지만 프로그래머가 만든 Peron 객체가 동일한 객체인지는 판단하지 못하고 있습니다. 이 경우 Person 클래스에 동일한 객체임을 판단할 수 있는 코드를 추가해야 합니다. 이때 equals와 hashCode 메소드가 필요합니다.

HashSet은 같은 내용의 데이터를 중복해서 저장하지 않도록 합니다. 그런데 사용자가 만든 객체들은 데이터 값들이 같더라도 중복 처리를 못하고 모두 HashSet에 저장합니다.
이를 해결하려면 반드시 다음의 두 메소드를 오버라이딩해야 합니다.

- equals 메소드
- hashCode 메소드

코드 248

```
import java.util.HashSet;

class Person {
	String name;
	int age;
	Person(String name, int age) {
		this.name = name;
		this.age = age;
	}
	public String toString() {
		return name +":"+ age;
	}

	public boolean equals(Object obj) {
		if(obj instanceof Person) {
			Person tmp = (Person)obj;
			return name.equals(tmp.name) && age==tmp.age;
		}
		return false;
	}
	public int hashCode() {
		return name.hashCode() + age;
	}
}

public class Code248 {
```

```
        public static void main(String[] args) {
                HashSet<Object> set = new HashSet<Object>();
                set.add(new String("Alice"));
                set.add(new String("Alice"));
                set.add(new Person("Robert",10));
                set.add(new Person("Robert",10));
                System.out.println(set);
        }
}
```

결과

```
[Alice, Robert:10]
```

위의 코드에서 equals() 메소드와 hashCode() 메소드는 반드시 모두 있어야 합니다. 만약에 두 메소드 중에서 하나라도 없으면 [Alice, Robert:10, Robert:10]이 결과로 나올 거예요. 여기에서 hashCode()를 어떻게 구현했는지 잘 보아야 합니다. hashCode() 메소드에는 다음 그림과 같이 두 객체가 같은 실제로 같은 내용으로 구성되었다면 같은 두 객체의 참조값도 같은 값으로 만들어 주는 코드를 구현해야 합니다. 위의 예제에서는 간단하게 name의 hashCode() 값과 age를 더했습니다. 그러면 두 객체가 같은 값을 반환하게 되겠죠.

사용자가 만든 클래스의 객체를 HashSet에 저장하려면
다음과 같이 equals, hashCode 메소드를 작성해야 합니다.

```
public boolean equals(Object obj)
{
      두 객체의 속성이 같은지 판단하는 코드를 넣습니다.
}

public int hashCode( )
{
      객체의 속성으로 같은 int 값을 반환하는 코드를 넣습니다.
}
```

05 Map 인터페이스

Map 인터페이스는 〈키, 값〉의 쌍으로 한 개의 데이터를 구성하는 자료 구조입니다. 키는 유일해야 하고, 값은 중복이 있을 수 있습니다. 예를 들어서, 다음과 같은 데이터를 Map으로 구성할 수 있습니다.

아이디	암호
jskim	123*123
swkim	hello123*
khjung	my77you
……	……
dhpark	hihiyou

[아이디 : 암호]가 한 쌍으로 데이터를 구성합니다.

번호	이름
1	Alice
2	David
3	Paul
……	……
100	Jenny

[번호 : 이름]이 한 쌍으로 데이터를 구성합니다.

대표적인 Map 인터페이스로는 HashMap과 TreeMap 두 가지가 있습니다.

HashMap

HashMap 구조에서는 해쉬 함수를 이용합니다. 해쉬 함수는 키 값을 입력하면 해쉬값을 출력해 주는 함수로 속도가 빠르다는 장점이 있습니다.

HashMap의 생성자와 메소드를 살펴 보겠습니다.

[HashMap 생성자]

생성자	설명
HashMap()	빈 HashMap 생성

[HashMap 메소드]

메소드	설명
void clear()	HashMap의 모든 데이터를 삭제함.
boolean containsKey(Object key)	key에 해당하는 키가 존재하는지 판단함.
boolean containsValue(Object value)	value에 해당하는 값이 존재하는지 판단함.
Set〈Map.Entry〈K,V〉〉 entrySet()	모든 엔트리를 반환함.
V get(Object key)	key에 해당하는 값을 반환함.
Set〈K〉 keySet()	key들의 집합을 반환함.
V put(K key, V value)	〈key, value〉 쌍을 HashMap에 추가함.
V remove(Object key)	key에 해당하는 데이터를 삭제함.
int size()	HashMap의 크기를 반환함.

HashMap을 이용하여 아이디와 암호를 저장해 두고 사용하는 예제를 보겠습니다. 위의 메소드들 중에 몇 개를 사용할텐데, 어떻게 사용하고 있는지 확인하기 바랍니다.

코드 249

```
import java.util.HashMap;
import java.util.Map;
import java.util.Set;

public class Code249 {
        public static void main(String[] args) {
                HashMap<String, String> map = new HashMap<>();
                map.put("david", "qwer123");
                map.put("cindy", "9abcd9");
                map.put("alice", "abc000");
                map.put("paul", "asdf5757");
                map.put("mary", "good!*?");
                Set<String> keySet = map.keySet();  // key만 뽑아냄
                System.out.println(keySet);                 // 뽑아낸 key 출력
                System.out.println("--------------------------------");

                for ( Map.Entry<String, String> e : map.entrySet() ){
                        String key = e.getKey();
                        String value = e.getValue();
                        System.out.println(key + " : " + value);
}
```

```
                System.out.println("------------------------------");
                String val = (String)map.get("alice"); // map.get(키)
                System.out.println("Value for key alice is: " + val);
        }
}
```

결과

```
[mary, cindy, alice, david, paul]
--------------------------------
mary : good!*?
cindy : 9abcd9
alice : abc000
david : qwer123
--------------------------------
value for key alice is : abc000
```

TreeMap

TreeMap 역시 〈키, 값〉의 쌍으로 데이터가 구성되고 키를 기준으로 정렬이 이루어지기 때문에 키에 해당하는 클래스를 Comparable 또는 Comparator 인터페이스로 구현해야 합니다.

[TreeMap 메소드]

메소드	설명
void clear()	TreeMap의 모든 원소를 삭제함.
boolean containsKey(Object key)	key에 해당하는 키가 존재하는지 판단함.
boolean containsValue(Object value)	value에 해당하는 키가 존재하는지 판단함.
Set〈Map.Entry〈K,V〉〉 entrySet()	모든 엔트리를 반환함.
V get(Object key)	key에 해당하는 값을 반환함.
Set〈K〉 keySet()	key들의 집합을 반환함.
V put(K key, V value)	〈key, value〉 쌍을 TreeMap에 추가함.
V remove(Object key)	key에 해당하는 데이터를 삭제함.
int size()	HashMap의 크기를 반환함.
Collection〈V〉 values()	value들의 집합을 반환함.

위의 메소드 몇 개를 사용하는 예제를 보겠습니다.

코드 250

```
import java.util.Map;
import java.util.Set;
import java.util.TreeMap;

class Person {
	private String name;
	private int score;

	Person(String name, int score) {
		this.name = name;
		this.score = score;
	}

	public String toString() {
		return "(" + name +","+ score + ")";
	}
}

public class Code250 {
	public static void main(String[] args) {
		TreeMap<Integer, Person> map = new TreeMap<>();
		map.put(3, new Person("David", 80));
		map.put(1, new Person("Bob", 90));
		map.put(2, new Person("Alice", 88));
		map.put(5, new Person("Cindy", 77));
		map.put(4, new Person("Jenny", 93));

		Set<Integer> keySet = map.keySet();// key만 뽑아냄
		System.out.println(keySet);  // 뽑아낸 key 출력
		System.out.println("--------------------------------");

		for ( Map.Entry<Integer, Person> e : map.entrySet() ){
			Integer key = e.getKey();
			Person value = e.getValue();
			System.out.println(key + " : " + value);
		}
		System.out.println("--------------------------------");
		Person val = (Person)map.get(3); // map.get(키)
		System.out.print("key 3 -> ");
		System.out.println(val);
```

```
        }
}
```

결과

```
[1, 2, 3, 4, 5]
---------------------------------
1 : (Bob,90)
2 : (Alice,88)
3 : (David,80)
4 : (Jenny,93)
5 : (Cindy,77)
---------------------------------
Key 3 -> (David,80)
```

이번 장에서는 자바에서 제공하는 기본적인 자료 구조들을 알아 보았습니다. 자료 구조는 코딩에서 아주 중요한데, 자바의 경우 스택, 큐, Set, Map 등을 제공하고 있기 때문에 효율적으로 코딩을 할 수 있습니다. 각 자료 구조의 특징을 잘 학습하여 필요할 때 적절한 자료 구조를 사용할 수 있도록 공부해 두기 바랍니다.

15 > 스레드

자바 언어에는 동시에 여러 일을 처리하도록 하는 기능이 있습니다. 스레드(thread) 개념이 그것인데, main 코드 안에 스레드를 여러 개 만들어서 동시에 여러 일을 처리하는 거예요. 스레드 역시 객체로 만들어서 이용해야 하는데 이때 Thread 클래스 또는 Runnable 인터페이스를 이용합니다. 이번 장에서는 스레드 개념에 대해서 알아보고, 스레드를 이용한 코딩을 어떻게 하는지에 대해 설명합니다.

멀티태스킹(multi-tasking)은 이름 그대로 여러 가지 일을 동시에 처리하는 것을 말합니다. Thread 클래스 또는 Runnable 인터페이스를 이용해서 멀티태스킹을 하는 문법이 어느 정도는 정해져 있습니다. 따라서 이책에서 소개하는 예제들을 직접 수행해 보면서 관련 문법과 코드 구현 방식을 익혀 두기 바랍니다.

지금까지는 main 메소드가 하나의 일을 처리했습니다.
스레드를 이용하면 main 메소드 안에서 여러 가지 일을 동시에 처리할 수 있습니다.

01 스레드 (thread)

컴퓨터에서 여러 가지 일을 동시에 처리하는 것을 멀티태스킹(multi-tasking)이라고 합니다. 멀티태스킹은 크게 프로세스 기반의 멀티태스킹과 스레드 기반의 멀티태스킹이 있어요.

- **프로세스 기반의 멀티태스킹** – 프로그램이 여러 개 동시에 수행되면서 여러 일을 동시에 진행합니다.
- **스레드 기반의 멀티태스킹** – 하나의 프로그램 내에서 여러 개의 스레드가 동시에 수행되면서 여러 일을 동시에 진행합니다.

현재 수행되고 있는 프로그램을 프로세스라고 합니다. 스레드는 작은 프로세스라고 생각해도 됩니다. 그리고 main 함수를 main 스레드라고도 합니다.

동시에 여러 개의 main 메소드가 수행되는 경우 프로세스 기반의 multitasking이라고 합니다.

main 메소드

thread 1
thread 2
......
thread n

하나의 main 메소드에 여러 개의 스레드(작은 프로세스)가 수행되는 경우 스레드 기반의 multit-aking이라고 합니다.

이번 장에서 설명하고자 하는 것은 스레드 기반의 멀티태스킹입니다. 즉, main 프로그램 내에서 여러 개의 스레드를 생성하여 여러 가지 일을 동시에 수행하도록 하는 방법을 학습할 거예요.

02 Thread 클래스를 이용하여 스레드 생성하기

main 메소드 내에서 스레드 객체를 만들어서 수행시키면서 main 메소드가 하나의 일을 처리하면서 동시에 스레드가 다른 일을 처리할 수 있도록 코드를 구현할 수가 있습니다. 스레드 객체는 Thread 클래스 또는 Runnable 인터페이스를 통해서 만들 수가 있는데, 우선 Thread 클래스를 이용해서 스레드를 만드는 방법을 보겠습니다.

[Thread 생성자]

생성자	설명
Thread()	스레드 객체를 생성함.
Thread(Runnable target)	Runnable 인터페이스를 이용하여 스레드 객체 생성함.
Thread(Runnable target, String name)	Runnable 인터페이스를 이용하여 이름있는 스레드 객체를 생성함.
Thread(String name)	이름있는 스레드 객체를 생성함.

[Thread 메소드]

메소드	설명
String getName()	스레드 이름을 반환함.
int getPriority()	스레드의 우선순위를 반환함.
boolean isAlive()	스레드가 아직 수행 중인지 판단함.
void join()	스레드가 끝나기를 기다림.
void run()	스레드가 Runnable run 객체로부터 생성되었다면 Runnable 객체의 run 메소드가 호출됨.
void setName(String name)	스레드에 이름을 붙임.
void setPriority(int newPriority)	스레드에 우선순위를 주는 메소드임.
static void sleep(long millis)	현재 수행 중인 스레드를 millis 밀리세컨드 동안 중지하도록 함.
void start()	스레드 수행을 시작하게 함.

스레드를 만들려면 다음과 같이 Thread 클래스를 상속받는 클래스를 만들어서(❶) 그 클래스 안에 run() 메소드를 오버라이딩해야 합니다(❷). run() 메소드는 스레드가 수행하는 코드입니다.

run() 메소드를 수행하려면 스레드 객체를 생성한 후에 start()라고 호출해야 합니다. 즉, 스레드.start() 라고 해야 스레드 클래스의 run() 메소드가 자동 호출됩니다(❻).

```
❶ class MyThread extends Thread {   // Thread 클래스를 상속받아야 합니다. ❶

❷   public void run()  {        // Thread 클래스의run() 메소드를 오버라이딩합니다. ❷
        ......
    }
  }
❸ public class ThreadTest {  // MyThread 객체를 만들어서 수행할 클래스입니다.
❹   public static void main(String[] args)
    {
❺         Thread t = new MyThread();  // MyThread 객체 생성
❻         t.start();        // t.start() 라고 해야 run() 메소드가 호출됩니다. ❸
                ......
    }
  }
```

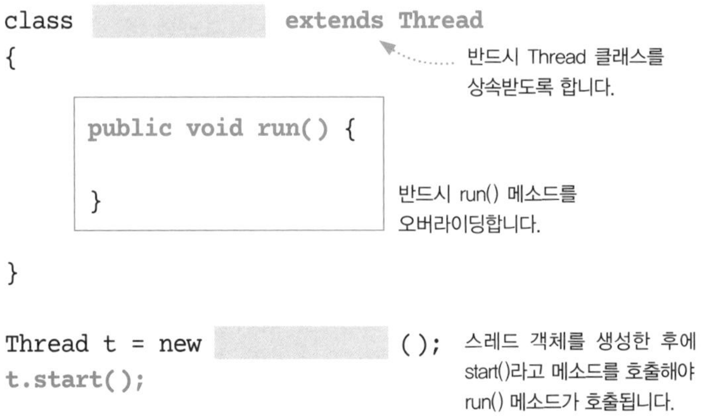

```
class ____________ extends Thread
{
        public void run() {

        }
}

Thread t = new ____________ ();
t.start();
```

반드시 Thread 클래스를 상속받도록 합니다.

반드시 run() 메소드를 오버라이딩합니다.

스레드 객체를 생성한 후에 start()라고 메소드를 호출해야 run() 메소드가 호출됩니다.

예제를 통해서 스레드가 어떻게 수행되는지를 보겠습니다.

코드 251

```
class NumberThread extends Thread {
        public void run() {
                for (int i = 1; i<=26; i++)
                        System.out.print(i);
        }
```

```
}
public class Code251 {
        public static void main(String[] args)
        {
                Thread t = new NumberThread();
                t.start();
                for (char ch = 'A'; ch <= 'Z'; ch++)
                        System.out.print(ch);
        }
}
```

결과 1

```
ABCDEFGHIJKLMNOPQRSTUVWXYZ1234567891011121314151617181920212223242526
```

결과 2

```
ABC1234567891011121314151617181920212223242526DEFGHIJKLMNOPQRSTUVWXYZ
```

결과 3

```
ABCDEF1234GHIJKLMNOP5678QRS9T1011121314151617181920212223U242526VWXYZ
```

위의 코드를 3번 수행해 보았는데, 수행될 때마다 다른 결과를 내는 것을 알 수가 있어요. main 메소드가 수행되면서 스레드 객체 t를 생성하여 수행하면 스레드 두 개가 동시에 수행되는 거예요. 즉, main 메소드와 t의 run() 메소드가 같이 수행됩니다. CPU는 매 순간에 한 가지의 일만 할 수 있기 때문에 CPU가 main 스레드와 t 스레드를 번갈아 가면서 수행하는 거죠.

결과 1을 보면 main 스레드가 CPU를 차지하여 ABCDE를 출력하고 다음으로 t 스레드가 CPU를 차지하여 1부터 26까지 모두 출력합니다. 다음으로 다시 main 스레드가 CPU를 잡고 나머지를 출력합니다. 결과 3을 보면 main 스레드가 CPU를 차지하여 ABC를 출력하고, t 스레드가 CPU를 차지하여 1~24까지 출력하고, 다시 main 스레드가 CPU를 잡고 D~T를 출력합니다. 그러다가 t 스레드가 25와 26을 출력한 후에 main 스레드가 다시 수행되는 것을 알 수가 있습니다.

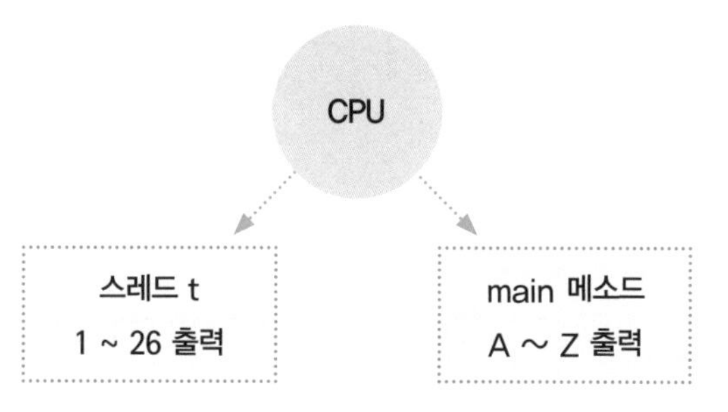

CPU가 스레드 t와 main 메소드를 동시에 수행합니다.

수행 결과를 조금 천천히 보고 싶다면 다음과 같이 sleep() 메소드를 이용하면 됩니다. sleep() 메소드의 인수는 밀리세컨드입니다. 1000이라고 넣으면 1초가 되는 거예요. 수행을 시키면 1초 간격을 두고 결과가 하나씩 출력됩니다.

코드 252

```
class NumberThread extends Thread {
        public void run() {
                for (int i = 1; i <= 26; i++) {
                        System.out.print(i);
                        try {
                                Thread.sleep(1000);  // 1초 동안 쉽니다.
                        } catch (InterruptedException e) {
                                System.out.println(e.getMessage());
                        }
                }
        }
}
public class Code252 {
        public static void main(String[] args)
        {
                Thread t = new NumberThread();
                t.start();
                for (char ch = 'A'; ch <= 'Z'; ch++) {
                        System.out.print(ch);
                        try {
                                Thread.sleep(1000);
                        } catch (InterruptedException e) {
                                System.out.println(e.getMessage());
```

```
                }
            }
        }
}
```

결과

```
A1B2C3D4E5F6G7H89IJ10K11L1213MN14O15P16Q17R18S19T20U21V22W23X24Y25Z26
```

두 개의 스레드 객체를 수행하는 예제는 다음과 같습니다.

코드 253

```
class NumberThread extends Thread {
        public void run() {
                for (int i = 1; i <= 26; i++) {
                        System.out.print(i);
                        try {
                                Thread.sleep(1000);
                        } catch (InterruptedException e) {
                                System.out.println(e.getMessage());
                        }
                }
        }
}

class CharThread extends Thread {
        public void run() {
                for (char ch = 'a'; ch <= 'z'; ch++) {
                        System.out.print(ch);
                        try {
                                Thread.sleep(1000);
                        } catch (InterruptedException e) {
                                System.out.println(e.getMessage());
                        }
                }
        }
}

public class Code253 {
        public static void main(String[] args)
        {
```

```
                Thread t1 = new NumberThread();   // 스레드 t1 생성
                Thread t2 = new CharThread();     // 스레드 t2 생성
                t1.start();    // t1의 run() 메소드 수행
                t2.start();    // t2의 run() 메소드 수행
                for (char ch = 'A'; ch <= 'Z'; ch++) {
                        System.out.print(ch);
                        try {
                                Thread.sleep(1000);
                        } catch (InterruptedException e) {
                                System.out.println(e.getMessage());
                        }
                }
        }
}
```

결과 1

```
Aa1Bb2Cc3Dd4Ee5Ff6G7gh8Hi9IjJ10kK11Ll12Mm13N14no15OP16pQq17r18Rs19St20TuU21v
V22w23Wx24XYy25Zz26
```

결과 2

```
Aa1B2bc3Cd4DEe5F6f7Ggh8Hi9IjJ10K11klL12M13mNn14O15oPp16Q17qRr18s19ST20tUu21v
22Vw23Wx24Xy25YZ26z
```

결과 3

```
Aa1b2Bc3CD4de5EfF6G7ghH8I9i10JjkK11l12L13Mmn14No15Op16PQ17qrR18sS19t20TU21u
V22v23wWx24Xy25YZ26z
```

위의 코드에서 main 스레드는 알파벳 대문자 A ~ Z를 출력하고, 스레드 t1은 1부터 26까지 숫자를 출력하며, 스레드 t2는 알파벳 소문자 a ~ z를 출력합니다. 결과를 보면 알파벳 대소문자와 숫자가 섞여서 나오는 것을 볼 수가 있죠. 세 번 수행해 보았는데 결과가 약간씩 다른 것을 볼 수가 있습니다.

03 Runnable 인터페이스를 이용하여 스레드 생성하기

이번에는 Runnable 인터페이스를 이용하여 스레드를 생성하는 방법을 알아보겠습니다. 스레드 생성자 중에서 Runnable 인터페이스를 이용하여 스레드 객체를 생성하는 생성자가 있었죠. 다

음의 생성자를 이용해야 합니다.

```
Thread(Runnable target)
```

Runnable 인터페이스를 이용하여 스레드를 만들려면 다음과 같이 Runnable 인터페이스를 구현한 스레드 클래스를 만들어야 합니다. 그리고 그 클래스 안에 run() 메소드를 오버라이딩해야 하고요.

```
class MyThread implements Runnable {  // Runnable 인터페이스를 구현하는 클래스입니다.

        public void run()  {        // Thread 클래스의 run() 메소드를 오버라이딩합니다.
                ......
        }
}

public class RunnableTest {
        public static void main(String[] args) {
                Thread t = new Thread(new NumberThread());  // 스레드 객체 생성
                t.start();                                  // 스레드 run() 메소드 수행
                for (char ch = 'A'; ch <= 'Z'; ch++)
                        System.out.print(ch);
        }
}
```

위의 Thread 클래스를 이용했던 예제를 Runnable 인터페이스로 바꾸어 볼게요. Runnable 인터페이스에는 run() 메소드만 있고, run() 메소드를 오버라이딩해야 합니다.

코드 254

```
class NumberThread implements Runnable {
	public void run() {
		for (int i = 1; i <= 26; i++)
			System.out.print(i);
	}
}

public class Code254 {
	public static void main(String[] args) {
		Thread t = new Thread(new NumberThread());
		t.start();
		for (char ch = 'A'; ch <= 'Z'; ch++)
			System.out.print(ch);
	}
}
```

결과 1

```
ABCDEFGHIJKLMNOPQRSTUVWXYZ1234567891011121314151617181920212223242526
```

결과 2

```
ABCDEFGHIJK1234567891011121314151617181920LMNOPQRSTUVWXYZ212223242526
```

Thread 클래스를 상속받아서 만든 스레드를 수행하는 방법과 Runnable 인터페이스 구현을 이용한 스레드를 수행하는 방법 모두 수행 결과에서는 차이가 없습니다. 둘 중에 편한 방식을 쓰면 되는데, Thread 클래스를 상속받는 경우에는 다른 클래스의 상속이 불가능하기 때문에 만약에 Thread 클래스 외에 다른 클래스도 상속받아야 하는 경우라면 Runnable 인터페이스를 구현하도록 해야겠죠.

다음과 같이 Runnable 인터페이스를 이용하여
스레드를 생성할 수도 있습니다.

```
class            implements Runnable
{
    public void run() {

    }
}

Thread t = new            ();
t.start();
```

반드시 Runnable 클래스를 상속받도록 합니다.

반드시 run() 메소드를 오버라이딩합니다.

스레드 객체를 생성한 후에 start()라고 메소드를 호출해야 run() 메소드가 호출됩니다.

04 스레드에 이름 붙이기

스레드를 여러 개 생성해서 동시에 수행하는 코드를 작성하려고 할 때 스레드에 이름을 붙여서 사용하면 편리한 경우가 있습니다. 이번에는 스레드에 이름을 붙여서 구별하는 방법을 설명하고 여러 스레드에 이름을 붙여서 동시에 수행하도록 해 볼게요. 먼저 이름이 있는 스레드를 만들어 보겠습니다. 이때는 다음의 Thread 생성자를 이용합니다.

```
Thread(String name)

Thread(Runnable target, String name)
```

스레드 클래스를 상속받아서 이름이 있는 스레드 객체를 생성해 보겠습니다.

코드 255

```
class NumberThread extends Thread {
    String name;
    NumberThread(String name) {
        this.name = name;
    }
    public void run() {
        System.out.println(name + " starting");
        try {
            for (int i = 0; i < 10; i++) {
                Thread.sleep(300);
                System.out.println("In " + name + " : " + i);
            }
        } catch (InterruptedException e) {
            System.out.println(e);
        }
        System.out.println(name + " terminating");
    }
}

public class Code255 {
    public static void main(String[] args)
    {
        System.out.println("main starting");
        Thread th = new Thread(new NumberThread("Number Thread"));
        th.start();
        for (int i = 0; i < 10; i++) {
            try {
                Thread.sleep(300);
                System.out.println("In main : " + i);
            } catch(InterruptedException e) {
                System.out.println(e);
            }
        }
        System.out.println("main ending ");
    }
}
```

결과 1

```
main starting
Number Thread starting
In Number Thread : 0
In main : 0
In Number Thread : 1
In main : 1
In main : 2
In Number Thread : 2
In Number Thread : 3
In main : 3
In main : 4
In Number Thread : 4
In Number Thread : 5
In main : 5
In Number Thread : 6
In main : 6
In main : 7
In Number Thread : 7
In Number Thread : 8
In main : 8
In Number Thread : 9
In main : 9
Number Thread terminating
main ending
```

결과 2

```
main starting
Number Thread starting
In Number Thread : 0
In main : 0
In Number Thread : 1
In main : 1
In Number Thread : 2
In main : 2
In main : 3
In Number Thread : 3
In Number Thread : 4
In main : 4
In Number Thread : 5
In main : 5
In Number Thread : 6
In main : 6
In Number Thread : 7
In main : 7
In main : 8
In Number Thread : 8
In Number Thread : 9
In main : 9
main ending
Number Thread terminating
```

결과 3

```
main starting
Number Thread starting
In main : 0
In Number Thread : 0
In Number Thread : 1
In main : 1
In Number Thread : 2
In main : 2
In Number Thread : 3
In main : 3
In main : 4
In Number Thread : 4
In Number Thread : 5
In main : 5
In Number Thread : 6
In main : 6
In Number Thread : 7
In main : 7
In Number Thread : 8
In main : 8
In main : 9
main ending
In Number Thread : 9
Number Thread terminating
```

위의 코드에서 스레드 이름을 'Number Thread'라고 붙이고 수행하면서 main이 수행되는지, Number Thread가 수행되는지 알 수 있도록 이름을 출력해 보았습니다. 이번에는 스레드를 두 개 만들어서 main 스레드와 같이 세 개를 동시에 수행해 보도록 할게요. 이때 하나의 스레드는 Thread 클래스를 상속받도록 하고, 다른 하나는 Runnable 인터페이스를 구현하도록 작성해 보겠습니다.

코드 256

```
class NumberThread extends Thread {
  String name;
  NumberThread(String name) {
    this.name = name;
  }
  public void run() {
    System.out.println(name + " starting");
    try {
          for (int i = 0; i < 10; i++) {
            Thread.sleep(300);
            System.out.println("In " + name + " : " + i);
          }
```

결과

```
    } catch (InterruptedException e) {
          System.out.println(e);
    }
    System.out.println(name + " terminating");
  }
}

class CharThread implements Runnable {
  String name;
  CharThread(String name) {
    this.name = name;
  }
  public void run() {
    System.out.println(name + " starting");
    try {

          for (char i = 'A'; i <= 'J'; i++) {
             Thread.sleep(300);
             System.out.println("In " + name + " : " + i);
          }
    } catch (InterruptedException e) {
          System.out.println(e);
    }
    System.out.println(name + " terminating");
  }
}

public class Code256 {
  public static void main(String[] args)
  {
    System.out.println("main starting");
    Thread th1 = new Thread(
             new NumberThread("Number Thread"));
    Thread th2 = new Thread(
             new CharThread("Character Thread"));
    th1.start();
    th2.start();
    for (int i = 0; i < 10; i++) {
          try {
             Thread.sleep(300);
             System.out.println("In main : " + i);
          } catch(InterruptedException e) {
             System.out.println(e);
```

```
main starting
Character Thread starting
Number Thread starting
In Number Thread : 0
In main : 0
In Character Thread : A
In Character Thread : B
In Number Thread : 1
In main : 1
In Character Thread : C
In Number Thread : 2
In main : 2
In Character Thread : D
In Number Thread : 3
In main : 3
In main : 4
In Number Thread : 4
In Character Thread : E
In Character Thread : F
In Number Thread : 5
In main : 5
In main : 6
In Character Thread : G
In Number Thread : 6
In Character Thread : H
In main : 7
In Number Thread : 7
In Number Thread : 8
In Character Thread : I
In main : 8
In Number Thread : 9
In main : 9
In Character Thread : J
main ending
Number Thread
terminating
Character Thread
terminating
```

```
        }
    }
    System.out.println("main ending ");
  }
}
```

05 스레드 조절하기

main 스레드가 수행되면서 다른 일을 하는 스레드를 만들어 수행하는 예제들을 보았습니다. 이때 main 스레드가 만든 스레드가 main보다 먼저 끝나기도 하고 나중에 끝나기도 하는 것을 보았어요. 즉, main이 만든 스레드라고 하더라도 main과 똑같이 경쟁하면서 CPU를 사용하기 때문에 어느 스레드가 먼저 수행을 끝낼지는 알 수가 없어요. 그런데 시스템 입장에서는 main 스레드가 자기가 만든 스레드보다 나중에 끝나는 것이 좋습니다. 따라서 main 스레드는 자기가 만들어서 수행시킨 스레드가 모두 끝날 때까지 기다리는 것이 필요합니다. 이 경우에 다음의 두 메소드를 사용하여 스레드를 조절할 수가 있어요.

메소드	설명
boolean isAlive()	스레드가 아직 수행 중인지 판단함.
void join()	스레드가 끝나기를 기다림.

우선 아래 코드의 수행 결과를 보세요.

코드 257

```
class ChildThread extends Thread {
        public void run() {
                for (char ch = 'A'; ch <= 'Z'; ch++) {
                        System.out.print(ch);
                }
        }
}
```

```
public class Code257 {
        public static void main(String[] args) {
                Thread th = new ChildThread();
                th.start();
                int i = 1;
                do {
                        System.out.print("*");
                        i++;
                } while (i <= 26);
        }
}
```

결과 1

```
**************************ABCDEFGHIJKLMNOPQRSTUVWXYZ
```

결과 2

```
**************ABCDEFGHIJKLMNOPQRSTUVWXYZ************
```

결과 3

```
***ABCDEFGHIJ*************KLMNOPQRSTUVWXYZ**********
```

결과 1은 자식 스레드가 먼저 끝났지만, 결과 2와 3은 main 스레드가 먼저 끝난 것을 알 수가 있어요. 이렇게 스레드는 어느 순서로 수행을 끝낼지 알 수가 없습니다. 이 예제를 isAlive() 메소드를 사용하여 main 스레드가 항상 나중에 끝나도록 수정해 볼게요.

코드 258

```
class ChildThread extends Thread {
        public void run() {
                for (char ch = 'A'; ch <= 'Z'; ch++) {
                        System.out.print(ch);
                }
        }
}

public class Code258 {
        public static void main(String[] args) {
                Thread th = new ChildThread();
                th.start();
                int i = 1;
```

```
		do {
			System.out.print("*");
			i++;
		} while (th.isAlive());
	}
}
```

결과 1

```
************************A**BCDEFGHIJKLMNOPQRSTUVWXYZ***
```

결과 2

```
***ABCDEFGHIJKLMNOPQRSTUVWXYZ**
```

결과 3

```
***ABCDEFGHIJ***********KLMNOPQRSTU***************************************************************VWX
YZ***
```

위의 코드를 보면 '*'를 출력하는 main 스레드가 항상 나중에 끝나는 것을 알 수가 있습니다. do~while 루프에서 보면 스레드 th가 살아있는 동안 계속 루프를 수행하도록 합니다. 즉, 스레드 th가 끝나야지만 do~while 루프가 끝나게 되는 거예요. 따라서 main 스레드가 더 늦게 끝나겠죠.

다음으로 join() 메소드를 이용하여 main 스레드를 나중에 끝나도록 해 볼게요. join() 메소드는 스레드가 끝나기를 기다리는 메소드로, 다음과 같습니다.

```
public final void join() throws InterruptedException
```

join() 메소드를 호출하는 스레드를 기다리는 거예요. 다음의 예를 보세요.

코드 259

```
class ChildThread extends Thread {
	public void run() {
		for (char ch = 'A'; ch <= 'Z'; ch++) {
			System.out.print(ch);
		}
	}
}
```

```java
public class Code259 {
	public static void main(String[] args) {
		Thread th = new ChildThread();
		th.start();
		for (int i = 1; i <= 26; i++)
			System.out.print(i);
		try {
			th.join();
		} catch(InterruptedException ex) {
			System.out.println("main thread interrupted");
		}
		System.out.println("main thread ending");
	}
}
```

결과 1

```
1234567891011121314151617181920212223242526ABCDEFGHIJKLMNOPQRSTUVWXYZmain
thread ending
```

결과 2

```
12345678910111213141516171819ABCDEFGHIJKLMNOPQRSTUVW20212223242526XYZmain
thread ending
```

결과 3

```
1ABCDEFGHIJKLMNOPQRSTUVWXYZ234567891011121314151617181920212223242526main
thread ending
```

위의 코드 수행 결과를 보면 항상 main thread ending이 가장 마지막에 출력되는 것을 알 수가 있어요. th.join()은 th가 끝날 때까지 기다리라는 의미이기 때문에 main 메소드가 th 메소드를 기다립니다.

06 스레드에 우선순위 주기

지금까지 스레드를 수행한 결과를 보면 main 스레드가 수행시킨 스레드이지만 일단 수행되기 시작하면 main 스레드이든, main 스레드가 수행시킨 스레드이든, 동일한 조건에서 스레드를 수행함을 알 수가 있어요. 즉, 컴퓨터 입장에서는 main 스레드도 똑같이 스레드 중 하나라고 생각하고 모두 동일한 조건에서 수행하게 됩니다. 그래서 앞의 예제에서 보면 main 스레드가 자기가 수행시킨 스레드보다 더 먼저 끝나기도 하고, 더 나중에 끝나기도 합니다. 모든 스레드는 기본적으로 우선순위가 같기 때문에 생기는 현상이예요. 만약에 여러 스레드 중에서 먼저 수행되어야 하는 중요한 스레드가 있다면 스레드에 우선순위를 주어서 먼저 수행될 수 있도록 조절할 수가 있어요. 높은 우선순위를 갖는 스레드는 CPU를 오래 사용할 수 있고, 낮은 우선순위를 갖는 스레드는 CPU를 오래 사용할 수가 없어요. 그래서 중요한 스레드라면 우선순위를 높여주는 것이 좋겠죠.

스레드 클래스에는 다음과 같이 우선순위와 관련된 필드를 갖고 있습니다.

필드	설명
static int MAX_PRIORITY	스레드가 가질 수 있는 최대 우선순위 (10)
static int MIN_PRIORITY	스레드가 가질 수 있는 최소 우선순위 (1)
static int NORM_PRIORITY	스레드에게 주어지는 디폴트 우선순위 (5)

우선순위는 1부터 10까지의 값을 갖고 다음과 같이 우선순위 1, 5, 10은 각각 정적 변수 MIN_PRIORITY, NORM_PRIORITY, MAX_PRIORITY에 저장되어 있습니다. 사용자가 만드는 스레드는 NORM_PRIORITY가 디폴트이기 때문에 우선순위 5를 갖게 됩니다. 다음의 예를 보면 Priority 스레드의 우선순위를 출력했을 때 5가 출력되는 것을 알 수 있어요.

코드 260

```
class Priority extends Thread {
  String name;
  Priority(String name) {
    this.name = name;
  }
  public void run() {
    System.out.println(name + " starting");
    try {
      for (int i = 0; i < 5; i++) {
          Thread.sleep(300);
          System.out.println("In " + name + " : " + i + " (priority : " + getPriority() + ")");
    }
    } catch (InterruptedException e) {
```

```
            System.out.println(e);
        }
        System.out.println(name + " terminating");
    }
}

public class Code260 {
    public static void main(String[] args)
    {
        System.out.println("main starting");
        Thread th = new Thread(new Priority("Priority Thread"));
        th.start();
        for (int i = 0; i < 5; i++) {
            try {
                Thread.sleep(300);
                System.out.println("In main : " + i);
            } catch(InterruptedException e) {
                System.out.println(e);
            }
        }
        System.out.println("main ending ");
    }
}
```

결과

```
main strating
Priority Thread starting
In main
In Priority Thread : 0 (priorty : 5)
In Priority Thread : 1 (priorty : 5)
In main : 1
In main : 2
In Priority Thread : 2 (priorty : 5)
In main : 3
In Priority Thread : 3 (priorty : 5)
In main : 4
main ending
In Priority Thread : 4 (priorty : 5)
Priority Thread terminating
```

setPriority() 메소드를 이용하여 우선순위를 바꾸어 보겠습니다.

코드 261

```
class Priority implements Runnable {
        Thread thrd;
        static String currentName;
        int count;
        static boolean stop = false;

        Priority(String name) {
                thrd = new Thread(this, name);
                count = 0;
                currentName = name;
        }

        public void run() {
                System.out.println(thrd.getName() + " starting");
                do {
                        count ++;
                } while (stop == false && count  < 10000000);
                stop = true;
                System.out.println(thrd.getName() + " terminating.");
        }
}

public class Code261 {

        public static void main(String[] args) {
                Priority mt1 = new Priority("Max");
                Priority mt2 = new Priority("Min");
                Priority mt3 = new Priority("Norm");

                mt1.thrd.setPriority(Thread.MAX_PRIORITY);
                mt2.thrd.setPriority(Thread.MIN_PRIORITY);
                mt3.thrd.setPriority(Thread.NORM_PRIORITY);
                mt1.thrd.start();
                mt2.thrd.start();
                mt3.thrd.start();

                try {
                        mt1.thrd.join();
                        mt2.thrd.join();
                        mt3.thrd.join();
                }
                catch(InterruptedException e) {
```

```
                System.out.println("Main interrupted!");
            }
            System.out.println("\nHigh priority count  : " + mt1.count);
            System.out.println("Min priority count   : " + mt2.count);
            System.out.println("Norm priority count  : " + mt3.count);
    }
}
```

결과

```
Max starting
Min starting
Norm starting
Max terminating
Min terminating
Norm terminating

High priority count : 10000000
Min priority count : 140119
Norm priority count : 185355
```

스레드의 우선순위를 바꾸고 수행시켜 보았습니다. 위의 경우에는 스레드의 우선순위를 바꾼 후에 수행시켰더니 HIGH_PRIORITY를 갖는 스레드는 같은 시간에 10000000까지 숫자를 세었고, MIN_PRIORITY와 NORM_PRIORITY는 각각 185355, 140119까지 숫자를 세었습니다. 하지만 항상 이렇게 HIGH_PRIORITY가 가장 CPU를 많이 점유하지는 않습니다. 스레드가 수행되는 데에는 우선순위뿐만 아니라 현재 시스템 환경도 영향을 주기 때문에 우선순위를 항상 보장하지 못한다는 것을 참고해 두기 바랍니다.

이번 장에서는 스레드 개념과 자바 언어를 이용하여 어떻게 스레드를 생성하여 사용하는지를 설명하였습니다. 스레드는 멀티태스킹을 위해서 중요한 기능이기 때문에 개념을 잘 이해해 두고 Thread 클래스와 Runnable 인터페이스를 어떻게 이용하는지, 그리고 run() 메소드를 어떻게 구현하는지 등을 공부해 두기 바랍니다.

16 > 람다 표현식, 열거형, 어노테이션

이번 장에서는 람다 표현식, 열거형, 어노테이션에 대해 설명합니다. 람다 표현식은 자바 버전 8에서 추가된 기능으로, 객체를 생성하지 않고 메소드를 수행할 수 있도록 합니다. 기본적으로 자바 언어는 객체를 만든 후에 메소드를 호출해서 사용해야 하는데 그렇지 않기 때문에 객체 지향 개념에서 벗어난다고 얘기하는 사람들도 많습니다. 실제로 람다 표현식이 객체 지향에 맞는 표현이 아니라는 이유로 오라클에서 람다 표현식을 자바 언어에 포함시켜야 하는지를 오랫동안 고민했다고 합니다. 이번 장에서는 람다 표현식을 만드는 방법과 사용법을 자세히 알아보겠습니다.

열거형 또한 유용한 자바 문법 중에 하나입니다. 열거형은 상수 데이터가 여러 개 필요할 때 한번에 묶어서 관리할 수가 있습니다. 이 책에 나오는 예제들을 잘 이해하면 열거형이 언제 필요한지와 필요할 때 어떻게 사용할 수 있는지 알 수가 있을 거예요.

어노테이션은 부가적인 정보를 넣도록 하는 기능으로 코드의 가독성을 높일 수 있습니다.

람다 표현식은 자바 버전 8에 추가된 기능입니다.
객체를 생성하지 않고 호출할 수 있는 함수여서 객체 지향 개념과 맞지 않는다는 이유로 오랜 기간 오라클에서 자바에 포함시켜야 하는지 고민했다고 하네요.

01 람다 표현식 (lambda expression)

람다 표현식은 나중에 한 번 이상 실행할 수 있도록 만들어 놓는 코드 블록으로, '이름없는 함수' 라고도 합니다. 지금까지 모든 함수(메소드)는 반드시 이름을 가져야 했었는데 람다 표현식은 함수의 역할을 하지만 이름이 없습니다. 람다 표현식을 어떻게 작성하는지 알아보고, 다음으로 작성된 람다 표현식을 어떻게 사용하는지 보겠습니다.

람다 표현식 만들기

람다 표현식의 형태는 다음과 같습니다. 기호 '->'는 람다 연산자라고 부르고 '->' 왼쪽에는 함수의 매개변수를 적고 오른쪽에는 함수가 반환할 값 또는 식을 적어 줍니다.

```
(매개변수) -> { 수행되어야 하는 코드 }
```

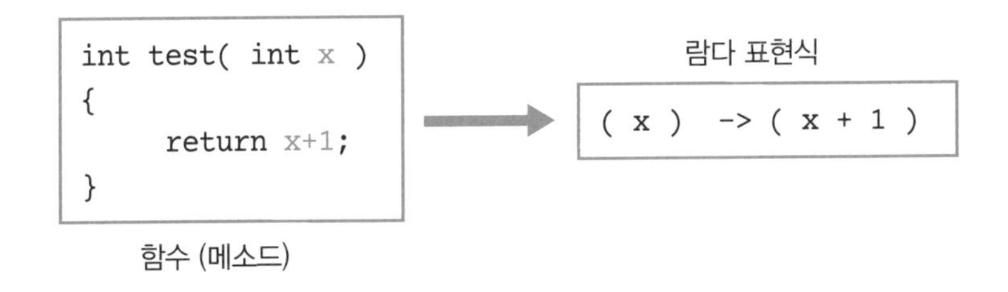

일반 함수를 람다 표현식으로 바꾼 예를 몇 개 보겠습니다.

번호	람다 표현식	함수

1	( ) -> 100	int getValue( ) {
		return 100;
		}

2	( ) -> 100.5	double getValue( ) {
		return 100.5;
		}

3	(n) -> 1.0 / n 또는
	n -> 1.0 / n
		double getValue(int n) {
		return 1.0 / n;
		}

4	(n) -> (n % 2) == 0 또는
	n -> (n % 2) == 0
		boolean getValue(int n) {
		return (n%2) == 0;
		}

5	(n, m) -> n *m	int getValue(int n, int m) {
		return n * m;
		}

위의 예에서 보듯이 '->' 기호 왼쪽에는 함수의 매개변수를 적고 오른쪽에는 함수가 반환하는 식을 적어 줍니다. 예제 3,4 번과 같이 매개변수가 1개인 경우에는 괄호를 생략할 수 있습니다. 하지만 예제 5와 같이 매개변수가 2개 이상인 경우에는 괄호를 반드시 써야 합니다.

람다 표현식 사용하기

람다 표현식을 만들었으면 호출해서 사용해야 하는데, 인터페이스가 반드시 필요합니다. 이때 인터페이스에 람다 표현식을 수행할 수 있는 추상 메소드를 선언해야 합니다. 이렇게 람다 표현식을 구현한 인터페이스는 함수형 인터페이스(functional interface)라고 부릅니다. 함수형 인터페이스에는 추상 메소드만 한 개 있어야 합니다. 함수형 인터페이스 예를 몇 개 보겠습니다.

interface MyValue( ) {
double getValue( );
}
	interface MyValue( ) {
	double getValue(double v);
	}
		interface NumericTest {
		boolean test(int n, int m);
		}

매개변수 없음 double 데이터 반환함.	매개변수 1개 (v) double 데이터 반환함.	매개변수 2개 (n, m) boolean 데이터 반환함.

그러면 위의 람다 표현식(예제1 ~ 예제5)에 함수형 인터페이스를 적용하여 람다 표현식을 어떻게 수행하는지를 보겠습니다.

코드 262

```
interface MyValue1 {
    int getValue( );
}

public class Code262 {
    public static void main(String[] args) {
❶       MyValue1 mv1;
❷       mv1 = ( ) -> 100 ;  // mv1에 람다 표현식을 넣어 둡니다.
❸       System.out.println( mv1.getValue( ) ) ; // 람다 표현식이 수행됩니다.
    }
}
```

결과

```
100
```

인터페이스 MyValue1은 추상메소드 getValue( ) 한 개를 갖고 있습니다. main 메소드 ❶에서 인터페이스형 변수 mv1을 선언해 두고, ❷에서 람다 표현식을 할당해 둡니다. 즉, ( ) -> 100을 mv1에 할당해 놓는 거예요. 그리고 다음 줄 ❸에서 mv1.getValue( )라고 호출하면 그제서야 ( ) -> 100을 이용하여 getValue1( ) 메소드가 수행됩니다. 이를 '지연 처리'라고 합니다.

```
interface MyValue1 {
     int getValue( );
}

public static void main(String[ ] args)
{
     MyValue1 mv1;   ◀····· 인터페이스 참조 변수 mv1 생성
     mv1 = ( ) -> 100; ◀····· mv1에 람다 표현식 할당
     System.out.println(mv1.getValue( ));
}
```

> 람다 표현식을 사용하려면 다음을 지켜주세요.
> 인터페이스 만들기
> 인터페이스 참조 변수 만들기
> 인터페이스 참조 변수에 람다 표현식 할당하기
> 람다 표현식 수행시키기(지연 처리)

여기에서 람다 표현식이 수행됩니다.
이렇게 인터페이스 변수에 람다 표현식을 할당하고,
호출하면 그제서야 람다 표현식이 수행됩니다.
이를 '지연 처리'라고 합니다.

코드 263

```
interface MyValue2 {
        double getValue( );  // no parameter
}

public class Code263 {
        public static void main(String[] args) {
                MyValue2 mv2;   // MyValue2 변수 생성
                mv2 = ( ) -> 100.5  ;   // mv2에 람다 표현식 할당
                System.out.println( mv2.getValue( ) ) ; // 람다 표현식 수행
        }
}
```

결과

```
100.5
```

코드 264

```
interface MyValue3 {
        double getValue(int n);  // no parameter
}

public class Code264 {
        public static void main(String[] args) {
                MyValue3 mv3;   // MyValue 참조 변수 생성
                mv3 = (n) -> 1.0/n  ;   // 지연 처리
                System.out.println( mv3.getValue(5));
                System.out.println( mv3.getValue(10));
                System.out.println( mv3.getValue(100));
                System.out.println( mv3.getValue(2000));

        }
}
```

결과

```
0.2
0.1
0.01
5.0E-4
```

코드 265

```
interface MyValue4 {
        boolean getValue(int n);  // no parameter
}

public class Code265 {
        public static void main(String[] args) {
                MyValue4 mv4;  // MyValue 참조 변수 생성
                mv4 = (n) -> (n % 2) == 0;  // 지연 처리
                System.out.println( mv4.getValue(50) ) ;
                System.out.println( mv4.getValue(25) ) ;
        }
}
```

결과

```
true
false
```

위의 예제를 통해서 람다 표현식이 결국은 함수 호출이라는 것을 알 수가 있었을 거예요.

함수형 인터페이스와 람다 표현식을 좀 더 효율적으로 사용한 예제를 보겠습니다. 다음 예제에서는 함수형 인터페이스 Test 안에 test( ) 메소드 한 개가 있습니다. test( ) 메소드는 정수형 매개변수 2개를 받아서 true/false를 반환합니다. 여기에 맞는 람다 표현식을 두 개 만들었습니다.

```
Test t1 = (n,d) -> (n % d) == 0;  // d가 n의 약수인지 판단함.
Test t2 = (n, m) -> (n < m);       // n이 m보다 작은지 판단함.
```

코드 266

```
interface Test {
        boolean test(int n, int m);
}

public class Code266 {
        public static void main(String[] args) {
                Test t1 = (n,d) -> (n % d) == 0;

                if (t1.test(10, 5))
                        System.out.println("5 is a factor of 10");
                if (!t1.test(10, 3))
                        System.out.println("3 is not a factor of 10");
```

```
            System.out.println( );

            Test t2 = (n, m) -> (n < m);
            if (t2.test(3, 5))
                    System.out.println("3 is less than 5");
            if (!t2.test(5, 3))
                    System.out.println("5 is not less than 3");
            System.out.println( );
    }
}
```

결과

```
5 is a factor of 10
3 is not a factor of 10

3 is less than 5
5 is not less than 3
```

블록 람다 표현식

지금까지는 람다 표현식을 한 줄로 표현한 것을 보았습니다. 이번에는 조금 긴 람다 표현식을 살펴 보겠습니다.

```
interface Test {
    int getSum(int n);
}

public static void main(String[] args)
{
    Test t = (n) -> {
        여기에 람다 함수 내용을 넣습니다.
    } ;
    System.out.println(t.getSum(10));
}
```

지연 처리

코드 267

```
interface Test {
	int getSum(int n);
}

public class Code267 {
	public static void main(String[] args) {

		Test t = (n) ->  {

			int result = 0;
			for (int i = 1; i <= n; i++)
				result += i;
			return result;
		};  // 반드시 세미콜론을 넣어야 합니다.

		System.out.println("sum from 1 to 10 is " + t.getSum(10));
		System.out.println("sum from 1 to 20 is " + t.getSum(20));
		System.out.println("sum from 1 to 30 is " + t.getSum(30));
	}
}
```

결과

```
sum from 1 to 10 is 55
sum from 1 to 20 is 210
sum from 1 to 30 is 465
```

위의 예제에서처럼 람다 표현식의 -> 우측에 한 줄의 실행문이 아닌 여러 줄의 실행 코드를 구현하는 경우에는 반드시 중괄호로 묶고 마지막에 세미콜론(;)을 넣어야 합니다. 이렇게 람다 표현식이 여러 줄로 작성되는 경우 '블록 람다 표현식'이라고 합니다.

제네릭 함수형 인터페이스(Generic Functional Interface)

제네릭 함수형 인터페이스는 하나의 람다 표현식에 다양한 자료형을 적용할 수 있도록 합니다. 제네릭이 다양한 자료형을 사용할 수 있도록 하는 기능이라는 것을 알 거예요. 제네릭을 이용하면 함수 인터페이스에도 다양한 자료형을 적용할 수 있습니다.

코드 268

```
interface Test<T> {
        boolean test(T n, T m);
}

public class Code268 {
        public static void main(String[] args) {
                Test<Integer> x = (n,m) -> n < m;
                if (x.test(3,5))
                        System.out.println("3 is less than 5");
                System.out.println( );

                Test<String> z = (a, b) -> a.equals(b);
                String str = "java";
                if (z.test(str, "java"))
                        System.out.println("same string");
                else
                        System.out.println("different string");
        }
}
```

결과

```
3 is less than 5
same string
```

Test〈Integer〉에서는 T가 Integer 타입으로 적용되고, Test〈String〉에서는 T가 문자열로 적용됨을 알 수가 있습니다. 이렇게 제네릭을 이용하면 하나의 함수형 인터페이스를 다양한 자료형에 이용할 수 있겠죠.

02 열거형 (enumeration)

열거형은 여러 개의 상수 데이터를 선언하는데 유용합니다. 클래스 멤버 중에서 상수 데이터는 public static 데이터인데, 이를 한꺼번에 선언할 수 있도록 합니다.

```
enum Cards {
     HEART, CLUB, SPADE, DIAMOND;
}       1       2       3        4
```

Cards 열거형은 다음과 같은 상수들의 모임이라고 생각할 수 있어요.

```
final int HEART = 0;
final int CLUB = 1;
final int SPADE = 2;
final int DIAMOND = 3;
```

열거형 예를 몇 개 보겠습니다.

예제 1 카드 정보를 저장한 열거형입니다.

```
enum Cards {
        HEART, CLUB, SPADE, DIAMOND
}
```

예제 2 요일을 저장한 열거형입니다.

```
enum Weekdays {
        Sunday, Monday, Tuesday, Wednesday, Thursday, Friday, Saturday;
}
```

예제 3 대학교 1학년, 2학년, 3학년, 4학년 정보를 저장한 열거형입니다.

```
enum Years {
        Freshman, Sophomore, Junior, Senior;
}
```

예를 들어서, 카드를 이용한 프로그램을 작성하는 경우 네 장의 카드 'SPADE', 'HEART', 'CLUB', 'DIAMOND'를 데이터로 저장해서 사용해야 합니다. 이때 카드 정보를 열거형으로 묶습니다. 열거형은 enum 키워드를 이용합니다. 다음 코드에서 enum Cards가 열거형으로 정의된 데이터입니다.

코드 269

```
enum Cards {
	HEART, CLUB, SPADE, DIAMOND
}

public class Code269 {
	public static void main(String[] args) {
		Cards cd;
		cd = Cards.DIAMOND;
		System.out.println("Value of cd : " + cd);

		cd = Cards.SPADE;

		if (cd == Cards.SPADE)
			System.out.println("cd is SPADE.");

		switch(cd) {
		case HEART:
			System.out.println("Heart card");
			break;
		case CLUB:
			System.out.println("Club card");
			break;
		case SPADE:
			System.out.println("Spade card");
			break;
		case DIAMOND:
			System.out.println("Diamond card");
			break;
		}
	}
}
```

결과

```
value of : DIAMOND
cs is SPADE.
Spade card
```

위의 예제를 보면 열거형의 역할을 알 수가 있을 거예요. 이제 열거형 Cards의 모든 데이터를 출력해 보겠습니다. 이때는 values( )와 valueOf( ) 메소드를 사용합니다.

코드 270

```
enum Cards {
        HEART, CLUB, SPADE, DIAMOND
}

public class Code270 {
        public static void main(String[] args) {
                Cards cd;
                System.out.println("Print out all cards");
                System.out.println("--------------------");
                Cards all[] = Cards.values( );
                for (Cards c : all)
                        System.out.println(c);

                System.out.println("--------------------");
                cd = Cards.valueOf("CLUB");
                System.out.println("cd is " + cd);
        }
}
```

결과

```
Print out all cards
--------------------
HEART
CLUB
SPADE
DIAMOND
--------------------
cd is CLUB
```

values( ) 메소드와 valueOf( ) 메소드에 대해 알아 볼게요.

생성자를 갖고 있는 enum 타입을 보겠습니다.

코드 271

```
enum Cards {
        HEART(10), CLUB(20), SPADE(30), DIAMOND(40);

        private int val;
        Cards(int v) { val = v; }
        int getVal( ) { return val; }
```

```
}

public class Code271 {
	public static void main(String[] args) {
		Cards cd;
		System.out.println("Value of SPADE : " + Cards.SPADE.getVal( ));
		System.out.println("-------------------");
		System.out.println("All values of Cards");

		for (Cards c : Cards.values( ))
			System.out.println(c + " value : " + c.getVal( ));
	}
}
```

```
Value of SPADE
-----------------
All values of Cards
HEART value : 10
CLUB value : 20
SPADE value : 30
DIAMOND : 40
```

```
enum Cards {
     HEART(10), CLUB(20), SPADE(30),
DIAMOND(40);
}
```

```
final int HEART = 10;
final int CLUB = 20;
final int SPADE = 30;
final int DIAMOND = 40;
```

모든 enum은 java.lang.Enum 클래스를 상속받고 있습니다. Enum 클래스의 ordinal( ) 메소드와 compareTo( ) 메소드를 사용하는 예제를 보겠습니다.

코드 272

```
enum Cards {
        HEART, CLUB, SPADE, DIAMOND
}

public class Code272 {

        public static void main(String[] args) {
                Cards cd1, cd2, cd3;

                for (Cards c : Cards.values( ))
                        System.out.println(c + " : " + c.ordinal( ));

                cd1 = Cards.HEART;
                cd2 = Cards.SPADE;
                cd3 = Cards.HEART;

                if (cd1.compareTo(cd2) < 0)
                        System.out.println("cd1 < cd2");
                else
                        System.out.println("cd1 > cd2");

                if (cd1.compareTo(cd3) == 0)
                        System.out.println("cd1 == cd3");
                else
                        System.out.println("cd1 != cd3");
        }
}
```

결과

```
HEART : 0
CLUB : 1
SPADE : 2
DIAMOND : 3
cd1 < cd2
cd1 == cd3
```

03 어노테이션(annotation)

자바에서는 소스 코드에 코드 외에 부가적인 정보를 넣을 수 있는 기능이 있습니다. 이때 넣는 정보를 어노테이션(annotation)이라고 하는데, 어노테이션은 코드에는 영향을 주지 않습니다. 마치 주석과 같고 어노테이션은 메타데이터(metadata)라고도 부릅니다. 어노테이션은 코드 개발에 있어서 중요한 정보를 주는 경우가 많아서 많이 사용합니다. 자바 언어에서 어노테이션을 여러 개가 있지만 그 중에서 일반적이고 많이 볼 수 있는 것들을 정리해 보겠습니다.

어노테이션	설명
@Inherited	하위 클래스가 상속받는 상위 클래스임을 알림.
@Override	상위 클래스의 메소드를 오버라이딩했음을 알림.
@Deprecated	해당 아이템은 더 이상 사용하지 말라는 알림.
@SuppressWarnings	컴파일러에 의해 워닝(warning)이 뜨지 않도록 하도록 함.
@FunctionalInterface	함수형 인터페이스임을 알림.

위의 어노테이션 중에서 @Deprecatedget를 연습해 보겠습니다. 아래 예제에서 Msg( ) 메소드 바로 위에 @Deprecated라고 어노테이션했습니다. 그랬더니 getMsg( ) 이름 위에 가로로 표시가 하나 붙었죠. 사용할 수는 있지만 사용하지 않는 것을 권한다는 어노테이션입니다.

코드 273

```
class Test {
	private String msg;
	Test(String m) {
		msg = m;
	}

	@Deprecated
	String getMsg( ) {
		return msg;
	}
}
public class Code273 {
	public static void main(String[] args) {
		Test t = new Test("hello");
		System.out.println(t.getMsg( ));
```

```
        }
}
```

결과

```
hello
```

이번 장에서는 람다 표현식, 열거형, 어노테이션을 하나씩 공부하였습니다. 람다 표현식의 경우는 자바 8에서 추가된 기능입니다. 늦게 추가되었지만 자바를 함수형 언어로 만들어주는 중요한 기능을 합니다. 이해가 쉽지 않으면 스스로 예제 코드를 돌려보면서 공부하기 바랍니다.

| **Index** |

기호

영문

A

B

C

D

E

T

U

V

W

한글

Foreign Copyright:
Joonwon Lee
Address: 10, Simhaksan-ro, Seopae-dong, Paju-si, Kyunggi-do,
Korea
Telephone: 82-2-3142-4151
E-mail: jwlee@cyber.co.kr

이젠 나도! 자바

2019. 11. 7. 1판 1쇄 인쇄
2019. 11. 14. 1판 1쇄 발행

지은이 | 이지선
펴낸이 | 이종춘
펴낸곳 | BM (주)도서출판 **성안당**
주소 | 04032 서울시 마포구 양화로 127 첨단빌딩 3층(출판기획 R&D 센터)
10881 경기도 파주시 문발로 112 출판문화정보산업단지(제작 및 물류)
전화 | 02) 3142-0036
031) 950-6300
팩스 | 031) 955-0510
등록 | 1973. 2. 1. 제406-2005-000046호
출판사 홈페이지 | **www.cyber.co.kr**
ISBN | 978-89-315-5630-8 (13000)
정가 | **25,000원**

이 책을 만든 사람들
책임 | 최옥현
진행 | 조혜란
기획·진행 | 앤미디어
교정·교열 | 앤미디어
본문·표지 디자인 | 앤미디어
홍보 | 김계향
국제부 | 이선민, 조혜란, 김혜숙
마케팅 | 구본철, 차정욱, 나진호, 이동후, 강호묵
제작 | 김유석

■ 도서 A/S 안내

성안당에서 발행하는 모든 도서는 저자와 출판사, 그리고 독자가 함께 만들어 나갑니다.
좋은 책을 펴내기 위해 많은 노력을 기울이고 있습니다. 혹시라도 내용상의 오류나 오탈자 등이 발견되면 **"좋은 책은 나라의 보배"**로서 우리 모두가 함께 만들어 간다는 마음으로 연락주시기 바랍니다. 수정 보완하여 더 나은 책이 되도록 최선을 다하겠습니다.
성안당은 늘 독자 여러분들의 소중한 의견을 기다리고 있습니다. 좋은 의견을 보내주시는 분께는 성안당 쇼핑몰의 포인트(3,000포인트)를 적립해 드립니다.

잘못 만들어진 책이나 부록 등이 파손된 경우에는 교환해 드립니다.